Springer-Lehrbuch

Springer-Verlag Berlin Heidelberg GmbH

Oliver Landmann
Jürgen Jerger

Beschäftigungstheorie

Mit 67 Abbildungen
und 5 Tabellen

# Springer

Prof. Dr. Oliver Landmann
PD Dr. Jürgen Jerger
Universität Freiburg
Institut für allgemeine Wirtschaftsforschung
Abteilung für Wirtschaftstheorie
Platz der alten Synagoge
D-79085 Freiburg

ISBN 978-3-540-65856-6

Die Deutsche Bibliothek - CIP-Einheitsaufnahme
Landmann, Oliver: Beschäftigungstheorie / Oliver Landmann; Jürgen Jerger. -
Berlin; Heidelberg; New York; Barcelona; Hongkong; London; Mailand; Paris;
Singapur; Tokio: Springer, 1999
 (Springer-Lehrbuch)
 ISBN 978-3-540-65856-6   ISBN 978-3-642-58531-9 (eBook)
 DOI 10.1007/978-3-642-58531-9

Dieses Werk ist urheberrechtlich geschützt. Die dadurch begründeten Rechte, insbesondere die der Übersetzung, des Nachdrucks, des Vortrags, der Entnahme von Abbildungen und Tabellen, der Funksendung, der Mikroverfilmung oder der Vervielfältigung auf anderen Wegen und der Speicherung in Datenverarbeitungsanlagen, bleiben, auch bei nur auszugsweiser Verwertung, vorbehalten. Eine Vervielfältigung dieses Werkes oder von Teilen dieses Werkes ist auch im Einzelfall nur in den Grenzen der gesetzlichen Bestimmungen des Urheberrechtsgesetzes der Bundesrepublik Deutschland vom 9. September 1965 in der jeweils geltenden Fassung zulässig. Sie ist grundsätzlich vergütungspflichtig. Zuwiderhandlungen unterliegen den Strafbestimmungen des Urheberrechtsgesetzes.

© Springer-Verlag Berlin Heidelberg 1999
Originally published by Springer-Verlag Berlin Heidelberg New York in 1999

Die Wiedergabe von Gebrauchsnamen, Handelsnamen, Warenbezeichnungen usw. in diesem Werk berechtigt auch ohne besondere Kennzeichnung nicht zu der Annahme, daß solche Namen im Sinne der Warenzeichen- und Markenschutz-Gesetzgebung als frei zu betrachten wären und daher von jedermann benutzt werden dürften.

SPIN 10701292   42/2202-5 4 3 2 1 0 - Gedruckt auf säurefreiem Papier

Kurzübersicht

Einleitung 1

Kapitel 1: Fakten und Fragestellungen 9

Kapitel 2: Alternative Erklärungsansätze: Einführung und Überblick 49

Kapitel 3: Inflation und Beschäftigung 87

Kapitel 4: Die Determinanten der NAIRU 121

Kapitel 5: Modelle der Lohnbildung 147

Kapitel 6: Beschäftigung, Produktivität und Kapitalstock 203

Kapitel 7: Persistenz und Hysterese 247

Kapitel 8: Was haben wir gelernt? 273

Inhaltsverzeichnis

Einleitung 1
Zielsetzung und Abgrenzung 1
Zum Aufbau des Buches 3
Hinweise zur Verwendung des Buches 6
Kapitel 1: Fakten und Fragestellungen 9
1.1. Die Arbeitslosigkeit als gesellschaftliches Problem 9
1.2. Beschäftigung und Arbeitskräftepotential 11
1.3. Arbeitslosigkeit und Arbeitslosenquote 16
1.4. Bestände und Ströme auf dem Arbeitsmarkt 19
1.5. Beschäftigungsgrad, Kapazitätsauslastung und das Okun'sche Gesetz 24
1.6. Inflation und Beschäftigung 29
1.7. Beschäftigung, Arbeitslosigkeit und offene Stellen 32
1.8. Zwei Dimensionen der Arbeitslosenquote: Risiko und Dauer 36
1.9. Reallohn und Arbeitsproduktivität 41
1.10. Fazit und Ausblick 43
Zusammenfassung 44
Übungsaufgaben 45
Literatur 46
Datenquellen 47

Kapitel 2: Alternative Erklärungsansätze: Einführung und Überblick 49
2.1. Eine Systematik 49
2.2. Friktionelle und strukturelle Arbeitslosigkeit 51
   2.2.1. Ströme, Bestände und gleichgewichtige Arbeitslosenquote 51
   2.2.2. Die Beveridgekurve 54
2.3. Das neoklassische Arbeitsmarktmodell 60
2.4. Das keynesianische Modell 67
2.5. Klassische vs. keynesianische Arbeitslosigkeit: Eine sterile Debatte 70
2.6. Klassische vs. keynesianische Arbeitslosigkeit: Eine Synthese 73
Zusammenfassung 81
Übungsaufgaben 83
Literatur 84

Kapitel 3: Inflation und Beschäftigung 87

3.1. Einleitung 87
3.2. Die Phillipskurve: Ein Trade-Off zwischen Inflationsrate und
       Arbeitslosigkeit? 88
3.3. Die Phelps-Friedman-Kritik und das Akzelerationstheorem 92
3.4. Inflation, Output und Beschäftigung 96
3.5. Das empirische Bild 107
3.6. Die Phillipskurve unter rationalen Erwartungen 110
3.7. Ausblick 114
Zusammenfassung 115
Übungsaufgaben 116
Literatur 118

Kapitel 4: Die Determinanten der NAIRU 121

4.1. Einführung 121
4.2. Ein Verteilungskampfmodell zur Erklärung der NAIRU 125
4.3. Das Verteilungskampfmodell und die Fakten 133
4.4. Fazit und Ausblick 141
Zusammenfassung 142
Übungsaufgaben 143
Literatur 144

Kapitel 5: Modelle der Lohnbildung 147

5.1. Einführung 147
5.2. Modelle der kollektiven Lohnbildung 152
   5.2.1. Das Monopolgewerkschaftsmodell *152*
      5.2.1.1. Lohnbildung in einem einzelnen Sektor: die Partialanalyse 152
      5.2.1.2. Gesamtwirtschaftliche Implikationen: die Totalanalyse 159
   5.2.2. Das Verhandlungsmodell *163*
      5.2.2.1. Der „Right-to-Manage"-Ansatz 165
      5.2.2.2. Effiziente Kontrakte 169
   5.2.3. Kollektive Lohnbildung: eine Synopse *174*
5.3. Die Effizienzlohntheorie 183
   5.3.1. Die Grundidee *183*
   *5.3.2. Partialanalyse: Die Solow-Bedingung für das einzelbetriebliche
            Optimum* *187*
   5.3.3. Totalanalyse: Warum Effizienzlöhne Arbeitslosigkeit verursachen *191*
Zusammenfassung 199

Übungsaufgaben 201
Literatur 202

Kapitel 6: Beschäftigung, Produktivität und Kapitalstock 203

6.1. Einführung 203
6.2. Arbeitsnachfrage und Kapitalstock 204
6.3. NAIRU und Reallohn im „Right-to-Manage"-Modell 213
6.4. Empirische Aspekte 218
   *6.4.1. Determinanten der Entwicklung der Arbeitslosenquote in
      Deutschland 218*
   6.4.2. Zur empirischen Diagnose „überhöhter" Reallöhne 222
6.5. Heterogene Arbeit 225
6.6. Gewinnbeteiligung 229
   6.6.1. Die Grundidee 229
   6.6.2. Gewinnbeteiligung und effiziente Kontrakte 232
   6.6.3 Gewinnbeteiligung, Kapitalbildung und die NAIRU 239
Zusammenfassung 242
Übungsaufgaben 243
Literatur 245

Kapitel 7: Persistenz und Hysterese 247

7.1. Was ist Hysterese? 247
7.2. Persistenz und Hysterese im Phillipskurvenmodell 249
7.3. Wodurch kann Persistenz bewirkt werden? 254
   7.3.1. Die Insider-Outsider-Hypothese 255
   7.3.2. Sachkapitalbildung 261
   7.3.3. Humankapital und Langzeitarbeitslosigkeit 262
7.4. Empirische Überprüfung auf Persistenz und Hysterese 263
Zusammenfassung 269
Übungsaufgaben 270
Literatur 271

Kapitel 8: Was haben wir gelernt? 273

8.1. Die anhaltende Massenarbeitslosigkeit: Politikversagen oder Theorie-
   versagen? 273
8.2. Unhaltbare Simplizismen 275
8.3. Die makroökonomischen Zusammenhänge 277

8.4. Die institutionellen Rahmenbedingungen des Arbeitsmarkts und die
    Arbeitsmarktpolitik 280
8.5. Die politische Ökonomie der Arbeitslosigkeit 283
8.6. Fazit 285

Literaturverzeichnis **287**

Namensregister **297**

Sachregister **301**

Verzeichnis der Boxes

1.1: Das Ende des schweizerischen „Beschäftigungswunders".............15
1.2: Intentionen beim Ausweis von Arbeitslosenquoten.............18
1.3: Das Okun'sche Gesetz.............24
1.4: Zur Erfassung der offenen Stellen.............34
1.5: Probleme der Erfassung der durchschnittlichen Dauer der Arbeitslosigkeit.............40
2.1: Die Ableitung der neoklassischen Arbeitsnachfragefunktion aus dem Gewinnmaximierungskalkül der Unternehmen.............62
2.2: Der Beschäftigungsseinbruch in Ostdeutschland nach der Wiedervereinigung.............65
2.3: Das Synthesemodell als AS-AD-Modell.............75
2.4: Nachfragewachstum, Nominallohnwachstum und Beschäftigung in der BRD.............79
3.1: Die formale Überprüfung der Stabilität des dynamischen Phillipskurven-Modells.............102
4.1: Natürliche Arbeitslosenquote und NAIRU: Begriffliches.............124
4.2: Wer ist an der Arbeitslosigkeit schuld?.............132
4.3: Der Lohn aus Sicht von Arbeitnehmer und Arbeitgeber - die „wedge".............136
4.4: Lohnpolitik, Produktivitätswachstum und das Verblassen des Wirtschaftswunders.............139
5.1: Die sektorale Arbeitsnachfragefunktion bei monopolistischer Konkurrenz auf den Gütermärkten.............156
5.2: Die Verhandlungslösung im Right-to-Manage-Modell.............167
5.3: Die Verhandlungslösung bei effizienten Kontrakten.............173
5.4: Die formalen Beziehungen zwischen den Lohnbildungsmodellen.............178
5.5: Arbeitslosigkeit, Lohnbildung und Besteuerung.............196
6.1: Die langfristige Arbeitsnachfragekurve bei konstanten Skalenerträgen.............208
6.2: Rationalisierungsbedingte Arbeitslosigkeit.............210
6.3: Gewinnbeteiligung impliziert einen effizienten Kontrakt.............238
7.1: Persistenz und Hysterese im dynamischen Phillipskurvenmodell.............253
7.2: Die random-walk-Eigenschaft der Arbeitslosenquote.............264
7.3: Evidenz aus internationalen Querschnittsdaten: Eine Studie von Ball (1997).............267

Einleitung

Zielsetzung und Abgrenzung

Ziel unseres Buches ist es, einen systematischen Überblick über die Beschäftigungstheorie zu geben. Gegenstand dieser Theorie ist die Erklärung des gesamtwirtschaftlichen Beschäftigungsgrades bzw. der Arbeitslosenquote. Obwohl die Ursachen der Arbeitslosigkeit zu denjenigen makroökonomischen Fragestellungen gehören, die die Öffentlichkeit mit am stärksten beschäftigen, erfährt die Beschäftigungstheorie in der deutschsprachigen Lehrbuchlandschaft bemerkenswerterweise eine eher stiefmütterliche Behandlung. Der Grund hierfür liegt nach unserer Einschätzung nicht etwa darin, dass sich die Forschung im deutschen Sprachraum nicht eingehend mit der Erklärung der Arbeitslosigkeit befassen würde – das Gegenteil ist der Fall. Die Marktlücke rührt vielmehr daher, dass die Beschäftigungstheorie im Lehrbetrieb, und damit auch auf dem Lehrbuchmarkt, nur allzu leicht zwischen Stuhl und Bank fällt: zwischen den Stuhl der Makroökonomik und die Bank der Arbeitsmarktökonomik.

Die *Makroökonomik* ist mit der keynesianischen Revolution der 30er Jahre zwar als eine Theorie der Arbeitslosigkeit entstanden. Nicht von ungefähr hiess das opus magnum von John Maynard Keynes „*The General Theory of Employment, Interest and Money*". Die keynesianische Beschäftigungstheorie war zunächst fast ausschliesslich eine Theorie der effektiven Güternachfrage. Dieser ideengeschichtliche Hintergrund prägt die populärsten Lehrbücher der Makroökonomik bis heute, nicht zuletzt diejenigen amerikanischer Provenienz, wie sie auch an deutschen Hochschulen überwiegend zum Einsatz kommen. Natürlich nimmt inzwischen auch die Angebotsseite den ihr gebührenden Raum ein: Die neoklassische Wachstumstheorie als angebotsorientierte Theorie der langen Periode fehlt nirgends, oft findet sich ein Kapitel zur Theorie der realen Konjunkturzyklen, und in der monetären Theorie der kurzen Periode haben die aggregierte Angebotsfunktion sowie die Phillipskurve ihren festen Platz. Aber gerade hier erweist sich die nordamerikanische Dominanz auf dem Lehrbuchmarkt als Handicap für den europäischen Anwender. Die Entwicklung der Theorie der Phillipskurve führt rasch zum Konzept der „natürlichen Arbeitslosenquote", die meist mit einigen knappen Sätzen über Friktionen am Arbeitsmarkt motiviert wird. Bestenfalls erfolgt ein Hinweis darauf, dass sich die europäischen Arbeitsmärkte aufgrund ihrer

Regulierungsdichte und der starken Stellung der Gewerkschaften in einer besonderen Situation befänden.

Unser Buch versucht somit einerseits, in bezug auf den Arbeitsmarkt, die Lohnbildung und die Beschäftigung diejenigen Inhalte zu vertiefen, die in gängigen Darstellungen der Makroökonomik zu kurz kommen. Da wir uns bemühen, die Beschäftigungstheorie sorgfältig in ihrem makroökonomischen Kontext zu verankern, sind Überschneidungen mit dem Standard-Programm der makroökonomischen Lehrbuchliteratur dennoch unvermeidlich, und zwar vor allem dort, wo die Wechselwirkungen zwischen dem Gütermarkt und dem Arbeitsmarkt im Vordergrund stehen. Hingegen bleiben alle nicht spezifisch arbeitsmarktbezogenen Aspekte der Makroökonomik ausgeblendet; und auch die ganzen Mechanismen der Güternachfragebestimmung, die vor allem für die Erklärung des zyklischen Verhaltens der Beschäftigung von Bedeutung sind, setzen wir als bekannt voraus.

Auf der anderen Seite bedingt unsere makroökonomische Behandlung der Beschäftigungstheorie auch eine Abgrenzung von der *Arbeitsmarktökonomik* im engeren Sinne. Deren inhaltliche Schwerpunkte – Arbeitsangebot, Arbeitsnachfrage, Lohnbildung, Institutionen und Koordinationsmechanismen des Arbeitsmarkts, sektorale Beschäftigungsstrukturen – liegen überwiegend auf der Ebene der mikroökonomischen Analyse. Wohl gehören auch die Ursachen und Determinanten der Arbeitslosigkeit zum Gegenstand der Arbeitsmarktökonomik, sie erfahren aber in den einschlägigen Lehrbüchern oft eine etwas beiläufige Behandlung, weil sich die Autoren verständlicherweise scheuen, neben den ganzen mikroökonomischen Inhalten auch den umfangreichen makroökonomischen Hintergrund aufzubauen, der notwendig ist, um der Beschäftigungstheorie gerecht zu werden.

In Bezug auf die Arbeitsmarktökonomik halten wir uns an denselben Grundsatz wie gegenüber der Makroökonomik: Wir blenden aus, was wir für eine Theorie des Beschäftigungsgrades nicht als absolut unentbehrlich ansehen. So verzichten wir etwa darauf, die Determinanten des Arbeitsangebots zu behandeln. Umgekehrt scheuen wir uns nicht vor Überschneidungen, wo es um Inhalte geht, die für die Beschäftigungstheorie von zentraler Bedeutung sind, wie z.B. bei der Theorie der Lohnbildung.

Diese Abgrenzung von den unmittelbaren Nachbardisziplinen der Beschäftigungstheorie dürfte auch schon deutlich gemacht haben, an wen sich unser Buch richtet: in erster Linie an Studenten der Wirtschaftswissenschaften im Hauptstudium, bei denen solide Grundkenntnisse der mikro- und makroökonomischen Theorie vorausgesetzt werden dürfen. Aber auch Ökonomen, die in der Praxis stehen und sich für beschäftigungstheoretische Zusammenhänge interessieren, zählen wir zu unserem Zielpublikum. Die Grundlage des Buches bildet eine Vorlesung, die im zweiten Studienabschnitt des wirtschaftswissenschaftlichen Studiums an der Universität Freiburg i.Br. angeboten wird. Die in dieser Vorlesung über die Jahre hinweg gesammelten Erfahrungen und Reaktionen der Studierenden haben das Manuskript sukzessive seine jetzige Gestalt annehmen lassen. Die Veröffentlichchung in der vorliegenden Fassung bedeutet allerdings nicht, dass wir den Optimierungsprozess bereits für abgeschlossen hielten.

Zum Aufbau des Buches

Da keine Theorie im luftleeren Raum betrieben werden soll, beginnen wir die Exposition in *Kapitel 1* mit einem gerafften Überblick über die „stilisierten Fakten", um deren Erklärung sich die Beschäftigungstheorie bemüht. Dieser erste Blick auf die Daten soll so weit wie möglich nicht durch eine vorgefertigte theoretische Brille erfolgen. Auch wenn dieser „ungetrübte Blick" ein nicht ganz erreichbares methodisches Ideal ist, gilt es möglichst zu vermeiden, dass bereits die Charakterisierung des Erklärungsgegenstandes bestimmte Erklärungen suggeriert – wie dies gerade in Bezug auf die Beschäftigungsproblematik leider häufig geschieht. Im Zentrum unseres empirischen Interesses steht dabei die Situation in Deutschland; daneben werden jedoch für die wichtigsten Indikatoren Zahlen für die Schweiz, Österreich, die USA und Japan herangezogen. Je unterschiedlicher die Erfahrungen verschiedener Länder sind, desto interessanter sind sie für die wissenschaftliche Analyse.

In *Kapitel 2* nehmen wir eine erste grobe Sichtung der existierenden theoretischen Erklärungsansätze vor. Dabei unterscheiden wir zwei wesentliche Theoriezweige: Zum einen kann Arbeitslosigkeit schon nur dadurch auftreten, dass andauernd Stellen auf ihre Besetzung und Arbeitssuchende auf eine entsprechende Stelle warten, der Vermittlungsprozess jedoch nicht beliebig schnell zum Abschluss kommt – unter anderem auch deswegen nicht, weil die *qualitativen* Strukturen von Arbeitsangebot und -nachfrage nicht perfekt aufeinander passen. Wir sprechen in diesem Zusammenhang von *friktioneller* oder auch *struktureller* Arbeitslosigkeit. Zum anderen kann Arbeitslosigkeit aber auch auf der Tatsache beruhen, dass die Nachfrage nach Arbeitskräften *quantitativ* geringer ist als das entsprechende Angebot. Um die Erklärung eines solchen *Angebotsüberhangs* auf dem Arbeitsmarkt haben lange Zeit zwei bedeutende theoretische Traditionen gewetteifert. Die *keynesianische* Beschäftigungstheorie argumentiert, dass hinter einem Angebotsüberhang auf dem Arbeitsmarkt immer ein Nachfragedefizit auf dem Gütermarkt stehen muss, während die *neoklassische* Theorie hinter einer zu geringen Beschäftigungsmenge einen zu hohen Lohn am Werk sieht. Der Streit zwischen diesen scheinbar widersprüchlichen Erklärungen hat die Theorie lange beschäftigt und prägt insbesondere die politischen Debatten bis heute. Allerdings werden wir zeigen, dass dieser Streit das für den Arbeitsmarkt zentrale makroökonomische Koordinationsproblem, nämlich dasjenige zwischen der Lohnpolitik und der gesamtwirtschaftlichen Nachfragesteuerung, eher verdunkelt als erhellt.

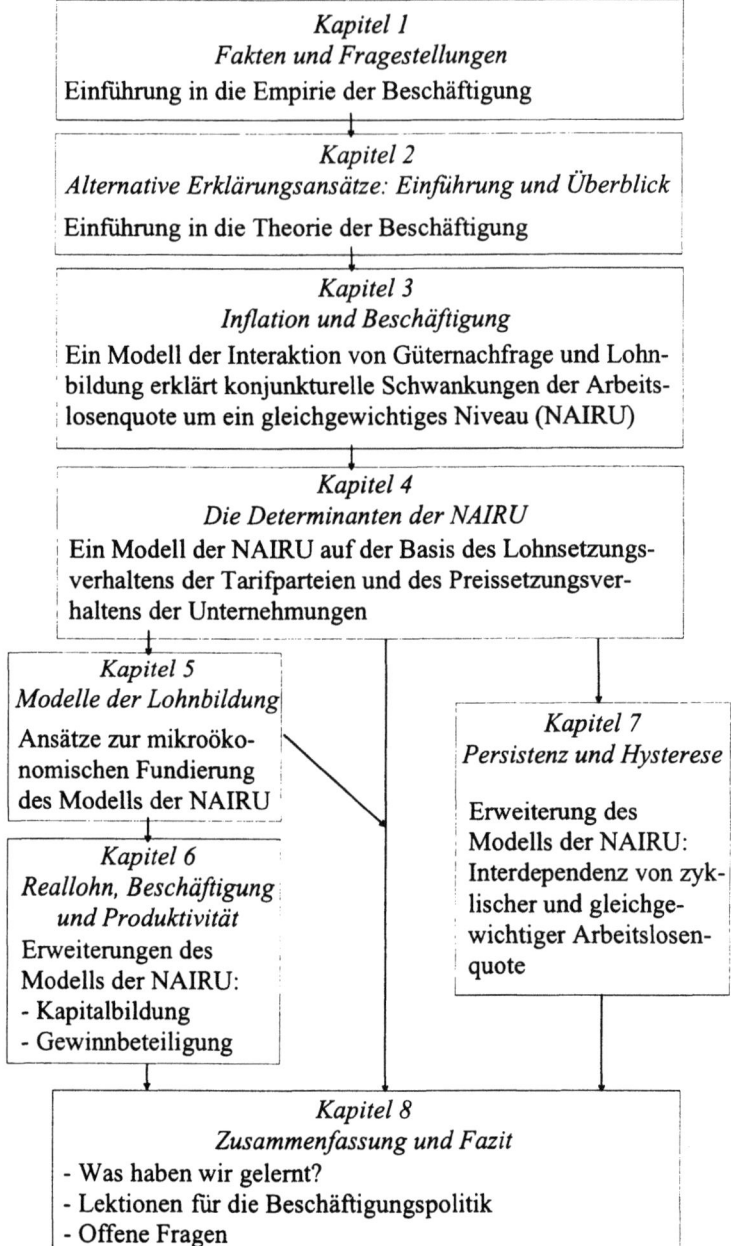

Abbildung 0.1: Überblick

Zum Aufbau des Buches

Entsprechend wenden wir uns in *Kapitel 3* einem Modell zu, das die Interaktion zwischen Lohnniveau, Güternachfrage und Beschäftigung zu analysieren erlaubt. Im Zentrum dieses Modells steht die berühmte *Phillipskurve*, deren theoretische Fundierung in den 60er Jahren von Milton Friedman und Edmund Phelps vorangetrieben wurde – mit dem wegweisenden Ergebnis, dass es einen langfristigen Gleichgewichtswert der Arbeitslosenquote gibt, die sog. „Non-Accelerating-Inflation Rate of Unemployment" (NAIRU), zu deutsch: inflationsstabile Arbeitslosenquote. Wie hoch dieser Gleichgewichtswert ist, hängt von realwirtschaftlichen Strukturmerkmalen der Arbeits- und Gütermärkte ab – was bedeutet, dass die NAIRU durch Manipulation der monetären Güternachfrage nicht beliebig lange unterschritten werden kann, ohne dass ein letztlich explosiver Inflationsprozess in Gang gesetzt wird. Der Nachfragepolitik als Instrument der Beschäftigungspolitik sind damit engere Grenzen gesetzt, als man lange Zeit glaubte.

In *Kapitel 4* entwickeln wir ein Modell zur Erklärung der NAIRU. Das Modell zeigt, dass die Arbeitslosenquote eine zentrale Rolle bei der Austarierung der *Verteilungsansprüche* verschiedener gesellschaftlicher Gruppen spielt. Dieser Sichtweise zufolge spielt die Arbeitslosigkeit in einer Volkswirtschaft gleichsam die Rolle eines Disziplinierungsinstruments, dessen sich die anonymen Marktkräfte bedienen, um die Forderungen der verschiedenen Anspruchsteller zu koordinieren – sprich: auf ein volkswirtschaftlich erfüllbares Mass zu reduzieren. Hieraus folgt unter anderem, dass eine hohe Arbeitslosigkeit nicht unbedingt eine Folge überhöhter Löhne als vielmehr unbefriedigter Verteilungsansprüche ist.

Kapitel 5 verleiht dem Modell des vierten Kapitels eine mikroökonomische Fundierung, indem es die wichtigsten Theorien der Lohnbildung vorstellt. Gemeinsamer Nenner aller dieser Modelle ist, dass sie eine positive inflationsstabile Arbeitslosenquote als endogenes Ergebnis rationaler Verhaltensweisen der Arbeitsmarktakteure begründen können.

Kapitel 6 erweitert das Modell des vierten Kapitels um einen anderen Aspekt, nämlich denjenigen der Kapitalbildung. Schaffen Investitionen Arbeitsplätze, wie so oft behauptet wird, oder ist es vielmehr so, dass durch Investitionen Arbeitsplätze vernichtet – „wegrationalisiert" – werden, wie ebenfalls oft behauptet wird? Die Analyse dieser Frage zeigt, dass es wesentliche Wechselwirkungen zwischen dem im vierten Kapitel charakterisierten Verteilungskampf und der Kapitalbildung gibt. Dieselben Wechselwirkungen sind auch von zentraler Bedeutung für eine Evaluation des Modells der sog. „Share Economy" (Gewinnbeteiligungsmodell), das Martin Weitzman in den 80er Jahren als Mittel zur Stabilisierung der Beschäftigung auf hohem Niveau propagiert hat. Dabei stellt sich heraus, dass die „Share Economy", eingebunden in den theoretischen Rahmen des Modells der NAIRU, einige Eigenschaften besitzt, an die Weitzman selbst zunächst gar nicht gedacht hat.

Kapitel 7 setzt sich mit der empirischen Beobachtung auseinander, dass die Arbeitslosigkeit in vielen Ländern eine Tendenz zur Verfestigung aufweist, welche die in den vorangegangenen Kapiteln entwickelte Gleichgewichtstheorie nicht ohne weiteres erwarten liesse. Wird nämlich die Arbeitslosenquote durch einen exogenen Impuls von ihrem langfristigen Gleichgewichtswert weggetrieben, scheinen die Kräfte, die sie theoretisch wieder zum Gleichgewicht zurückführen sollten, nur schwach oder gar nicht zu wirken. Man spricht von *Persistenz* oder auch *Hysterese*. Damit wird die vom Phillipskurvenmodell des dritten Kapitels nahegelegte scharfe Trennung zwischen den Determinanten des langfristigen Gleichgewichts einerseits und den Ursachen temporärer Gleichgewichtsabweichungen andererseits deutlich relativiert.

Mit Aussagen zur *Beschäftigungspolitik* halten wir uns generell zurück. Dies vor allem deshalb, weil uns eine ernsthafte Diskussion der politischen Gestaltungsmöglichkeiten zur Auseinandersetzung mit einer grossen Zahl von Einzelaspekten gezwungen hätte, die von der generellen Wirtschaftsordnung und der Wettbewerbspolitik über die Sozialpolitik und beispielsweise das Arbeitsförderungsgesetz bis hin zu verfahrenstechnischen Einzelheiten der Handhabung von Sozialhilfeansprüchen reichen. Damit wären wir Gefahr gelaufen, den Text zu überladen und mit allzuvielen Bäumen den Blick auf den uns wichtigen Wald zu versperren. Immerhin: Im abschliessenden *Kapitel 8*, in dem wir die wichtigsten Fäden der theoretischen Diskussion noch einmal zusammenziehen, stellen wir auch einige prinzipielle Überlegungen zu den Lektionen an, die es für die Beschäftigungspolitik zu lernen gibt. Allerdings führen diese Überlegungen zu dem Schluss, dass es vermutlich einfacher ist, die Lehren zu ziehen, als den politischen Willen zu deren Umsetzung zu mobilisieren.

Hinweise zur Verwendung des Buches

Zur Abfolge der Kapitel: Wie aus den obigen Erläuterungen zum Inhalt und aus dem Ablaufschema auf Seite 4 hervorgeht, verläuft durch die ersten vier Kapitel ein geradliniger roter Faden. Die Kapitel 2–4 tragen die wesentlichen Bausteine der modernen Beschäftigungstheorie zusammen. Sie sind strikt aufeinander aufgebaut und werden daher vorzugsweise in der vorgegebenen Abfolge gelesen. Danach gibt es mehr Flexibilität: Die Kapitel 5–7 bringen Vertiefungen und Erweiterungen der bis dahin eingeführten Konzepte. Sie können selektiv gelesen werden, ohne dass der grössere Zusammenhang verlorengeht. Das achte Kapitel zieht Bilanz. Es ist so geschrieben, dass man es auch schon zu Beginn lesen kann, um eine Vorstellung zu erhalten, wohin die Reise geht (das Buch ist ja kein Kriminalroman).

Formale Anforderungen: Wie eingangs erwähnt, setzen wir Kenntnisse der mikro- und makroökonomischen Theorie in einem Umfang voraus, wie sie in den ersten Semestern jedes wirtschaftswissenschaftlichen Universitätsstudiums vermittelt werden. Auch der Einsatz mathematischer Methoden beschränkt sich auf das, was auf diesem Niveau bedenkenlos vorausgesetzt werden darf. Generell haben wir auf eine Diktion geachtet, die das intuitive Nachvollziehen der Ergebnisse auch dort erlaubt, wo die Zusammenhänge analytisch anspruchsvoller sind.

Lernhilfen: Jedes Kapitel enthält eine kurze Zusammenfassung der Hauptergebnisse. Um die Studierenden zu einer intensiveren Auseinandersetzung mit der behandelten Theorie anzuregen, findet sich ausserdem am Ende jedes Kapitels eine kleine Sammlung von Übungsaufgaben, die zum selbständigen Umgang mit dem analytischen Instrumentarium anleiten und dabei den Stoff wiederholen oder manchmal auch geringfügig vertiefen. Innerhalb des Textes bleiben die Literaturhinweise auf ein Minimum beschränkt. Dafür ist jedem Kapitel eine kurze kommentierte Literaturliste beigefügt, die den Einstieg in die Lektüre der wichtigsten Originalbeiträge erleichtern soll.

Boxes: Der Text enthält eine grössere Anzahl von eingerahmten Boxes, die entweder bestimmte Themen vertiefen, theoretische Zusammenhänge mit Fallstudien illustrieren oder kompliziertere formal-analytische Herleitungen näher erläutern. Diese Inhalte haben wir aus dem Haupttext ausgelagert, um den Fluss und die Verständlichkeit der Argumentation zu verbessern. Die Boxes können ohne Verlust der Kontinuität weggelassen werden, bieten aber ein Auswahlmenü an ergänzender Information.

Kapitel 1: Fakten und Fragestellungen

1.1. Die Arbeitslosigkeit als gesellschaftliches Problem

Der Arbeitsmarkt ist als Indikator für die Funktionstüchtigkeit des gesamten Wirtschaftssystems von herausragender Bedeutung. Informationen, die den Arbeitsmarkt betreffen, werden in den Medien regelmässig an prominenter Stelle plaziert und kommentiert. Regierungen müssen sich an ihren (Miss-) Erfolgen im Kampf gegen die Arbeitslosigkeit messen lassen. So hat die im Herbst 1998 neu ins Amt gewählte deutsche Bundesregierung der Bekämpfung der Arbeitslosigkeit oberste Priorität eingeräumt – und unterscheidet sich in diesem Punkt in keiner Weise von der Vorgängerregierung.

Obwohl es sowohl in der Politik als auch in der Wissenschaft immer wieder Strömungen gegeben hat, die dazu tendiert haben, das Problem zu bagatellisieren, sind die negativen gesellschaftlichen und volkswirtschaftlichen Auswirkungen der Arbeitslosigkeit so offenkundig, dass es keiner langen Worte bedarf, um die Bedeutung der Beschäftigungstheorie zu motivieren. Die Kosten der Arbeitslosigkeit manifestieren sich auf vielerlei Art:

- An erster Stelle steht, dass Arbeitslosigkeit – zumal wenn die individuellen Zeitspannen einer Nichtbeschäftigung lang sind – für die Betroffenen mit erheblichen *persönlichen und psychischen Problemen* verbunden ist. Ganz abgesehen von den finanziellen Einbussen, die sie erleiden, fühlen sich viele Arbeitslose „wertlos" und „überflüssig". Nicht selten stellen sich bald auch gesundheitliche Probleme ein. Beruf und Arbeit sind eben mehr als lästige Notwendigkeit zur Bestreitung des Lebensunterhalts; sie bedeuten nicht einfach entgangene Freizeit, sondern sind auch „Lebensaufgabe" und begründen sozialen Status.
- Hohe Arbeitslosigkeit und Arbeitsplatzunsicherheit gefährden den *sozialen Frieden* und die *soziale Stabilität*. Abschreckendes Beispiel bleibt bis heute die Weltwirtschaftskrise der 30er Jahre, die Millionenheere von sozial kaum abgesicherten Arbeitslosen schuf und damit einen fruchtbaren Nährboden für radikale politische Strömungen von unvorhersehbarer Sprengkraft bildete. Nicht von ungefähr haben die UNO-Mitgliedsstaaten nach dem zweiten Weltkrieg einen hohen Beschäftigungsstand als wichtiges wirtschaftspolitisches Ziel in die UN-Charta, und oft auch in ihre nationalen Gesetzgebungen, aufgenommen. Dass die gesellschaftlichen Konsequenzen der Arbeitslosigkeit auch heute noch ein hochsensibles The-

ma bilden, belegt die „Beschäftigungsstudie" der OECD[1], ein 1994 erschienener, international stark beachteter Bericht zur Arbeitslosigkeit. Die Studie sollte ursprünglich einen Abschnitt über die Zusammenhänge zwischen der Arbeitslosigkeit und der Kriminalität sowie dem Drogenkonsum enthalten. Da aber der Inhalt offizieller OECD-Dokumente unter den Mitgliedsländern einigermassen konsensfähig sein muss, überlebte dieser Abschnitt nicht bis zum Stadium der Endfassung.

- Aus rein volkswirtschaftlicher Perspektive bedeutet Arbeitslosigkeit *Ressourcenverschwendung*. Es ist nicht einfach, ohne eine detailliertere Analyse die empirische Grössenordnung dieser Verschwendung zu beziffern. Die im folgenden zu entwickelnde Beschäftigungstheorie legt als ganz grobe Approximation die Schätzung nahe, dass eine Erhöhung der Beschäftigung um 5%, was in Deutschland die Arbeitslosigkeit beim derzeitigen Niveau (Stand: anfangs 1999) ungefähr halbieren würde, langfristig auch zu einer Ausweitung der Produktion und des Volkseinkommens um etwa 5% führen würde.
- Verschärfend kommt dazu, dass der mit der Arbeitslosigkeit einhergehende Einkommensausfall wirtschaftliche *Ungleichheit* schafft, weil er naturgemäss die Arbeitslosen am härtesten trifft. Dies fällt umso mehr ins Gewicht, als die Arbeitslosen zumeist nicht aus der Gruppe der vormals Besserverdienenden kommen, sondern gering Qualifizierte in den unteren Segmenten der Lohnpyramide überproportional betroffen sind.
- Die Arbeitslosigkeit hat schliesslich auch unmittelbare Auswirkungen auf die *Finanzlage des Staates*. Denn sie belastet die Sozialhaushalte und verursacht Ausfälle bei praktisch allen Einnahmenarten. Die Bundesanstalt für Arbeit (Zahlenfibel 1997, S. 168/9) beziffert die durchschnittlichen jährlichen Kosten eines Arbeitslosen aufgrund von Mindereinnahmen bei Steuern und Sozialbeiträgen sowie durch Zahlungen von Arbeitslosengeld und anderen Sozialleistungen auf gut 40.000 DM. Damit kostete die Arbeitslosigkeit im Jahr 1996 den deutschen Steuerzahler die Summe von 158,9 Milliarden DM oder etwa 4,5% des Bruttoinlandsprodukts.

---

[1] Organisation für wirtschaftliche Entwicklung und Zusammenarbeit mit Sitz in Paris.

1.2. Beschäftigung und Arbeitskräftepotential [1]

Einen ersten Blick auf die Arbeitsmarktsituation gestatten in Abbildung 1.1 die Zeitreihen von tatsächlicher Beschäftigung und Arbeitskräftepotential, wobei letzteres als die Summe von Beschäftigung und Arbeitslosen definiert ist. Die von der OECD ausgewiesenen Reihen sind gemessen in Anzahl Personen in der jeweiligen Gruppe. Die Graphik blendet die Grössenunterschiede der betrachteten Volkswirtschaften aus, indem für jedes Land alle Werte sowohl der Arbeitskräftepotentialreihe als auch der Beschäftigungsreihe durch 1% des Arbeitskräftepotentials im Jahr 1960 dividiert werden. Damit ist in allen Ländern das Arbeitskräftepotential im Jahr 1960 auf den Wert 100 normiert. Nachfolgende Werte zeigen somit die prozentuale Veränderung gegenüber dem Ausgangsjahr an. Die gewählte Normierung sorgt ebenfalls dafür, dass die vertikale Distanz zwischen den beiden Reihen für das erste Jahr genau der Arbeitslosenquote entspricht.

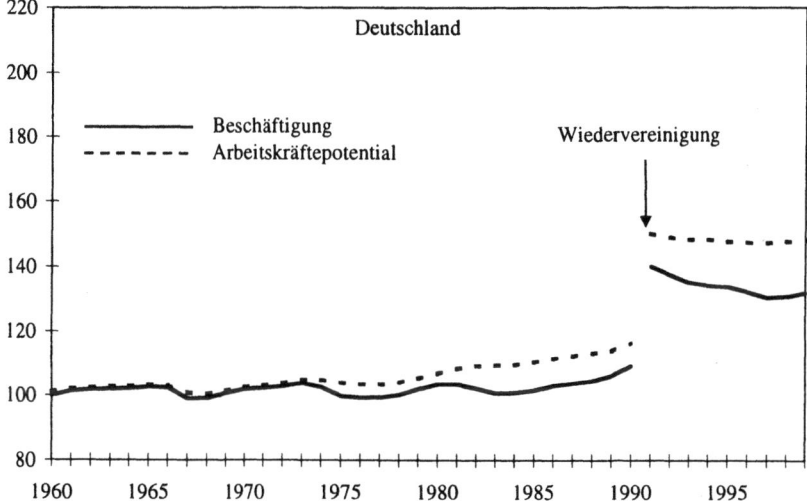

Abbildung 1.1, erster Teil

---

[1] Ziel der folgenden Abschnitte des ersten Kapitels ist es, ein Bild der Arbeitsmarktsituation in einigen Ländern zu entwerfen, wobei auch einige wichtige Fragen der Messkonzepte kurz erläutert werden. Eine ausführlichere Diskussion der mit der Messung der Arbeitslosigkeit zusammenhängenden Probleme bietet Box 1.2.

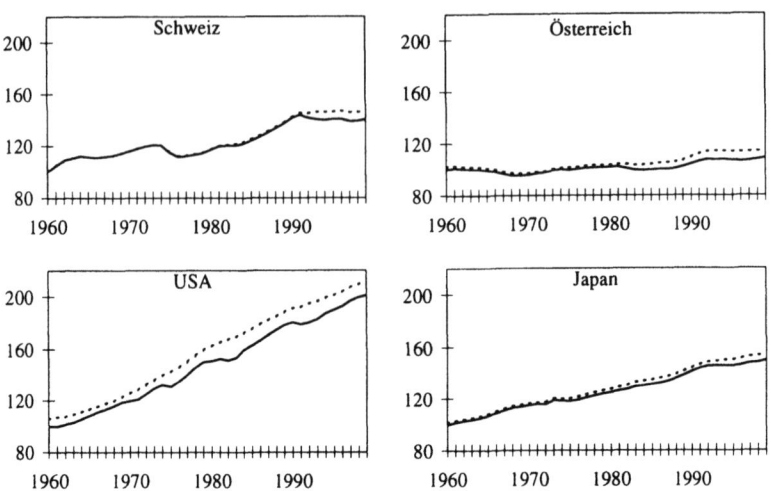

Abbildung 1.1 (Fortsetzung): Arbeitskräftepotential und Beschäftigung in verschiedenen Ländern 1960–1999; Quelle: OECD, Datastream; ab 1997 vorläufige Werte bzw. Prognosen

Die Zeitreihen zeigen deutlich, dass sich in allen Ländern trotz sehr unterschiedlichen Entwicklungen der Erwerbstätigkeit die Beschäftigung und das Arbeitskräftepotential im wesentlichen parallel entwickeln. Es können zwar in jedem der Länder Zeiten niedrigerer und höherer Arbeitslosigkeit unterschieden werden, und auch im Quervergleich der verschiedenen Länder ist die Variation der Arbeitslosigkeit beträchtlich. Aber längerfristig entwickeln sich Beschäftigung und Arbeitspotential nirgendwo trendmässig auseinander.

Die grossen Unterschiede in Zeit und Raum, durch die die Entwicklung der Arbeitslosigkeit weltweit gekennzeichnet ist, lassen sich aus Abbildung 1.2 ersehen, wo die Arbeitslosenquoten der obigen Länder über den Zeitraum 1950–1999 sowie für die derzeitigen Mitgliedsstaaten der Europäischen Union von 1960–1996 wiedergegeben sind. Definiert ist die Arbeitslosenquote dabei immer als Quotient von Arbeitslosen und Arbeitskräftepotential gemäss der folgenden Gleichung:[1]

(1.1) $\quad u_t \equiv \dfrac{\overline{N}_t - N_t}{\overline{N}_t} = \dfrac{U_t}{\overline{N}_t}$

---

[1] Die Besprechung von Messproblemen im Zusammenhang mit diesen Grössen verschieben wir auf den nächsten Abschnitt.

1.2. Beschäftigung und Arbeitskräftepotential

(u_t: Arbeitslosenquote; $\overline{N}_t$: Arbeitskräftepotential; N_t: Beschäftigtenzahl; U_t: Zahl der Arbeitslosen. Das Subscript t bezeichnet den Zeitpunkt, zu dem eine Grösse gemessen wird.)

Folgende Fakten stechen ins Auge:

1. Bis Ende der 60er Jahre war die Arbeitslosigkeit weltweit niedrig und vergleichsweise stabil. Die höchste Arbeitslosenquote war mit einem Durchschnittswert zwischen 4% und 5% in Nordamerika zu verzeichnen.
2. Seit den frühen 70er Jahren weist der Trend der Arbeitslosigkeit weltweit deutlich nach oben. Unter den in Abbildung 1.2 abgedeckten Ländern waren von diesem Anstieg Deutschland und die 15 Mitgliedsstaaten der Europäischen Union als ganzes eindeutig am stärksten betroffen.
3. Nur sanft fiel der Trendanstieg demgegenüber in Nordamerika aus, und auch dieser leichte Anstieg hat sich inzwischen wieder vollständig umgekehrt. Die Beschäftigungslage präsentiert sich dort mittlerweile – im Gegensatz zu der Zeit bis Anfang der 80er Jahre – deutlich günstiger als in Europa.
4. Als einzige bedeutende Industrienation vermochte Japan seine Arbeitslosenquote bis heute auf einem sehr niedrigen Niveau zu halten. Nur in der Schweiz und – hier nicht gezeigt: in in einigen skandinavischen Ländern – blieb die Arbeitslosigkeit lange Zeit ähnlich niedrig wie in Japan. Seit Anfang der 90er Jahre hat sich die Arbeitsmarktlage aber auch in diesen europäischen Ländern markant verschlechtert.
5. Überall kommt es zeitweilig zu mehr oder weniger ausgeprägten Abweichungen der Arbeitslosigkeit von ihrem Trendverlauf. Am deutlichsten sind diese Schwankungen um die Trendlinie im Falle Nordamerikas zu erkennen, während sie in Japan praktisch überhaupt nicht ins Gewicht fallen.

So bedeutend die internationalen Unterschiede in der Entwicklung der Arbeitslosigkeit sein mögen, im Vergleich zu den internationalen Unterschieden in der Entwicklung der Arbeitskräftepotentiale sind sie, wie Abbildung 1.1 verdeutlicht hat, gering. Überraschen mag vielleicht, dass sich Arbeitskräftepotential und Beschäftigung nicht nur im langfristigen Trend weitgehend parallel entwickeln, sondern dass auch die kürzerfristigen Schwankungen der beiden Grössen vielerorts in nicht unerheblichem Masse miteinander korreliert sind. Worauf ist dies zurückzuführen? Offenkundig schlagen sich Schwankungen im Arbeitskräftebedarf der Wirtschaft nicht in vollem Umfang in entsprechenden Schwankungen des Auslastungsgrades eines unveränderten Arbeitskräftepotentials nieder, sondern werden bis zu einem gewissen – von Land zu Land verschiedenen – Grad durch Schwankungen einer Art „stiller Reserve" aufgefangen: In einem Boom werden zusätzliche Arbeitskräfte mobilisiert, die später bei rückläufigem Arbeitskräftebedarf nicht nur aus der Beschäftigungsstatistik herausfallen, sondern auch bei der Ermittlung des Arbeitskräftepotentials nicht mehr erfasst werden.

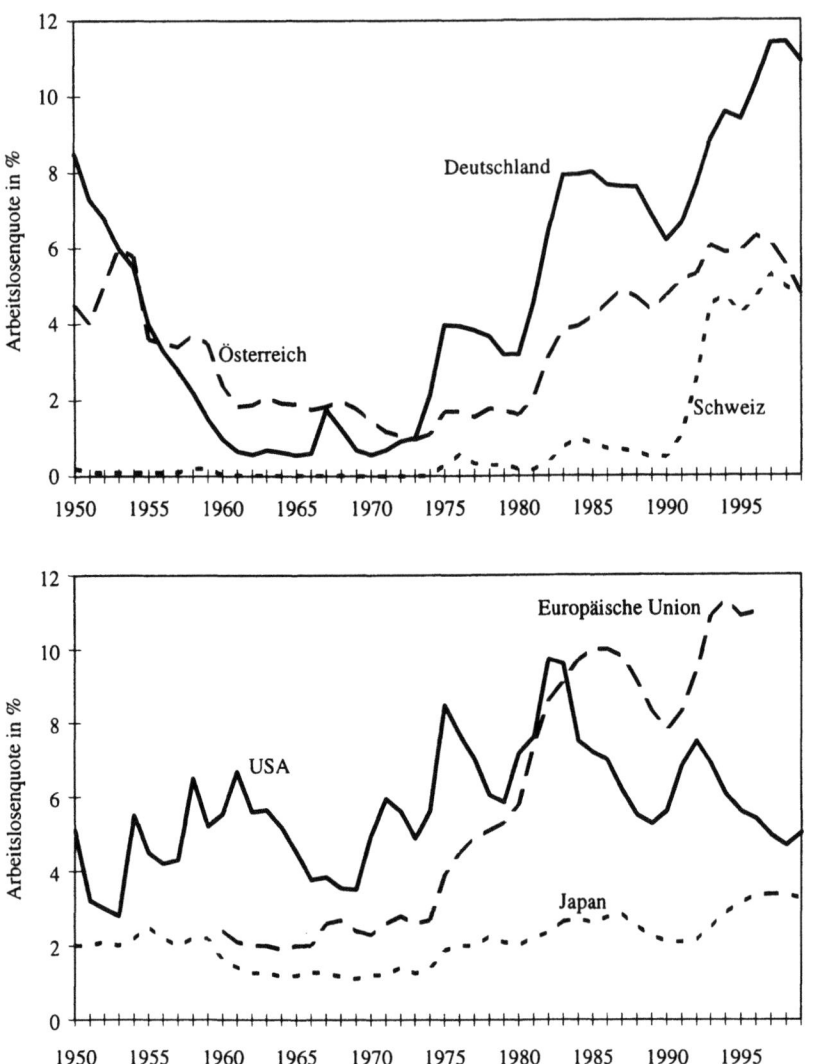

Abbildung 1.2: Arbeitslosenquoten in verschiedenen Ländern, 1950–1999; Quellen: OECD, Datastream; OECD Jobs Study für Deutschland, Schweiz, Österreich, USA und Japan, Europäische Kommission (1996, S. 69) für die 15 Mitgliedsstaaten der Europäischen Union (1960–1996)

Besonders die Erwerbstätigkeit von sog. sekundären Arbeitskräften trägt zu diesem Muster bei. Sekundäre Arbeitskräfte sind Personen, deren Arbeitseinkommen nicht die Haupteinkommensquelle des Haushalts bilden, dem sie angehören. In vielen Fällen ist beobachtbar, dass solche Arbeitskräfte bei einer günstigeren Ar-

1.2. Beschäftigung und Arbeitskräftepotential

beitsmarktlage einer Arbeit nachgehen, sich aber in weniger guten Zeiten, falls sie ihren Arbeitsplatz verlieren, deswegen nicht arbeitslos melden, sondern sich aus dem Arbeitsmarkt zurückziehen. Eine ähnliche, und z.T. noch ausgeprägtere, Pufferfunktion können auch ausländische Arbeitskräfte spielen, die nicht über ein längerfristiges Aufenthaltsrecht verfügen. Extrem ist in dieser Hinsicht das Beispiel der Schweiz, für die Abbildung 1.1 einen ganz besonders ausgeprägten Gleichlauf von Arbeitskräftepotential und Beschäftigung ausweist. Der schweizerische Sonderfall ist Gegenstand von Box 1.1.

Box 1.1: Das Ende des schweizerischen „Beschäftigungswunders"

Während Jahrzehnten galt die Schweiz als eine international einzigartige Insel der Vollbeschäftigung. Bis 1974 betrug die Arbeitslosenquote der Schweiz buchstäblich 0% und stieg auch bis 1990 nur selten über 1%. In der Rezession des Jahres 1991–1993 war jedoch ein enormer Anstieg zu verzeichnen. Damit scheint das schweizerische Beschäftigungswunder zu Ende zu sein. Was ist passiert? Der Kern der Antwort geht aus Tabelle 1.1 hervor, welche die Arbeitsmarktwirkungen der Konjunkturkrisen der Jahre 1974–1976 und 1990–1993 miteinander vergleicht. Es wird deutlich sichtbar, dass das schweizerische Beschäftigungswunder nie darauf beruhte, dass es der Schweiz auf irgendeine wundersame Art und Weise gelungen wäre, die Wirkungen konjunktureller Störungen vom Arbeitsmarkt fernzuhalten. Im Gegenteil: Der Beschäftigungsrückgang der Jahre 1974–1976 war mit ca. 8% einer der schärfsten aller Industrieländer überhaupt. Er schlug sich aber in den Arbeitslosenzahlen kaum nieder, weil sich das Arbeitskräftepotential nahezu parallel mit der Beschäftigungsabnahme zurückbildete. Durch den Abbau von ausländischen Arbeitskräften, die keine permanente Aufenthaltsgenehmigung für die Schweiz besassen, wurde die Arbeitslosigkeit praktisch exportiert. Ganz anders das Bild 1990–1993: Der gegenüber der Krise Mitte der 70er Jahre quantitativ weit weniger bedeutende Verlust an Arbeitsplätzen ging mit einer vergleichsweise starken Zunahme der Arbeitslosenzahl einher, weil das Arbeitskräftepotential kräftig weiter wuchs.

Zwei Gründe sind es im wesentlichen, welche die heute viel geringere Elastizität des Arbeitskräftepotentials erklären. Zum einen spielen die ausländischen Arbeitskräfte ihre frühere Rolle als Konjunkturpuffer kaum mehr, vor allem weil der Anteil der temporär ins Land geholten Arbeitskräfte im Vergleich zu den niedergelassenen stark abgenommen hat. Zum anderen hat sich aber auch das Erwerbsverhalten der inländischen Arbeitskräfte geändert, nachdem die Arbeitslosenversicherung, die bis 1977 nicht obligatorisch war und damals nur rund 20% der abhängig Beschäftigten erfasste, stark ausgebaut worden ist. Der Anreiz, sich nach einem Verlust des Arbeitsplatzes arbeitslos zu melden, hat damit zugenommen, so dass die Arbeitslosen auch vermehrt in der Statistik sichtbar bleiben.

	Rezession 1974–1976	Rezession 1990–1993
Absolute Veränderung der		
– Beschäftigten	–257000	–37300
– nicht-permanenten Arbeitskräfte[1]	–209000	–67400
– permanenten Arbeitskräfte[2]	–28100	+175000
– registrierten Arbeitslosen	+20600	+145000

[1] Ausländer mit befristeter Arbeitsbewilligung
[2] Inländer und Ausländer mit unbefristeter Arbeitsbewilligung

Tabelle 1.1: Arbeitsmarktwirkungen zweier schweizerischer Konjunkturabschwünge; Quelle: Sheldon (1997, S. 63)

Fazit: Das scheinbar zu Ende gegangene schweizerische Beschäftigungswunder ist nur bedingt eines gewesen; es beruhte wesentlich darauf, dass bei rückläufiger Konjunktur die durch Arbeitsplatzverluste verursachte Arbeitslosigkeit in die Herkunftsländer der ausländischen Arbeitskräfte exportiert werden konnte oder sich durch den Rückzug freigesetzter Arbeitskräfte vom Arbeitsmarkt der statistischen Erfassung entzog. Dennoch erfreut sich die Schweiz auch heute noch einer im Vergleich zu ihren grossen europäischen Nachbarn beneidenswert tiefen Arbeitslosenquote.

1.3. Arbeitslosigkeit und Arbeitslosenquote

Die statistische Abgrenzung von *„Arbeitslosigkeit"* und *„Arbeitslosenquote"* ist nicht so eindeutig, wie die häufige Benutzung dieser Konzepte vermuten lassen könnte. Je nach Fragestellung ergeben sich deutliche Unterschiede in der Auswahl und Ausprägung der relevanten Kriterien. Die in diesem Abschnitt folgende kurze Diskussion der wesentlichen Probleme, die mit der statistischen Erfassung der Arbeitslosigkeit verbunden sind, wirft denn auch ein erstes Schlaglicht auf die Vielschichtigkeit der Arbeitsmarktrealität.

In der Statistik der Bundesanstalt für Arbeit in Nürnberg wird als arbeitslos erfasst, wer

- in der BRD wohnt;
- zwischen 15 und 64 Jahren alt ist;
- als arbeitslos gemeldet ist und derzeit ohne Beschäftigung bzw. nur geringfügig beschäftigt ist;

1.3. Arbeitslosigkeit und Arbeitslosenquote

- für eine Arbeitsaufnahme zur Verfügung steht, d.h. z.B. nicht krankheitsbedingt arbeitsunfähig ist;
- eine Tätigkeit von mehr als 18 Stunden pro Woche für einen Zeitraum von mehr als drei Monaten sucht. (Dies bedeutet etwa, dass eine Nachfrage nach Ferienjobs sich nicht auf die ausgewiesene Zahl der Arbeitslosen auswirkt.)

Personen, die im Rahmen einer staatlichen Arbeitsbeschaffungsmassnahme beschäftigt sind, werden genau wie Kurzarbeiter nicht als arbeitslos geführt, was insbesondere die Aussagekraft der Arbeitslosenzahl in den neuen Bundesländern stark einschränkt.[1] Das gleiche gilt für Arbeitssuchende, die bereits ein Ruhegehalt empfangen, sowie für solche Personen, die eine Lehrstelle suchen.

Die Vielzahl der Kriterien und deren genaue Festlegung macht klar, dass internationale Vergleiche bereits bei so fundamentalen Konzepten problematisch sein können.[2] Die geeignetste Quelle für international vergleichbare Arbeitsmarktdaten ist die OECD (jährlich: Employment Outlook und Labour Force Statistics; vierteljährlich: Quarterly Labour Force Statistics). Allerdings stützt sich auch die OECD weitgehend auf nationale Datenquellen und fasst dementsprechend die Definition der Arbeitslosigkeit etwas vage, d.h. mit Spielraum für national unterschiedliche Erhebungsmethoden (vgl. im einzelnen: OECD: Labour Force Statistics 1997, S. 10-12). Im wesentlichen verlangt die OECD, dass ein Arbeitsloser

- ohne Arbeit ist,
- verfügbar sein und
- nach Arbeit suchen muss.

Es leuchtet ein, dass hier einige Unterschiede im Detail möglich sind, und diese Differenzen in den nationalen Erhebungspraktiken mehr oder weniger stillschweigend toleriert werden müssen. Für die BRD übernimmt die OECD die von der Nürnberger Bundesanstalt für Arbeit ausgewiesenen Ziffern.

Ein etwas weiter gefasstes Konzept der Nicht-Beschäftigung wird in der BRD durch das Statistische Bundesamt mit der Zahl der *„Erwerbslosen"* benutzt. Hierunter versteht man generell Personen, die ohne Arbeitsverhältnis sind, sich jedoch

---

[1] Für die fünf neuen Bundesländer liegen (für das Jahr 1996) folgende Zahlen vor (Amtliche Nachrichten der Bundesanstalt für Arbeit, Sondernummer 1997, S. 207): Zu den insgesamt 1,17 Millionen Arbeitslosen im Jahresdurchschnitt 1996 kommen 71000 Kurzarbeiter sowie 191000 Arbeiter in Massnahmen zur Arbeitsbeschaffung. Weitere 239000 Personen sind in Massnahmen zur beruflichen Weiterbildung erfasst. Damit ist klar, dass die Arbeitslosenquote alleine noch kein zuverlässiges Bild von der Unterauslastung des Faktors Arbeit bietet, zumal hier Massnahmen und Phänomene wie Frühverrentung, „Parkstudium" und unfreiwilliger Rückzug aus dem Erwerbsleben (stille Reserve) noch gar nicht enthalten sind.

[2] Riese et al. (1989, S. 62-63) vermitteln eine tabellarische Übersicht über die Kriterien für sieben EG-Länder.

um eine Arbeitsstelle bemühen und zwar (im Gegensatz zur Definition der Arbeitslosen) unabhängig davon, ob sie beim Arbeitsamt als Arbeitslose gemeldet sind. Auf der anderen Seite werden Personen, die eine nur geringfügige Tätigkeit ausüben zwar als arbeitslos gezählt, wenn alle anderen Kriterien erfüllt sind, jedoch nicht den Erwerbslosen zugerechnet. (Vgl. Statistisches Bundesamt: Statistisches Jahrbuch 1997, S. 101).

Wie schon im letzten Abschnitt erwähnt, ist die *Arbeitslosenquote* definiert als der prozentuale Anteil der Arbeitslosen am gesamtwirtschaftlichen Arbeitskräftepotential. Ermessensspielräume gibt es nicht nur bei der Erfassung der Arbeitslosen, sondern auch bei der Abgrenzung des Arbeitskräftepotentials. Während die Bundesanstalt für Arbeit bei der Berechnung der Arbeitslosenquote nur die abhängigen Erwerbspersonen (= abhängig Beschäftigte + registrierte Arbeitslose) des zivilen Bereiches in Rechnung stellt, ergänzt die OECD die Nennergrösse um die Zahl der Selbständigen und der Soldaten (total labour force). Deshalb ist die von der Bundesanstalt für Arbeit ausgewiesene Arbeitslosenquote deutlich höher als die OECD-Arbeitslosenquote. Beide Konzepte beantworten somit etwas unterschiedliche Fragen. Wichtig ist, dass man sich über die jeweilige Abgrenzung im Klaren ist und bei internationalen Vergleichen möglichst eng beieinanderliegende Messkonzepte heranzieht.[1] Einige weitere konzeptionelle Aspekte der Abgrenzung von Arbeitslosen und Arbeitskräftepotential werden in Box 1.2 besprochen.

Box 1.2: Intentionen beim Ausweis von Arbeitslosenquoten

Die Arbeitslosenquote ist *der* wirtschafts- und beschäftigungspolitische Indikator schlechthin. An ihr wird häufig die Funktionstüchtigkeit eines gesamten Wirtschaftssystems gemessen. Deshalb ist es – insbesondere vor dem Hintergrund der unterschiedlichen Definitionen – nützlich, sich vor Augen zu führen, welche Zwecke der Ausweis von Arbeitslosenquoten verfolgt.

Gemäss den zu Beginn dieses Kapitels unterschiedenen Kostenfaktoren von Unterbeschäftigung sind dies

- die Messung der Unterauslastung des Produktionsfaktors Arbeit

---

[1] Seit einigen Jahren weist die OECD für einige Länder zusätzlich „standardisierte" Arbeitslosenquoten aus (für eine kurze Beschreibung: Quarterly Labour Force Statistics 2, 1993, S. 76), die den Anspruch erheben, die internationale Vergleichbarkeit zu verbessern. Für die BRD liegt diese Quote etwa einen Prozentpunkt niedriger als die nach Gleichung (1.1) aus OECD-Zahlen berechnete. Wie auf Anfrage von der OECD zu erfahren war, liegt der wesentliche Grund darin, dass für die Standardisierung die Arbeitslosenzahlen angeglichen werden an die Ergebnisse einer von der EG im Juni eines jeden Jahres durchgeführten Stichprobe. Dies resultiert offensichtlich in einer deutlich niedrigeren Arbeitslosenzahl, ist allerdings am ehesten als Evidenz für die grossen Erfassungs- und Vergleichbarkeitsprobleme denn als deren Lösung zu interpretieren.

- die Erfassung von Produktionsausfällen und
- die Quantifizierung von sozialen/psychologischen Belastungen durch Arbeitslosigkeit (Riese 1986, S. 22).

Es ist klar, dass diese drei Funktionen nicht durch *ein* Messkonzept in jeweils idealer Weise zu erfüllen sind. Das im Text vorgestellte Messkonzept der OECD ist eindeutig an der Quantifizierung der Unterauslastung der Arbeitskraft ausgerichtet, indem das Arbeitskräftepotential recht weit gefasst wird, nämlich Selbständige und Armeeangehörige ebenfalls enthält. Die Bundesanstalt für Arbeit ist dagegen eher darum bemüht, bereits auch soziale Aspekte der Arbeitslosigkeit abzubilden, indem die Selbständigen ausgeschlossen werden. Dies lässt sich insofern rechtfertigen, als Arbeitslosigkeit in dieser Gruppe gar nicht definiert ist. Ist jemand als arbeitslos gemeldet, so muss er offiziell auf der Suche nach einer abhängigen Beschäftigung sein, auch wenn der Weg in die Selbständigkeit geplant ist.

Es wird sich zeigen, dass für gezieltere Fragestellungen auch spezialisiertere Masse zur Verfügung stehen; beispielsweise wird mit Hilfe sog. Outputlücken versucht, den Output-Ausfall insbesondere konjunktureller Arbeitslosigkeit zu messen, während für die Beurteilung der sozialen Aspekte der Arbeitslosigkeit beispielsweise auch zwischen dem Risiko eines Arbeitsplatzverlustes und der durchschnittlichen Dauer der Arbeitslosigkeit unterschieden werden muss.

1.4. Bestände und Ströme auf dem Arbeitsmarkt

Die bisher diskutierten Arbeitsmarktkennziffern „Beschäftigung" und „Arbeitslosigkeit" sind *Bestandsgrössen*, d.h. sie sind ausgewiesen zu einem bestimmten Zeit*punkt* (Stichtag) bzw. als Durchschnittsbestand in einer Periode. Die Bestände können sich im Zeitablauf durch Zu- und Abgänge ändern. Diese Zu- und Abgänge sind *Stromgrössen*, d.h. für einen bestimmten Zeit*raum* definiert. Es ist wichtig sich klarzumachen, dass auf dem Arbeitsmarkt die Bruttoströme im Vergleich zu den Bestandsveränderungen, im Falle der Arbeitslosigkeit auch relativ zum Niveau des Bestandes, gross sind. Die folgende Tabelle 1.2 veranschaulicht die Grössenordnungen für die Entwicklung der Bestandsgrösse Arbeitslosenzahl für Westdeutschland im Jahr 1995.

Eine ähnliche Rechnung können wir in Tabelle 1.3 für die Bestandsgrösse Erwerbstätigkeit aufmachen, wobei sich die Zahlen wiederum auf Westdeutschland und das Jahr 1995 beziehen.

Reine Bestandsrechnungen oder die Betrachtung der Netto-Bestandsveränderungen vermitteln fälschlicherweise das Bild eines weitgehend bewegungslosen Arbeitsmarktes. Die Stromgrössen machen demgegenüber die Dynamik permanenter Beendigungen und Neuanfänge von Arbeitsverhältnissen plastisch. Während sich beispielsweise die Zahl der Erwerbstätigen im Jahre 1995 insgesamt „nur" um 0,7% veränderte (was im historischen Vergleich allerdings sehr viel ist), zeigen die 20,7% aufgelösten und die 20,0% neubegründeten Arbeitsverhältnisse an, wieviel unter der Oberfläche der relativen makroökonomischen Stabilität tatsächlich im Fluss ist.

Bestand zum 1.1.1995:	2545,1
+ Zugänge in 1995	4654,7
- Abgänge in 1995	4522,3
(Nettoveränderung: + 132,4)	
Bestand zum 31.12.1995	2677,5

Tabelle 1.2: Arbeitslosigkeit: Bestand und Änderung in 1000 Personen (Westdeutschland 1991); Quelle: Bundesanstalt für Arbeit (Zahlenfibel 1997, S. 29)

Bestand zum 1.1.1995:	26887
+ Zugänge in 1995	5373
- Abgänge in 1995	5565
(Nettoveränderung: – 192)	
Bestand zum 31.12.1995	26695

Tabelle 1.3: Erwerbstätigkeit (ohne Auszubildende): Bestand und Änderung in 1000 Personen (Westdeutschland 1995); Quelle: Bundesanstalt für Arbeit (Zahlenfibel 1997, S. 24/25)

Die Stromgrössenanalyse kann gegenüber den Angaben in den Tabellen 1.2 und 1.3 über aggregierte Zu- und Abgänge zur Arbeitslosigkeit bzw. zur Beschäftigung weiter verfeinert werden, indem nach der Herkunft der Zugänge und dem Verbleib der Abgänge unterschieden wird. Bei dieser Betrachtung kommt man einer differenzierten Diagnose des Arbeitsmarktes einen bedeutenden Schritt näher. Denn es ist ja beispielsweise nicht dasselbe, ob ein Anstieg der Arbeitslosenzahl (= Bestandsveränderung) durch einen hohen Zugang zum Arbeitskräftepotential bei gleichbleibender Beschäftigung oder durch den Verlust von Arbeitsplätzen bei gleichbleibendem Arbeitskräftepotential resultiert.

Die Zusammenhänge zwischen den verschiedenen Beständen sowie zwischen den Beständen und Strömen des Arbeitsmarktes sind in den Abbildungen 1.3 und 1.4 schematisch dargestellt. Abbildung 1.3 vermittelt einen Überblick über die gebräuchlichsten Bestandskonzepte und die sie miteinander verbindenden Definitionszusammenhänge:

1.4. Bestände und Ströme auf dem Arbeitsmarkt

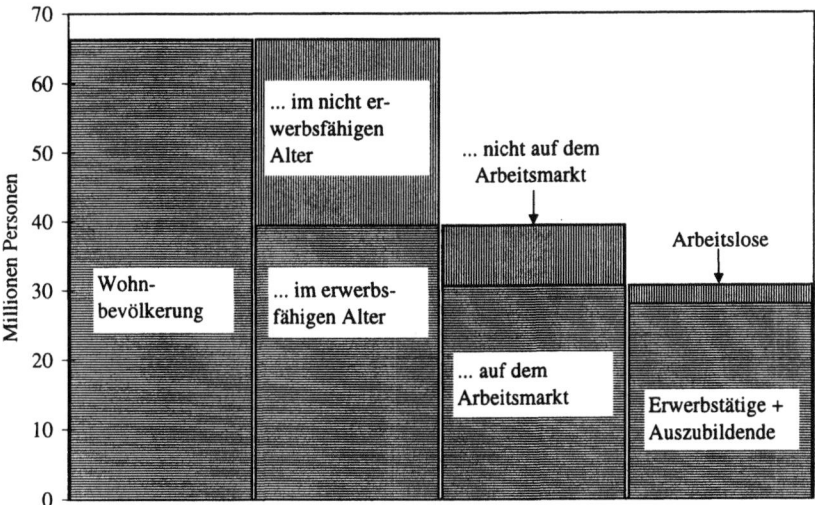

Abbildung 1.3: Die wichtigsten Bestandsgrössen im Überblick für das Jahr 1995 (Westdeutschland, in Millionen Personen); Quelle: Bundesanstalt für Arbeit (Zahlenfibel 1997, S. 24/5)[1]

Ausgehend von der Wohnbevölkerung eines Landes können wir die Bestandsgrössen auf drei Ebenen unterscheiden. Auf einer ersten Ebene sind die erwerbsfähige und die nichterwerbsfähige Bevölkerung auseinanderzuhalten. Die diesbezügliche Zusammensetzung der Wohnbevölkerung ist in erster Linie von deren Altersaufbau abhängig, daneben können Personen zwar im erwerbsfähigen Alter, aber aufgrund von Krankheiten nicht oder nur eingeschränkt erwerbsfähig sein. Diese Gruppe ist aus der obigen Abbildung nicht zu entnehmen. Die Grösse und Struktur der Wohnbevölkerung werden durch *demographische* Faktoren bestimmt, also Fertilität, Mortalität und Wanderungsbewegungen. Obwohl von Änderungen solcher Faktoren, wie wir sehen werden, nachhaltige Auswirkungen auf Arbeitsmarkt und Beschäftigung ausgehen können, ist die Erklärung der demographischen Gegebenheiten selbst nicht Gegenstand dieses Buches.

Auf einer zweiten Ebene stellt sich die Frage, welcher Anteil der Bevölkerung im erwerbsfähigen Alter tatsächlich am Arbeitsmarkt teilnimmt (bzw. teilnehmen möchte). Dieser Anteil der sog. *Erwerbspersonen* an der Wohnbevölkerung wird auch als *Partizipationsquote* bezeichnet. Die Partizipationsquote reflektiert das Arbeitsangebotsverhalten der privaten Haushalte, d.h. deren Wahl zwischen Arbeit und Freizeit. Die Faktoren, welche auf der individuellen Ebene diese Ent-

---

[1] Die „Erwerbstätigen" setzen sich hier zusammen aus den abhängig und selbständig Beschäftigten sowie den Auszubildenden.

scheidungen bestimmen, sind ein zentraler Bestandteil der Arbeitsmarkttheorie.[1] Auch haben wir in Abbildung 1.1 gesehen, dass die Entwicklung des Arbeitskräfteangebots bzw. des Arbeitskräftepotentials – diese Begriffe verwenden wir synonym mit der Zahl der Erwerbspersonen – langfristig die mit Abstand bedeutendste Bestimmungsgrösse der Beschäftigungsentwicklung ist.

Auf einer dritten Ebene teilen sich die Erwerbspersonen in Erwerbstätige (bzw. Auszubildende) und Arbeitslose auf. Die Relation zwischen Erwerbstätigen und Erwerbspersonen wird als *Beschäftigungsgrad* ($\equiv 1 -$ Arbeitslosenquote) einer Volkswirtschaft bezeichnet.[2] Dieser ist bestimmt durch die *Funktionsweise* bzw. *Funktionsfähigkeit* des Arbeitsmarktes. Wie wir bereits in der Einleitung ausgeführt haben, ist es in erster Linie der Beschäftigungsgrad, mit dessen Erklärung wir uns in den folgenden Kapiteln befassen werden. Über das Partizipationsverhalten werden wir dabei nicht viel zu sagen haben. Vielmehr werden wir uns auf die Frage konzentrieren, welches die wesentlichen Determinanten des Beschäftigungsvolumens sind, das sich bei gegebenem Partizipationsverhalten der erwerbsfähigen Bevölkerung auf dem Arbeitsmarkt herausbildet.

Aus Abbildung 1.3 geht hervor, dass jeder Einwohner eines Landes einer der folgenden vier Kategorien zugerechnet werden kann:

- beschäftigt (abhängig oder selbständig),
- arbeitslos,
- nicht auf dem Arbeitsmarkt oder
- nicht im erwerbsfähigen Alter.

Diese vier Möglichkeiten bilden die wesentlichen Bestandsgrössen des Arbeitsmarktes.[3] Im Zeitablauf finden Übertritte von jedem dieser Zustände in jeden anderen statt. Daraus folgt, dass sich die Bestände durch die zwischen ihnen fliessenden Ströme verändern. Abbildung 1.4 stellt das sich so ergebende Strom-Bestands-System dar und ermöglicht damit eine detailliertere Aufschlüsselung der in den Tabellen 1.2 und 1.3 wiedergegebenen Bestandsveränderungen und Ströme. Die Stärke des Stroms zwischen den jeweiligen Polen ist in Abbildung 1.4 beziffert (in Tausend Personen), die Dicke der Pfeile gibt einen optischen Eindruck von der relativen Grösse der Ströme.

Konkret sehen wir beispielsweise, dass sich die in Tabelle 1.3 bezifferten Zu- und Abgänge aus dem Bestand der Beschäftigten auf drei Ströme verteilen:

---

[1] Vgl. beispielsweise Franz (1996b, Teil II).

[2] Alle Messprobleme, die im Zusammenhang mit der Arbeitslosenquote diskutiert wurden, sind natürlich auch für die empirische Erfassung des Beschäftigungsgrades relevant.

[3] Dies bedeutet nicht, dass es noch andere Kategorien auf der gleichen Ebene gibt, da die vier genannten Kategorien die gesamte Wohnbevölkerung abdecken. Allerdings ist es möglich, die genannten Bestände nach verschiedenen Kriterien weiter zu disaggregieren.

1.4. Bestände und Ströme auf dem Arbeitsmarkt

- Ströme zwischen dem Bestand der Erwerbstätigen und dem Bestand der Arbeitslosen: z.B. Entlassungen bzw. Einstellung von Arbeitslosen,
- Ströme zwischen dem Bestand der Erwerbstätigen und dem Bestand der nicht Erwerbsfähigen: z.B. Pensionierungen bzw. Eintritt junger Jahrgänge in die Erwerbstätigkeit,
- Ströme zwischen dem Bestand der Erwerbstätigen und dem Bestand der nicht am Arbeitsmarkt partizipierenden im erwerbsfähigen Alter: z.B. Rückzüge aus dem Erwerbsleben zwecks Hinwendung zur Kindererziehung bzw. Übertritte von Schulen und Universitäten ins Berufsleben.

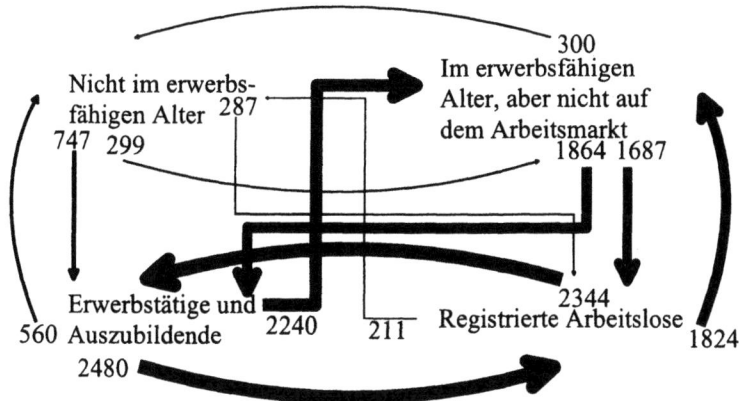

Abbildung 1.4: Die Interaktion der Bestände und Ströme in 1000 Personen (Westdeutschland 1995)[1]; Quelle: Bundesanstalt für Arbeit, Zahlenfibel 1997 sowie ergänzende telefonische Auskunft bei der Bundesanstalt für Arbeit; eigene Berechnungen

Eine entsprechende Aufschlüsselung können wir auch für die Veränderungen der Arbeitslosigkeit und der beiden anderen Bestände vornehmen. So lernen wir beispielsweise, dass von den ca. 4,5 Mio. Abgängen aus der Arbeitslosigkeit gut 2,3 Mio. einen Wechsel in die Beschäftigung darstellen, während der grössere Teil des Rests sich vom Arbeitsmarkt – wenigstens vorübergehend – zurückzieht.

Die quantitative Analyse der Strom-Bestands-Interaktionen wird auch als *Arbeitskräfte-Gesamtrechnung* bezeichnet.[2] Mit elementaren Ansätzen zur Modellierung der Arbeitsmarktströme werden wir uns in Kapitel 2 befassen.

---

[1] Die Summe der Zu- und Abgänge in und aus Beschäftigung und Arbeitslosigkeit sind in Abbildung 1.4 etwas geringer als in den Tabellen 1.2 und 1.3 ausgewiesen, weil in Abbildung 1.4 Zugänge und Abgänge durch Zuzug/Wegzug in die bzw. von der BRD sowie Abgänge durch Tod nicht enthalten sind.

[2] Eine kurze Übersicht gibt Klauder (1990).

1.5. Beschäftigungsgrad, Kapazitätsauslastung und das Okun'sche Gesetz

Die Arbeitslosenquote ist ein Mass für den Auslastungsgrad des Produktionsfaktors Arbeit. Daher hat sie in der angewandten Makroökonomik immer auch eine zentrale Rolle als *Konjunkturindikator* gespielt. Arthur Okun, in den 60er Jahren Vorsitzender des Council of Economic Advisers der amerikanischen Regierung, schätzte den Zusammenhang zwischen der Wachstumsrate des realen Sozialprodukts und der Änderung der Arbeitslosenquote mit Hilfe einer Regressionsgleichung. Der Zusammenhang war so eng, dass er als das *Okun'sche Gesetz* in die Lehrbücher einging.[1] Mit Hilfe dieses Zusammenhangs konnte Okun berechnen, wie gross die Produktion der amerikanischen Volkswirtschaft gewesen wäre, wenn die Arbeitslosenquote statt des jeweils beobachteten Wertes einen Richtwert von 4% angenommen hätte, der damals allgemein als vernünftige Definition der Vollbeschäftigung akzeptiert war. Auf diese Weise erhielt Okun eine Schätzung des gesamtwirtschaftlichen Produktionspotentials. Weitere Details zum Okun'schen Gesetz finden sich in Box 1.3.

Box 1.3: Das Okun'sche Gesetz

Die in der angewandten empirischen Forschung sehr gebräuchliche und im Text bereits beschriebene Okun-Gleichung kann in Gleichungsform als $\hat{Y} = \alpha_0 - \alpha_1 \dot{u}$ geschrieben werden. Y bezeichnet das reale Sozialprodukt der betrachteten Wirtschaft, ein Dach über der Variable symbolisiert in diesem Buch immer die entsprechende Wachstumsrate. $\hat{Y}$ bezeichnet somit die Wachstumsrate des realen Sozialprodukts. Wie bereits eingeführt, steht u für die Arbeitslosenquote, ein Punkt über einer Variablen notiert die Ableitung der entsprechenden Grösse nach der Zeit t, d.h. $\dot{u} \equiv \dfrac{\partial u}{\partial t}$. α_0 ist ein als konstant angenommener Parameter und gibt an, um wieviel der Output bei konstanter Arbeitslosenquote zunimmt, steht also für die Wachstumsrate des Produktionspotentials bei einer gegebenen Beschäftigungsmenge. Bei der empirischen Schätzung des Okun-Zusammenhangs fällt somit in Form des Absolutgliedes gleichzeitig eine Schätzung dieses Potentialwachstums ab. Allerdings wird dabei implizit unterstellt, dass die langfristige Wachstumsrate des realen Sozialprodukts einen im Zeitablauf konstanten Wert hat, was je nach Schätzzeitraum eine eher problematische Annahme ist.

---

[1] Okun (1962).

1.5. Das Okun'sche Gesetz

Der Koeffizient α_1 ist als sog. Okunkoeffizient in die Literatur eingegangen. Für die BRD ergibt sich beispielsweise für Jahresdaten 1961–1999 folgende Schätzung:[1]

$$\hat{Y} = 3,46 - 2,27\Delta u.$$

D.h. ein Rückgang der Arbeitslosenquote um einen Prozentpunkt geht mit einer Outputsteigerung um 2,27% einher. Die Wachstumsrate, die im Stichprobenmittel *ohne* Veränderung der Arbeitslosenquote – d.h. aufgrund von Produktivitätssteigerungen und/oder gestiegener Beschäftigung bei parallelem Anstieg des Arbeitskräftepotentials – erreicht worden wäre, beträgt 3,46%.

Die folgenden Abbildungen zeigen das gemeinsame Verhalten von $\hat{Y}$ und Δu für Deutschland, die Schweiz, Österreich, die USA und Japan jeweils mit der Regressionslinie, die aus einer Schätzung der Okun-Gleichung resultiert.

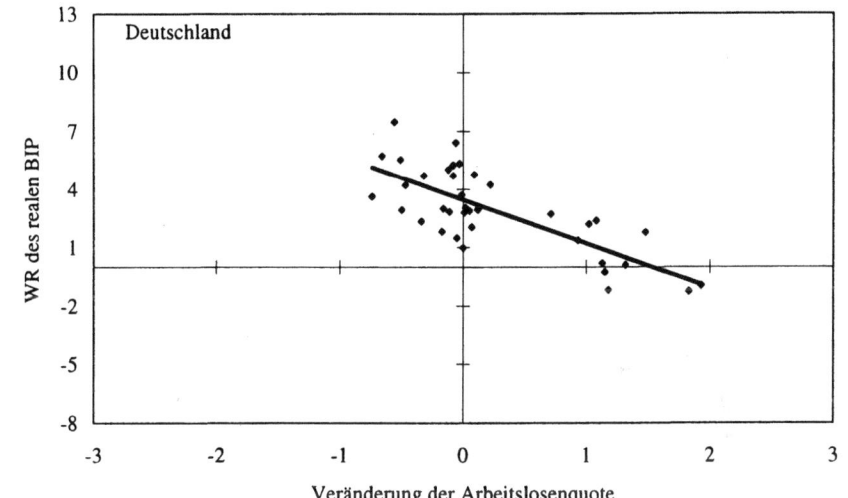

Abbildung 1.5, erster Teil

---

[1] Bei der empirischen Schätzung treten anstelle der stetigen Änderungen von Y und u natürlich die von Periode zu Periode gemessenen diskontinuierlichen Änderungen. Dementsprechend bezeichnet Δu die absolute Veränderung der Arbeitslosenquote eines Jahres zum entsprechenden Vorjahreswert. Die zugrundeliegenden Daten stammen von der OECD; die Werte für 1998 und 1999 sind Prognosen der OECD.

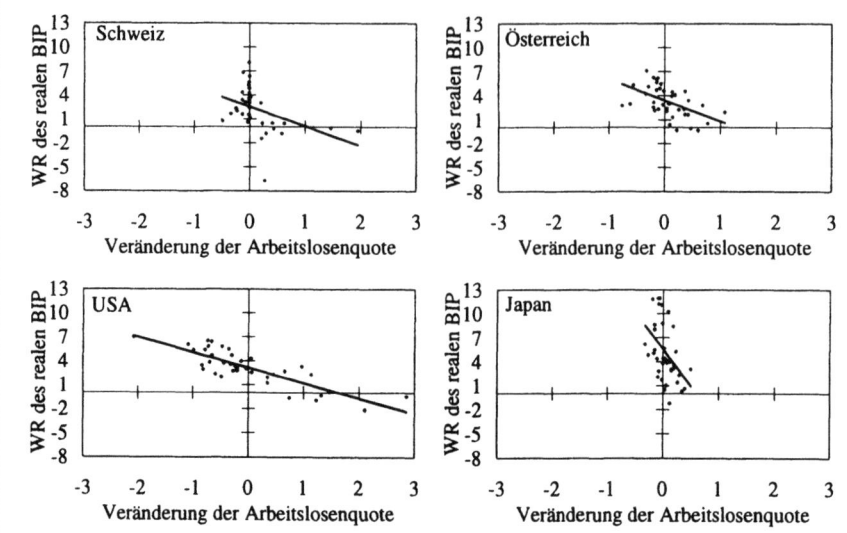

Abbildung 1.5 (Fortsetzung): Okun-Kurven für verschiedene Länder 1961-1999; Datenquelle: OECD, Datastream

Die für die gezeigten Daten geschätzten Koeffizienten sind in der folgenden Tabelle 1.4 wiedergegeben:

	D	CH	A	USA	J
α_0	3,46	2,57	3,40	3,13	5,55
α_1	2,27	2,46	2,62	1,93	9,25

Tabelle 1.4: Die Koeffizienten der Okun-Gleichungen

Während die Koeffizienten für Deutschland, die Schweiz, Österreich und die USA nicht allzuweit auseinanderliegen, gehen in Japan Änderungen der Arbeitslosenquote mit vergleichsweise hohen Outputschwankungen einher, bzw. ziehen Outputschwankungen nur relativ geringe Veränderungen der Arbeitslosenquote nach sich. Offensichtlich ist der Parameter α_1 keine Naturkonstante, sondern seinerseits abhängig von den institutionellen Rahmenbedingungen auf den nationalen Arbeitsmärkten. So reflektiert der Okunkoeffizient für die japanischen Daten die geringe Konjunkturempfindlichkeit der Beschäftigung. Umgekehrt zeugt der tiefe Okunkoeffizient der USA von einem relativ ausgeprägten „hire and fire".

1.5. Das Okun'sche Gesetz

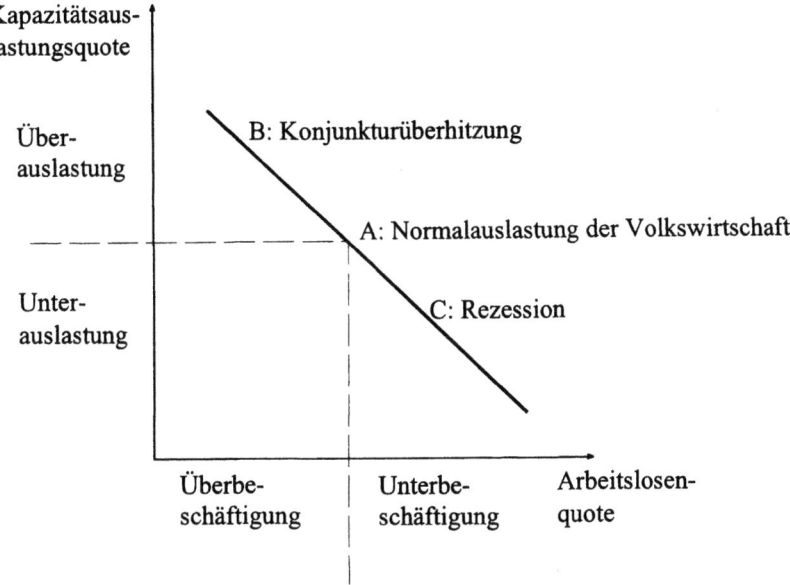

Abbildung 1.6: Idealisierte Korrelation zwischen der Auslastung der Arbeit und der Auslastung des Kapitals im Konjunkturverlauf

Da für den Produktionsprozess aber nicht nur der Faktor Arbeit, sondern auch der Faktor Kapital benötigt wird, stellt sich die Frage, ob bei der Ermittlung des Produktionspotentials nicht auch die Auslastung des Kapitals zu berücksichtigen ist.[1] Analog zum Beschäftigungsgrad kann für das Kapital eine sog. *Kapazitätsauslastungsquote* berechnet werden. Okun ging davon aus, dass sich die Auslastungsgrade des Kapitals und der Arbeit in hohem Grade parallel bewegen, d.h. dass die Arbeitslosenquote hinreichend gute Indikatorqualitäten für die Volkswirtschaft insgesamt besitzt. Die Berechtigung dieser Annahme ist nicht zuletzt eine Frage des Zeithorizonts der Analyse. Im Kontext einer kurzfristig-konjunkturellen Betrachtung geht man nicht weit an der Realität vorbei, wenn man die gesamte Faktorausstattung einer Volkswirtschaft, also das Arbeitskräftepotential und den Realkapitalbestand, als konstant vorgegeben betrachtet. Zyklische Outputbewegungen müssen dann mit weitgehend gleichgerichteten Bewegungen der Auslastungsgrade beider Faktoren einhergehen, weil in der kurzen Frist ja auch kaum Substitutionen zwischen Arbeit und Kapital möglich sind. Abbildung 1.6 stellt

---

[1] „Kapital" ist hier im Sinne von physischem Realkapital (im Gegensatz zu Finanzkapital) zu verstehen, was auf der empirischen Ebene ein sehr heterogenes Konstrukt ist, weil es Maschinen und private Bauten ebenso wie Infrastrukturanlagen umfasst. Es ist in der makroökonometrischen Forschung üblich, die Produktionstechnologie in den beiden Faktoren Arbeit und Kapital zu spezifizieren, bisweilen wird als dritter Faktor noch „Energie" hinzugenommen (Lüdeke et al. 1989).

diesen Sachverhalt schematisch dar, wobei auf der Ordinate die Kapazitätsauslastungsquote und auf der Abszisse die Arbeitslosenquote abgetragen sind. Eine Bewegung zwischen B und C bringt den beschriebenen Zusammenhang im Konjunkturverlauf zum Ausdruck. Wenn Punkt A die Normalauslastung beider Faktoren anzeigt, repräsentieren die Punkte B und C einen Konjunkturboom bzw. eine Rezession.

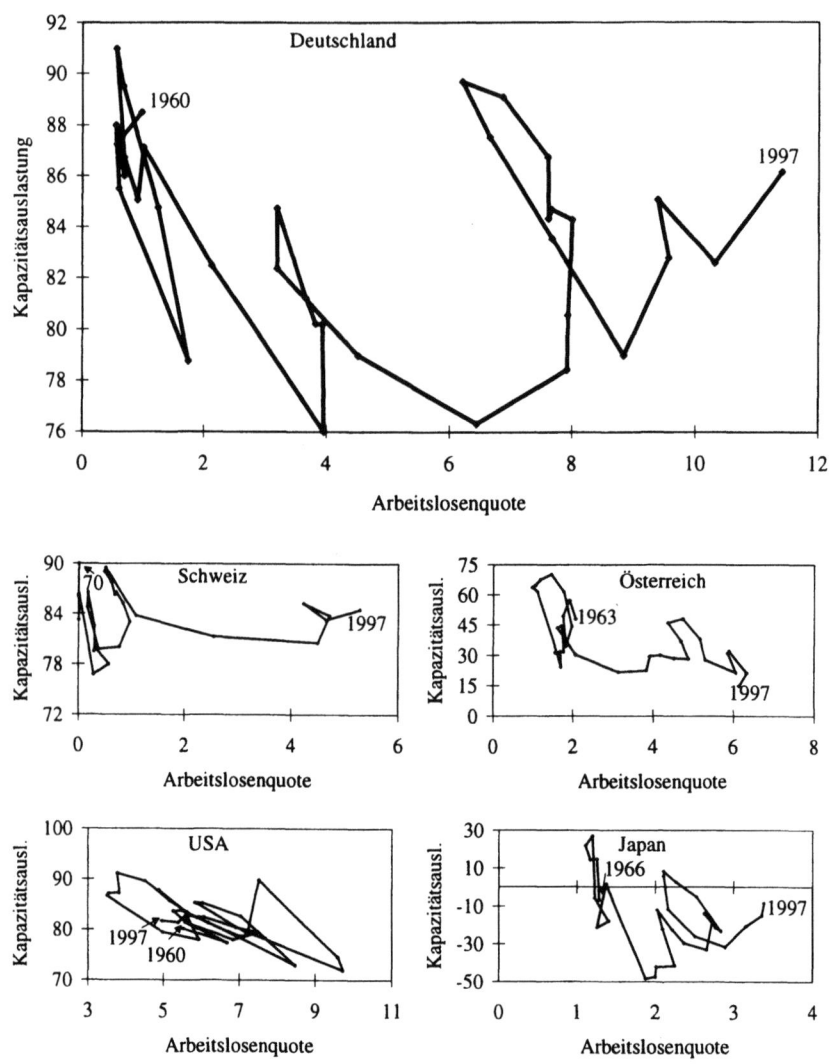

Abbildung 1.7: Sachkapazitätsauslastung und Arbeitslosenquote (in %); Quelle: OECD, Datastream. Das Mass für die Kapazitätsauslastungsquote für Österreich ist der Anteil der Firmen, deren Kapazität voll ausgelastet ist, während für Japan ein als abso-

1.6. Inflation und Beschäftigung

lute Zahl nicht interpretierbarer Index, der die Bewertung der Kapazitätsauslastung reflektiert, wiedergegeben ist.

In der Wirklichkeit – bzw. über längere Zeiträume – sind die Zusammenhänge offenbar komplizierter. Abbildung 1.7 zeigt das gemeinsame Verhalten von Sachkapazitätsauslastung und Arbeitslosenquote für die fünf Länder während des Zeitraums von 1960 (bzw. je nach Datenverfügbarkeit später) bis 1997. Nur gerade im Falle der USA gleicht der von den beiden Variablen beschriebene Zeitpfad einigermassen der stabilen inversen Beziehung, wie wir sie in Abbildung 1.6 stilisiert dargestellt haben. In den europäischen Ländern und auch in Japan dagegen ist die Arbeitslosenquote, wie wir aber schon anhand von Abbildung 1.2 gesehen haben, zwischen 1970 und 1980 systematisch angestiegen, ohne dass die Kapazitätsauslastung entsprechend gesunken wäre. In allen Ländern schwankt die Kapazitätsauslastung um einen anscheinend stabilen Mittelwert von ca. 80%-84%.[1] Diese Schwankungen reflektieren das Auf und Ab der Konjunktur. Für einzelne ausgeprägte Konjunkturphasen ist das von Abbildung 1.6 nahegelegte Kovariationsmuster der Arbeitslosenquote und der Kapazitätsauslastung auch für die europäischen Länder zu beobachten, so etwa in den Konjunkturabschwüngen 1973–75 und 1980–82. Über den ganzen Zeitraum hinweg wurden diese konjunkturellen Bewegungen in den europäischen Ländern aber durch den Aufwärtstrend der Arbeitslosenquote überlagert, wogegen für die USA ein solcher Trend nicht erkennbar ist.

Die Beschäftigungstheorie ist somit herausgefordert, sowohl die kurzfristig hohe Korrelation als auch die langfristig offenbar weitgehend unabhängige Entwicklung der Auslastungsgrade der beiden Faktoren Arbeit und Kapital zu erklären. Elemente einer solchen Erklärung werden wir in Kapitel 5 und Kapitel 6 kennenlernen.

1.6. Inflation und Beschäftigung

Eine bedeutende Rolle in der Entwicklung der Beschäftigungstheorie hat die Beziehung zwischen dem Beschäftigungsgrad und der Inflation gespielt. Im Zentrum stand dabei immer die stabilisierungspolitisch brisante Frage, inwieweit die Ziele der Preisstabilität und eines hohen Beschäftigungsstandes miteinander in Konflikt stehen. Ein solcher Konflikt ist aufgrund der Überlegung zu vermuten, dass Phasen eines starken Wachstums der Güternachfrage zwar mit einer Abnahme der Arbeitslosenquote einhergehen, früher oder später aber auch zu einer Beschleunigung des Preisauftriebs führen. Umgekehrt löst erfahrungsgemäss jeder Ver-

---

[1] Für Österreich und Japan beachte man die andere Definition des Indikators für die Kapazitätsauslastung.

such, die Inflation durch eine Nachfragekontraktion unter Kontrolle zu bringen, eine Rezession aus, in deren Verlauf die Arbeitslosenquote ansteigt. Einen derartigen negativen Zusammenhang zwischen der Arbeitslosenquote und der Inflationsrate fand Arthur W. Phillips (1958) in einer berühmt gewordenen Studie mit Hilfe britischer Daten, die fast ein ganzes Jahrhundert erfassten. Man sprach von der *Phillipskurve* und interpretierte sie bald auch wirtschaftspolitisch als Ausdruck einer „Wahlmöglichkeit" zwischen hoher Arbeitslosigkeit bei moderater Inflation einerseits und niedriger Arbeitslosigkeit bei höherer Inflationsrate andererseits (sog. Phillips-Trade-Off). Diese Interpretation blieb allerdings nicht unbestritten, und in der Tat dauerte es nicht lange, bis sich die scheinbare Stabilität des von Phillips gefundenen Zusammenhangs als trügerisch erwies.

Abbildung 1.8 zeigt für die BRD und die USA ein Streudiagramm der Inflationsrate und der Arbeitslosenquote für den Zeitraum 1961–1969. Die Streudiagramme machen deutlich, warum die Phillipskurve in den 60er Jahren so populär war: Die Punkte gruppieren sich deutlich erkennbar um eine fallende Funktion, die einen Trade-Off zwischen Preisstabilität und Vollbeschäftigung zu verkörpern scheint. Die durchgezogene Linie ist eine Anpassung einer Exponentialfunktion an die eingezeichneten Datenpunkte.

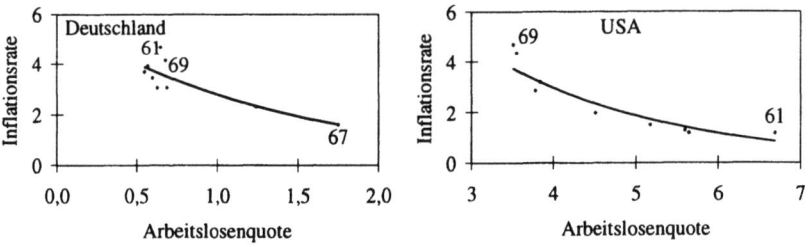

Abbildung 1.8: Die Phillipskurve für die BRD und die USA (jeweils 1961–1969); Quelle: OECD, Datastream

Abbildung 1.9 zeigt dieselben Streudiagramme, nun aber auch für Japan, Österreich und die Schweiz und für den Zeitraum 1961–1999 (d.h. wiederum einschliesslich der OECD-Prognosen für die beiden letzten Jahre). Wie mit blossem Auge zu erkennen ist, lässt sich für die erweiterte Menge der Beobachtungspunkte keinerlei signifikanter Zusammenhang zwischen der Inflationsrate und der Arbeitslosigkeit mehr feststellen. Der Versuch, durch die diffuse Punktewolke eine Regressionsgerade zu legen, ergäbe ein Bestimmtheitsmass von nahe null. Ausserdem ist in Abbildung 1.9 zu sehen, dass für Japan und Österreich auch für die 60er Jahre der Phillipskurvenzusammenhang sich nicht in den Daten wiederfindet. Die Schweiz mit einer Arbeitslosenquote von 0% bis einschliesslich 1974 ist ohnehin eine Ausnahme.

1.6. Inflation und Beschäftigung

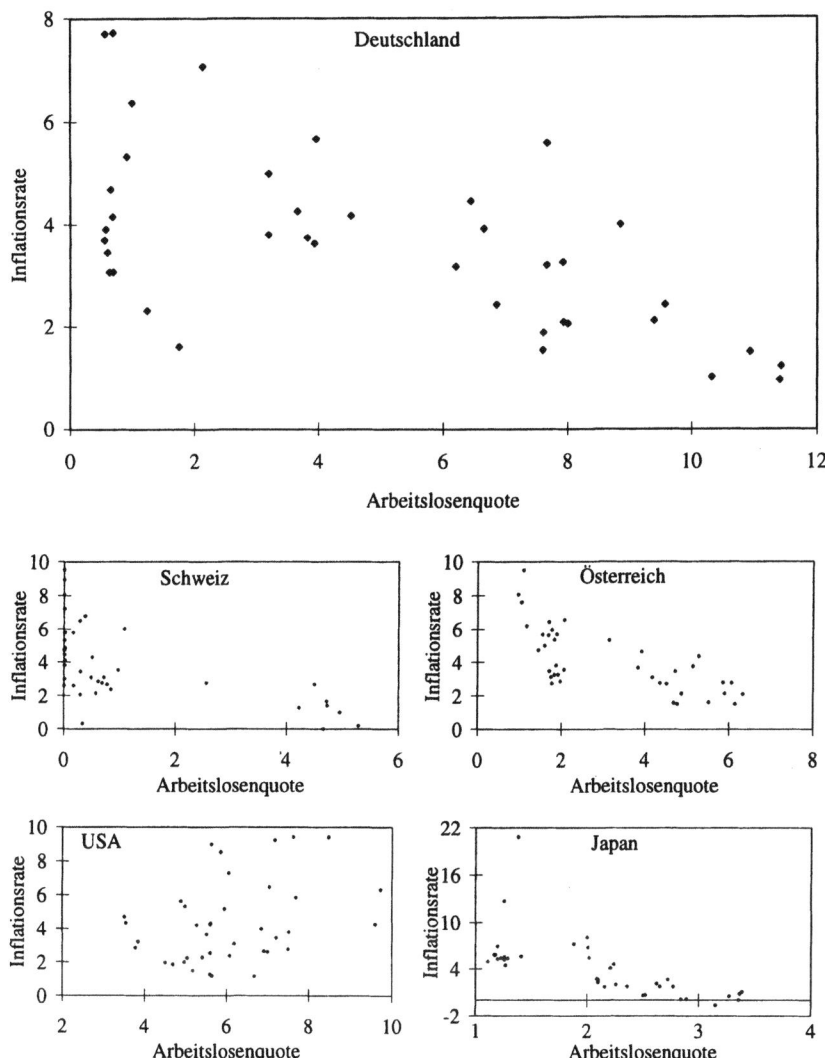

Abbildung 1.9: Die Phillipskurve löst sich in nichts auf (1961–1999); Quelle: OECD, Datastream

1.7. Beschäftigung, Arbeitslosigkeit und offene Stellen

Arbeit ist ein hochgradig differenziertes, heterogenes Gut. Jede Person bringt ein bestimmtes Bündel von individuellen Eigenschaften auf den Arbeitsmarkt mit (Ausbildung, Berufserfahrung, Charakter, räumliche und zeitliche Flexibilität etc.). Auf der anderen Seite stellt aber auch jeder Arbeitsplatz ganz bestimmte Anforderungen an diese Eigenschaften. Hieraus folgt, dass der Beschäftigungsgrad nicht nur von der Relation der quantitativen Verfügbarkeit von Arbeitskräften und Arbeitsplätzen abhängt, sondern auch vom Grad der Übereinstimmung zwischen den qualitativen Eigenschaften der Arbeitsanbieter und den qualitativen Anforderungen der Arbeitsnachfrage. Entsprechend gross und komplex ist das zu lösende Informations- bzw. Koordinationsproblem. Die Tatsache, dass die Informationsbeschaffung und -verbreitung kostspielig ist, und dass die räumliche, zeitliche, sektorale und berufliche Mobilität begrenzt ist, erschwert und verlangsamt das, was die angelsächsische Literatur als „Matching" bezeichnet, die Zusammenführung von offenen Stellen mit beschäftigungswilligen Personen.

Eine Konsequenz der genannten Friktionen ist, dass ein Bestand von Arbeitslosen und ein Bestand offener Stellen – u.U. in beträchtlichem Umfang – gleichzeitig existieren können. Insoweit als die unvollständige Information die Vermittlung von Arbeitsplätzen und Arbeitskräften verzögert, spricht man von *friktioneller Arbeitslosigkeit*, während die Inkongruenz der qualitativen Profile von Arbeitsangebot und -nachfrage eine sog. *strukturelle Arbeitslosigkeit* (englisch: *mismatch unemployment*) schafft.

Einen ersten Eindruck vom Ausmass des Mismatch-Problems vermitteln die Angaben über die Anzahl Arbeitsloser und die Anzahl offener Stellen in Abbildung 1.10. Die beiden Reihen weisen in allen Ländern gegenläufige zyklische Schwankungen auf. Dies ist ein Spiegelbild der Konjunktur: In der Hochkonjunktur ist die Zahl der Arbeitslosen tief, jene der unbesetzten Arbeitsplätze hoch, und umgekehrt in der Rezession. Weiter fällt auf, dass sich die Zahl der Arbeitslosen im Mittel der Konjunkturphasen bis in die frühen 70er Jahre hinein in allen Ländern etwa auf der Höhe der Anzahl offener Stellen bewegte, oder sogar darunter, seither jedoch auch über die Konjunkturzyklen hinweg eine Scherenbewegung zu beobachten ist, aufgrund welcher das Ausmass der Arbeitslosigkeit heute die verfügbaren Arbeitsplätze überall übertrifft.[1] Dieses Bild legt prima

---

[1] Im Falle der USA kann aus der Abbildung nicht auf das Niveau der beiden Reihen zurückgeschlossen werden. Für die Zahl der offenen Stellen steht nur ein auf 1985=100 normierter „Help Wanted Index", der die Anzahl der Stellenanzeigen in Zeitungen auswertet, zur Verfügung. Um die Kovariation der Arbeitslosenzahl mit diesem proxy für die Vakanzen sichtbar zu machen, ist in Abbildung 1.10 die Zeitreihe der Arbeitslosen ebenfalls auf 1985=100 normiert.

1.7. Beschäftigung, Arbeitslosigkeit und offene Stellen

facie den Schluss nahe, dass der Anstieg der Arbeitslosigkeit in den betrachteten Ländern in der Hauptsache nicht mit zunehmenden Friktionen oder zunehmendem qualitativen mismatch zu erklären ist, sondern mit einem zunehmenden quantitativen Ungleichgewicht zwischen Angebot und Nachfrage auf den Arbeitsmärkten. Angesichts der zweifelhaften Genauigkeit, mit der die Grössen gemessen werden können (vgl. hierzu Box 1.4), sind derartige Schlüsse allerdings mit einer gewissen Vorsicht zu geniessen.

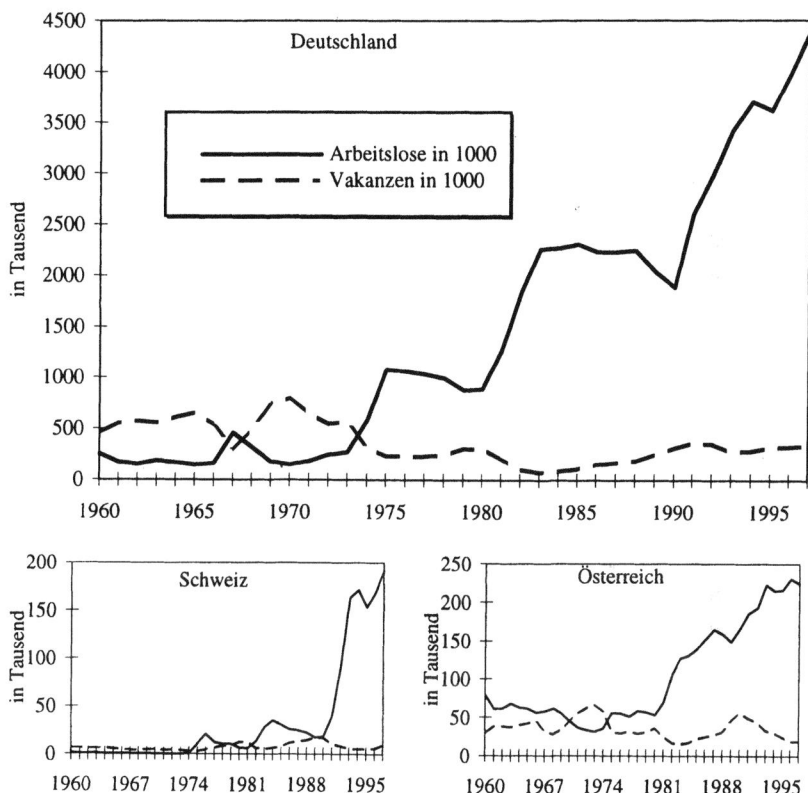

Abbildung 1.10, erster Teil

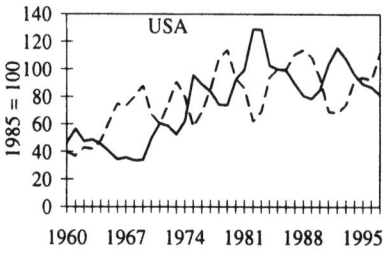 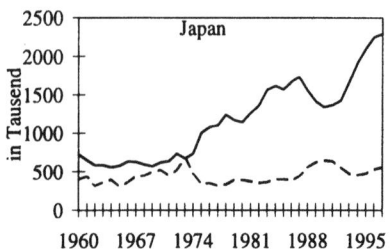

Abbildung 1.10 (Fortsetzung): Arbeitslose und offene Stellen in 1000 Personen; Quelle: OECD, Datastream

---

Box 1.4: Zur Erfassung der offenen Stellen

Die in Abbildung 1.10 benutzten Zeitreihen für die Vakanzen bilden die den nationalen Behörden (in der BRD: Arbeitsamt) *gemeldeten* offenen Stellen ab. Diese Zahl kann von den tatsächlichen Vakanzen insofern abweichen, als keine Meldepflicht für Vakanzen besteht. Gründe dafür, dass ein Unternehmen bei einer Vakanz das Arbeitsamt nicht einschaltet, können sein:

- Die Unternehmung zieht es vor, selbst bzw. über eine private Personalberatungsagentur nach geeigneten Bewerbern zu suchen, und verzichtet somit auf das Dienstleistungsangebot der Arbeitsämter.
- Die Stelle wird intern durch in dem Unternehmen bereits beschäftigte Arbeitnehmer besetzt.

Darüberhinaus ist der Meldung einer Vakanz nicht zu entnehmen, ob es sich dabei in der Tat um einen zusätzlichen Arbeitsplatz handelt, oder ob eine Umbesetzung vorgenommen werden soll. Ebenfalls unklar ist der Zeitbezug einer offenen Stelle, da eine Unternehmung auch schon einige Zeit vor dem Auftreten einer Vakanz eine Stelle offerieren kann, wenn sie davon ausgeht, dass die Suche nach einem Bewerber mit einigem Zeitbedarf verbunden ist. Ungeachtet dieses Problems wird die nicht in jedem Fall gegebene Motivation zur Meldung einer offenen Stelle dazu führen, dass die ausgewiesenen Zahlen die tatsächlichen Vakanzen unterschätzen. Ausgangspunkt einer genaueren Abschätzung der Zahl der offenen Stellen ist die folgende Identität:

$$(1.2) \quad V_k \equiv V_{off} \cdot \left(\frac{V_{off}}{V_k}\right)^{-1}$$

1.7. Beschäftigung, Arbeitslosigkeit und offene Stellen

wobei V_k die (unbekannte) korrekte Zahl der offenen Stellen bezeichnet und V_{off} diejenige, die in offiziellen Statistiken ausgewiesen wird, d.h. dem Arbeitsamt tatsächlich gemeldet werden.

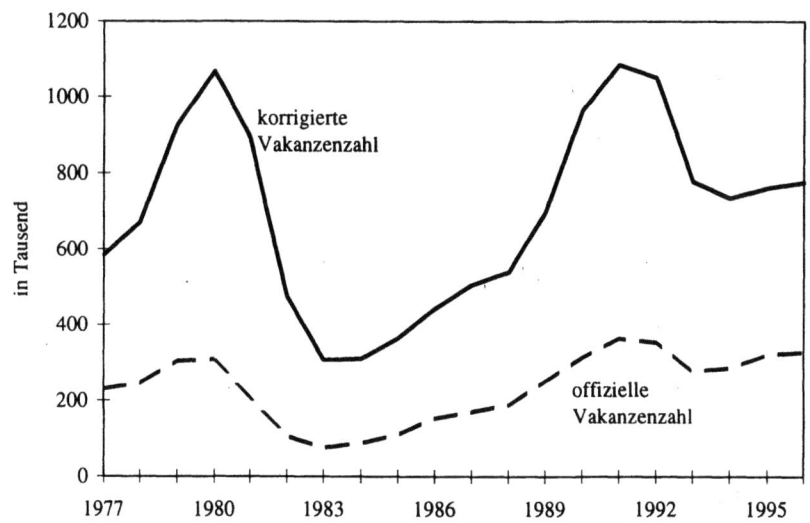

Abbildung 1.11: Ausgewiesene und korrigierte Reihe der offenen Stellen in der BRD; Quelle: Amtliche Nachrichten der Bundesantalt für Arbeit, Sondernummer 1997, S. 54; OECD, Datastream; eigene Berechnungen. Die offizielle Vakanzenzahl bezieht sich ab 1991 auf Gesamtdeutschland, der Berechnung des Einschaltungsgrades liegen jedoch Daten nur für Westdeutschland zugrunde.

Den Quotienten V_{off}/V_k, d.h. den Anteil der gemeldeten an der Gesamtzahl der Vakanzen, bezeichnet man als „Einschaltungsgrad". Selbstverständlich ist dieser Quotient nicht direkt aus den verfügbaren Statistiken ableitbar. Nun gibt es prinzipiell zwei Möglichkeiten, zu einer Vorstellung über den Einschaltungsgrad zu gelangen. Die nächstliegende Möglichkeit sind unabhängige, repräsentative Umfragen bei Unternehmen. Entsprechende Ergebnisse stehen allerdings nicht auf einer jährlichen Basis zur Verfügung, so dass diese Möglichkeit entfällt. Die zweite Möglichkeit besteht darin, den als Quotienten der Bestandsgrössen definierten Einschaltungsgrad mit einem (bekannten) Quotienten aus Stromgrössen zu approximieren. Diesen Weg schlägt Franz (1996b, S. 107–108) vor. Konkret benützt er folgende Approximation:

(1.3) $\quad$ Einschaltungsgrad $\equiv \dfrac{V_{off}}{V_k}$

$\approx \dfrac{\text{Zugänge an offenen Stellen beim Arbeitsamt in einem Jahr}}{\text{Neueinstellungen in einem Jahr}}$

Ein Einschaltungsgrad von 1 würde implizieren, dass die Zahl der Neueinstellungen gerade dem Zugang an Vakanzen entspricht.[1] Die Nennergrösse des Einschaltungsgrades, d.h. die Zahl der Neueinstellungen, wird mit der Anzahl der in einem Jahr neu abgeschlossenen Arbeitsverhältnisse identifiziert. Abbildung 1.11 zeigt die offizielle und gemäss den Gleichungen (1.2) und (1.3) korrigierte Vakanzenzahl.

1.8. Zwei Dimensionen der Arbeitslosenquote: Risiko und Dauer

Die Arbeitslosenquote gibt an, welcher Teil des Arbeitskräftepotentials zu einem bestimmten Zeitpunkt oder im Durchschnitt eines bestimmten Zeitintervalls ohne Beschäftigung ist. Hinter einer gegebenen Arbeitslosenquote können sich allerdings ganz verschiedene Tatbestände verbergen. Beispielsweise kann eine durchschnittliche Arbeitslosenquote von 5% in einem Jahr bedeuten, dass 5% der Arbeitskräfte ein ganzes Jahr lang ohne Arbeit sind, oder aber auch, dass alle Arbeitskräfte während 5% des Jahres (d.h. während 2,6 Wochen) arbeitslos sind. Die beiden Situationen sind weder in ihren sozialen noch in ihren wirtschaftlichen Konsequenzen miteinander vergleichbar.

Im folgenden leiten wir den Zusammenhang zwischen der Arbeitslosenquote, dem Arbeitslosigkeitsrisiko und der Dauer der Arbeitslosigkeit her. Dabei greifen wir auf die Beziehungen zwischen Arbeitsmarktströmen und -beständen zurück, die wir in Abschnitt 1.4 besprochen haben. Zu diesem Zweck definieren wir folgende Variablen:

U_t: $\quad$ durchschnittlicher Bestand an Arbeitslosen in einer Periode t

A_t: $\quad$ gesamte Abgänge aus der Gruppe der Arbeitslosen während der Periode t

Z_t: $\quad$ gesamte Zugänge in die Gruppe der Arbeitslosen während einer Periode t

---

[1] Die Bundesanstalt für Arbeit berechnet einen Einschaltungsgrad, indem die *Ab*gänge an offenen Stellen auf die Neueinstellungen bezogen werden (Amtliche Nachrichten der Bundesanstalt für Arbeit, Sondernummer 1997, S. 54). Das Ergebnis ist jedoch im wesentlichen dasselbe.

1.8. Risiko und Dauer

a_t: Wahrscheinlichkeit, innerhalb der Periode t aus der Gruppe der Arbeitslosen auszuscheiden, d.h. der Quotient aus der Stromgrösse A_t und der Bestandsgrösse U_t.

D_t: ($\equiv 1/a_t$) durchschnittliche Dauer der Arbeitslosigkeit, gemessen in den gleichen Zeiteinheiten wie t.

Die Logik des Zusammenhangs zwischen a_t und D_t kann man sich am besten anhand eines Beispiels verdeutlichen: Nimmt man an, dass die Wahrscheinlichkeit für einen Arbeitslosen, in einem Monat aus der Arbeitslosigkeit auszuscheiden 0,5 ist, so hat ein gerade arbeitslos Gewordener mit einer Dauer der Arbeitslosigkeit von $1/0{,}5 = 2$ Monaten zu rechnen.

Ausgangspunkt ist die folgende Definition, mit der die Bestandsgrösse „Arbeitslosenzahl" an das Niveau der Vorperiode und die Stromgrössen „Zugänge" bzw. „Abgänge" geknüpft ist:

(1.4) $\quad U_t \equiv U_{t-1} + Z_t - A_t$

Aufgrund der Definitionszusammenhänge $A_t \equiv a_t \cdot U_t$ und $a_t \equiv 1/D_t$ ergibt sich somit

(1.5) $\quad U_t \equiv U_{t-1} + Z_t - (U_t/D_t)$

Für eine stationäre Arbeitslosenzahl (d.h. $U_t = U_{t-1}$) vereinfacht sich dieser Ausdruck zu

(1.6) $\quad U_t \approx Z_t \cdot D_t$

Das „$\approx$" Zeichen zeigt an, dass (1.6) nur für eine über die Zeit konstante Arbeitslosenzahl gilt.

Dividiert man beide Seiten durch das Arbeitskräftepotential $\overline{N}_t$, so steht auf der linken Seite die Arbeitslosenquote, und auf der rechten Seite die durchschnittliche Dauer der Arbeitslosigkeit D_t, multipliziert mit dem Quotienten $Z_t/\overline{N}_t$, der sich als grobes Proxy für die Wahrscheinlichkeit, in einer Periode arbeitslos zu werden, interpretieren lässt:[1]

(1.7) $\quad u_t = \underset{\substack{\text{Wahrscheinlichkeit,}\\\text{arbeitslos zu werden}}}{Z_t/\overline{N}_t} \quad \underset{\substack{\text{durchschnittliche, individuelle}\\\text{Dauer der Arbeitslosigkeit}}}{D_t}$

Abbildung 1.12 wendet die von Gleichung (1.7) nahegelegte Zerlegung der Arbeitslosenquote auf den Fall der Bundesrepublik Deutschland an. Das Risiko ar-

---

[1] Genauer: $\dfrac{u}{1-u} = \dfrac{Z}{N} \cdot D$

beitslos zu werden – die Bundesanstalt für Arbeit nennt dies Betroffenheit – ist auf der Ordinate, die durchschnittliche individuelle Dauer der Arbeitslosigkeit auf der Abszisse abgetragen. Punkte gleicher Arbeitslosigkeit lassen sich entsprechend Gleichung (1.7) durch eine Hyperbel darstellen. In die Graphik sind solche „Iso-Arbeitslosenquoten"-Kurven für die Werte 5% und 10% eingezeichnet. Der von 1972–1996 reichende Streckenzug gibt die tatsächliche Entwicklung wieder.[1]

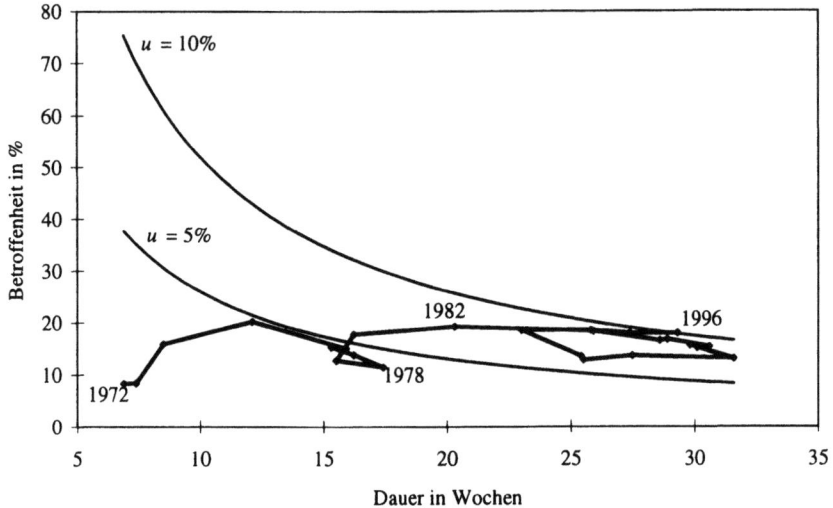

Abbildung 1.12: Dauer (in Wochen[2]) und Betroffenheit (Zugänge in die Arbeitslosigkeit pro Jahr in % der Erwerbstätigen) von Arbeitslosigkeit in Westdeutschland, 1972–1996; Quelle: Bundesanstalt für Arbeit: Zahlenfibel, verschiedene Jahrgänge

Es ist deutlich erkennbar, dass das Risiko, arbeitslos zu werden, zwar den zu erwartenden konjunkturbedingten Schwankungen unterliegt, über den ganzen Zeitraum hinweg aber nicht wesentlich grösser geworden ist. Demgegenüber hat die durchschnittliche Dauer der Arbeitslosigkeit kontinuierlich zugenommen. Mit 30 Wochen hatte sich 1996 ein gerade arbeitslos Gewordener gegenüber 1972 auf mehr als das vierfache der Zeit ohne Job einzustellen. Der Anstieg der Arbeits-

---

[1] In Abweichung von Gleichung (1.7), die die Betroffenheit definiert als den auf das Arbeitskräfte*potential* bezogenen Zugang zur Arbeitslosigkeit, ist die in Abbildung 1.12 verwendete Grösse bezogen auf die Zahl der Erwerbstätigen.

[2] In Box 1.5 werden einige mit der Erfassung der durchschnittlichen Dauer der Arbeitslosigkeit zusammenhängende Probleme diskutiert.

1.8. Risiko und Dauer

losigkeit in der BRD ist mithin praktisch ausschliesslich auf eine verlängerte Dauer individueller Perioden der Arbeitslosigkeit zurückzuführen.[1]

Eine in Tabelle 1.5 vorgenommene Aufspaltung der in einem Jahr jeweils gemessenen Arbeitslosen nach der Dauer der Arbeitslosigkeit macht dies ebenfalls deutlich:

Jahr	1970	1980	1990	1996
Arbeitslose insg. (in 1000)	97	823	1728	2749
davon waren arbeitslos (in %)				
- unter 12 Monate	91,1	87,1	70,3	67,3
- 12 bis unter 24 Monate	5,6	7,8	13,8	16,3
- über 24 Monate	3,3	5,1	15,9	16,4

Tabelle 1.5: Arbeitslose nach der Dauer der Arbeitslosigkeit (Westdeutschland); Quelle: Amtliche Nachrichten der Bundesanstalt für Arbeit, Sondernummer, verschiedene Jahrgänge. Die Zahlen beziehen sich jeweils auf den September des angegebenen Jahres.

Dieser Befund ist in zweierlei Hinsicht von Bedeutung: Zum einen wird deutlich, dass das Schicksal der Arbeitslosigkeit diejenigen, die es trifft, heute ungleich härter trifft als noch vor 20 Jahren. Nicht umsonst ist die Rede von der „Neuen Armut" oder der „Neuen Zweiklassengesellschaft", welche die anhaltende Arbeitslosigkeit geschaffen habe. Zum anderen wird verständlich, warum das Problem trotzdem keine höheren Wellen schlägt. Immer wieder wird die Frage gestellt, wie es möglich ist, dass die Gesellschaft die Vervierfachung der Arbeitslosenquote mit so viel Gleichgültigkeit und so wenig politischer Reaktion einfach hinzunehmen scheint. Abbildung 1.12 bietet eine naheliegende Erklärung: Das durchschnittliche Arbeitslosigkeitsrisiko – und damit der Anteil der Bevölkerung, der in jedem gegebenen Jahr von dem Problem direkt betroffen wird – hat sich kaum verändert. Dies dürfte, zusammen mit dem Sicherungsnetz, das der Sozialstaat unter den Arbeitslosen aufgespannt hat, wesentlich dazu beigetragen haben, dass selbst ein markanter Anstieg der Arbeitslosigkeit die politischen Entscheidungsträger nicht wirklich in Handlungszwang versetzt hat.

---

[1] Zu beachten bleibt, dass die beiden auf der Achse abgetragenen Grössen hier als gesamtwirtschaftliche Durchschnitte gemessen werden, und dass es sich dabei um hochgradig „unechte" Durchschnitte handelt; d.h. die Werte weisen über verschiedene Berufs- und Bevölkerungsgruppen hinweg eine grosse Streuung auf.

> **Box 1.5: Probleme der Erfassung der durchschnittlichen Dauer der Arbeitslosigkeit**
>
> Idealerweise sollte die durchschnittliche Dauer der Arbeitslosigkeit so erfasst werden, dass jeder einzelne in einem Kalenderjahr von Arbeitslosigkeit Betroffene Angaben über die Anzahl der Tage, die er arbeitslos verbracht hat, macht. Dies wird in dieser Form allerdings nicht durchgeführt, sondern die Bundesanstalt für Arbeit geht in jedem Jahr an einem Stichtag (30. September) ihre Kartei durch und stellt fest, wie lange jeder am Stichtag Gemeldete arbeitslos war. Dies führt zu zwei Fehlerquellen: Zum einen kann die durchschnittliche Dauer *unter*schätzt werden, weil die meisten der zum Stichtag arbeitslos Gemeldeten auch nach diesem Tag noch eine gewisse Zeit arbeitslos sein werden, zum anderen könnte auch eine *Über*schätzung erfolgen, indem bei kurzen Zeitspannen der Arbeitslosigkeit der Stichtag nicht notwendigerweise enthalten ist, und diese Ereignisse somit unter den Tisch fallen. Da die Wahrscheinlichkeit, am Stichtag erfasst zu werden, mit zunehmender Dauer der Arbeitslosigkeit steigt, führt dies zu einer Überschätzung. Welcher dieser beiden Einflüsse überwiegt, lässt sich nicht allgemein sagen, die Zahlen der Stichtagserhebung sind aber ca. um einen Faktor zwei höher als die in der obigen Graphik verwendeten Zahlen, die die durchschnittliche Dauer für die *innerhalb eines Jahres aus der Arbeitslosigkeit abgegangenen Personen* ausweist – was dem theoretischen Konzept zwar auch nicht völlig, aber besser entspricht. Ebenfalls eine Möglichkeit der Berechnung der durchschnittlichen Dauer ist die Verwendung von Gleichung (1.7), mit der aus den Strom- und Bestandsgrössen der Arbeitslosenzahlen residual die Dauer berechnet werden kann.
>
> Einen internationalen Vergleich von Dauer und Betroffenheit nehmen Layard et al. (1991, S. 222) basierend auf OECD-Daten (Employment Outlook 1990) vor. Da jedoch keine zuverlässigen Strom- und Dauerdaten vorliegen, wird dort der Strom mit der Zahl der Arbeitslosen, die weniger als einen Monat arbeitslos waren, gleichgesetzt. Obwohl dies eine eher der Not der Datenlage als der Tugend der Konzeption gehorchende Messvorschrift ist, wollen wir diese Zahlen für einen internationalen Querschnittsvergleich benützen, und uns vor Augen führen, wie sich die Arbeitslosenquoten in den einzelnen Ländern zusammensetzen. Die folgende Abbildung greift zurück auf Daten für die Eintrittswahrscheinlichkeit in die Arbeitslosigkeit aus dem OECD Employment Outlook 1995, S. 27/28. Die Datenpunkte für die einzelnen Länder beziehen sich auf das Jahr 1994 oder 1993 (für Irland: 1992). Zusammen mit der Arbeitslosenquote wurde über Gleichung (1.7) die steady-state-Dauer der Arbeitslosigkeit berechnet.
>
> Die Hyperbeln bezeichnen wie schon in Abbildung 1.12, bei der eine *zeitliche* Entwicklung für Deutschland gezeigt wurde, loci gleicher Arbeitslosenquoten. Von links oben nach rechts unten können wir – für jede gegebene Arbeitslosenquote – eine abnehmende Fluidität des Arbeitsmarktes konstatieren. Je geringer die Ströme sind, die zwischen den Beständen der Beschäftigten und der Arbeitslosen fliessen, auf desto weniger Schultern verteilt sich die Arbeitslosigkeit, und desto schwerer lastet sie im Einzelfall. Insofern bringen die in etwa gleichen Ar-

beitslosenquoten in Kanada, Neuseeland und Italien völlig unterschiedliche Tatbestände zum Ausdruck.

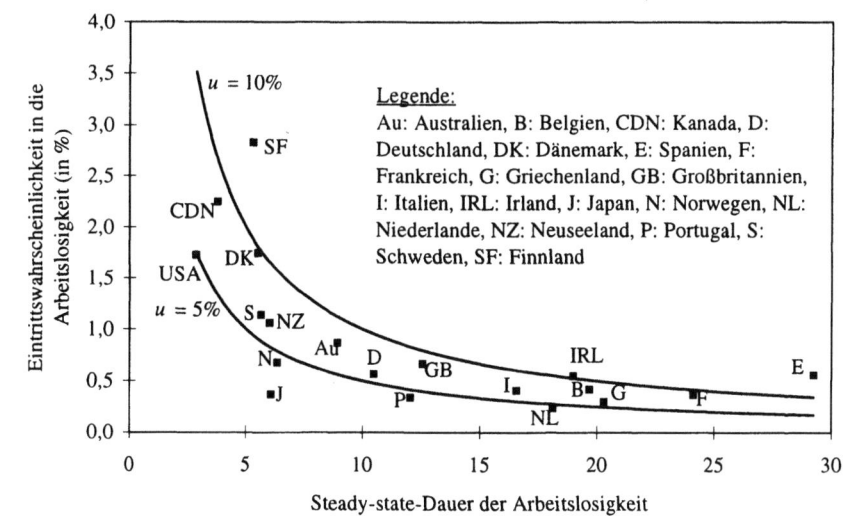

Abbildung 1.13: Risiko und Dauer der Arbeitslosigkeit im internationalen Vergleich für das Jahr (1993/4); Quelle: siehe Text

1.9. Reallohn und Arbeitsproduktivität

Zwei Grössen, auf die jede Erklärung der Beschäftigungsentwicklung Bezug nimmt, sind die reale Entlohnung des Faktors Arbeit und die Arbeitsproduktivität. Abbildung 1.14 illustriert das Wachstum der Arbeitsproduktivität und der realen Entlohnungen seit 1960 am Beispiel der Bundesrepublik Deutschland, Japans und der USA.

Drei Dinge fallen auf:

1. In jedem der drei Länder entwickeln sich Reallohn und Arbeitsproduktivität im Trend weitgehend parallel.
2. Die Länder unterscheiden sich in ihren trendmässigen Reallohn- und Produktivitätsentwicklungen erheblich.
3. In allen drei Ländern tritt Mitte der 70er Jahre eine markante Verlangsamung des Reallohn- und Produktivitätswachstums ein.

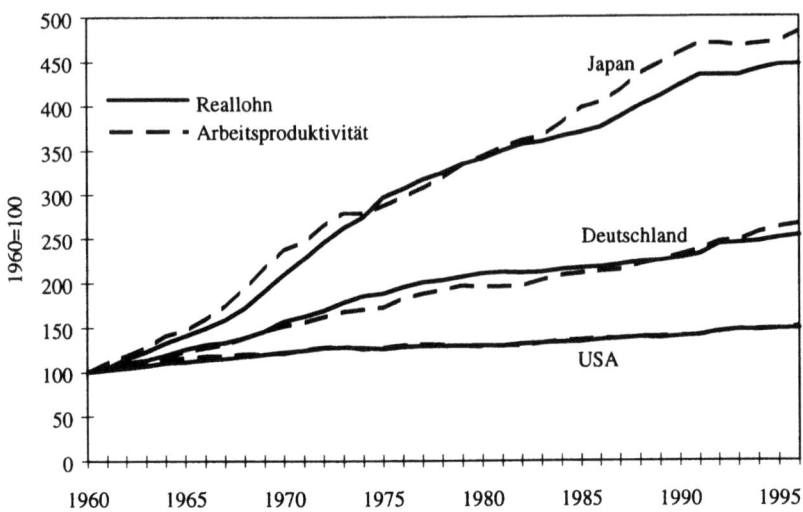

Abbildung 1.14: Reallohn und Arbeitsproduktivität in verschiedenen Ländern 1960–1996, 1960 = 100; Quelle: Europäische Kommission (1996), eigene Berechnungen. Für Deutschland beziehen sich die Daten ab 1992 auf Gesamtdeutschland. Der Reallohn gibt das mit dem Preisindex des BIP deflationierte Einkommen aus unselbständiger Arbeit je Arbeitnehmer wieder, die Produktivitätsreihen wurden berechnet aus den Angaben zum realen BIP und der Beschäftigung.

Die Erklärung der sowohl im Zeitablauf als auch im Länderquerschnitt bedeutenden Wachstumsunterschiede ist Gegenstand der Wachstumstheorie und wird uns in diesem Buch nicht weiter beschäftigen. Hingegen wird uns die Frage beschäftigen, ob und wie die in Abbildung 1.14 wiedergegebenen Fakten mit den ebenso unterschiedlichen Beschäftigungserfahrungen in Zusammenhang gebracht werden können, die wir uns in den Abbildungen 1.1 und 1.2 vor Augen geführt haben. Klar ist an dieser Stelle nur eines: simple Korrelationen dürfen wir keine erwarten. Hohe und niedrige Arbeitslosenquoten können mit einem hohen oder einem niedrigen Wachstum der Reallöhne, der Produktivität und auch des Arbeitskräftepotentials einhergehen. Und auch der Wachstumsknick der 70er Jahre hat sich auf den verschiedenen Arbeitsmärkten keineswegs einheitlich ausgewirkt.

1.10. Fazit und Ausblick

Die – zugegebenermassen (aber notwendigerweise) selektive – Dokumentation einiger grober Fakten in diesem Kapitel hat gezeigt, dass eine Beschäftigungstheorie, die den Anspruch stellt, diese Fakten innerhalb eines konsistenten analytischen Rahmens abbilden und erklären zu können, vor einer schwierigen Aufgabe steht. Denn die Variation in den Daten ist, wie wir gesehen haben, sowohl im internationalen Querschnitt als auch im zeitlichen Längsschnitt einzelner Länder gross. Zu erklären sind sowohl das zyklische Verhalten der Grössen im Konjunkturablauf als auch das Verhalten im längerfristigen Trend. Dazu gehört insbesondere auch das augenscheinlich starke Beharrungsvermögen hoher Arbeitslosigkeit.

Es ist allerdings nicht die Ambition dieses Buches, ein einheitliches quantifizierbares Synthese-Modell zu entwickeln, das alle Zeitreihen im Zeitablauf und im internationalen Quervergleich simultan zu erklären vermöchte.[1] Vielmehr geht es uns darum, das analytische Instrumentarium zu entwickeln, mit dem die moderne Beschäftigungstheorie die in diesem Kapitel präsentierten Fakten und die von ihnen aufgeworfenen Fragen zu adressieren erlaubt.

Mancher Leser mag bis zu dieser Stelle vermisst haben, was eine Einführung in die Beschäftigungstheorie gemeinhin bietet: eine Typologie der Arbeitslosigkeit.[2] Allein schon die Vielfalt der in der Literatur anzutreffenden Typologien vermittelt einen Eindruck von der Komplexität des Gegenstandes. Die nachstehende Liste von Begriffen, mit denen versucht wird, das Phänomen zu systematisieren und zu klassifizieren, ist dabei noch keineswegs vollständig. Arbeitslosigkeit kann sein:

- freiwillig oder unfreiwillig
- klassisch oder keynesianisch
- strukturell oder konjunkturell
- angebotsbedingt oder nachfragebedingt
- natürlich oder zyklisch
- friktionell oder saisonal
- Sucharbeitslosigkeit oder Kapitalmangelarbeitslosigkeit
- demographisch bedingt oder technologisch bedingt
- etc.

Dieser Begriffsdschungel hilft uns in dieser Form nicht weiter. Jedes der Attribute suggeriert bereits bestimmte Ursachenkonstellationen; und die Typologie als gan-

---

[1] Ein solcher Versuch findet sich bei Layard et al. (1991), Kapitel 1.
[2] Vgl. beispielsweise: Ott (1992, S. 109); Stichwort „Arbeitslosigkeit" in Gablers Wirtschaftslexikon; Arndt (1984).

zes legt die Vermutung nahe, es müsse das Ziel der Forschung sein, ein Kuchendiagramm zu erstellen, das eine anteilsmässige Zuordnung der beobachteten Arbeitslosigkeit auf die verschiedenen Ursachen vornimmt. Obwohl es verschiedene Versuche dieser Art gibt[1] erscheint uns die ihnen zugrundeliegende Denkweise weder für die theoretische noch für die empirische Analyse besonders fruchtbar. Zwar werden uns manche der genannten Begriffspaare in den kommenden Kapiteln wiederbegegnen; aber die Erklärung sollte nicht auf der Ebene der Begriffsbildung vorgespurt werden. Sonst gerät allzu leicht in Vergessenheit, dass es die Fakten sind, die den Erklärungsgegenstand der Beschäftigungstheorie bilden, und nicht die Etiketten, die man ihnen in der Vergangenheit angehängt haben mag.

Zusammenfassung

1. Über längere Zeiträume folgt die Beschäftigtenzahl im wesentlichen dem Trend des Arbeitskräftepotentials. Dies bedeutet, dass die Abweichung zwischen Arbeitskräftepotential und Beschäftigung – die Arbeitslosenzahl – sich nicht trendmässig verändert. Sie schwankt aber im Konjunkturablauf und kann auch über den Konjunkturzyklus hinweg anhaltenden Niveauverschiebungen ausgesetzt sein.
2. Die Arbeitslosenquote ist definiert als Relation von Arbeitslosenzahl und gesamtwirtschaftlichem Arbeitskräftepotential. Die statistische Abgrenzung ist jedoch keineswegs eindeutig und führt zu z.T. sehr unterschiedlichen Zahlen aus verschiedenen Quellen.
3. Die Stromgrössen auf dem Arbeitsmarkt, d.h. die Zugänge und Abgänge der Bestände, insbesondere des Arbeitslosenbestandes, sind relativ zu den Beständen recht gross. Die ruhige Oberfläche von im Zeitablauf einigermassen stabilen Beständen verbirgt also eine erhebliche Dynamik von Entlassungen, Wiedereinstellungen, Neubesetzungen etc..
4. Die Arbeitslosenquote ist ein Mass für die Auslastung des Faktors Arbeit. Analog kann für das Kapital eine Kapazitätsauslastungsquote ermittelt werden. Während diese Grössen im Konjunkturablauf ziemlich eng miteinander korreliert sind, ist die Arbeitslosenquote seit 1970 zumindest in den europäischen Volkswirtschaften offenbar unabhängig von der Kapazitätsauslastung angestiegen.
5. Die vielzitierte Phillipskurve, d.h. der inverse Zusammenhang zwischen Inflationsrate und Arbeitslosenquote, hat sich, nachdem sie bis zu den 60er Jahren einigermassen stabil zu sein schien, in den letzten 25 Jahren in Luft aufgelöst.

---

[1] Z.B. Drèze et al. (1988)

6. Arbeit ist kein homogenes Gut, obwohl es häufig – auch in diesem Buch – als solches behandelt wird. Daraus ergibt sich unmittelbar, dass Arbeitslosigkeit als friktionelles Phänomen, d.h. wegen mangelnder Information der Arbeitsmarktseiten über passende „matches", und als strukturelles Phänomen, d.h. wegen qualitativer Inkongruenz von Arbeitsangebot und -nachfrage, auftreten kann. Eine Idee von der quantitativen Relevanz der beiden Phänomene kann im Prinzip eine Gegenüberstellung der Arbeitslosenzahl und der Zahl der offenen Stellen vermitteln. Allerdings ist die Messung der offenen Stellen mit erheblichen Problemen verbunden.
7. Jede gegebene Arbeitslosenquote kann aufgespalten werden in die Komponenten „Risiko des Arbeitsplatzverlustes" und „durchschnittliche Dauer der Arbeitslosigkeit". Der Anstieg der Arbeitslosenquote in der BRD ist fast ausschliesslich auf eine Zunahme der zweiten Komponente zurückzuführen. Auch im internationalen Vergleich von Arbeitslosenquoten spielen die Unterschiede in der Dauer der Arbeitslosigkeit eine sehr grosse Rolle.
8. Das Reallohnniveau und die Arbeitsproduktivität entwickeln sich weitgehend parallel und sind nicht in einfacher Weise mit der Beschäftigungslage korreliert.

Übungsaufgaben

Aufgabe 1
Ermitteln Sie aus den einschlägigen Statistiken die aktuellen Daten für Bestands- und Stromgrössen auf dem Arbeitsmarkt.

Aufgabe 2
a) Im Jahre 1996 betrug die Zahl der Arbeitslosen in Westdeutschland im Jahresdurchschnitt 2,796 Millionen, der Zugang zur Arbeitslosigkeit über das ganze Jahr betrug 4,967 Millionen (Amtliche Nachrichten der Bundesanstalt für Arbeit, Sondernummer 1997, S. 10/11). Benutzen Sie die unter der Annahme einer konstanten Arbeitslosenzahl approximativ gültige Formel zur Berechnung der durchschnittlichen Dauer der Arbeitslosigkeit.
b) Zusätzlich wissen Sie jetzt noch, dass die Arbeitslosenzahl 1995 mit 2,565 Millionen gegeben war. Berechnen Sie noch einmal die durchschnittliche Dauer der Arbeitslosigkeit für das Jahr 1996 ohne die der Berechnung in a) zugrundeliegende Stationaritätsannahme. Wie gross ist der durch die Stationaritätsannahme verursachte Fehler?

Aufgabe 3
Berechnen Sie für folgende Angaben die Arbeitslosenquote und tragen Sie die Daten in ein Koordinatensystem mit dem Risiko eines Arbeitsplatzverlustes auf

der Ordinaten und der durchschnittlichen Dauer der Arbeitslosigkeit auf der Abszissen ein.

	a	b	c	d	e	f
Arbeitskräftepotential in 1000 Personen	1000	1000	2000	2000	2000	2000
Durchschnittliche Dauer der Arbeitslosigkeit in Wochen	10	20	10	5	2	50
Personen, die innerhalb einer Woche arbeitslos werden in 1000	10	5	10	10	10	0,5

Tragen Sie in das gleiche Diagramm Isoarbeitslosenquotenloci für 10%, 5% und 1% ein.

Aufgabe 4
Im Jahresbericht einer Behörde für Arbeitsmarktstatistik mit einer Vorliebe für glatte Zahlen lesen Sie folgen Angaben:

Die Arbeitslosenzahl zum Jahresende 1998 beträgt 2 Millionen, was einer Steigerung um 200000 Personen innerhalb der Jahres entspricht. Im Gegensatz zu dieser deutlichen Steigerung blieben jedoch die Wohnbevölkerung mit 60 Millionen sowie die Partizipationsquote mit 60% konstant. Trotz der gestiegenen Arbeitslosigkeit ist die erfreuliche Tatsache zu vermelden, dass im Zukunftssektor ZS die Beschäftigtenzahl trotz 50000 Entlassungen per Saldo um 100000 Personen zugenommen hat. Im Vergangenheitssektor VS und im ZS zusammen sind während des letzten Jahres insgesamt 2 Millionen neue Beschäftigungsverhältnisse geschlossen worden.

a) Ordnen Sie alle Daten in die Kategorien „Stromgrösse", „Bestandsgrösse", „Bestandsveränderung" ein.
b) Berechnen Sie die Arbeitslosenquote zu Beginn und zum Ende des Jahres 1997.
c) Wie viele Arbeitsplätze wurden im ZS neu geschaffen, wie viele Arbeitsplätze gingen im Vergangenheitssektor VS verloren, wenn Sie annehmen, dass es nur diese beiden Sektoren in der Volkswirtschaft gibt?
d) Wie viele Beschäftigungsverhältnisse wurden in der gesamten Volkswirtschaft während des Jahres beendet?
e) Wie hoch war die durchschnittliche Dauer der Arbeitslosigkeit?

Literatur

Layard/Nickell/Jackman (1991) ist *das* Referenzwerk der modernen Beschäftigungstheorie. In diesem voluminösen und nicht besonders einfach zu lesenden Werk finden sich die wesentlichen theoretischen Aspekte der derzeitigen Diskussion genauso wie umfangreiches empirisches Material. Als Einstieg in die Beschäftigungstheorie eignet sich besonders das erste Kapitel dieses Buches, das inzwischen als eigenes Büchlein von den gleichen Autoren vorliegt (Layard/Nickell/Jackman 1994). Eine etwas weniger formal gehaltene Übersicht bietet Lindbeck (1993).

Franz (1996b) bietet im Gegensatz zum vorliegenden Buch eine Darstellung, die viel mehr an der mikroökonomischen Fundierung des Arbeitsnachfrageverhaltens von Unternehmen bzw. Arbeitsangebotsverhaltens von Haushalten ausgerichtet ist. Dazu finden sich auch detaillierte empirische Studien (oder Zusammenfassungen von solchen), wobei auch die ökonometrischen Analysetechniken besprochen werden.

Klauder (1990) beinhaltet eine Besprechung der wichtigsten statistischen Konzepte der empirischen Arbeitsmarktfoschung des Instituts für Arbeitsmarkt- und Berufsforschung der Bundesanstalt für Arbeit; insbesondere wird auf die Bedeutung der Stromgrössenerfassung in einer sog. „Arbeitskräfte-Gesamtrechnung" abgestellt. Riese (1986) diskutiert in extenso die verschiedenen Aspekte des Messproblems der Arbeitslosigkeit.

Eine umfassende Analyse der Arbeitsmarktsituationen in allen Industrieländern bietet die Beschäftigungsstudie der OECD, die in 3 Bänden (OECD 1994a, 1994b, 1994c) erschienen ist. (1994a) ist ein zusammenfassender Bericht, (1994b) und (1994c) beinhalten detaillierte Analysen der OECD-Arbeitsmärkte und möglicher Ansatzpunkte zur Lösung des Problems der Arbeitslosigkeit. Die Studie enthält auch umfangreiches Datenmaterial. Die beiden bisher erschienenen Nachfolgeberichte (OECD 1995, 1997) beleuchten die arbeitsmarktpolitischen Notwendigkeiten und Erfahrungen in den einzelnen Ländern.

Aktuelle und sehr gute Arbeitsmarktanalysen enthält der jährlich erscheinende Employment Outlook der OECD.

Okun (1962) ist die Original-Referenz für das nach ihm benannte Gesetz, während der zweite in diesem Kapitel besprochene Zusammenhang, die Phillipskurve, auf Phillips (1958) zurückgeht.

Datenquellen

Leider ist es eine nicht immer einfache Aufgabe, nach Daten, die den Arbeitsmarkt betreffen, zu suchen, was zum einen an der Vielzahl möglicher Kenngrössen, die von Interesse sind liegt, zum anderen jedoch an den teilweise besprochenen Schwierigkeiten, eine adäquate empirische Umsetzung theoretischer Konzepte zu formulieren. Nachfolgend sollen jedoch die wichtigsten Quellen genannt werden, um damit den Zugang zu erleichtern.

Die erste Wahl für *internationale Daten* ist die OECD. Die *Labour Force Statistics* erscheinen jährlich, entsprechend häufiger erscheinen die *Quarterly Labour Force Statistics*. Hier werden jeweils die definitorischen Bestandteile der Arbeitslosenquote veröffentlicht, jedoch wenig darüberhinausgehendes. Auskunft bekommt man allerdings über geschlechtsspezifische und die Differenzierung nach Altersgruppen. Daten der volkswirtschaftlichen Gesamtrechung, aber auch über Nominal- und Reallöhne, teilweise auch über Vakanzen und Kapazitätsauslastungsgrade finden sich in den *Main Economic Indicators*, die monatlich erscheinen und ebenfalls von der OECD herausgegeben werden. In jährlichem Abstand bringt die OECD einen *Employment Outlook* heraus, der weniger als Datenquelle denn als Forum für empirische Arbeitsmarktanalyse am aktuellen Datenrand konzipiert ist. Dennoch finden sich hier oft auch sehr interessante und gut aufbereitete Daten, die jedoch von dem gerade verfolgten Analysezweck abhängen, und somit hier nicht summarisch zu beschreiben sind und auch nicht regelmässig aufdatiert werden.

Der Internationale Währungsfond veröffentlicht monatlich die *International Financial Statistics*, die jedoch auch Daten der Volkswirtschaftlichen Gesamtrechnung und die wichtigsten Arbeitsmarktindikatoren enthalten. Dies mag interessant sein, wenn man an Daten auch von Nicht-OECD-Ländern Interesse hat.

Sobald man detailliertere Angaben benötigt, ist man jedoch auf nationale Quellen angewiesen. In Deutschland werden solche Daten sowohl vom Statistischen Bundesamt als auch von der Bundesanstalt für Arbeit gesammelt. Lohn- und Erwebstätigkeitsstatistiken finden sich als eigene sog. Fachserien beim Statistischen Bundesamt (*Fachserie 1, Reihe 4: Erwerbstätigkeit; Fachserie 16: Löhne und Gehälter*), das wichtigste Forum der Bundesanstalt für Arbeit sind die monatlichen *Amtlichen Nachrichten der Bundesanstalt für Arbeit*. Sehr nützlich ist darüber hinaus die zweijährlich erscheinende *Zahlenfibel*.

Kapitel 2: Alternative Erklärungsansätze: Einführung und Überblick

2.1. Eine Systematik

Die Vielfalt existierender Erklärungsansätze, wie sie auch die am Ende des ersten Kapitels angesprochenen Typologien zum Ausdruck bringen, erleichtert den Einstieg in die Beschäftigungstheorie nicht gerade. Wir beginnen in diesem Kapitel daher mit einer einfachen Systematik, aufbauend auf der Unterscheidung zwischen zwei grundsätzlich verschiedenen Ursachen der Arbeitslosigkeit. Die eine mögliche Ursache ist eine Diskrepanz zwischen dem Arbeitskräftepotential und der Menge der insgesamt verfügbaren Arbeitsplätze. Die zweite mögliche Ursache sind Friktionen in der Vermittlung von Angebot und Nachfrage durch den Markt. Folgende Definitionsgleichungen machen die Unterscheidung deutlich:

(2.1) $U \equiv N^s - N$

(2.2) $N^d \equiv N + V$

Gleichung (2.1) definiert die Arbeitslosenzahl U als die Differenz von Arbeitsangebot N^s und tatsächlicher Beschäftigung N, während (2.2) besagt, dass die insgesamt verfügbaren Arbeitsplätze N^d – d.h. die Arbeitsnachfrage der Unternehmer[1] – sich aus der Anzahl der besetzten Stellen N und der offenen Stellen V (für Vakanzen) zusammensetzt. Substitution von (2.2) in (2.1) ergibt

(2.3) $U \equiv \underbrace{V}_{\text{friktionell-strukturelle Komponente}} + \underbrace{N^s - N^d}_{\text{Angebotsüberhang}}$

---

[1] Als Arbeits*angebot* wird die Entscheidung der privaten Haushalte, ihre Arbeitskraft gegen Entgelt zur Verfügung zu stellen, bezeichnet, während unter Arbeits*nachfrage* das Interesse der Unternehmen (und auch des Staates) an diesen Arbeitskräften verstanden wird. Diese Verwendung der Begriffe Angebot und Nachfrage resultiert daraus, dass Arbeit als das relevante ökonomische Gut betrachtet wird, nicht – wie es umgangssprachlich bisweilen gehandhabt wird – der Arbeitsplatz.

Die friktionell-strukturelle Komponente reflektiert den in Kapitel 1 erläuterten Tatbestand, dass sich Arbeitslose nicht beliebig schnell und leicht auf offene Stellen vermitteln lassen, und dass sich die Anforderungen, welche die Arbeitsplätze und die Stellensuchenden aneinander stellen, nicht vollkommen entsprechen. In Abschnitt 2.2 werden wir ein einfaches Modell entwickeln, das die friktionell-strukturelle Komponente der Arbeitslosigkeit in Zusammenhang mit den Strömen bringt, die sich auf dem Arbeitsmarkt bewegen. Dabei werden wir ein wichtiges Analyseinstrument einführen: Die *Beveridgekurve*.

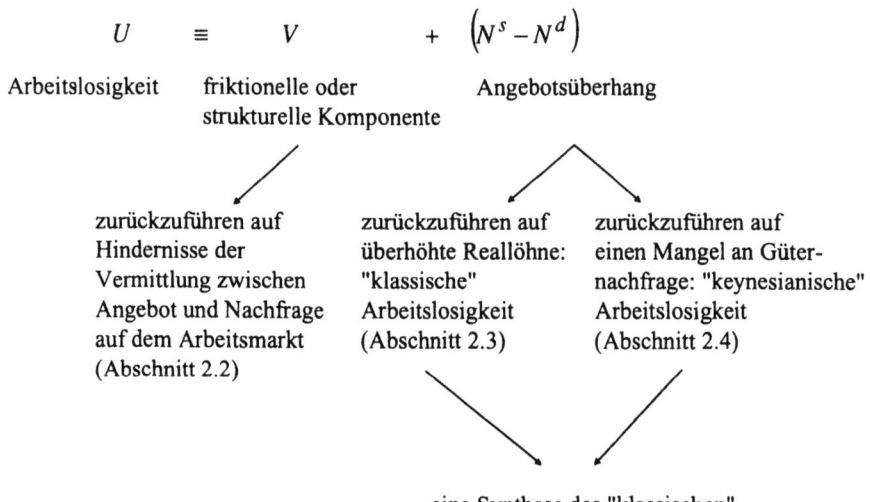

Abbildung 2.1: Systematik der in diesem Kapitel behandelten Ansätze der Beschäftigungstheorie

Die Erklärung der Angebotsüberhang-Komponente hat in der Geschichte der Beschäftigungstheorie bis heute immer wieder Anlass zu Kontroversen zwischen zwei Schulen gegeben, die unterschiedliche Ursachen in den Vordergrund rücken: Während die *neoklassische* Schule einen Angebotsüberhang auf dem Arbeitsmarkt stets auf überhöhte Reallöhne zurückführt, lautet die *keynesianische* Gegenposition, dass Arbeitsmarktungleichgewichte einen Mangel an Güternachfrage widerspiegeln. Diese beiden Modelle der sog. „klassischen" bzw. „keynesianischen" Arbeitslosigkeit werden uns in den Abschnitten 2.3 und 2.4 beschäftigen. Die moderne Theorie allgemeiner nicht-walrasianischer Gleichgewichte konnte zeigen, dass sich die beiden Modelle als Spezialfälle interpretieren lassen, die bei (temporär) festen Löhnen und Preisen je nach Parameterkonstellation Gültigkeit

2.2. Friktionelle und strukturelle Arbeitslosigkeit

erlangen können.[1] Diese Literatur geht von der *Annahme* aus, dass in einer bestimmten Situation nur jeweils eine der beiden Erklärungen zutreffend sein kann, und versucht die Bedingungen für die Gültigkeit der einen oder der anderen Alternative zu identifizieren. Wir werden diesen Ansatz allerdings nicht weiter verfolgen, sondern in den Abschnitten 2.5 und 2.6 eine Synthese diskutieren, die den scheinbar so tiefen Gegensatz zwischen dem neoklassischen und dem keynesianischen Modell zu relativieren erlaubt. In dieser Synthese sind die beiden Erklärungen nicht mehr als Gegensatz, sondern als möglicherweise nebeneinander existierende Ursachen für Arbeitsmarktprobleme charakterisiert.

Abbildung 2.1 fasst die Systematik der Erklärungsansätze und die Abfolge ihrer Präsentation in diesem Kapitel nochmals schematisch zusammen.

2.2. Friktionelle und strukturelle Arbeitslosigkeit

2.2.1. Ströme, Bestände und gleichgewichtige Arbeitslosenquote

Die vielleicht intuitivste Begründung für die Existenz friktioneller Arbeitslosigkeit liegt darin, dass die Suche nach einem Arbeitsplatz in jedem Einzelfall einige Zeit in Anspruch nimmt. Gesamtwirtschaftlich bedeutet dies, dass zu jedem Zeitpunkt ein gewisser Prozentsatz der Erwerbspersonen arbeitslos ist. Diese Idee lässt sich sehr einfach modellieren.[2] Um die Dinge so einfach wie möglich zu halten, werden nur zwei Gruppen auf dem Arbeitsmarkt betrachtet, die Beschäftigten N sowie die Arbeitslosen U. Zwischen diesen beiden Beständen fliessen permanent Ströme, d.h. Arbeitslose treten mit einer Wahrscheinlichkeit η innerhalb einer Periode (wieder) in die Beschäftigung ein, während ein Anteil s der Beschäftigten den Arbeitsplatz verliert. Diese Modellwelt lässt sich in der folgenden Abbildung zusammenfassen:

Für die *Änderung* der Beschäftigung innerhalb einer Periode, d.h. zwischen den Zeitpunkten $t-1$ und t gilt somit

(2.4) $\quad \Delta N_t \equiv N_t - N_{t-1} = \eta \cdot U_{t-1} - s \cdot N_{t-1} = \eta \cdot U_{t-1} - s \cdot \left(\overline{N}^s - U_{t-1}\right),$

sofern ein exogenes und zeitunabhängiges Arbeitsangebot $\overline{N}^s$ angenommen wird. Die Konstanz des Arbeitsangebotes bedeutet überdies, dass die Änderung der Beschäftigung betragsmässig genauso gross wie die Änderung der Arbeitslosigkeit ist (aus keinem der beiden Pole in Abbildung 2.2 kann etwas in dritte Pole abfliessen bzw. von dritten Polen kommen):

---

[1] Ein Pionier war Malinvaud (1977). Neuere Entwicklungen beschreibt Benassy (1993).
[2] Das Modell lehnt sich an Hall (1979) an. Eine einfachere Version findet sich in Barro (1988).

(2.5) $\Delta N_t = -\Delta U_t$

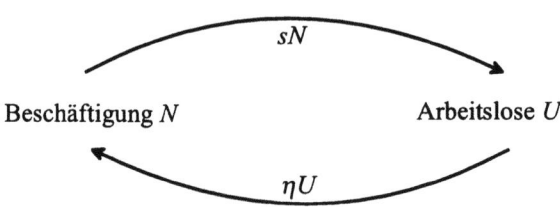

Abbildung 2.2: Die Struktur des Stromgrössenmodells

Setzt man (2.5) in (2.4) ein und löst nach ΔU_t auf, so erhält man:

(2.6) $\Delta U_t = s \cdot (\overline{N}^s - U_{t-1}) - \eta \cdot U_{t-1} = s \cdot \overline{N}^s - (s+\eta) \cdot U_{t-1}$

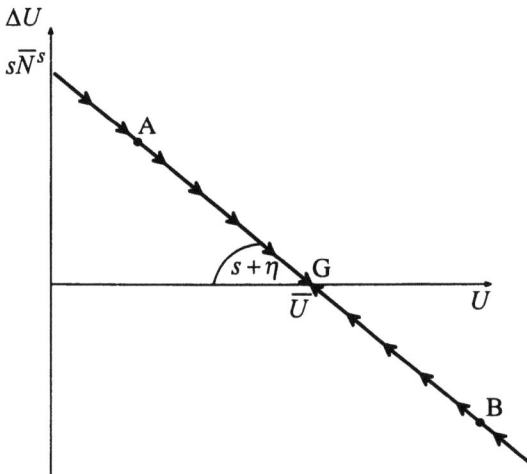

Abbildung 2.3: Die Dynamik der Arbeitslosigkeit im Stromgrössenmodell

Die Aussage von Gleichung (2.6) lautet, dass die Veränderung der Arbeitslosigkeit (ΔU) eine negative Funktion des jeweils herrschenden Niveaus der Arbeitslosigkeit (U) ist, was in Abbildung 2.3 graphisch dargestellt ist:[1] In Punkt G bei $U = \overline{U}$ weist der Zusammenhang einen Schnittpunkt mit der Abszisse auf. $\overline{U}$

---

[1] Die Zeitindizes werden in Abbildung 2.3 ignoriert. Genaugenommen reagiert ΔU auf das um eine Periode verzögerte Niveau von U, was für das Argument jedoch ohne Bedeutung ist, wenn die Periode klein genug gewählt wird.

2.2. Friktionelle und strukturelle Arbeitslosigkeit

lässt sich mithin als dasjenige Niveau der Arbeitslosigkeit interpretieren, das mit eine stationären Zahl von Arbeitslosen kompatibel ist ($\Delta U = 0$).

Da links von $\overline{U}$ die Veränderung ΔU positiv ist, konvergiert das System von einem Punkt wie A zum Gleichgewichtswert $\overline{U}$ in Punkt G. Das gleiche gilt mit umgekehrtem Vorzeichen auch für einen Punkt B rechts unterhalb des Gleichgewichts. Damit liegt ein stabiles System vor: Ausgehend von einer Ungleichgewichtssituation werden Kräfte wirksam, die dafür sorgen, dass letztendlich immer wieder der Gleichgewichtswert $\overline{U}$ erreicht wird, solange sich an den Parametern s und η nichts ändert.

Der Geichgewichtswert $\overline{U}$ lässt sich aus Gleichung (2.6) errechnen, indem $\Delta U = 0$ (d.h. $U_t = U_{t-1}$) gesetzt wird:

(2.7) $\quad \overline{U} = \dfrac{s}{s+\eta} \cdot \overline{N}^s$

Daraus folgt für die gleichgewichtige Arbeitslosenquote $\overline{u} \equiv \dfrac{\overline{U}}{\overline{N}^s}$:

(2.7') $\quad \overline{u} = \dfrac{s}{s+\eta}$

Diese Modellierung eines Arbeitsmarktgleichgewichtes stellt also lediglich auf die Eigenschaften bzw. auf die Funktiontüchtigkeit des Arbeitsmarktes ab, wobei hier davon ausgegangen wird, dass diese durch Entlassungs-[1] und Wiedereinstellungswahrscheinlichkeiten hinlänglich charakterisiert sind. Wenn beispielsweise s einen Wert von 0,05 und η einen solchen von 0,5 annimmt, dann ergibt sich bereits eine Arbeitslosenquote in Höhe von $\overline{u} = \dfrac{0,05}{0,55} = 9,1\%$. D.h. obwohl in diesem Beispiel die Wahrscheinlichkeit, einen Arbeitsplatz zu finden, 10 mal so hoch ist wie die Wahrscheinlichkeit, einen Arbeitsplatz zu verlieren, resultiert im Gleichgewicht eine Arbeitslosenquote von über 9%.

Dieses Modell ist an sich noch keine eigentliche *Erklärung* der friktionellen Arbeitslosigkeit, sondern es bildet ab, was passiert, wenn bestimmte Wahrscheinlichkeiten bezüglich Einstellung und Entlassung vorliegen. Immerhin stellt es eine nützliche Basis her, von der aus mögliche Determinanten der gleichgewichtigen Arbeitslosenquote bzw. der Parameter η und s identifiziert werden können.[2] Im Vordergrund stehen folgende Faktoren:

---

[1] Ein Arbeitsverhältnis kann natürlich nicht nur durch Entlassung, sondern auch durch Kündigung seitens des Arbeitnehmers zu Ende gehen. Da auf Kündigungen aber nur sehr selten Arbeitslosigkeit folgt, interpretieren wir s hier als Entlassungswahrscheinlichkeit.

[2] Vgl. Clark/Summers (1979); Darby/Haltiwanger/Plant (1985).

- Die zur sozialen Abfederung der Arbeitslosigkeit geschaffenen sozialstaatlichen Einrichtungen beeinflussen den Parameter η und damit das Stromgrössengleichgewicht. Je grosszügiger diese Leistungen, je schwächer die Bedingungen, an die sie geknüpft sind, und je länger sie gewährt werden, desto mehr werden die Anreize geschwächt, von der Arbeitslosigkeit rasch wieder in die Beschäftigung zu wechseln, d.h. desto geringer wird η sein.
- Eine Minimallohngesetzgebung übt ebenfalls einen Einfluss aus, indem sie es wenig qualifizierten Arbeitslosen erschwert, wieder einen Arbeitsplatz zu finden. Höhere Minimallöhne senken daher den Parameter η.
- Kündigungsschutzregelungen sind ihrer Intention nach darauf gerichtet, s so gering wie möglich zu halten, indem eine Entlassung erschwert bzw. zeitlich verschoben wird. Allerdings werden Unternehmer in Reaktion darauf auch ihr Einstellungsverhalten ändern, d.h. vorsichtiger bei der Rekrutierung neuer Arbeitskräfte sein. Insofern wird der positive Effekt auf s durch eine Verringerung von η ganz oder teilweise wettgemacht, möglicherweise sogar überkompensiert.
- Der Strukturwandel in einer Volkswirtschaft wirkt ebenfalls auf die Parameter s und η. Je mehr Beschäftigte von schrumpfenden Sektoren freigesetzt werden, und je schwerer sie es aufgrund ihrer spezifischen Qualifikation oder regionalen Gebundenheit haben, in expandierenden Sektoren aufgenommen zu werden, desto ungünstiger wird das Verhältnis von s und η, und desto mehr Arbeitslosigkeit resultiert.
- Die Wiederbeschäftigungschancen der Arbeitslosen hängen insbesondere auch von der Angebots-Nachfrage-Konstellation auf dem Arbeitsmarkt ab: Je mehr offene Stellen es gibt und je weniger Arbeitslose sich um sie bewerben, desto besser sind die Erfolgsaussichten jedes gegebenen Stellensuchenden, d.h. desto grösser ist der Parameter η.

2.2.2. Die Beveridgekurve

Die zuletzt genannte Hypothese eines Zusammenhangs zwischen der Anzahl offener Stellen pro Arbeitslosem und den durchschnittlichen Vermittlungschancen der Arbeitslosen lässt sich dadurch formalisieren, dass η als Funktion des Verhältnisses $V/U \equiv \theta$ geschrieben wird:

(2.8) $\quad \eta = g(\theta) \qquad$ mit $g' > 0, g'' < 0$

Diesen Zusammenhang kann man als *Vermittlungsfunktion* bezeichnen (englisch: *matching function*).

Die zweite Ableitung von g nach θ hat dabei plausiblerweise ein negatives Vorzeichen, was zum Ausdruck bringt, dass ein höheres θ zwar die Wahrscheinlichkeit η, einen Arbeitsplatz zu finden, erhöht, dieser Effekt jedoch mit wachsen-

2.2. Friktionelle und strukturelle Arbeitslosigkeit

dem θ geringer wird. Graphisch sieht die Funktion g wie in Abbildung 2.4 gezeigt aus.

Ein Beispiel einer einfachen Funktionsform, die die in (2.8) postulierten Eigenschaften aufweist, ist

(2.9) $\quad \eta = \eta_0 \cdot \theta^{0,5}$.

Die erste bzw. zweite Ableitung errechnet sich für diese Spezifikation der Vermittlungsfunktion als $\dfrac{\partial \eta}{\partial \theta} = 0{,}5 \cdot \eta_0 \cdot \theta^{-0,5} > 0$ sowie

$\dfrac{\partial^2 \eta}{\partial \theta^2} = -0{,}25 \cdot \eta_0 \cdot \theta^{-1,5} < 0$.

η_0 fasst dabei alle oben genannten institutionellen Einflussfaktoren zusammen, die auf die Einstellungswahrscheinlichkeit über andere Mechanismen als θ wirken. Ersetzen wir die Änderung der Arbeitslosigkeit (unter Vernachlässigung der Zeitindizierung) weiterhin durch $\Delta U = s \cdot N - \eta \cdot U$, so folgt unter Berücksichtigung von (2.9):

(2.10) $\quad \Delta U = s \cdot N - \eta \cdot U = s \cdot N - \eta_0 \cdot V^{0,5} \cdot U^{-0,5} \cdot U = s \cdot N - \eta_0 \cdot (V \cdot U)^{0,5}$

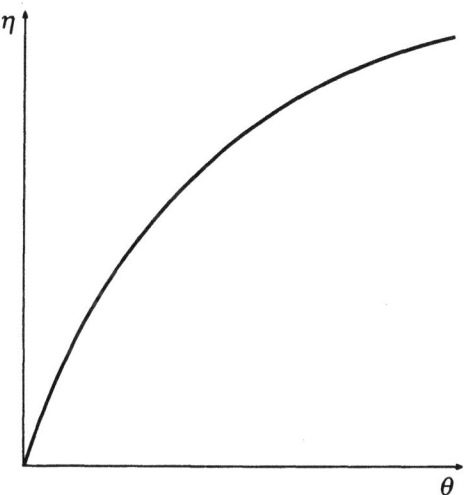

Abbildung 2.4: Die Vermittlungsfunktion

Wiederum können wir aus der Stromgleichgewichtsbedingung $\Delta U = 0$ den Gleichgewichtswert der Arbeitslosigkeit ermitteln:

(2.11) $\quad U = \left(\dfrac{s}{\eta_0}\right) \cdot \dfrac{N^2}{V}$

Offensichtlich ist das Stromgleichgewicht des Arbeitsmarktes durch eine inverse Beziehung zwischen der Anzahl der Arbeitslosen und der Anzahl der offenen Stellen gekennzeichnet. Wenn wir analog zur Arbeitslosenquote $u \equiv U/\overline{N}^s$ eine Vakanzenquote $v \equiv V/\overline{N}^s$ definieren, führt unter Berücksichtigung von $N/\overline{N}^s \equiv 1-u$ dies zu folgender Schreibweise von (2.11):

(2.11') $\quad \dfrac{u}{(1-u)^2} = \left(\dfrac{s}{\eta_0}\right)^2 \cdot \dfrac{1}{v}$

Dieser negativ-konvexe Zusammenhang zwischen u und v ist die *Beveridgekurve* (BK in Abbildung 2.5).

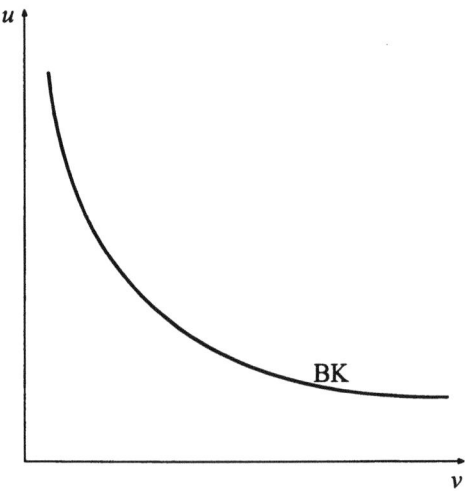

Abbildung 2.5: Die Beveridgekurve

Die Beveridgekurve erlaubt es, die friktionellen und strukturellen Probleme der Vermittlung zwischen Arbeitsangebot und Arbeitsnachfrage konzeptionell vom Problem der quantitativen Übereinstimmung zwischen Gesamtangebot und Gesamtnachfrage auf dem Arbeitsmarkt zu trennen. Das Ausmass der friktionell-strukturellen Komponente der Arbeitslosigkeit lässt sich durch die räumliche Lage der Beveridgekurve zum Ausdruck bringen, die in unserem einfachen Modell durch den Quotienten $(s/\eta_0)^2$ bestimmt wird. Je grösser dieser Quotient ist, desto weiter aussen liegt die Beveridgekurve, d.h. desto grösser sind die Vermittlungs-

2.2. Friktionelle und strukturelle Arbeitslosigkeit

probleme auf dem Arbeitsmarkt, und desto höher ist das Niveau, auf dem sich die Arbeitslosenquote bei jeder gegebenen Zahl von offenen Stellen einpendelt. Demgegenüber bestimmt die Angebots-Nachfrage-Konstellation auf dem Arbeitsmarkt insgesamt, *wo* auf einer gegebenen Beveridgekurve wir uns befinden.

Wir können die Angebots-Nachfrage-Konstellation durch das Verhältnis von offenen Stellen zu Arbeitssuchenden (θ) ausdrücken und deshalb graphisch als Strahl durch den Ursprung des u-v-Quadranten abbilden. Ein Spezialfall ist die 45°-Linie, entlang welcher $u = v$ gilt, Angebot und Nachfrage sich mithin entsprechen.[1] Jeder steilere Strahl bringt demgegenüber einen Angebotsüberhang auf dem Arbeitsmarkt zum Ausdruck ($u > v$ bzw. $\theta < 1$). Damit ist ein Diagnose-Instrument gegeben, das zumindest grob zu quantifizieren erlaubt, in welchem Grade die Arbeitslosigkeit friktionell-strukturellen Problemen bzw. einem gesamtwirtschaftlichen Mangel an Arbeitsplätzen zuzuschreiben ist.[2] Abbildung 2.6 illustriert das Prinzip:

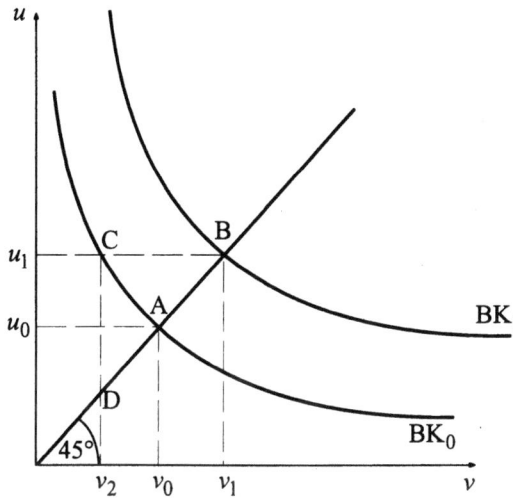

Abbildung 2.6: Die Beveridgekurve als Diagnose-Instrument

Steigt etwa die Arbeitslosenquote in einer bestimmten Zeitspanne von u_0 auf u_1 an, lässt das gleichzeitige Verhalten der offenen Stellen (v) Rückschlüsse auf den zugrundeliegenden Ursachentyp zu. Bewegt sich das System von Punkt A zu

---

[1] Es sei in Erinnerung gerufen, dass wegen $N^d = N + V$ und $N^s = N + U$ gilt: $U = V \Leftrightarrow u = v \Leftrightarrow N^d = N^s$.

[2] Allein die in Kapitel 1 besprochenen Messprobleme, die insbesondere die Erfassung der offenen Stellen betreffen verhindern, dass eine solche Aufspaltung in der Praxis mehr als eine grobe Approximation sein kann.

Punkt B, so dass sich der Quotient θ nicht ändert (in Abbildung 2.6 gilt: $\theta_A = \theta_B = 1$), liegt der Schluss nahe, dass sich die Beveridgekurve nach aussen (von BK_0 auf BK_1) verschoben haben muss, also sich entweder die Vermittlungseffizienz des Arbeitsmarktes verschlechtert oder z.b. ein beschleunigter Strukturwandel den Vermittlungsbedarf vergrössert hat. Geht derselbe Anstieg der Arbeitslosenquote dagegen mit einem Rückgang der Quote der offenen Stellen auf v_2 einher, so spricht dies für eine Bewegung entlang der Beveridgekurve BK_0 (von A nach C), also für die Entstehung eines Angebotsüberhangs auf dem Arbeitsmarkt. Während die Arbeitslosigkeit in Punkt A (mit $u_0 = v_0$) als rein friktionell-strukturell bezeichnet werden kann, ist in Punkt C ein Arbeitsplätzedefizit im Umfang der Strecke CD gegeben. Dabei wird ersichtlich, dass der Anstieg der Arbeitslosenquote von u_0 auf u_1 hinter dem Ausmass des entstandenen Arbeitsplätzedefizits zurückbleibt, weil sich unter den weggefallenen Arbeitsplätzen auch bisher nicht besetzte befinden. Umgekehrt gilt natürlich auch, dass von Punkt C aus die Schaffung von CD neuen Arbeitsplätzen die Arbeitslosigkeit nicht auf das Niveau von Punkt D senken kann, sondern – entsprechend der Logik der obigen Vermittlungsfunktion – nur auf das Niveau von A (u_0) da auf einen Teil der neuen Arbeitsplätze ($v_0 - v_2$) keine Arbeitslosen vermittelt werden können.

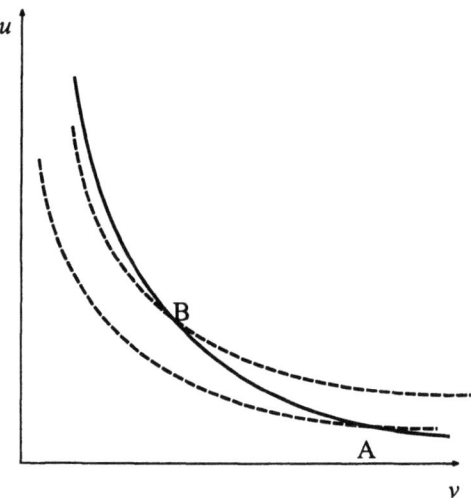

Abbildung 2.7: Eine Verschiebung der Beveridgekurve ist von einer Bewegung auf der Beveridgekurve nicht immer leicht zu unterscheiden

Veränderungen der friktionell-strukturellen Komponente der Arbeitslosigkeit und Veränderungen der aggregativen Angebots-Nachfrage-Konstellation können sich natürlich jederzeit überlagern. Empirisch ist es auch keineswegs immer einfach,

2.2. Friktionelle und strukturelle Arbeitslosigkeit 59

diese beiden Möglichkeiten auseinanderzuhalten, wie in Abbildung 2.7 verdeutlicht wird.

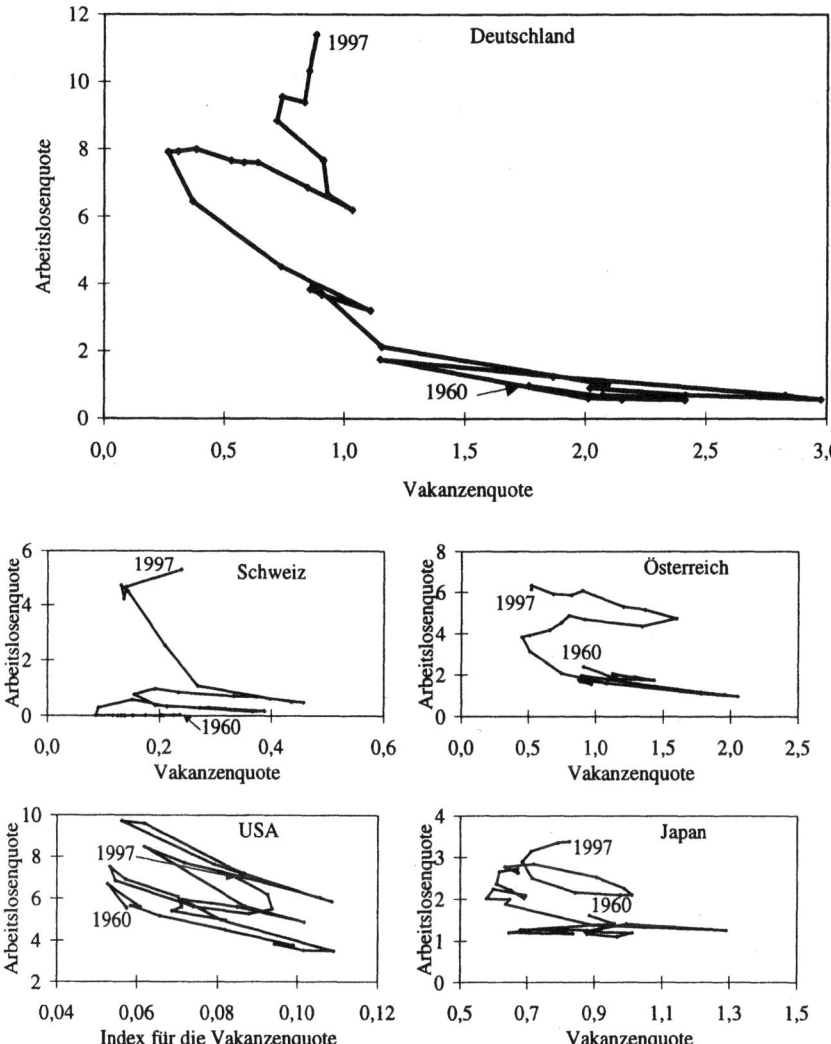

Abbildung 2.8: Beveridgekurven für verschiedene Länder; Quelle: OECD, Datastream und Main Economic Indicators. u und v sind in % gemessen mit Ausnahme der US-amerikanischen Daten für v; hier ist die absolute Grössenordnung nicht interpretierbar.

Je nach dem, wie die Krümmung der Beveridgekurve (die für einen gegebenen Zeitpunkt ja nicht beobachtbar ist) geschätzt worden ist, kann die Bewegung von A nach B als Bewegung auf einer Beveridgekurve oder als Folge einer Verschiebung der Kurve interpretiert werden. Da die Präzision, mit der die Krümmung der Beveridgekurve empirisch bestimmbar ist, aus methodischen Gründen ziemlich beschränkt ist, ist die Diagnose mit einer unvermeidlichen Unschärfe behaftet. Dazu kommt, dass die Ursachen von Verschiebungen der Kurve und von Bewegungen entlang der Kurve keineswegs unabhängig voneinander sind.

In Abbildung 2.8 sind die empirischen Beveridgekurven für verschiedene Länder über die letzten gut drei Jahrzehnte zu sehen. Es ist augenfällig, dass Punkte unterhalb der 45°-Linie (man beachte die verschiedenen Skalierungen von Ordinate und Abszisse), d.h. Zeitpunkte, für die $v > u$ gilt, praktisch nicht vorkommen. Wie in Box 1.4 ausführlich besprochen wurde, ist dies allerdings auch auf die schwierige und nach unten verzerrte statistische Erfassung der Vakanzenzahl zurückzuführen und daher nicht a priori nur als Indiz für einen andauernden Angebotsüberhang zu werten.

Die Kurvenverläufe machen klar, dass Bewegungen nach links oben, d.h. entlang einer konstanten Beveridgekurve in Richtung eines sich verschärfenden Angebotsüberhanges für einige Subperioden zu beobachten sind, und im Falle Deutschlands sogar die dominierende Tendenz zu sein scheinen. Verschiebungen der Beveridgekurven sind insbesondere für die Schweiz gut auszumachen, aber auch für Deutschland, Österreich, die USA und Japan könnten die Beobachtungen mit einer Verschiebung der Beveridgekurve nach aussen kompatibel zu sein. Die vorsichtigen Formulierungen bei der Interpretation der empirischen Beveridgekurven reflektieren insbesondere das im Zusammenhang mit Abbildung 2.7 besprochene Problem der schwierigen Diskriminierung zwischen Bewegungen auf und Verschiebungen der Beveridgekurve. Unstrittig dürfte hingegen die Folgerung sein, dass es auch vor dem Hintergrund der empirischen Beveridgekurven lohnend erscheint, sowohl über Angebotsüberhänge als auch über strukturell-friktionelle Probleme auf dem Arbeitsmarkt genauer nachzudenken. Insbesondere der Kurvenverlauf für Deutschland legt es nahe, dass die Betonung auf ersterem liegen sollte, was in der Auswahl der in diesem Buch zu besprechenden Erklärungsansätze auch klar reflektiert ist.

2.3. Das neoklassische Arbeitsmarktmodell

Beauftragt man einen Ökonomen mit der Analyse irgendeines Marktes, so beginnt er mit der Bestimmung von Angebot und Nachfrage. Genau dieses Verfahren wenden wir in diesem Abschnitt auf den Arbeitsmarkt an. Abbildung 2.9 zeigt ein herkömmliches Angebots-Nachfragediagramm für den Arbeitsmarkt.

Über beide Seiten des Marktes wird es in den folgenden Kapiteln noch einiges zu sagen geben, hier wollen wir uns auf eine kurze Diskussion beschränken. Die Arbeitsnachfragekurve zeigt an, wieviele Arbeitskräfte die Unternehmer bei jedem gegebenen Lohnsatz zu beschäftigen bereit sind. Zur Bestimmung der aus Sicht der Unternehmer gewinnmaximalen Arbeitsnachfrage ist der *marginale* Beitrag einer Arbeitskraft zum Produktionsergebnis, d.h. die Grenzproduktivität

2.3. Das neoklassische Arbeitsmarktmodell

der Arbeit, mit dem Lohnsatz zu vergleichen. Wenn wir vorderhand einmal annehmen, Arbeit sei der einzige variable Produktionsfaktor, so lässt sich die Produktionsfunktion schreiben als $Y = F(N)$, wobei Y für Output und N für die Beschäftigungsmenge stehen. Die Produktionstheorie legt die Annahme einer abnehmenden Grenzproduktivität der Arbeit nahe; d.h. je grösser die Zahl der bereits beschäftigten Arbeiter ist, desto geringer ist das *zusätzliche* Produktionsergebnis eines noch einzustellenden Arbeiters ($F' > 0$, $F'' < 0$). Aus dieser Annahme folgt, dass die Arbeitsnachfragekurve eine negative Steigung hat: Je niedriger der Lohn ist, desto grösser ist die Anzahl der Arbeitskräfte, deren Einstellung für die Unternehmer noch lohnend ist.[1] Eine ausführliche Herleitung der Arbeitsnachfragekurve aus den genannten Prämissen geben wir in Box 2.1.

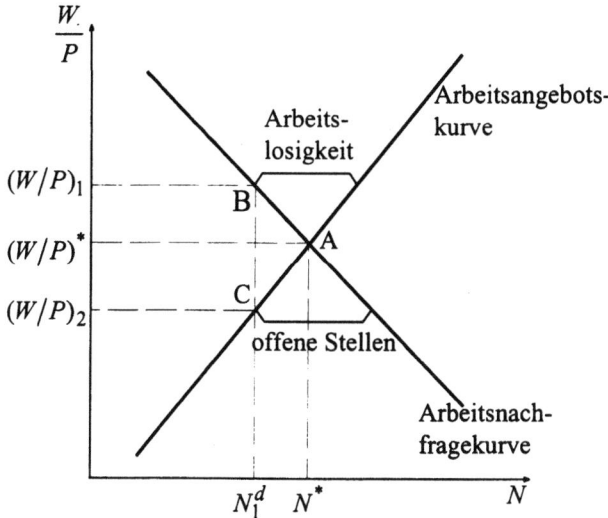

Abbildung 2.9: Das neoklassische Arbeitsmarktmodell

Die aggregierte Arbeitsangebotskurve der Haushalte drückt aus, wieviel Arbeit zu einem bestimmten Lohnsatz angeboten wird.[2] Theoretisch ist die Steigung dieser Kurve nicht eindeutig, da sich zwei Effekte zuwiderlaufen: Bei der Wahl zwischen dem Konsum von Gütern, für deren Kauf Arbeitseinkommen benötigt wird, und dem Genuss von Freizeit kommt zunächst ein Substitutionseffekt zum Tragen, wenn sich der Lohnsatz ändert: Ein höherer Lohn bedeutet höhere Opportu-

---

[1] Dieses Kalkül unterstellt, dass Arbeit ein homogenes Gut ist und mithin nur *ein* Lohnsatz für alle Arbeitnehmer gelten kann. Lohndifferenzierungen aufgrund unterschiedlicher Leistungsfähigkeit der Arbeitnehmer sind somit aus der Betrachtung ausgeschlossen.

[2] Da in diesem Buch auf die Arbeitsangebotsentscheidung der Haushalte nicht näher eingegangen wird, sei auf die Darstellung in Franz (1996b, Teil II) hingewiesen.

nitätskosten der Freizeit, d.h. die Freizeit ist mit mehr entgangenem Konsum erkauft. Dies spricht dafür, mehr Arbeit anzubieten. Auf der anderen Seite wirkt ein Einkommenseffekt: Durch das insgesamt höhere Einkommen, das bei einem höheren Lohn verdient werden kann, muss weniger Arbeit aufgewendet werden, um ein bestimmtes Konsumniveau zu erreichen. Dies spricht dafür, weniger Arbeit anzubieten. Das Vorzeichen des Gesamteffektes ist unbestimmt.[1] In Abbildung 2.9 ist unterstellt, dass der Substitutionseffekt den Einkommenseffekt dominiert, die Arbeitsangebotskurve also einen steigenden Verlauf aufweist.

Box 2.1: Die Ableitung der neoklassischen Arbeitsnachfragefunktion aus dem Gewinnmaximierungskalkül der Unternehmen

Das neoklassische Modell unterstellt den Unternehmern die Maximierung ihres Gewinns. Dieser ergibt sich durch Subtraktion der Kosten vom Erlös. Der Erlös ist definiert als das Produkt von Absatzpreis P und Produktionsmenge Y, wobei Y durch die Produktionsfunktion $Y = F(N)$ gegeben ist (mit $F' > 0, F'' < 0$). Wenn Arbeit N der einzige variable Produktionsfaktor ist, errechnen sich die variablen Kosten durch Multiplikation von N mit dem Lohnsatz W. Somit erhalten wir für den Gewinn Π den folgenden Ausdruck:

$$\Pi = P \cdot F(N) - W \cdot N - \text{Fixkosten}$$

Um den gewinnmaximalen Arbeitsinput zu ermitteln, müssen wir Π nach N ableiten und die Ableitung null setzen:

$$\frac{\partial \Pi}{\partial N} = P \cdot F'(N) - W = 0 \quad \Rightarrow \quad F'(N) = \frac{W}{P}$$

Vorausgesetzt ist hierbei vollkommener Wettbewerb auf den Gütermärkten, so dass die Unternehmer ihren Absatzpreis als vom Markt vorgegebenes Datum betrachten.[2] Analog dazu ist auch der Lohnsatz W für den Unternehmer ein Datum.

Die Anweisung lautet somit, die Beschäftigung bis zu dem Punkt auszudehnen, wo die Grenzproduktivität der Arbeit gerade dem Reallohn W/P entspricht. Deshalb lässt sich die – wegen $F''(N) < 0$ in N fallende – Grenzproduktivitätsfunktion $F'(N)$ auch als Arbeitsnachfragekurve interpretieren.

An dieser Stelle ist es wichtig, sich klarzumachen, dass der Lohnsatz, an dem sich sowohl Unternehmer als auch Arbeitnehmer orientieren, nicht der *Nominal*lohn W, gemessen in DM pro Stunde oder DM pro Monat, sondern die reale *Kaufkraft*

---

[1] Eine eingehendere Diskussion dieser Unbestimmtheit bietet jedes Lehrbuch der Mikroökonomik, z.B. Varian (1996, ch. 9).

[2] Von dieser restriktiven Voraussetzung werden wir in Abschnitt 2.6 abrücken.

2.3. Das neoklassische Arbeitsmarktmodell

dieses Lohns ist. Ein solches Mass für die reale Lohnkaufkraft erhalten wir, indem wir den Nominallohn W zum Güterpreisniveau P in Beziehung setzen. Die Kaufkraft eines gegebenen Nominallohns ist um so geringer, je höher P ist und vice versa. Den Quotienten W/P bezeichnen wir als *Reallohn*.

Wenn in Abbildung 2.9 *der* Reallohn W/P an die Ordinate geschrieben wird, treffen wir die Annahme, dass sowohl Nominallöhne als auch das Preisniveau aus der Sicht von Arbeitnehmern und Arbeitgebern jeweils gleich sind. Dies ist eine Annahme, die der Realität nicht entspricht, weil die beiden Marktseiten verschiedene Warenkörbe zugrundelegen (deren Preisniveau sich natürlich unterschiedlich entwickeln kann), weil die Lohnnebenkosten einen sog. Keil („wedge") zwischen die Bruttolohnkosten aus Arbeitgebersicht und Nettolohneinkommen aus Arbeitnehmersicht treiben, und weil auch die Umsatzbesteuerung einen Keil zwischen den zu bezahlenden Marktpreis und den Netto-Stückerlös der Unternehmer treibt. Auf diese Komplikationen werden wir in Kapitel 4 zurückkommen.

Das Arbeitsmarktgleichgewicht wird in Abbildung 2.9 durch Punkt A dargestellt, wo niemand zum herrschenden Lohn zusätzlich arbeiten bzw. zusätzlich Arbeit nachfragen möchte.

Beim Gleichgewichtslohn $(W/P)^*$ stimmen Arbeitsangebot und Arbeitsnachfrage überein ($N^d = N^s = N^*$). Die Gleichgewichtsbeschäftigung N^* entspricht der *Vollbeschäftigung*, weil es für jeden Arbeitsanbieter einen Arbeitsplatz gibt. Wie wir im vorangegangenen Abschnitt gesehen haben, ist die absolute Vollbeschäftigung ein unerreichbares theoretisches Ideal. Hier vernachlässigen wir aber die friktionellen und strukturellen Probleme, derentwegen selbst ein gleichgewichtiger Arbeitsmarkt keine buchstäbliche Vollbeschäftigung gewährleistet.

Ist der Lohn höher als der Gleichgewichtslohn, z.B. $(W/P)_1$, so resultiert ein Angebotsüberhang und damit verbunden Arbeitslosigkeit. Deren Auswirkungen auf die Wohlfahrt einer Volkswirtschaft soll uns anschliessend im Zusammenhang mit Abbildung 2.10 beschäftigen. Wird $(W/P)^*$ dagegen unterschritten, stellt sich eine Überschussnachfrage (offene Stellen) ein. Die wesentliche Frage in diesem Zusammenhang ist, ob ausgehend von einer Ungleichgewichtssituation wie in den Punkten B und C Kräfte in Richtung des Gleichgewichtes wirken. Nach der Logik des Marktes müsste der Wettbewerbsdruck den Marktlohn immer auf seinen Gleichgewichtswert hin bewegen. So gesehen, ist ein anhaltender Angebotsüberhang nur damit zu erklären, dass sich der Reallohn aus irgendeinem Grund (z.B. Gewerkschaftsmacht oder ähnliches) nicht nach unten anpasst. Dies ist der Fall der sog. *„klassischen Arbeitslosigkeit"*. Der einzige Ausweg aus einer derartigen Unterbeschäftigungssituation besteht darin, den Lohn auf sein Gleichgewichtsniveau zurückzuführen. Fazit: Im klassischen Modell wird Arbeitslosigkeit immer von zu hohen Löhnen verursacht.

Das Modell dieses Abschnitts ist aufgrund seiner Einfachheit gut geeignet, einige Wohlfahrtsaspekte der klassischen Arbeitslosigkeit zu analysieren. Zu diesem Zweck zeichnen wir noch einmal das Arbeitsangebots-Arbeitsnachfrage-Diagramm; im Schnittpunkt der beiden Kurven sorgt der gleichgewichtige Reallohn $(W/P)^*$ gerade dafür, dass Arbeitsangebot und -nachfrage den Wert N^* annehmen, mithin also keine Arbeitslosigkeit existiert. Ein wie auch immer zustandegekommener höherer Reallohn, z.B. $(W/P)_1$, gäbe demgegenüber Anlass zu einer Unterbeschäftigungssituation. Die Wohlfahrtsimplikationen dieses „zu hohen" Reallohns nehmen wir im folgenden genauer unter die Lupe.

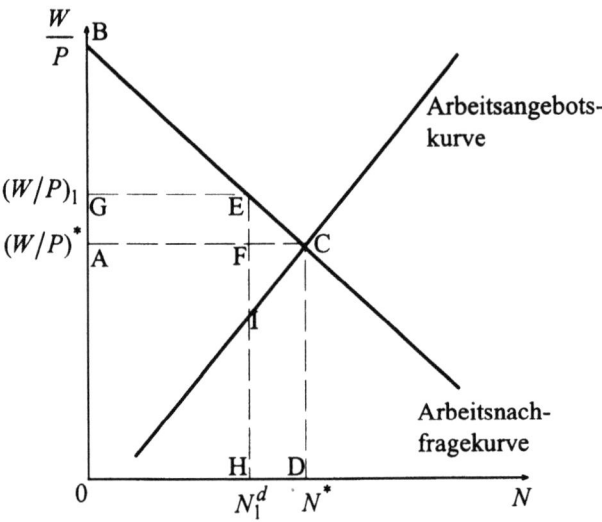

Abbildung 2.10: Wohlfahrtswirkungen eines überhöhten Reallohns

Wäre die Volkswirtschaft bei dem Lohn $(W/P)^*$ vollbeschäftigt, wäre ihr Sozialprodukt gleich der Fläche 0BCD, d.h. gleich der Fläche unter der Arbeitsnachfragekurve zwischen 0 und N^*, da die Arbeitsnachfragekurve ja der Grenzproduktivitätskurve der Arbeit entspricht. Ist Arbeit der einzige variable Produktionsfaktor, so ist 0BCD gegeben durch $\int_0^{N^*} F'(N)dN = F(N^*)$. Das gesamte Lohneinkommen wäre gleich der Fläche 0ACD, nämlich $(W/P)^* \cdot N^*$, und das Dreieck ABC dementsprechend gleich der Summe der Nichtlohneinkommen. Was bewirkt nun eine Anhebung des Reallohns auf das überhöhte Niveau $(W/P)_1$? Zunächst sinkt die Beschäftigung von N^* auf N_1. Dadurch verlieren die freigesetzten Arbeitskräfte insgesamt das Einkommen HFCD. (Dass ein Teil davon durch Arbeitslosenunterstützung ersetzt werden mag, bleibt hier – genauso wie die notwendige Finanzierung dieser Leistung – unberücksichtigt.) Die Unternehmergewinne sin-

2.3. Das neoklassische Arbeitsmarktmodell

ken um die Fläche ACEG, wovon die Teilfläche AGEF den Einkommenszuwachs der beschäftigten Arbeitnehmer darstellt. Damit wird deutlich, dass es nicht nur um Interessenkonflikte zwischen Arbeitnehmern und Arbeitgebern gibt, sondern auch zwischen Beschäftigten und Arbeitslosen. Diese Interessenkonflikte stehen im Zentrum moderner Theorien der Lohnbildung, die der Marktmacht organisierter Interessenvertreter Rechnung tragen; diese Theorien sind Gegenstand des Kapitels 5.

Ebenfalls wird klar, dass die Unterbeschäftigung volkswirtschaftliche Kosten verursacht, indem ein Teil des Sozialprodukts im Umfang der Fläche HDCE verlorengeht. Der Wohlfahrtsverlust ist geringer und entspricht der Fläche CEI. Die Differenz zwischen dem Sozialproduktsrückgang und dem Wohlfahrtsverlust (d.h. die Fläche IHDC) lässt sich als das monetäre Äquivalent des Freizeitnutzens interpretieren, den die Arbeitslosen ihrer Beschäftigungslosigkeit abzugewinnen vermögen. Ist die Reallohnelastizität des Arbeitsangebotes, wie empirische Studien nahelegen, gering (d.h. die Arbeitsangebotskurve steil), so fällt dieser Freizeitnutzen im Vergleich zu den volkswirtschaftlichen Kosten der Arbeitslosigkeit praktisch nicht ins Gewicht.

Box 2.2: Der Beschäftigungseinbruch in Ostdeutschland nach der Wiedervereinigung

Von allen Anpassungsproblemen, die die ostdeutsche Wirtschaft seit der Wiedervereinigung zu bewältigen hat, sind die Arbeitsmarktprobleme die gravierendsten. Innerhalb von weniger als zwei Jahren sank die Beschäftigung um über 40%. Dass dieser Beschäftigungseinbruch sich nicht in einem noch sehr viel stärkeren Anstieg der offiziell ausgewiesenen Arbeitslosenquote niederschlug, ist bloss darauf zurückzuführen, dass die arbeitsmarktpolitischen Instrumente (Arbeitsbeschaffungsmassnahmen, Fortbildung, Vorruhestands- und Altersübergangsgelder) einen grossen Teil der Betroffenen aus der Statistik herausgehalten haben, oder Arbeitnehmer sich vom Arbeitsmarkt zurückgezogen bzw. in Westdeutschland Beschäftigung gefunden haben.

Besonders stark war der Beschäftigungseinbruch in der ostdeutschen Industrie, wo seit der Wiedervereinigung gar 80% der Arbeitsplätze verlorengegangen sind. Das klassische Arbeitsmarktmodell gibt einen geeigneten Analyse- und Erklärungsrahmen für diese Entwicklung ab. Denn der Hintergrund ist eine lohnpolitische Strategie, deren Ziel es von Anfang war, das ostdeutsche Lohnniveau ungeachtet der Produktivitätsverhältnisse möglichst rasch an den westdeutschen Standard heranzuführen. So marschierten denn die ostdeutschen Löhne in nur vier Jahren quer durch die internationale Lohnhierarchie und erreichten bis Mitte 1994 bereits über 75% des westdeutschen Niveaus. Das Tempo des Aufholprozesses wird in Abbildung 2.11 durch die Daten angezeigt, zu denen das jeweilige Lohnniveau erreicht wurde. Die Konsequenzen dieser Hochlohnstrategie werden von Abbildung 2.11 ebenfalls verdeutlicht, indem der geschätzte Prozentsatz der überlebensfähigen ostdeutschen Industriearbeitsplätze einerseits unter alternativen Annahmen über die seit 1990 erreichten Produktivitätsfortschritte und andererseits in Abhängigkeit von der Relation zwischen Ostlohn und Westlohn dargestellt wird. Das Diagramm stammt von Sinn (1995) und stützt sich auf Schätzungen von Akerlof/Rose/Yellen/Hessenius (1991), die auf der Basis von DDR-Statistiken versucht haben zu ermitteln, wieviele Kombinate ihre variablen Produktionskosten decken können, wenn man ihre Produkte zu Westmarktpreisen bewertet. Nach diesen Schätzungen hätte allein der bis Ende 1990 vollzogene Lohnanstieg ausgereicht, um bei Beibehaltung der alten Produktionsweise über 90% der Industriearbeitsplätze zu vernichten. Wenn beim Lohnniveau von Mitte 1994 trotzdem noch 20% der Industriebeschäftigung erhalten geblieben ist, müssen erhebliche Produktivitätsreserven mobilisiert worden sein, wobei allerdings auch die Subventionen in nennenswertem Ausmass zur Stabilisierung der Beschäftigung beigetragen haben dürften.

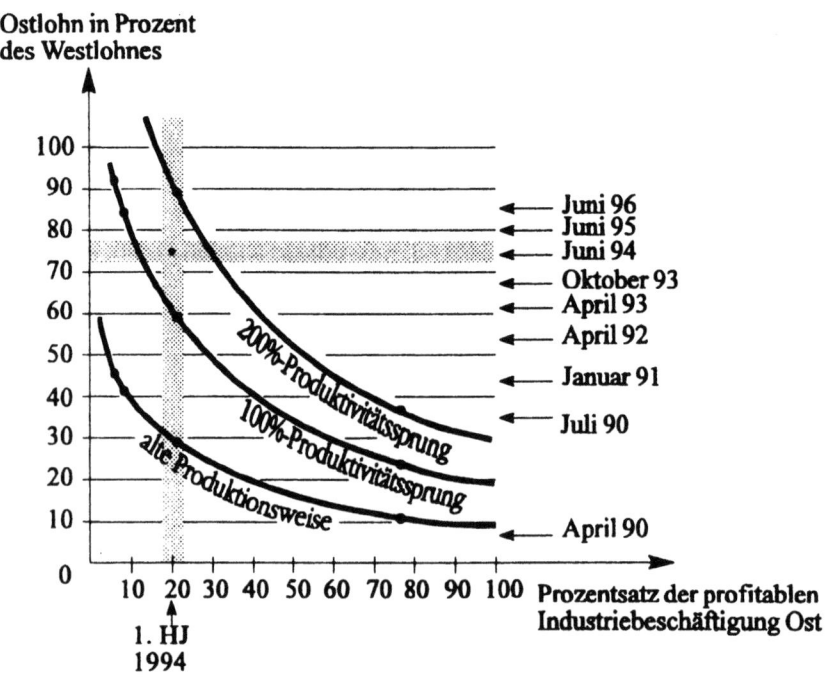

Abbildung 2.11: Lohnhöhe und Beschäftigung in der ostdeutschen Industrie
Quelle: Graphik direkt übernommen aus Sinn (1995, S. 39)

2.4. Das keynesianische Modell

Das klassische Modell in der gerade vorgeführten Form stellte bis in die 30er Jahre hinein die herrschende Interpretation des Arbeitsmarktes dar.[1] Erschüttert wurde diese Interpretation durch die Ereignisse der Weltwirtschaftskrise in den 30er Jahren. Es fiel schwer, den weltweit exorbitanten Anstieg der Arbeitslosigkeit auch nur einigermassen plausibel mit gestiegenen Löhnen zu erklären. Damit war der Boden bereitet für die Etablierung einer radikal anderen Sichtweise des Arbeitsmarktgeschehens, die von John Maynard Keynes in seinem berühmten Buch „*The General Theory of Employment, Interest and Money*" (1936) präsentiert wurde. Im Kern warf Keynes den Klassikern folgenden Denkfehler vor: Die Unternehmer verhalten sich zwar völlig rational, wenn sie entlang der Grenzproduktivitätskurve Arbeit nachfragen – *jedoch nur unter der Prämisse, dass die mit der optimalen Arbeitsmenge gemäss der Bedingung $F'(N) = W/P$ produzierten Güter auch abgesetzt werden können*. Genau diese Prämisse sah Keynes als in der Realität nicht notwendigerweise erfüllt an und folgerte daraus, dass der Arbeitsmarkt sinnvollerweise nicht isoliert betrachtet werden kann, sondern nur im Zusammenspiel mit dem Gütermarkt und den Finanzmärkten. Die Klassiker rechtfertigten ihre Vernachlässigung jeglicher Rückwirkungen vom Gütermarkt auf die Arbeitsnachfrage mit Hinweis auf das Say'sche Gesetz, demzufolge jedes bei der Produktion entstehende Faktoreinkommen wieder nachfragewirksam ausgegeben wird, so dass jedes Güterangebot gewissermassen seine eigene Güternachfrage schafft.[2]

Dieser Doktrin stellte Keynes als Gegenthese sein „Prinzip der effektiven Nachfrage" gegenüber, das gerade die umgekehrte Kausalität postuliert: Nicht das Angebot schafft sich seine Nachfrage, sondern die Nachfrage bestimmt, welches Angebot die Unternehmer auf dem Markt zu entfalten bereit sind.

Die Einzelheiten der Keynes'schen Theorie der Güternachfrage, die mit dem berühmten Multiplikator-Effekt insbesondere auch die Rückkopplung zwischen den Faktoreinkommen und dem Ausgabenverhalten der Einkommensempfänger betont, sollen uns hier nicht weiter aufhalten.[3] Der in unserem Zusammenhang entscheidende Punkt ist vielmehr, dass das Kriterium der Absetzbarkeit der Produktion die Arbeitsnachfrageentscheidung einer zusätzlichen Beschränkung unterwirft. Diese sog. Absatzbeschränkung besagt, dass die Unternehmer nicht mehr Arbeit nachfragen, als sie zur Produktion derjenigen Güter benötigen, die sie auch absetzen können. Wenn wir die effektive Güternachfrage mit Y_{eff}^d bezeichnen und

---

[1] Als paradigmatisch kann die Monographie von Pigou (1933) gelten.
[2] Eine ausführliche Besprechung des Say'schen Gesetzes und seiner Entwicklung findet sich bei Sowell (1992).
[3] Vgl. dazu Landmann (1976) oder jedes Lehrbuch der Makroökonomik.

weiterhin die Produktionsfunktion $Y = F(N)$ annehmen, so lautet die Absatzbeschränkung

(2.12) $\quad N^d \leq F^{-1}\left(Y_{eff}^d\right) \qquad$ Absatzbeschränkung

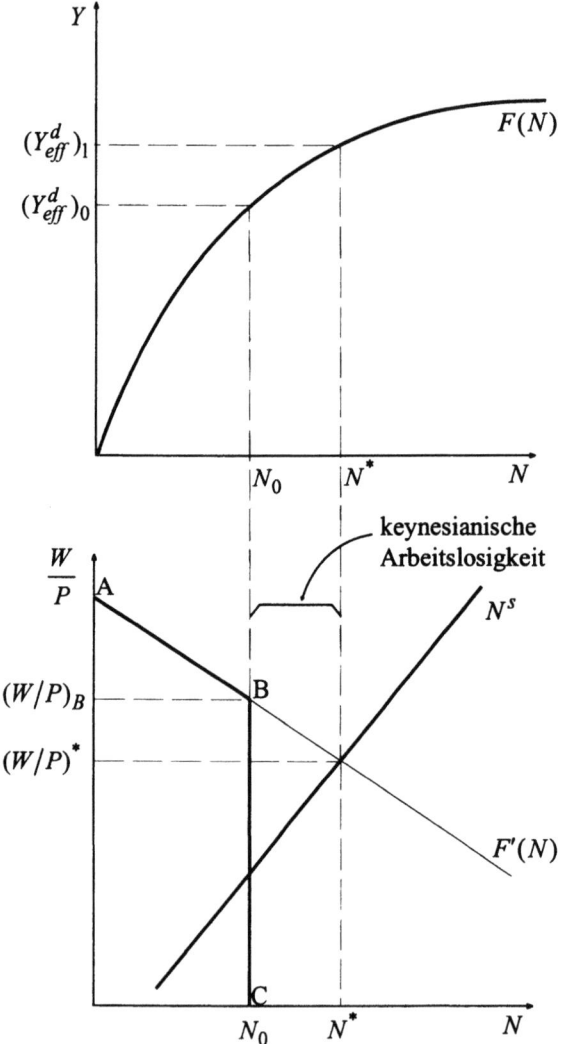

Abbildung 2.12: Keynesianische Arbeitslosigkeit ist auf eine zu geringe Güternachfrage zurückzuführen

2.4. Das keynesianische Modell

$F^{-1}(Y_{eff}^d)$ ist einfach die Umkehrfunktion der Produktionsfunktion und wurde von Keynes als Beschäftigungsfunktion (employment function) bezeichnet. Das Bemerkenswerte daran ist, dass diese Beschäftigungsfunktion im Unterschied zu der Arbeitsnachfragefunktion des klassischen Modells prima facie mit dem herrschenden Reallohn nichts zu tun hat.[1]

Die Zusammenhänge lassen sich anhand von Abbildung 2.12 verdeutlichen. Der obere Quadrant zeigt, wie mit Hilfe der Produktionsfunktion für eine effektive Güternachfrage $(Y_{eff}^d)_0$ die dazugehörige Beschäftigung N_0 gefunden werden kann. Der untere Quadrant bildet die Absatzbeschränkung $N^d \le N_0 = F^{-1}(Y_{eff}^d)$ durch die Vertikale BC ab. Dargestellt ist eine Situation, in der diese Absatzbeschränkung in dem Sinne bindend ist, dass sie dem Erreichen der Vollbeschäftigung im Wege steht. Selbst wenn der Reallohn den gemäss klassischem Modell vollbeschäftigungskonformen Wert $(W/P)^*$ nicht übersteigt, resultiert auf dem Arbeitsmarkt ein Angebotsüberhang in Höhe von $N_0 N^*$. Dies ist der Fall der sog. „keynesianischen Arbeitslosigkeit". Änderungen des Reallohns bewirken nichts, sondern führen nur zu Bewegungen entlang der Strecke BC. Nur wenn der Reallohn auf dem Niveau $(W/P)_B$ oder darüber liegt, wird die Bedingung der Grenzproduktivitätsentlohnung $W/P = F'(N)$ wieder aktiviert, weil in diesem Fall die Keynes'sche „employment function" von der Unternehmung in ihrem Arbeitsnachfragekalkül nicht mehr als Engpassfaktor wahrgenommen wird.

Somit können wir die Linie ABC als die effektive Arbeitsnachfragefunktion interpretieren. Der entscheidende Punkt ist, dass sich die keynesianische Arbeitslosigkeit $N^* - N_0$ nicht durch Lohnkürzungen, sondern nur durch eine Steigerung der Güternachfrage – in unserem Diagramm von $(Y_{eff}^d)_0$ auf $(Y_{eff}^d)_1$ – beseitigen lässt.

---

[1] „Prima facie" deshalb, weil man argumentieren kann, dass der Reallohn einen Einfluss auf Y_{eff}^d hat – eine Möglichkeit, die wir an dieser Stelle nicht weiter verfolgen. Näher ausgeführt und einer empirischen Untersuchung unterzogen wird dieser mögliche Einfluss in Jerger (1999). Aufgabe 4 am Ende des dritten Kapitels wird sich damit befassen. Die Verschiebung um ein Kapitel ist deshalb nötig, weil zur Lösung der Aufgabe eine mathematische Technik benötigt wird, die erst im Laufe des dritten Kapitels eingeführt wird.

2.5. Klassische vs. keynesianische Arbeitslosigkeit: Eine sterile Debatte

Der Gegensatz zwischen dem klassischen und dem keynesianischen Modell der Unterbeschäftigung könnte ausgeprägter kaum sein. Besonders brisant ist dabei der Widerspruch zwischen den beschäftigungspolitischen Implikationen der beiden Modelle, von denen sich naheliegenderweise meist auch die Widersacher in den interessengeleiteten Auseinandersetzungen um die Beschäftigungs- und Tarifpolitik das jeweils passende zu eigen machen. Vor diesem Hintergrund interessiert natürlich stets die Frage, welches Modell denn näher an der Wahrheit liegt. Auf diese Frage haben eine umfangreiche theoretische und eine etwas weniger umfangreiche empirische Literatur eine einstimmige Antwort gefunden. Und die lautet: „Es kommt darauf an."

Theoretisch ist auch ziemlich klar, worauf es ankommt. Die sog. Theorie der temporären nicht-walrasianischen Gleichgewichte hat das Verhalten allgemeiner, interdependenter Marktsysteme unter kurzfristig inflexiblen Löhnen und Preisen analysiert und den Nachweis erbracht, dass sich je nach Konstellation einiger fundamentaler Grössen sowohl klassische als auch keynesianische Unterbeschäftigungssituationen einstellen können. Bei diesen fundamentalen Grössen handelt es sich insbesondere um die Geldmenge, die Staatsausgaben sowie weitere nachfragebestimmende Faktoren, das Lohn- und Preisniveau, das hierdurch implizierte Reallohnniveau, die Arbeitsproduktivität und das Produktionspotential. Möglich sind auch Konfigurationen (sog. „Regimes"), die mit Vollbeschäftigung verbunden sind.[1]

Auf der empirischen Ebene stellt sich die weitaus schwierigere Aufgabe, raum- und zeitbezogen die Art des jeweiligen Regimes zu bestimmen. Versuche in diese Richtung haben sich vor schwierige konzeptionelle Probleme gestellt gesehen und oft zu widersprüchlichen, z.T. schwer interpretierbaren Ergebnissen geführt.[2] Wir beschränken uns an dieser Stelle darauf, auf drei Punkte aufmerksam zu machen:

1. Ob keynesianische oder klassische Arbeitslosigkeit vorliegt, lässt sich anhand der beobachtbaren Fakten nicht unmittelbar beurteilen, sondern ist eine Frage von deren theoretischer Interpretation.
2. Keynesianische und klassische Arbeitslosigkeit schliessen sich gegenseitig keineswegs aus, sondern können sich auch überlagern.
3. Die Postulate „reale Güternachfrage erhöhen" bzw. „Reallöhne senken" weisen sowohl theoretisch als auch politisch kaum einen operationellen Gehalt auf.

---

[1] An dieser Stelle sei nochmals auf Malinvaud (1977) und Benassy (1993) verwiesen.
[2] Als repräsentative Beispiele seien Sachs (1983), Bruno (1986), Coen/Hickman (1987) und Gordon (1988) genannt. Für Deutschland haben Franz/König (1990) sowie aktueller Franz/Göggelmann/Winkler (1997) empirische Abschätzungen der Relevanz alternativer Ungleichgewichtsregimes vorgenommen.

2.5. Klassische vs. keynesianische Arbeitslosigkeit: Eine sterile Debatte

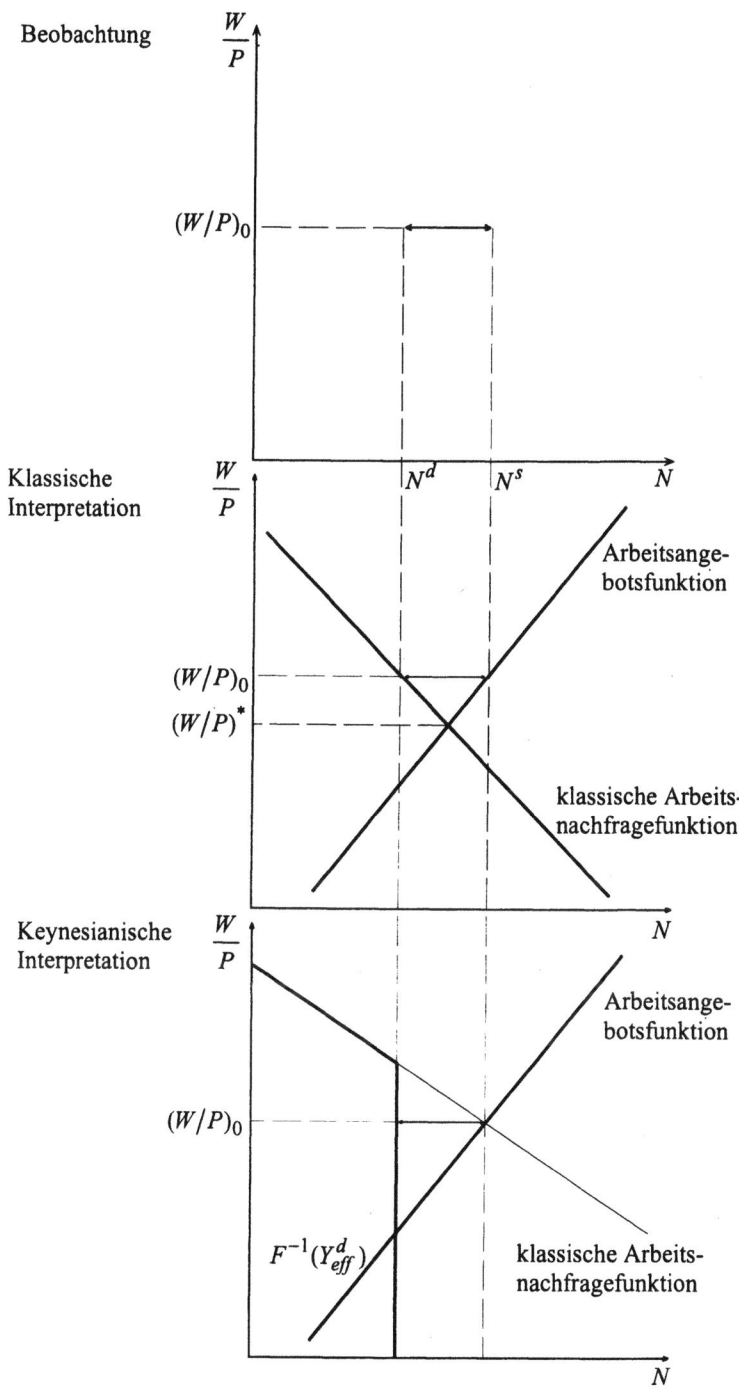

Abbildung 2.13: Ein Faktum und zwei Interpretationen

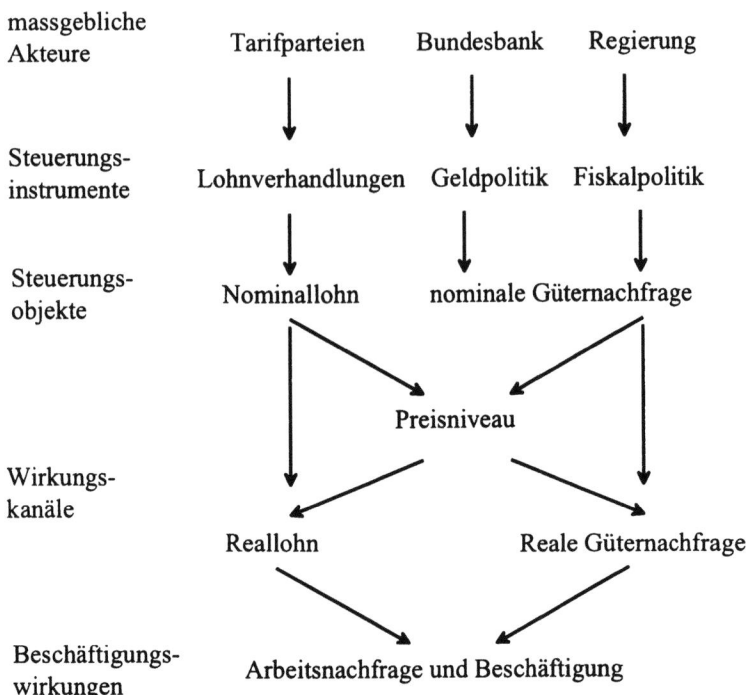

Abbildung 2.14: Das Zusammenwirken „klassischer" und „keynesianischer" Determinanten der Beschäftigung

Der erste Punkt bezieht sich auf die simple Tatsache, dass die Verhaltensfunktionen, mit denen das klassische und das keynesianische Modell argumentieren, nicht direkt beobachtbar sind und emprisch u.U. nur schwierig identifizierbar sind. Abbildung 2.13[1] versucht dies zu verdeutlichen, indem der oberste Quadrant nur das ausweist, was direkt beobachtbar ist: den Reallohn, das Arbeitsangebot, die Arbeitsnachfrage und die Anzahl Arbeitsloser. Der Rest ist Interpretation – klassische Interpretation im mittleren Quadranten, oder keynesianische Interpretation im unteren Quadranten. Ob der beobachtete Reallohn $(W/P)_0$ vollbeschäftigungskonform ist, wie es die keynesianische Interpretation zulässt, oder ob er nicht vollbeschäftigungskonform ist, wie es die klassische Interpretation behauptet, lässt sich nicht ohne weiteres sagen, weil der Gleichgewichtslohn keine beobachtbare Grösse ist. Dasselbe gilt für die Frage, ob die effektive Güternachfrage, wie von der keynesianischen Interpretation angenommen, einen bindenden Engpass darstellt oder nicht.

---

[1] In Anlehnung an Landmann (1984), S. 107.

Dazu kommt – dies ist unser zweiter Punkt – dass sich „zu wenig Arbeit" und „zu teure Arbeit" als Ursachen einer Unterbeschäftigung keineswegs gegenseitig ausschliessen, sondern sich durchaus auch gleichzeitig einstellen können. Leicht einsichtig ist diese Vorstellung, wenn man sich vor Augen hält, dass „der" Arbeitsmarkt sektoral und regional differenziert ist, und somit ein Güternachfrageengpass in einem Sektor durchaus kein Grund dafür ist, dass in einem anderen Sektor Arbeitslosigkeit nicht hochlohnbedingt sein kann. Aber auch auf aggregiertem Niveau ist eine solche Überlagerung möglich, wie wir uns anhand von Abbildung 2.12 klarmachen können, wo in einem Punkt wie B der Rückkehr zur Vollbeschäftigung sowohl ein überhöhter Reallohn als auch eine ungenügende effektive Güternachfrage im Wege stehen.

Der dritte Punkt ist der fundamentalste. Wer von „zu hohen Reallöhnen" oder „zu wenig realer Nachfrage" spricht, suggeriert, dass es sich dabei um Grössen handelt, die in einem breiteren Systemzusammenhang theoretisch als exogene Einflussgrössen behandelt und in der Praxis von wohldefinierten Akteuren grundsätzlich, wenn vielleicht auch nicht präzise, gesteuert werden können. Dies ist jedoch nicht der Fall. Wie schon Keynes (1936) mit grösstem Nachdruck betont hat, gibt es niemanden, der über den Reallohn als solchen disponieren kann. Die Tarifpolitik und vielleicht die Marktkräfte am Arbeitsmarkt mögen die Entwicklung der *Nominal*löhne bestimmen, aber das Preissetzungsverhalten der Unternehmungen bestimmt die Güterpreise und damit das allgemeine Preisniveau. Was hieraus als *Real*lohn, d.h. als Quotient von Nominallohn- und Preisniveau resultiert, ist *endogenes* Ergebnis beider Entscheidungen. Ähnliches gilt für die Nachfragesteuerung. Was sich mit den Instrumenten der Geld- und Fiskalpolitik steuern lässt, ist bestenfalls die *nominale* Gesamtnachfrage. Auch hier hängen die Konsequenzen für die *reale* Güternachfrage vom Verhalten des Preisniveaus ab.

Das Schema in Abbildung 2.14 veranschaulicht die Struktur der Wirkungskanäle und die Bedeutung eines endogenen Preisniveaus für die simultane, ebenfalls endogene Bestimmung des Reallohns und der realen Güternachfrage im Systemzusammenhang. Eine Aussage darüber, wie sich eine Änderung der Löhne bzw. der Güternachfrage im einzelnen auf die Beschäftigung auswirkt, erfordert allerdings eine genaue Spezifikation der Preisniveaubestimmung. Dieser wenden wir uns im folgenden zu.

2.6. Klassische vs. keynesianische Arbeitslosigkeit: Eine Synthese

In diesem Abschnitt entwickeln wir ein einfaches Modell des unternehmerischen Preissetzungsverhaltens. Damit wird der gerade angestellten Überlegung Rechnung getragen, dass es die Unternehmen sind, die das Preisniveau bestimmen. Das für diese Überlegung adäquate Modell muss folgerichtig den Unternehmen eine gewisse Preissetzungsmacht unterstellen. Damit wird die in Abschnitt 2.3 benutzte

Annahme, dass die Unternehmen untereinander in vollkommenem Wettbewerb stehen, aufgehoben. Wir betrachten zu diesem Zweck einen repräsentativen Unternehmer, der das Ziel verfolge, seinen Gewinn Π zu maximieren; als Input verwende er ausschliesslich Arbeit (bzw. auch andere Faktoren, die aber in der hier zu analysierenden Frist nicht variabel seien). Weiter sei angenommen, dass er unter Bedingungen eines monopolistischen Wettbewerbs operiert, so dass er sich für sein Produkt einer fallenden Preis-Absatz-Funktion gegenübersieht. Im Gegensatz zum Preis seiner Produkte kann der Unternehmer den Nominallohnsatz W, den er für eine Arbeitseinheit zu bezahlen hat, nicht durch die Variation der Beschäftigungsmenge beeinflussen. Somit lautet sein Gewinnmaximierungsproblem:

(2.13) $\quad \max_{Y} \Pi = P \cdot Y - W \cdot N$

Der Unternehmer wählt unter Beachtung seiner Preis-Absatz-Funktion und der Produktionsfunktion $Y = F(N)$ seinen Output Y so, dass Π maximiert wird. Dies führt zur Bedingung:

(2.14) $\quad \dfrac{\partial \Pi}{\partial Y} = P + Y \cdot \dfrac{\partial P}{\partial Y} - W \cdot \dfrac{\partial N}{\partial Y} = \underbrace{P \cdot \left(1 + \dfrac{1}{\delta}\right)}_{\text{Grenzerlös}} - \underbrace{W \cdot \dfrac{1}{F'}}_{\text{Grenzkosten}} \stackrel{!}{=} 0$

$\delta \equiv \dfrac{\partial Y}{\partial P} \cdot \dfrac{P}{Y}$, die Preiselastizität der Güternachfragefunktion des repräsentativen Unternehmers ist ein negativer Parameter und muss algebraisch kleiner als -1 sein, wenn der Grenzerlös einen positiven Wert annehmen soll. Als optimaler Preis ergibt sich

(2.15) $\quad P = \mu \cdot \dfrac{W}{F'} \qquad \text{mit } \mu \equiv \left(1 + \delta^{-1}\right)^{-1} > 1$

Die Elastizität der Güternachfrage wird als nicht von der nachgefragten Menge abhängig angenommen, d.h. wir postulieren eine isoelastische Nachfragefunktion. Dies erlaubt es uns, im folgenden μ als Konstante zu behandeln.

Gleichung (2.15) ist eine Preissetzungsfunktion des repräsentativen Unternehmers. Der Parameter μ kann dabei als Aufschlagsfaktor auf die Grenzlohnstückkosten W/F' aufgefasst werden; er hängt von der Preiselastizität der Güternachfrage ab.[1] Implizit bestimmt die Preissetzungsfunktion (2.15) auch den Reallohn:

(2.16) $\quad \dfrac{W}{P} = \dfrac{F'}{\mu}$

---

[1] Für $\delta \to -\infty$ (völlig elastische Güternachfrage) geht μ gegen den Wert „1". Dies ist der Grenzfall der vollkommenen Konkurrenz, in dem sich die Unternehmer als Mengenanpasser verhalten, und den wir oben in Box 2.1 zugrundegelegt hatten.

2.6. Klassische vs. Keynesianische Arbeitslosigkeit: Eine Synthese

Gleichung (2.16) sieht zunächst nach einer nur unwesentlich modifizierten klassischen Arbeitsnachfragekurve aus, ist hier aber *nicht* als Bestimmungsgleichung der mengenmässigen Arbeitsnachfrage bei einem von den Unternehmungen als gegeben betrachteten Reallohn zu interpretieren, sondern ist Ausdruck eines Preissetzungsverhaltens, das sowohl kostenseitige (W, F') als auch nachfrageseitige (μ) Kalkulationsgrundlagen in Rechnung stellt. Um auch den Output und die Beschäftigung bestimmen zu können, die aus dem Gewinnmaximierungsverhalten der Unternehmungen resultieren, müssen wir zusätzlich eine aggregierte Güternachfragefunktion, d.h. eine Beziehung zwischen aggregierter realer Güternachfrage Y^d und Preisniveau P spezifizieren. Am einfachsten geschieht dies, indem wir die Quantitätsgleichung zugrundelegen, welche die nominale Gesamtnachfrage $P \cdot Y^d$ mit dem Produkt von Geldmenge M und Umlaufgeschwindigkeit „erklärt", wobei wir hier einfachheitshalber die Umlaufgeschwindigkeit konstant annehmen und auf den Wert 1 normieren, so dass wir M unmittelbar mit der nominalen Gesamtnachfrage identifizieren können:[1]

(2.17) $\quad Y^d = M \cdot P^{-1} \quad$ bzw. $\quad Y^d = \dfrac{M}{P}$

Durch Erweiterung der rechten Seite mit W lässt sich dies auch als Beziehung zwischen Güternachfrage und Reallohn schreiben:

(2.18) $\quad Y^d = \dfrac{M}{W} \cdot \dfrac{W}{P}$

Das Zusammenspiel der Preissetzung gemäss Gleichung (2.15) und der Güternachfragebestimmung gemäss Gleichung (2.18) lässt sich direkt zur Erklärung von P und Y heranziehen, wie wir in Box 2.3 zeigen. Das dort verwendete Diagramm gehört als sog. aggregiertes Angebots-Nachfrage-Modell (AS-AD-Modell) zum Standardsortiment der makroökonomischen Lehrbuchliteratur. Da wir uns hier jedoch stärker dafür interessieren, was die geschilderten Zusammenhänge für die Erklärung der Beschäftigung und die Rolle des Reallohns implizieren, arbeiten wir in Abbildung 2.16 weiterhin mit einem $[(W/P) - N]$-Quadranten.

Box 2.3: Das Synthesemodell als AS-AD-Modell

Die Preissetzungsfunktion (2.15) kann direkt als Angebotsfunktion der Unternehmer im P-Y-Quadranten aufgefasst werden (AS-Kurve), wobei

---

[1] Durch entsprechende Spezifikation der Umlaufgeschwindigkeit lässt sich (2.17) mit jeder Theorie der Güternachfrage vereinbaren, aber dies ist nicht ein Punkt, der uns in diesem Zusammenhang interessiert.

$$\left.\frac{\partial P}{\partial Y}\right|_{P=\frac{\mu \cdot W}{F'}} = -\mu \cdot W \cdot (F')^{-2} \cdot F'' > 0$$ aufgrund der Annahme $F'' < 0$.[1] Die Nachfragefunktion (2.17) ist als AD-Kurve abgebildet, wobei $\left.\frac{\partial P}{\partial Y}\right|_{Y=M \cdot P^{-1}} = -\frac{M}{Y^2} < 0$.

Verschiebungsparameter der Angebotsfunktion sind μ und W, während die Nachfragefunktion durch Änderungen von M verschoben wird. Im Schnittpunkt der beiden Funktionen sind das Preisniveau und der Output simultan bestimmt.

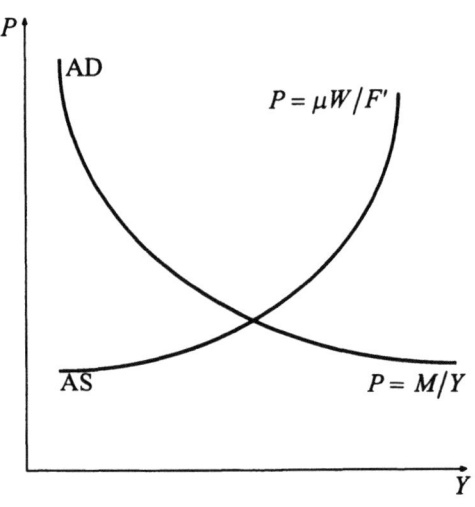

Abbildung 2.15: Das Synthesemodell als AS-AD-Modell

Entsprechend der Logik der Keynes'schen Beschäftigungsfunktion können wir von Gleichung (2.17) bzw. (2.18) unter Berücksichtigung der Produktionsfunktion auf die Arbeitsnachfrage schliessen, welche die Unternehmungen in Abhängigkeit von der Geldmenge M und dem Preisniveau P entfalten:

---

[1] Diese Ableitung bedarf der Erläuterung: Anwendung der Produktregel auf (2.15) ergibt:
$$\frac{\partial P}{\partial Y} = \frac{W}{F'} \cdot \frac{\partial \mu}{\partial Y} + \mu \cdot W \cdot (-F')^{-2} \cdot \frac{\partial F'}{\partial Y} + \frac{\mu}{F'} \cdot \frac{\partial W}{\partial Y}$$. Der erste Term auf der rechten Seite ist null, da wir eine isoelastische Güternachfragefunktion angenommen haben; der dritte Term verschwindet ebenfalls, weil der Nominallohn in diesem Modell exogen ist. Berücksichtigen wir für den zweiten Term, dass $\frac{\partial F'}{\partial Y} = \frac{\partial F'}{\partial N} \cdot \frac{\partial N}{\partial Y}$ mit $\frac{\partial F'}{\partial N} \equiv F''$ und $\frac{\partial N}{\partial Y} = (F')^{-1}$ so folgt unter Berücksichtigung von (2.15) die im Text angegebene Steigung der AS-Kurve.

2.6. Klassische vs. Keynesianische Arbeitslosigkeit: Eine Synthese

(2.19) $\quad N = F^{-1}(Y) = F^{-1}\left(\dfrac{M}{W} \cdot \dfrac{W}{P}\right)$

Diese Beschäftigungsfunktion stellt für gegebene Werte von M und W einen positiven Zusammenhang zwischen der Beschäftigung und dem Reallohn her[1] und ist daher im $[(W/P)-N]$-Quadranten von Abbildung 2.16 als steigende Funktion dargestellt, deren räumliche Lage durch den Quotienten M/W bestimmt wird. Demgegenüber impliziert die Preissetzungsfunktion – wie man am besten anhand der Schreibweise (2.16) verifizieren kann – einen inversen Zusammenhang zwischen N und W/P, sofern für den Faktor Arbeit weiterhin sinkende Grenzerträge ($F'' < 0$) unterstellt werden.[2]

Die Situation, die sich einstellt, wenn die Unternehmer ihre Preise gemäss (2.15) bzw. (2.16) setzen und ihre Arbeitsnachfrage entsprechend der Beschäftigungsfunktion (2.19) bestimmen, ist in Abbildung 2.16 durch Punkt A markiert. So wie das Diagramm gezeichnet ist, liegt Punkt A links von der Arbeitsangebotsfunktion, d.h. es herrscht Arbeitslosigkeit. Handelt es sich dabei um klassische oder keynesianische Arbeitslosigkeit? Die Frage macht im Kontext dieses Modells keinen Sinn. Der Reallohn kann nicht *Ursache* der Arbeitslosigkeit sein, sondern ist gemeinsam mit der Beschäftigung das *Ergebnis* der makroökonomischen Daten und Verhaltensbeziehungen, die sich in der Preissetzungs- und Beschäftigungsfunktion niederschlagen. Dasselbe gilt für die reale Güternachfrage.

Eine Senkung der in Abbildung 2.16 auftretenden Arbeitslosigkeit erfordert offensichtlich eine Rechtsverschiebung der Preissetzungsfunktion und/oder der Beschäftigungsfunktion. Die Preissetzungsfunktion verschiebt sich nur dann nach rechts, wenn der mark-up-Faktor μ sinkt – etwa infolge einer Verschärfung des Wettbewerbs auf den Gütermärkten –, oder wenn sich die (marginale) Arbeitsproduktivität erhöht.[3] Beides steht indessen nicht unmittelbar zur Disposition der Beschäftigungspolitik. Immerhin wird deutlich, wie im Zuge des Produktivitätswachstums Reallohnsteigerungen ohne weiteres mit einer Beschäftigungsexpansion einhergehen können. Eine Rechtsverschiebung der Beschäftigungsfunktion erfordert demgegenüber eine Zunahme der nominalen Güternachfrage relativ zum

---

[1] $\left.\dfrac{\partial N}{\partial (W/P)}\right|_{(2.19)} = \dfrac{M}{F' \cdot W} > 0$. Dies lässt sich sehr einfach sehen, wenn man sich vor Augen hält, dass $\dfrac{\partial N}{\partial (W/P)} = \dfrac{\partial N}{\partial Y} \cdot \dfrac{\partial Y}{\partial (W/P)}$. Der erste Faktor auf der rechten Seite ist $1/F'$, der zweite M/W (gemäss Gleichung 2.18).

[2] $\left.\dfrac{\partial (W/P)}{\partial N}\right|_{(2.16)} = \dfrac{F''}{\mu} < 0$. Hierbei wird wiederum die Annahme einer isoelastischen Güternachfragefunktion benutzt.

[3] Zu beachten ist allerdings, dass das Produktivitätswachstum gleichzeitig auch die Beschäftigungsfunktion nach links verschiebt.

Niveau der Nominallöhne. Im Hinblick auf die Konzeption einer Vollbeschäftigungsstrategie ist dies die bedeutsamste Eigenschaft des Modells. Denn die nominale Gesamtnachfrage und die Nominallöhne stehen zumindest mittelbar unter der Kontrolle der Akteure, die beschäftigungspolitisch in der Verantwortung stehen. Vollbeschäftigung – oder genauer: ein Gleichgewicht zwischen Arbeitsangebot und Arbeitsnachfrage[1] – erfordert demnach nur eines: die Nachfragepolitik (d.h. die Geld- und Fiskalpolitik) und die Lohnpolitik müssen in Abstimmung miteinander einfach dafür sorgen, dass die Beschäftigungsfunktion die Preissetzungsfunktion auf der Arbeitsangebotskurve schneidet.

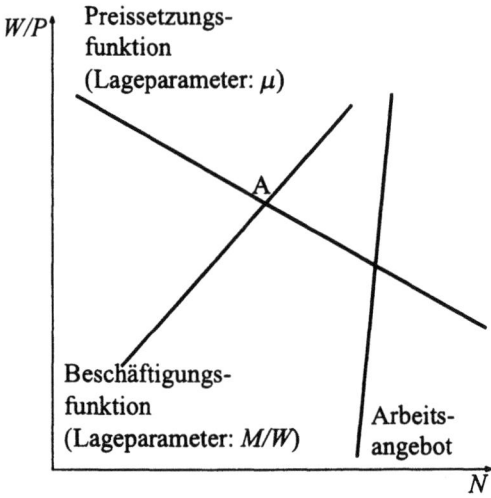

Abbildung 2.16: Das neoklassische Synthesemodell

„Einfach" dafür sorgen? Wenn die adäquate Steuerung von M und W tatsächlich alles ist, was für die Herstellung und Aufrechterhaltung der Vollbeschäftigung erforderlich ist, warum ist dann die Arbeitslosigkeit in so vielen Ländern beharrlich so hoch? Auf der Ebene der praktischen Politik ist die beschriebene Koordinationsaufgabe offenkundig alles andere als einfach. Entsprechend wird es in den folgenden Kapitel darum gehen zu zeigen, wie die beschäftigungspolitisch notwendige Koordination auf der Strecke bleibt, wenn für die Lohnpolitik und die Nachfragepolitik noch andere Gesichtspunkte massgebend sind als „nur" die Vollbeschäftigung. Insbesondere wenn die Nachfragesteuerung auf das Ziel der Preisstabilität und die Lohnpolitik auf Verteilungsziele fixiert sind, kann es unter ungünstigen Bedingungen zu einem massiven Zusammenbruch der Koordination kommen. Dies ändert aber grundsätzlich nichts an der Einfachheit des Problems

---

[1] Diese Präzisierung ist erforderlich, weil wir hier die oben in Abschnitt 2.2 behandelte friktionelle und strukturelle Arbeitslosigkeit vernachlässigen.

2.6. Klassische vs. Keynesianische Arbeitslosigkeit: Eine Synthese

auf der Ebene der theoretischen Diagnose. Und so simpel die Analyse auch erscheinen mag, so bedeutungsvoll ist doch die Botschaft, die sie vermittelt: Eine Beschäftigungspolitik, die nicht auf das Verhältnis zwischen nominaler Gesamtnachfrage und nominalem Lohnniveau einwirkt, kann gegen einen Angebotsüberhang auf dem Arbeitsmarkt wenig ausrichten. Mit der empirischen Evidenz für die Relevanz dieses Zusammenhangs beschäftigt sich Box 2.4.

Box 2.4: Nachfragewachstum, Nominallohnwachstum und Beschäftigung in der BRD[1]

Die entscheidende Implikation unseres Synthesemodells lautet, dass es die *Relation* zwischen der nominalen Gesamtnachfrage und dem Nominallohnniveau ist, die das gesamtwirtschaftliche Beschäftigungsniveau bestimmt. Abbildung 2.17 illustriert diesen Zusammenhang am Beispiel der alten Bundesländer der Bundesrepublik Deutschland für den Zeitraum von 1960 bis 1994. Die durchgezogene Linie gibt die Wachstumsrate der Zahl der Beschäftigten im jeweiligen Jahr an, während die gestrichelte Linie das Wachstum des Quotienten der nominalen Gesamtnachfrage und des Nominallohnniveaus wiedergibt. Als Mass für die nominale Gesamtnachfrage verwenden wir das nominale Volkseinkommen (Nettosozialprodukt zu Faktorkosten, NSP_F), als Lohnvariable wird die Bruttolohn- und -gehaltssumme der beschäftigten Arbeitnehmer herangezogen (W).

Obgleich die Kovariation offenbar nicht frei von zusätzlichen Einflüssen ist, kann schon das Auge einen engen Zusammenhang ausmachen. Jeder der seit Anfang der 60er Jahre zu beobachtenden Beschäftigungszyklen findet seine Entsprechung in zyklischen Schwankungen des Verhältnisses zwischen der nominalen Gesamtnachfrage und dem Nominallohn. Besonders ausgeprägt tritt der Zusammenhang während der ausgedehnten Phase der Beschäftigungsexpansion von 1983–1992 in Erscheinung. Gemessen an den Umkehrpunkten der Zyklen scheint der Kompatibilitätsindex der Beschäftigungsreihe etwa ein Jahr vorauszueilen. Genaueren Aufschluss über die Struktur der Wirkungsverzögerungen gibt die folgende Regressionsgleichung, die die Beschäftigungsänderung $\hat{N}$ durch die Änderung des NSP_F/W-Verhältnisses $\left(N\hat{S}P_F - \hat{W}\right)$ zu erklären versucht:

(2.20)
$$\hat{N}_t = -0{,}35 + 0{,}38 \cdot \left(N\hat{S}P_F - \hat{W}\right)_t + 0{,}30 \cdot \left(N\hat{S}P_F - \hat{W}\right)_{t-1} + 0{,}22 \cdot \left(N\hat{S}P_F - \hat{W}\right)_{t-2}$$
$$\quad\;\;(1{,}73)\;\;\;(6{,}96) \qquad\qquad\qquad (5{,}68) \qquad\qquad\qquad\;\; (3{,}71)$$

Schätzzeitraum: 1964–1994
korrigiertes Bestimmtheitsmass: 0,77

---

[1] Die Fallstudie stützt sich auf die Analysen von Lehment (1991, 1993) und Jerger (1996).

Schätzmethode: Allgemeine Methode der Kleinsten Quadrate mit einer Korrektur für Autokorrelation erster Ordnung ($\rho = 0{,}43$)

Die Werte in Klammern bezeichnen die (Beträge der) t-Statistiken; in der vorliegenden Regression weisen diese alle Koeffizienten (ausser dem Absolutglied) als statistisch signifikant von null verschieden aus.

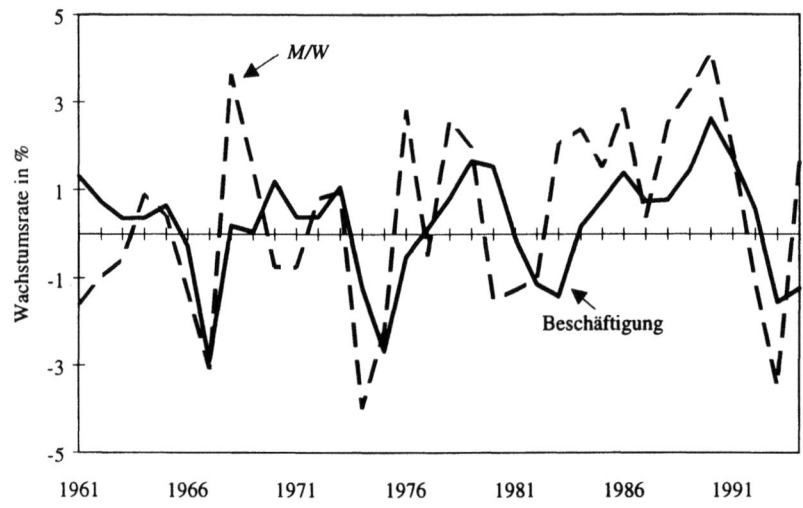

Abbildung 2.17: Beschäftigung und Lohn/Nachfrage-Relation; Quelle: Statistisches Bundesamt; eigene Berechnungen

Der positive Einfluss der Lohnzurückhaltung auf die Beschäftigung ist auch hier klar zu erkennen, wobei als zusätzliche Lektion zu lernen ist, dass sich der Effekt nicht nur im jeweiligen Jahr niederschlägt, sondern die Beschäftigung in der Hauptsache auf die Lohnpolitik des aktuellen Jahres und des Vorjahres reagiert. Langfristig ist die theoretisch zu erwartende 1:1-Relation zwischen $\hat{N}$ und $\left(N\hat{S}P_F - \hat{W}\right)$ empirisch in etwa zu finden, wie eine Addition der Koeffizienten der lags von $\left(N\hat{S}P_F - \hat{W}\right)$ zeigt.

Wir gehen hier den Ursachen der Wirkungsverzögerung nicht im einzelnen auf den Grund, verweisen aber auf die schematische Darstellung der Kausalketten in Abbildung 2.14, wo jeder Wirkungspfeil auch eine potentielle Wirkungsverzögerung symbolisiert. So können etwa Nominallohnänderungen verzögert auf das Preisniveau durchschlagen, wenn Kostenänderungen vorübergehend von den Gewinnspannen der Unternehmungen aufgefangen werden. Weiter kann die reale Güternachfrage verzögert auf Preisniveauänderungen, das Produktionsvolumen verzögert auf reale Nachfrageänderungen und die Beschäftigung verzögert auf Produktionsänderungen reagieren. Kumulativ können diese Verzögerungen, wie

> die obige Regressionsgleichung zeigt, ziemlich gross werden. Dies ändert aber nichts grundsätzliches an der Robustheit des in Abbildung 2.17 dokumentierten Zusammenhangs. Deshalb drängt es sich auch auf, in einem nächsten Schritt das gemeinsame Verhalten - und vor allem die dynamische Interaktion - der nominalen Gesamtnachfrage und des Nominallohnniveaus im Zeitablauf genauer unter die Lupe zu nehmen.

Zusammenfassung

1. Bei allen Vorbehalten gegenüber der Vielzahl von Typologien der Arbeitslosigkeit ist es nützlich, die Arbeitslosenzahl in einen Angebotsüberhang und eine friktionell-strukturelle Komponente zu zerlegen. Der Angebotsüberhang ist die Differenz zwischen dem aggregierten Arbeitsangebot der privaten Haushalte und der Anzahl der von den Unternehmern nachgefragten Arbeitskräfte. Die friktionell-strukturelle Komponente beruht darauf, dass aufgrund unterschiedlicher Anforderungen an Arbeitsangebot und -nachfrage hinsichtlich regionaler Verfügbarkeit, Qualifikation etc. Schwierigkeiten der Vermittlung von Arbeitskräften auf freie Arbeitsplätze auftreten, die sich in einer Koexistenz von Arbeitslosen und offenen Stellen äussern.
2. Die friktionelle bzw. strukturelle Arbeitslosigkeit widerspiegelt vor allem den auch in wirtschaftlich normalen Zeiten zu erwartenden dauernden Strukturwandel, durch den permanent alte Arbeitsplätze abgebaut und neue geschaffen werden. Die Tatsache, dass dieser Wechsel realistischerweise nicht völlig friktionslos vonstatten gehen kann, ist bereits ein hinreichender Grund für die Existenz einer positiven Arbeitslosenquote, deren Höhe vom Tempo des Strukturwandels und von der Reallokationseffizienz des Arbeitsmarktes abhängt.
3. Endogenisiert man die Wiederbeschäftigungswahrscheinlichkeit der Arbeitslosen, indem man annimmt, dass diese eine konkave Funktion der Angebots-Nachfrage-Konstellation auf dem Arbeitsmarkt, gemessen durch das Verhältnis zwischen Vakanzen und Arbeitslosen, ist, gelangt man zu einer im u-v-Raum konvexen Funktion, entlang der die Änderung der Arbeitslosenzahl null ist. Diese Funktion wird als Beveridgekurve bezeichnet. Ändert sich das Ausmass des Angebotsüberhangs, schlägt sich dies in einer Bewegung *auf* der Beveridgekurve nieder, wogegen jede Änderung der friktionell-strukturellen Komponente der Arbeitslosigkeit die Lage der Beveridgekurve im u-v-Raum verändert.
4. Die Beveridgekurve ermöglicht es im Prinzip, eine Aufteilung der Arbeitslosenquote in die oben genannten Komponenten Angebotsüberhang bzw. strukturell-friktionelle Arbeitslosigkeit vorzunehmen. Bei der empirischen Umsetzung ergeben sich jedoch zwei Probleme: Zum einen ist die Messung der Vakanzenzahl mit grossen Unsicherheiten behaftet, zum anderen ist zu jedem Zeitpunkt nur ein Punkt im u-v-Raum zu beobachten, der nicht ohne weiteres einen

Schluss auf die Gestalt der gesamten Beveridgekurve zulässt. Dieses Problem wird dadurch erschwert, dass eine Vielzahl von Beobachtungspunkten aus mehreren Perioden entweder als Punkte auf einer Beveridgekurve oder als Punkte auf verschiedenen im Zeitablauf sich verschiebenden Beveridgekurven interpretiert werden können, ohne dass hier eine trennscharfe empirische Diskriminierung möglich wäre.

5. Für die Analyse der Angebotsüberhangs-Komponente der Arbeitslosigkeit stehen zwei einander zunächst fundamental entgegengesetzte Modelle zur Verfügung: Das neoklassische und das keynesianische Modell.

6. Das neoklassische Modell sieht Arbeitslosigkeit als Folge zu hoher Reallöhne. In einer Unterbeschäftigungssituation erscheint demnach eine Reallohnsenkung angezeigt, wenn die Arbeitslosigkeit abgebaut werden soll.

7. Das keynesianische Modell sieht Arbeitslosigkeit als Folge einer unzureichenden realen Güternachfrage. In einer Unterbeschäftigungssituation erscheint demnach eine Ankurbelung der Güternachfrage angezeigt, wenn die Arbeitslosigkeit abgebaut werden soll.

8. Das Problem ist, dass man empirisch nicht ohne weiteres zwischen diesen beiden Arten der Angebotsüberhangs-Arbeitslosigkeit unterscheiden kann. Ausserdem ist es möglich, dass sich klassische und keynesianische Arbeitslosigkeit überlagern, was sowohl auf aggregiertem Niveau möglich ist als auch durch das Nebeneinander mehrerer Sektoren mit jeweils unterschiedlichen Ursachen-Konstellationen erklärt werden kann.

9. Der wesentliche Kritikpunkt an den einfachen klassischen bzw. keynesianischen Modellen ist aber, dass weder der Reallohn noch die reale Güternachfrage in einem vernünftigen Sinne des Wortes als exogene Ursachen der Arbeitslosigkeit – und damit als operable Steuerungsvariable – angesehen weren können. Preisniveau, reale Güternachfrage, Beschäftigung und Reallöhne bilden sich gemeinsam in einem simultanen Systemzusammenhang. Deshalb kann kein einzelner der am Arbeitsmarktgeschehen beteiligten Akteure den Wert dieser endogenen Variablen ohne weiteres manipulieren.

10. Ein einfaches Modell, das den gesamten Systemzusammenhang berücksichtigt, führt zu dem Ergebnis, dass es für die Bestimmung der Beschäftigungsmenge auf das Verhältnis von nominaler Güternachfrage und Nominallöhnen ankommt. Da diese beiden Variablen von der Fiskal- und Geldpolitik bzw. Tarifpolitik im Prinzip beeinflussbar sind, bilden sie somit auch die entscheidenden Ansatzpunkte einer (Voll-) Beschäftigungspolitik. Allerdings macht die Erfahrung klar, dass die notwendige Koordination dieser beiden Grössen offenbar nicht so einfach ist. Woran das liegt, wollen wir im Verlauf der nachfolgenden Kapitel untersuchen.

Übungsaufgaben

Aufgabe 1
Gehen Sie davon aus, dass sich der im folgenden beschriebene Arbeitsmarkt in einem Stromgrössengleichgewicht befindet, d.h. in einer Periode jeweils die gleiche Anzahl von Personen einen Job verliert bzw. findet. Nehmen Sie weiterhin an, es gäbe 900 Beschäftigte. Die Arbeitslosenquote betrage 10% und die Wahrscheinlichkeit für einen Beschäftigten, den Job in einer Periode zu verlieren betrage 5%.
a) Wie hoch ist die Zahl der Arbeitslosen?
b) Wie hoch ist die Wahrscheinlichkeit, dass ein Arbeitsloser in einer Periode einen Job findet?

Aufgabe 2
„Gleichgewicht" auf dem Arbeitsmarkt ist in vielerlei Hinsicht ein nicht eindeutiges theoretisches Konzept. Mögliche Konkretisierungen sind die folgenden:
a) $N^d = \overline{N}^s$ b) $\Delta U = 0$ c) $u = v$
Machen Sie sich im Beveridgequadranten die geometrische Entsprechung dieser Konzepte klar und interpretieren Sie diese.

Aufgabe 3
Die Produktionsfunktion einer Unternehmung lautet: $Y = 500 \cdot N^{0,5}$.
a) Wie lautet die Gleichung für die Arbeitsnachfragefunktion der Unternehmung, sofern diese keinerlei Preissetzungsmacht auf ihrem Absatzmarkt hat? Zeichnen Sie die Arbeitsnachfragekurve.
b) Nehmen Sie weiterhin an, dass der Reallohn, den die Unternehmung für eine Arbeitseinheit zu bezahlen hat 10 beträgt. Wieviele Arbeitseinheiten wird die Unternehmuung beschäftigen, falls sie keinen Mengenbeschränkungen auf dem Absatzmarkt unterliegt?
c) Berechnen Sie für die Situation in Teilaufgabe b) die Produktionsmenge. Was würde sich an der Einstellungspolitik der Firma ändern, wenn der Vertrieb der Firmenleitung mitteilt, dass nur 10000 Outputeinheiten absetzbar sind?

Aufgabe 4
Diese Aufgabe behandelt die Bestimmung der gesamtwirtschaftlichen Nachfrage im keynesianischen Modell, die bei der Besprechung der den Arbeitsmarkt betreffenden Aspekte nicht behandelt wurde, jedoch ein wichtiger Gegenstand in jedem makroökonomischen Lehrbuch ist. Falls Sie bei der Bearbeitung dieser Aufgabe mit den Lösungshinweisen nicht weiter kommen, sei die Lektüre des entsprechenden Kapitels (ISLM-Modell) in praktisch jedem Lehrbuch der Makroökonomik (z.B. Mankiw 1997, ch. 9) empfohlen.
Eine Volkswirtschaft sei durch folgende Verhaltensgleichungen charakterisiert:

$C = 100 + 0,8Y - 10R$ privater Konsum

$I = 240 - 10R$ private Investitionsnachfrage

$L = 0{,}2Y - 20R$ Geldnachfragefunktion

$M = 160$ Geldangebot ist exogen

$G = 60$ Staatsausgaben sind exogen

Y ist hier das gesamtwirtschaftliche Einkommen, R ist der Zinssatz. Alle anderen Symbole sind aus den Beschreibungen der Gleichungen ersichtlich.

a) Leiten Sie die Gleichungen für Güter- und Geldmarktgleichgewicht ab (IS- und LM-Kurve).
b) Welche Rolle spielt die Geld- und Fiskalpolitik bei der Bestimmung des realen Sozialprodukts?
c) Was ist der konzeptionelle Schritt, der die ISLM-Gleichungen in eine aggregierte Nachfragekurve überführt? Kontrastieren Sie diese Nachfragefunktion mit der Quantitätsgleichung (2.17) im Text.

Aufgabe 5

Erläutern Sie den konzeptionellen Unterschied zwischen der klassischen Arbeitsnachfragekurve und der „Preissetzungsfunktion" in Abbildung 2.16.

Literatur

Keynes (1936) war eine der einflussreichsten wirtschaftswissenschaftlichen Veröffentlichungen des 20. Jahrhunderts überhaupt. Dieses Buch begründete die keynesianische Tradition der Beschäftigungstheorie. Pigou (1933) fasste die Doktrin der klassischen Arbeitsmarkttheorie zusammen. Keynes (1936) nahm vor allem Pigou (der sein Kollege in Cambridge war) als Ausgangspunkt für die Formulierung seiner Gegenposition zur klassischen Schule.

Landmann (1976) fasst den Stand der Rezeption von Keynes (1936) bis Mitte der 70er Jahre zusammen; ein gutes Lehrbuch der modernen Makroökonomik, das zum Aneignen hier vernachlässigter Aspekte, insbesondere der Funktionsweise der Gütermarktaspekte im klassischen und keynesianischen Modell empfohlen werden kann, ist Mankiw (1997).

Varian (1996) ist dagegen ein gutes Anfängerlehrbuch der Mikroökonomie, in dem auch die Grundzüge der Theorie der Arbeitsnachfrage und des Arbeitsangebots, jeweils aus der Sicht eines einzelnen Unternehmens bzw. Haushalts dargestellt wird.

Bruno (1986) und Coen/Hickman (1987) sind empirische Analysen der aggregierten Arbeitsmarktsituation in den OECD-Ländern, die den Versuch unternehmen, die „keynesianische" bzw. „klassische" Komponente der Arbeitslosigkeit zu quantifizieren.

Solow (1986) betont die Unzulänglichkeit der Dichotomie zwischen klassischer und keynesianischer Arbeitslosigkeit zur Diagnose und Bekämpfung der Arbeitslosigkeit in Europa. Hier wird das Synthesemodell formuliert, das wir in Abschnitt 2.6. skizziert haben.

Die hier nicht näher besprochene Ungleichgewichtstheorie geht auf das Pionierwerk von Malinvaud (1977) zurück, in dem erstmals diese Denkrichtung auf den Arbeitsmarkt angewendet wurde. Hier findet sich erstmals die begriffliche Trennung zwischen klassischer und keynesianischer Arbeitslosigkeit. Benassy (1993) bietet einen aktuellen Survey über die Ungleichgewichtstheorie. Sachs (1983) hat die in Malinvaud (1977) behauptete Hypothese klassischer Arbeitslosigkeit für eine Reihe von OECD-Ländern empirisch zu überprüfen versucht. Kritisch dazu Gordon (1988).

Hall (1979) ist die Originalquelle für das Stromgrössenmodell aus Abschnitt 2.2.1, das bei Barro (1988) in einer stark vereinfachten Version nachgelesen werden kann. Darby/Haltiwanger/Plant (1985) erklären aufbauend auf diesem Modell durch die Einbeziehung von Wiedereinstellungswahrscheinlichkeiten die relativ langsame Erholung der Arbeitslosenquote von einem Konjunkturschock.

Zur Beveridgekurve bietet Franz (1987b) einen einfachen Einstiegsartikel, der das Konzept der Beveridgekurve und deren Brauchbarkeit bei der Analyse der Arbeitslosigkeit erläutert. Bei Christl (1992) findet sich eine detailliertere Besprechung der konzeptionellen Grundlagen der Beveridgekurve. Insbesondere für Österreich finden sich auch umfangreiche empirische Analysen.

Lehment (1991, 1993) und Jerger (1996) untersuchen den Zusammenhang zwischen der Beschäftigung, dem Wachstum der nominalen Gesamtnachfrage und dem Nominallohnwachstum, und konstatieren (wie unsere Schätzung in Box 2.4) die enge Korrelation zwischen diesen Grössen, wie sie aufgrund des Modells in Abschnitt 2.6. zu erwarten ist.

Kapitel 3: Inflation und Beschäftigung

3.1. Einleitung

Die Übersicht über die verschiedenen Erklärungsansätze der Beschäftigungstheorie in Kapitel 2 führte zur vorläufigen Schlussfolgerung, dass Änderungen der Beschäftigung, soweit sie nicht auf friktionell-strukturell bedingten Verschiebungen der Beveridgekurve beruhen, davon abhängig sind, wie sich das Wachstum der nominalen Gesamtnachfrage und das Wachstum der Nominallöhne zueinander verhalten. Vorläufig war diese Schlussfolgerung allein schon deshalb, weil sie unmittelbar die Anschlussfrage nach den Bestimmungsfaktoren der nominalen Gesamtnachfrage und des Nominallohnniveaus aufwirft. Die nominale Gesamtnachfrage und ihre makroökonomischen Hintergründe sind nicht das Thema dieses Buches, weshalb wir ihr Niveau wie ihre Wachstumsrate im weiteren als Bestandteil des exogenen Datenkranzes – bzw. als Aktionsparameter der staatlichen Geld- und Fiskalpolitik – behandeln werden. Demgegenüber werden Ansätze zur Erklärung der Lohnbildung breiten Raum einnehmen, beginnend mit der *Phillipskurve* in diesem Kapitel.

Wenn Arbeitslosigkeit im wesentlichen die Folge eines Missverhältnisses zwischen nominaler Gesamtnachfrage und Nominallohnniveau ist, stellt sich auch auf der Ebene der Beschäftigungspolitik die Frage nach dem geeigneten Ansatzpunkt für eine Erhöhung des Beschäftigungsgrades. Hierzu vertrat Keynes (1936) die dezidierte Meinung, dass eine Belebung der Nachfrage durch staatliche Massnahmen aus einer Reihe von Gründen ungleich stärkere und zuverlässigere Beschäftigungseffekte hervorrufe als eine forcierte Politik der Nominallohnabsenkung (Deflationspolitik), wie sie zur Zeit der Weltwirtschaftskrise vielfach betrieben wurde. In der Zeit nach dem Zweiten Weltkrieg, als die keynesianische Doktrin allmählich Fuss fasste, verlagerte sich das Argument freilich von der Ebene der Niveaugrössen auf die Ebene der entsprechenden Änderungsraten. Sowohl die nominale Gesamtnachfrage als auch die Nominallöhne nahmen systematisch zu; und so stand man bald vor der Frage, ob man eine gewisse Lohninflation – und die damit einhergehende Preisinflation – einfach tolerieren müsse, um mittels einer hinreichend expansiv eingestellten Geld- und Fiskalpolitik die Beschäftigung auf hohem Niveau stabilisieren zu können, oder ob man eher der Inflationsbekämpfung den Vorrang einräumen solle. Kurz: Man entdeckte den Zielkonflikt (englisch: Trade-Off) zwischen der Vollbeschäftigung und der Preisstabilität. Die erwähnte Phillipskurve, die im Mittelpunkt dieses Kapitels stehen wird, bildete den konzeptionellen Rahmen, innerhalb dessen die Diskussion um diesen Zielkonflikt geführt wurde.

In Abschnitt 3.2 werden wir die Phillipskurve einführen und zeigen, warum der von ihr zunächst nahegelegte Zusammenhang zwischen der Arbeitslosenquote und der Inflationsrate schon bald in Zweifel gezogen wurde (Abschnitt 3.3). Die dabei gewonnenen Einsichten werden wir in Abschnitt 3.4 für die Konstruktion eines dynamischen Modells nutzen, mit dem wir das gleichzeitige Verhalten der Arbeitslosenquote und der Inflationsrate im Auf und Ab der Konjunktur analysieren können. Abschnitt 3.5 wird die Eigenschaften des Modells mit einigen beobachtbaren Fakten vergleichen, während ein theoretischer Exkurs in Abschnitt 3.6 die Implikationen einer alternativen Spezifikation des Modells aus Abschnitt 3.4 untersucht. Erst in Kapitel 4 werden wir uns der Frage zuwenden, welche Faktoren das durchschnittliche Niveau der Arbeitslosenquote über den Konjunkturzyklus hinweg bestimmen.

3.2. Die Phillipskurve: Ein Trade-Off zwischen Inflationsrate und Arbeitslosigkeit?

Die Erforschung der Frage, ob es einen Zielkonflikt zwischen der Vollbeschäftigung und der Preisstabilität gibt, begann mit einer empirischen Beobachtung. In seinem berühmt gewordenen Aufsatz aus dem Jahre 1958 untersuchte A.W. Phillips den Zusammenhang zwischen der Wachstumsrate der Nominallöhne ($\hat{W}$) und der Arbeitslosenquote (u) für Grossbritannien. Seine Daten erstreckten sich über den Zeitraum von 1862 bis 1957, und was er fand, war ein im Zeitablauf stabiler, hyperbelförmiger negativer Zusammenhang, d.h. eine Funktion der Gestalt

(3.1) $\quad \hat{W} = f(u)$

mit den Eigenschaften $f' < 0, f'' > 0$. Diese Funktion, die rasch als *Phillipskurve* Berühmtheit erlangte, ist in Abbildung 3.1 wiedergegeben. Phillips untersuchte das Datenmaterial für einzelne Zeitabschnitte, das nachfolgende, direkt von Phillips (1958, S. 296) übernommene Bild zeigt die empirische Beobachtungen (für Grossbritannien) von 1948 bis 1957 sowie die an die Daten von 1861 bis 1913 angepasste Hyperbel.[1] Die Konstanz des Zusammenhangs ist in der Tat frap-

---

[1] Phillips' Gleichung lautet: $\hat{W} = -0,9 + 9,638 \cdot u^{-1,394}$. Natürlich ist auch ein – aufgrund der Lage der Datenpunkte von 1948–1957 nicht mehr eingezeichneter – negativer Bereich von $\hat{W}$ möglich; in der Stichprobe zwischen 1861–1913 gab es einige Jahre mit negativem Nominallohnwachstum. Der Schnittpunkt der Hyperbel mit der Abszisse liegt

3.2. Die Phillipskurve: Ein Trade-Off zwischen Inflationsrate und Arbeitslosigkeit?

pierend: Die Beobachtungspunkte der 50er Jahre des 20. Jahrhunderts scheinen durch dieselbe Gesetzmässigkeit generiert worden zu sein wie die Beobachtungspunkte 1861–1913, an die die eingezeichnete Hyperbel angepasst wurde!

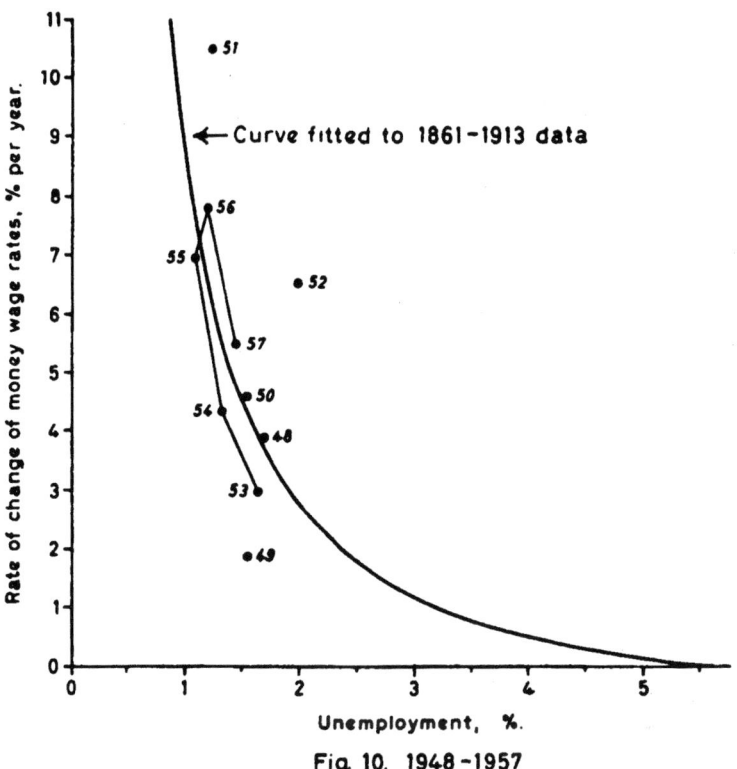

Abbildung 3.1: Die Phillipskurve

Phillips selbst hatte über den theoretischen Hintergrund des von ihm gefundenen Zusammenhangs nicht viel zu sagen. Lipsey (1960) lieferte jedoch sehr rasch eine Interpretation, indem er darauf hinwies, dass die Phillipskurve als Ausdruck des klassischen Gesetzes von Angebot und Nachfrage gedeutet werden könne, wenn man die Arbeitslosenquote als einen Indikator der Angebots-Nachfrage-Konstellation auf dem Arbeitsmarkt betrachtet. Das Gesetz von Angebot und Nachfrage besagt, dass ein Marktpreis sinkt, wenn auf dem betreffenden Markt das Angebot die Nachfrage übersteigt, während sich umgekehrt der Preis erhöht, wenn ein Nachfrageüberschuss vorliegt. Nach Lipsey ist die Phillipskurve die

---

bei einer Arbeitslosenquote von knapp 5,5%, wie aus der Phillips'schen Schätzgleichung leicht zu verifizieren ist.

Anwendung dieses Prinzips auf den Arbeitsmarkt. Der Abszissenschnittpunkt der Phillipskurve gibt demnach diejenige Arbeitslosenquote an, bei welcher der Arbeitsmarkt in dem Sinne im Gleichgewicht ist, dass sich Lohnsenkungs- und Lohnsteigerungstendenzen, die es in den verschiedenen Teilbereichen der Volkswirtschaft geben mag, gesamthaft gerade die Waage halten.

Die Krümmung der Phillipskurve erklärte Lipsey dadurch, dass der Zusammenhang zwischen der prozentualen Überschussnachfrage auf dem Arbeitsmarkt und der Arbeitslosenquote nicht linear ist. Diese Nichtlinearität lässt sich unmittelbar aus unserem Beveridgekurven-Modell in Abschnitt 2.2 ableiten: Wenn die Überschussnachfrage auf dem Arbeitsmarkt, gemessen durch $v-u$, zunimmt, nimmt u entlang jeder gegebenen Beveridgekurve nur unterlinear ab. So entsteht ein konvexer Zusammenhang zwischen $\hat{W}$ und u, selbst wenn $\hat{W}$ in einer proportionalen Beziehung zu $v-u$ steht. Verstärkt wird die Konvexität, wenn das Anpassungsverhalten der Löhne, wie von manchen Autoren (z.B. Tobin 1972) vermutet, asymmetrisch ist: flexibel nach oben, träge nach unten.

Vom Zusammenhang zwischen der Arbeitslosenquote und der Änderungsrate der Nominallöhne ist es nur ein kleiner Schritt[1] zu einem Zusammenhang zwischen der Arbeitslosenquote und der Änderungsrate der Güterpreise, d.h. der Inflationsrate – für die wir fortan π schreiben wollen. Um von $\hat{W}$ auf π zu schliessen, machen wir uns die Preissetzungsfunktion aus Abschnitt 2.6 zunutze:

(3.2) $\quad P = \mu \cdot \dfrac{W}{F'}$

Für die Änderungsraten impliziert dies:

(3.3) $\quad \pi = \hat{W} + \hat{\mu} - \hat{F}'$

Im folgenden unterstellen wir zunächst einmal eine konstante (Grenz-) Produktivität der Arbeit ($\hat{F}' = 0$) und einen im Zeitablauf konstanten mark-up-Faktor ($\hat{\mu} = 0$), so dass die Inflationsrate π mit der Wachstumsrate der Nominallöhne $\hat{W}$ gleichgesetzt werden kann. Die Ordinatenbezeichnung in Abbildung 3.1 kann somit durch π ersetzt werden. Die Annahmen $\hat{F}' = \hat{\mu} = 0$ vereinfachen uns die Exposition; aus Gleichung (3.3) wird aber klar, dass man die Phillipskurve im π-u-Diagramm nur vertikal verschieben muss, wenn man Änderungen von F' oder μ mit einbeziehen will. Bei empirischen Anwendungen der Phillipskurve kann insbesondere das Wachstum der Arbeitsproduktivität natürlich nicht vernachlässigt werden.

---

[1] Zum ersten Mal getan wurde dieser Schritt von Samuelson/Solow (1960).

3.2. Die Phillipskurve: Ein Trade-Off zwischen Inflationsrate und Arbeitslosigkeit?

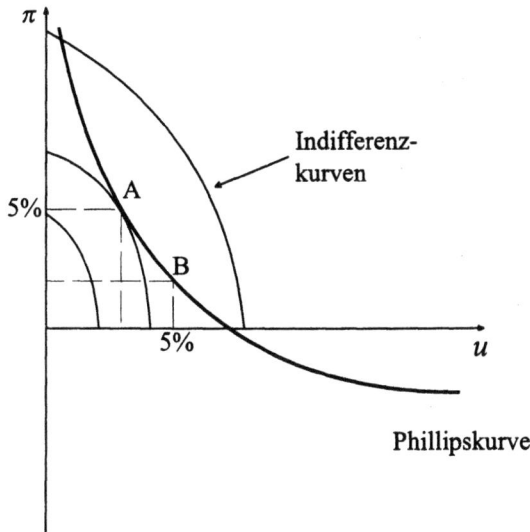

Abbildung 3.2: „Lieber 5% Inflation als 5% Arbeitslosigkeit"

Die Phillipskurve war die Grundlage der bis weit in die 70er Jahre hinein akzeptierten Vorstellung, dass man mit mehr Inflation mehr Beschäftigung – d.h. eine niedrigere Arbeitslosenquote – kaufen könne. Die Phillipskurve wurde als „menu of choice" aufgefasst, d.h. als wirtschaftspolitische Speisekarte, auf der jedes Gericht (jedes Niveau der Arbeitslosenquote) seinen Preis (in Gestalt einer dafür in Kauf zu nehmenden Inflationsrate) hat. Damit schien es bloss noch eine Frage der wirtschaftspolitischen Präferenzen zu sein, welchen Punkt auf der Phillipskurve die Träger der Stabilisierungspolitik auswählen. Das Denken in diesen Kategorien kommt exemplarisch im Motto „Lieber 5% Inflation als 5% Arbeitslosigkeit" zum Ausdruck, das es in einem deutschen Wahlkampf der frühen 70er Jahre zu Berühmtheit brachte. Analytisch betrachtet, lief diese Sichtweise darauf hinaus, dass man die Phillipskurve gleichsam als „Budgetgerade" behandelte, die den Handlungsspielraum definierte, während man die wirtschaftspolitischen Präferenzen mit einer Indifferenzkurvenschar[1] abbildete. Das Optimum konnte sodann als Tangentialpunkt des Indifferenzkurvensystems und der Phillipskurve interpretiert werden. Dieser Ansatz ist in Abbildung 3.2 illustriert, wo die π-u-Konfiguration in Punkt A mit 5% Inflation offenkundig jeder anderen erreichbaren (wie z.B. derjenigen in Punkt B, wo die Arbeitslosenquote 5% beträgt, die Inflationsrate aber niedriger ist als in Punkt A) vorgezogen wird.

---

[1] Indifferenzkurven in einem Raum mit zwei Un-Gütern – wie Inflation und Arbeitslosigkeit – haben unter den üblichen Annahmen der Nutzentheorie (abnehmende Grenzrate der Substitution) die in Abbildung 3.2 gezeichnete konkave Gestalt. Ein höheres Nutzenniveau wird zum Ursprung hin realisiert (vgl. z.B. Varian 1996, ch. 3).

3.3. Die Phelps-Friedman-Kritik und das Akzelerationstheorem

Schon früh hatten indessen Edmund Phelps (1967) und Milton Friedman (1968) Zweifel an der Speisekarten-Interpretation der Phillipskurve angemeldet, indem sie auf einen Denkfehler in der Theorie hinwiesen, die dieser Interpretation zugrundelag. Die von Lipsey vorgeschlagene Begründung der Phillipskurve übersah nämlich, dass sich sowohl Arbeitgeber als auch Arbeitnehmer für *Real*löhne, nicht für *Nominal*löhne interessieren. Wie wir oben in Abschnitt 2.3 gesehen haben, folgt dies aus der elementaren mikroökonomischen Logik des Angebots- und Nachfrageverhaltens auf dem Arbeitsmarkt.

Entsprechend muss den Arbeitsmarktparteien vernünftigerweise unterstellt werden, dass sie die Nominallohnabschlüsse im Hinblick auf die resultierenden Reallöhne tätigen. Da ihnen die Entwicklung des Preisniveaus während der Laufzeit ihrer Lohnvereinbarung zum Zeitpunkt des Abschlusses der Vereinbarung noch nicht bekannt ist, müssen sie auf ihre *Erwartungen* über die zukünftige Inflationsentwicklung abstellen. Deshalb argumentierten Phelps und Friedman, dass die erwartete Inflationsrate π^e in die Nominallohnabschlüsse eingebaut werde und infolgedessen auch bei der Spezifikation der Phillipskurven-Gleichung einzubeziehen sei. Die dergestalt erweiterte Phillipskurve (in der angelsächsischen Literatur als „*expectations augmented Phillips curve*" bezeichnet) ist demnach gegeben durch:[1]

(3.1') $\quad \hat{W} = f(u) + \pi^e$

bzw.

(3.1'') $\quad \pi = f(u) + \pi^e$

da $\pi = \hat{W}$ für $\hat{\mu} = \hat{F}'' = 0$.

Die ursprüngliche Formulierung von Phillips wird damit auf einen Spezialfall reduziert, nämlich den Spezialfall $\pi^e = 0$. Diese Formulierung war insofern keineswegs unsinnig, als es während des langen Zeitraums, über den sich die Untersuchung von Phillips erstreckte, tatsächlich kaum eine trendmässige, systematische Änderung des Preisniveaus gab. In einer solchen Situation wird die erwartete Inflationsrate in der Tat null sein. Der empirische Erfolg von Phillips mit

---

[1] Wie in Abschnitt 2.2 ausgeführt, ist der Reallohn als W/P definiert, seine Wachstumsrate ist also $\hat{W} - \pi$. Gleichung (3.1') lässt sich auch schreiben als $\hat{W} - \pi^e = f(u)$, setzt also die von den Arbeitsmarktparteien intendierte Reallohnänderung zur Arbeitsmarktlage in Beziehung.

3.3. Die Phelps-Friedman-Kritik und das Akzelerationstheorem

seiner Spezifikation (3.1) steht daher nicht unbedingt im Widerspruch zur „wahren" Beziehung (3.1'). Das Argument von Phelps und Friedman bedeutet, dass die erwartete Inflationsrate π^e im π-u-Raum als Verschiebungsparameter wirksam wird – und zwar dergestalt, dass – wie in Abbildung 3.3 zu sehen – jede Änderung von π^e die Phillipskurve im Verhältnis 1:1 in vertikaler Richtung verschiebt.

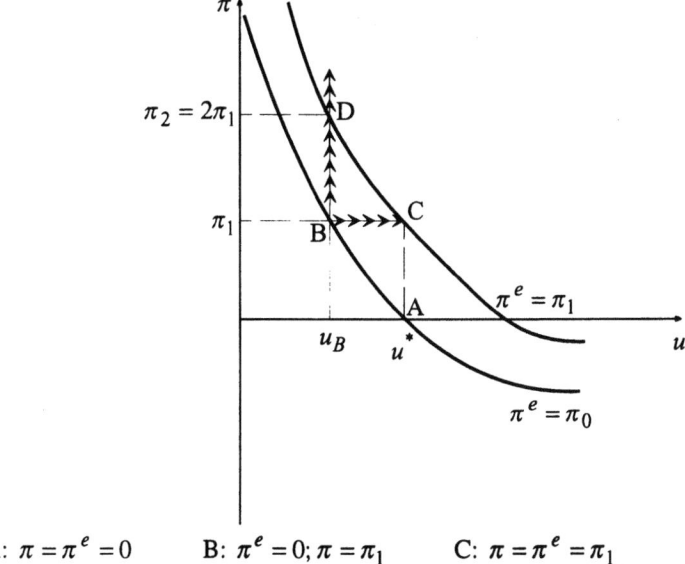

A: $\pi = \pi^e = 0$ B: $\pi^e = 0; \pi = \pi_1$ C: $\pi = \pi^e = \pi_1$

Abbildung 3.3: Die Inflationserwartungen als Verschiebungsparameter der Phillipskurve

Die bedeutendste Konsequenz dieser Erweiterung der Phillipskurve ist, dass die Möglichkeit, eine Verminderung der Arbeitslosigkeit durch Tolerierung einer höheren Inflationsrate zu „kaufen", zerstört wird. Warum dies so ist, können wir uns anhand von Abbildung 3.3 klarmachen: Punkt A gibt die Arbeitslosenquote an, bei der das Preisniveau stabil gehalten werden kann ($\pi = 0$), wenn die Wirtschaftssubjekte Preisstabilität erwarten ($\pi^e = 0$). Eine expansive Nachfragepolitik kann nun die Volkswirtschaft nach Punkt B bringen, *sofern* – dies ist die entscheidende Bedingung – die Wirtschaftssubjekte weiterhin stabile Preise erwarten, d.h. solange die Phillipskurve weiterhin durch die Punkte A und B verläuft. Da aber der Rückgang der Arbeitslosenquote von u^* auf u_B mit einer Inflationsrate in Höhe von π_1 erkauft werden muss, ist es wenig wahrscheinlich, dass die Wirtschaftssubjekte entgegen den für sie beobachtbaren Preissteigerungen ein weiteres Andauern der Preisstabilität erwarten. Früher oder später werden die Erwartungen mit der Realität mitziehen, die erwartete Inflationsrate wird auf π_1 ansteigen.

Damit verlagert sich jedoch auch die Phillipskurve um π_1 nach oben – ihre neue Position wird in Abbildung 3.3 durch die Kurve mit der Beschriftung $\pi^e = \pi_1$ dargestellt.

Es zeigt sich somit, dass die Anpassung der Inflationserwartungen den Handlungsspielraum der Nachfragepolitik verringert, weil nun nur noch die schlechteren π-u-Kombinationen entlang der höheren Phillipskurve erreichbar sind.[1] Ausserstande, die zunächst angestrebte Situation in Punkt B aufrechtzuerhalten, sieht sich die Wirtschaftspolitik nun vor eine unangenehme Wahl gestellt: Entweder hält sie die Inflationsrate auf dem Niveau π_1 stabil, wofür sie aber die Arbeitslosenquote wieder auf u^* ansteigen lassen muss. Dies brächte sie nach Punkt C, der einen eindeutig schlechteren Zielerreichungsgrad verkörpert als die Ausgangssituation in Punkt A. Oder sie versucht, die Arbeitslosenquote u_B zu verteidigen, wofür sie aber eine Verdoppelung der Inflationsrate von π_1 auf π_2 zulassen muss. Dies brächte sie nach Punkt D – ebenfalls eine Verschlechterung des Zielerreichungsgrades. Da Punkt D allerdings eine erwartete Inflationsrate von $\pi^e = \pi_1$ voraussetzt, wo doch die tatsächliche Inflationsrate $\pi_2 = 2 \cdot \pi_1$ beträgt, ist diese Situation genausowenig aufrechtzuerhalten wie jene in Punkt B. Früher oder später werden sich die Inflationserwartungen auch an die nochmals höhere Inflation anpassen und so der Inflationsspirale zusätzlich Schwung verleihen. Da dieses Argument beliebig oft wiederholt werden kann, führt der anhaltende Versuch, die Phillipskurve für eine expansive Beschäftigungspolitik auszubeuten, nicht nur zu einem dauernd ansteigenden Preisniveau, sondern zu einer ständig wachsenden Inflationsrate. Deshalb hat sich für dieses Ergebnis die Bezeichnung *Akzelerationstheorem* eingebürgert.

Die Dynamik dieser Abläufe hängt offensichtlich entscheidend von der Bildung der Inflationserwartungen ab. Da diese nicht direkt beobachtbar sind, muss man sich mit einer *Arbeitshypothese* behelfen. Wir haben hier mit der Plausibilitätsüberlegung gearbeitet, dass die Erwartungen immer dann revidiert werden, wenn sie sich in der Realität nicht bestätigen. Damit wird eine Art Lernprozess postuliert. Formalisieren lässt sich dieser Lernprozess, indem man die *Änderung* der Inflationserwartungen zwischen zwei Perioden als Funktion des Erwartungsfehlers in der ersten der beiden Perioden spezifiziert:

(3.4) $\quad \pi_t^e - \pi_{t-1}^e \equiv \Delta \pi_t^e = \lambda \cdot \left(\pi_{t-1} - \pi_{t-1}^e \right)$

$\Rightarrow \pi_t^e = \pi_{t-1}^e + \lambda \cdot \left(\pi_{t-1} - \pi_{t-1}^e \right)$

mit $0 \leq \lambda \leq 1$.

---

[1] Mit dem im vorigen Abschnitt benutzten „Speisekarten"-Modell können wir auch sagen: Jedes „Gericht" (jedes u) ist teurer geworden (muss durch ein höheres π erkauft werden), d.h. die „Budgetgerade" der Wirtschaftspolitik hat sich verschlechtert.

3.3. Die Phelps-Friedman-Kritik und das Akzelerationstheorem

Das mit Gleichung (3.4) abgebildete Verhalten wird aufgrund der postulierten Anpassung an frühere Irrtümer als *adaptive Erwartungsbildung* bezeichnet. Der Parameter λ ist ein Ausdruck der Geschwindigkeit, mit der sich π^e an die tatsächliche Entwicklung von π anpasst. Als Extremfälle vorstellbar sind dabei

- $\lambda = 0 \Rightarrow \pi_t^e = \pi_{t-1}^e$, d.h. es finden keinerlei Anpassungen statt, die Erwartungen sind statisch. Dagegen bedeutet
- $\lambda = 1 \Rightarrow \pi_t^e = \pi_{t-1}$ vollständige Anpassung, die Erwartungen extrapolieren jeweils die Inflationsrate der Vorperiode im Verhältnis 1:1 in die Gegenwart.

Als Ergebnis dieser Überlegungen halten wir fest:

1. Die Arbeitslosenquote kann den kritischen Wert u^*, der durch die Bedingung $f(u^*) = 0$ definiert ist, nur unterschreiten, wenn die tatsächliche die erwartete Inflationsrate übersteigt ($\pi > \pi^e$), die Inflationserwartungen mithin enttäuscht werden.[1] Da sich die Inflationserwartungen auf die Dauer immer an die tatsächlichen Inflationserfahrungen anpassen werden, führt jeder Versuch, die Arbeitslosenquote durch Inflationierung der Volkswirtschaft auf ein Niveau unterhalb u^* zu senken, zu einer anhaltenden Revision der Inflationserwartungen nach oben. Dies wiederum schlägt auf die tatsächliche Inflationsrate durch, und so kommt es im Endeffekt zu einer fortlaufenden Beschleunigung der Inflation, weshalb man in diesem Zusammenhang denn auch vom *Akzelerationstheorem* spricht. In Abbildung 3.3 wird die Beschleunigung der Inflation durch den von Punkt B aus vertikal nach oben weisenden Zeitpfad zum Ausdruck gebracht.
2. Entspricht die Arbeitslosenquote dem Wert u^*, gilt analog, dass erwartete und tatsächliche Inflationsrate übereinstimmen. Damit besteht kein Anlass zu einer Revision der Inflationserwartungen, so dass auch die Inflationsrate selbst stabil bleiben kann. Daher wird der kritische Wert u^* häufig als *inflationsstabile Arbeitslosenquote* oder kürzer einfach als *NAIRU* bezeichnet (Acronym für den englischen Ausdruck „Non-Accelerating-Inflation-Rate-of-Unemployment").[2]
3. Aus dem Akzelerationstheorem folgt unmittelbar, dass in der langen Frist, die gewöhnlich durch die Erfüllung der Inflationserwartungen ($\pi = \pi^e$) definiert

---

[1] Diese Aussage lässt sich anhand von Gleichung (3.1'') unmittelbar verifizieren: Wenn u^* durch $f(u^*) = 0$ definiert ist, muss $f(u)$ für jedes $u < u^*$ wegen $f' < 0$ einen positiven Wert annehmen, so dass auch $\pi - \pi^e$ positiv sein muss.

[2] Friedman (1968) prägte in Anlehnung an das Konzept des natürlichen Zinses (Knut Wicksell) den Begriff der „natürlichen Arbeitslosenquote".

wird, der Zusammenhang zwischen Beschäftigungsgrad und Inflationsrate nicht mehr besteht. Denn die Phillipskurve (3.1'') reduziert sich in diesem Fall auf die Bedingung $f(u)=0$, was im π-u-Quadranten eine Vertikale durch den Abszissenwert $u = u^*$ ist. Fazit: *Die langfristige Phillipskurve ist vertikal.*

3.4. Inflation, Output und Beschäftigung

Offenkundig hat das Phelps-Friedman-Argument die Phillipskurve zu einer ganz anderen „Speisekarte" werden lassen, als man ursprünglich geglaubt hat: Statt beliebig vielen Gerichten zu je einem Preis bleibt langfristig nur ein einziges Gericht, das dafür zu einem beliebigen Preis zu haben ist. Das Zusammenbrechen der von Phillips gefundenen Beziehung, die wir hier mit der endogenen Anpassung der Inflationserwartungen begründet haben, ist bereits oben in den Schaubildern von Abschnitt 1.6 deutlich geworden. In Abschnitt 3.5 werden wir das Verhalten der Arbeitslosenquote und der Inflationsrate im Zeitablauf für verschiedene Länder etwas genauer ansehen und die Frage stellen, ob das zu beobachtende dynamische Muster mit dem Phelps-Friedman-Ansatz der erweiterten Phillipskurve kompatibel ist. Hierfür wollen wir im folgenden zunächst ein theoretisches Modell entwickeln, das die Implikationen dieses Ansatzes im einzelnen sichtbar macht. Im Zentrum stehen dabei die Eigenschaften des Übergangsprozesses zwischen der kurzen Frist, in der sich die Inflationserwartungen noch nicht – oder noch nicht vollständig – angepasst haben, und der langen Frist, die wir durch die vollständige Anpassung der Erwartungen definiert haben.

Es liegt auf der Hand, dass die Systemdynamik im Übergangsprozess wesentlich durch das Anpassungsverhalten der Inflationserwartungen bestimmt wird. Komplizierend kommt aber dazu, dass ausserdem Rückkopplungsprozesse zwischen der realen Güternachfrage, der Arbeitslosenquote und der Inflationsrate einerseits sowie zwischen der Inflationsrate und den Inflationserwartungen andererseits in die Analyse einzubeziehen sind. Wenn wir die Determinanten der nominalen Gesamtnachfrage weiterhin als exogen behandeln, lässt sich die Struktur der Zusammenhänge schematisch wie in Abbildung 3.4 gezeigt darstellen

Die einzelnen Effekte, die von den verschiedenen Variablen ausgehen, sind durch Wirkungspfeile dargestellt, wobei jeweils auch das Vorzeichen der Wirkung angegeben ist. Insgesamt sind es vier Strukturbeziehungen, die die Variablen miteinander verbinden und somit den in der Abbildung aufgeführten Wirkungen zugrundeliegen. Die jedem Wirkungspfeil beigeordnete Zahl bezieht sich auf die nachfolgende Aufzählung der Strukturgleichungen:

3.4. Inflation, Output und Beschäftigung

(1) Die aggregierte Nachfragefunktion:

(3.5) $Y = Y^d \left(G, \dfrac{M}{P} \right)$

Diese Gleichung setzt die Güterproduktion Y mit der Güternachfrage Y^d gleich, die ihrerseits als Funktion der realen Geldmenge (M/P) und der autonomen Ausgaben G spezifiziert ist. Die Gleichung lässt sich als reduzierte Form eines IS-LM-Modells auffassen und ist damit etwas allgemeiner gefasst als die Quantitätsgleichung, mit der wir die Nachfrageseite in Kapitel 2 abgebildet haben. Zu beachten ist, dass die aggregierte Nachfragefunktion einen inversen Zusammenhang zwischen dem Output und dem Preis*niveau*, nicht der Inflationsrate, herstellt. Hieraus folgt aber, wie wir unten sehen werden, eine negative Rückkopplung von der Inflationsrate zur Output*änderung*. Deshalb trägt der entsprechende Wirkungspfeil in Abbildung 3.4 ebenfalls die Ordnungsnummer der aggregierten Nachfragefunktion.

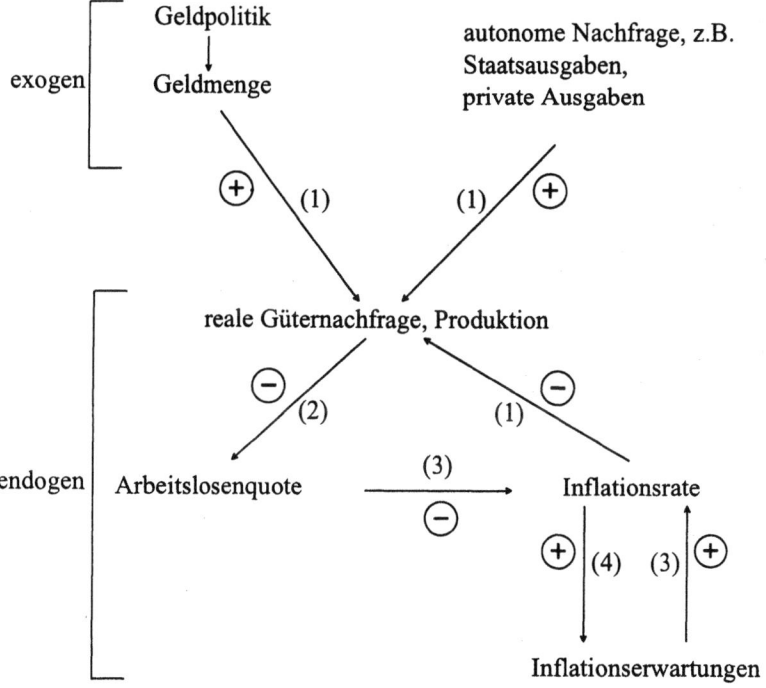

Abbildung 3.4: Die logische Struktur des dynamischen Phillipskurven-Modells

(2) Das Okun'sche Gesetz:

(3.6) $\hat{Y} = \alpha_0 - \alpha_1 \cdot \dot{u}$

Diese Gleichung setzt die Änderung der Arbeitslosenquote mit der Wachstumsrate des Output in Verbindung und stellt damit den Zusammenhang zwischen dem Gütermarkt und dem Arbeitsmarkt her. Hierbei handelt es sich um nichts anderes als das Okun'sche Gesetz, das wir in Kapitel 1 erörtert haben (vgl. Box 1.3).

(3) Die (erweiterte) Phillipskurve:

(3.7) $\pi = -\varepsilon \cdot (u - u^*) + \pi^e$

Gleichung (3.7) ist eine lineare Approximation[1] an die Phillipskurve (3.1''), wobei u^* die NAIRU bezeichnet.

(4) Die adaptive Erwartungsbildung:

(3.8) $\dot{\pi}^e = \lambda \cdot (\pi - \pi^e)$

Diese Erwartungsbildungshypothese haben wir oben schon eingeführt. Allerdings ist hier die für diskrete Zeitperioden formulierte Gleichung (3.4) in stetige Zeit übertragen.

Wie jedes Modell abstrahiert auch das vorliegende von einer ganzen Reihe möglicherweise relevanter Aspekte. Beispielsweise haben hier die Inflationserwartungen keinen direkten Effekt auf die Güternachfrage, obwohl ein solcher aufgrund makroökonomischer Standardtheorie eigentlich zu erwarten wäre. Ebenso bleiben Einflüsse auf die Erwartungsbildung, die jenseits der etwas mechanistischen Lernprozess-Formel (3.8) liegen ausser Betracht.[2] Dennoch können mit dem aus den Gleichungen (3.5) – (3.8) bestehenden Modell zentrale Aspekte der wechselseitigen Abhängigkeit von Inflation und Beschäftigung beleuchtet werden.

Das System kann in eine analytisch leicht handhabbare Form gebracht werden, wenn es durch Substitution der hier nicht in erster Linie interessierenden Variablen Y und π^e in seiner Komplexität so weit reduziert wird, dass es nur noch

---

[1] (3.7) kann aus (3.1'') als Taylor-Approximation erster Ordnung von $f(u)$ um den Punkt u^* abgeleitet werden (vgl. Chiang 1984, S. 254 ff.). Diese ergibt: $f(u) = f(u^*) + f'(u^*) \cdot (u - u^*)$. Daraus entsteht Gleichung (3.7), wenn man berücksichtigt, dass $f(u^*) = 0$ und dass die Steigung von f an der Stelle u^* hier mit $-\varepsilon$ bezeichnet ist: $-\varepsilon = f'(u^*)$.

[2] Auf die Implikationen einer sog. *rationalen* Erwartungsbildung gehen wir in Abschnitt 3.6 ein.

3.4. Inflation, Output und Beschäftigung

die Interaktion der Inflationsrate mit der Arbeitslosenquote abbildet. Als erstes machen wir sichtbar, was die aggregierte Nachfragefunktion für die Wirkung der Inflationsrate auf den Output impliziert. Wenn wir annehmen, dass die reale autonome Nachfrage G konstant bleibt, gibt uns die Differentiation von (3.5) nach der Zeit einen Zusammenhang zwischen dem Outputwachstum $\hat{Y}$ und der Änderungsrate der realen Geldmenge, die sich als Differenz zwischen dem Geldmengenwachstum und der Inflationsrate schreiben lässt:[1]

(3.9) $\quad \hat{Y} = \gamma \cdot (\hat{M} - \pi)$,

wobei $\gamma \equiv \dfrac{\partial Y^d}{\partial (M/P)} \cdot \dfrac{(M/P)}{Y^d}$ die Elastizität der Güternachfrage in Bezug auf die reale Geldmenge angibt.

Mit Hilfe der Okun-Gleichung (3.6) können wir dies in einen Zusammenhang zwischen der Änderung der realen Geldmenge und der Änderung der Arbeitslosenquote übersetzen:

(3.10) $\quad \dot{u} = \dfrac{\alpha_0}{\alpha_1} - \dfrac{\gamma}{\alpha_1} \cdot (\hat{M} - \pi)$

Wenn wir einfachheitshalber ein konstantes Produktionspotential annehmen, können wir $\alpha_0 = 0$ setzen und erhalten

(3.11) $\quad \dot{u} = -\beta \cdot (\hat{M} - \pi)$

mit $\beta \equiv \dfrac{\gamma}{\alpha_1}$.

Als nächstes wollen wir die Inflationserwartungen aus dem System eliminieren. Hierfür differenzieren wir (3.7) nach der Zeit und erhalten unter der Annahme eines konstanten u^*

(3.12) $\quad \dot{\pi} = -\varepsilon \cdot \dot{u} + \dot{\pi}^e$,

bzw. unter Verwendung von (3.7), (3.8) und (3.11)

(3.13) $\quad \dot{\pi} = \varepsilon \beta \cdot (\hat{M} - \pi) - \lambda \varepsilon \cdot (u - u^*)$

---

[1] Die Kettenregel liefert für die Differentiation von (3.5) nach der Zeit: $\dfrac{\partial Y}{\partial t} = \dfrac{\partial Y^d}{\partial (M/P)} \cdot \dfrac{\partial (M/P)}{\partial t}$, mit Hilfe der Quotientenregel errechnet sich: $\dfrac{\partial (M/P)}{\partial t} = \dfrac{(\partial M/\partial t) \cdot P - (\partial P/\partial t) \cdot M}{P^2} = \dfrac{M}{P} \cdot (\hat{M} - \hat{P})$. Hieraus folgt unter Berücksichtigung von $\hat{P} \equiv \pi$ und $\hat{Y} \equiv \dfrac{\partial Y/\partial t}{Y}$ der Ausdruck (3.9).

Mit (3.11) und (3.13) liegen nun zwei interdependente Differentialgleichungen erster Ordnung in den Variablen u und π vor. In Matrixschreibweise sehen diese wie folgt aus:

$$(3.14) \quad \begin{bmatrix} \dot{u} \\ \dot{\pi} \end{bmatrix} = \begin{bmatrix} 0 & \beta \\ -\lambda\varepsilon & -\varepsilon\beta \end{bmatrix} \begin{bmatrix} u \\ \pi \end{bmatrix} + \begin{bmatrix} -\beta & 0 \\ \varepsilon\beta & \lambda\varepsilon \end{bmatrix} \begin{bmatrix} \hat{M} \\ u^* \end{bmatrix}$$

Die erste Frage, die an das Differentialgleichungssystem (3.14) gestellt wird, ist die nach der Existenz und Gestalt des Gleichgewichtes, wobei dieses so definiert ist, dass die zeitliche Veränderung der Arbeitslosenquote bzw. der Inflationsrate gleich null ist ($\dot{u} = 0$, $\dot{\pi} = 0$). Somit wird nach einem Ruhepunkt des Systems gefragt. Aus (3.11) bzw. (3.13) ergibt sich:

$$(3.15) \quad \dot{u} = 0 \quad \Leftrightarrow \quad \pi = \hat{M}$$

bzw.

$$(3.16) \quad \dot{\pi} = 0 \quad \Leftrightarrow \quad \pi = \hat{M} - \frac{\lambda}{\beta} \cdot (u - u^*)$$

Im π-u-Quadranten ist (3.15) eine waagrechte Gerade mit dem Ordinatenabschnitt $\hat{M}$ (wobei $\hat{M}$ hier modellexogen bestimmt ist): $\left.\frac{\partial \pi}{\partial u}\right|_{\dot{u}=0} = 0$, während (3.16) eine negative Steigung aufweist: $\left.\frac{\partial \pi}{\partial u}\right|_{\dot{\pi}=0} = -\frac{\lambda}{\beta}$. Abbildung 3.5 zeigt diese Gleichgewichtsloci.

Der Ruhepunkt des Systems in dem oben definierten Sinne ist offensichtlich der Schnittpunkt A der beiden Gleichgewichtsloci. Die – mit einem hochgestellten „g" gekennzeichneten – Gleichgewichtswerte der beiden endogenen Variablen lassen sich aus (3.15) und (3.16) berechnen als $\pi^g = \hat{M}$ und $u^g = u^*$.

Diese Gleichgewichtslösung besitzt eine einleuchtende Interpretation. Ihre wesentliche Eigenschaft ist nämlich, dass die gleichgewichtige Arbeitslosenquote u^g gleich der in diesem Modell exogenen NAIRU u^* und damit insbesondere unabhängig von der Inflationsrate und den Vorgängen auf der Nachfrageseite des Modells ist. Aufgrund dieser Eigenschaft haben wir im vorangegangenen Abschnitt die NAIRU definiert und auf den vertikalen Verlauf der langfristigen Phillipskurve geschlossen. Umgekehrt hat die gleichgewichtige Inflationsrate nichts mit der NAIRU zu tun, sondern ist allein durch die Wachstumsrate der Geldmenge bestimmt, wie es die Quantitätstheorie des Geldes erwarten lässt. Dass die Inflationsrate im Gleichgewicht dieses Modells genau gleich dem Geldmengenwachstum sein muss, ist auf die vereinfachenden Annahmen der Konstanz des Produk-

3.4. Inflation, Output und Beschäftigung

tionspotentials und der Konstanz der autonomen Nachfrage G zurückzuführen.[1] Aber auch weniger einschränkende Annahmen bezüglich dieser Grössen würden nichts an der Dichotomie zwischen den langfristigen Determinanten der Inflationsrate und der Arbeitslosenquote ändern. Halten wir also fest: *Langfristig sind Inflation und Arbeitslosigkeit voneinander unabhängige Erscheinungen mit unterschiedlichen Ursachen.*

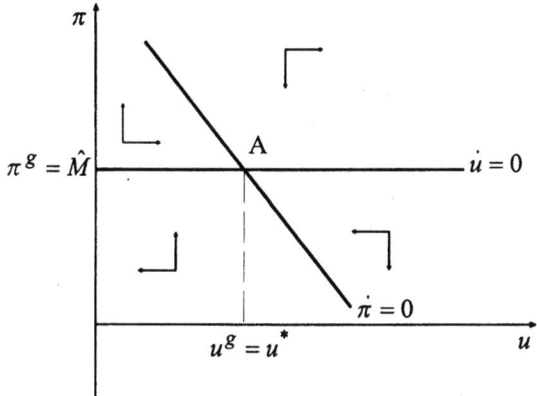

Abbildung 3.5: Das Phasendiagramm des Phillipskurvenmodells[2]

Die nächste Frage lautet, ob und wie das System zu seiner Gleichgewichtslage findet, wenn zu einem beliebigen Zeitpunkt ein Ungleichgewicht vorliegt. Hierzu machen wir uns zunächst klar, dass der Gleichgewichtslocus jeder Variablen in Abbildung 3.5 den Quadranten in zwei Regionen unterteilt, in denen sich die betreffende Variable in unterschiedliche Richtungen bewegt. Man bezeichnet die Gleichgewichtsloci deshalb auch als Demarkationslinien.

Betrachten wir zum Beispiel die $\dot{u}=0$-Linie, die ja dadurch definiert ist, dass sich auf ihr die Arbeitslosenquote nicht verändert. Aus (3.11) ersehen wir $\frac{\partial \dot{u}}{\partial \pi} = \beta > 0$, d.h. die Veränderung der Arbeitslosenquote nimmt ceteris paribus mit wachsendem π zu. Da wir bereits wissen, wo $\dot{u}=0$ gilt, können wir den Schluss ziehen, dass bei kleinerem π (d.h. unterhalb der $\dot{u}=0$-Linie) $\dot{u}<0$ gelten muss und umgekehrt. Die horizontalen Pfeile in Abbildung 3.5 zeigen die jeweils geltende Bewegungsrichtung der Arbeitslosenquote an. Analog erhalten wir aus

---

[1] Wenn das Produktionspotential trendmässig wächst, wie dies in Wirklichkeit der Fall ist, erfordert die längerfristige Preisstabilität ($\pi^g = 0$) nicht wie in unserem Modell eine stabile Geldmenge ($\hat{M}=0$), sondern eine Akkomodation der wachstumsbedingt steigenden Geldnachfrage durch eine sog. potentialorientierte Geldmengenpolitik.

[2] Eine prägnante Darstellung der mathematischen Details von Phasendiagrammen findet sich bei Chiang (1984, ch. 18).

(3.13) $\dfrac{\partial \dot{\pi}}{\partial \pi} = -\varepsilon\beta < 0$. Dies bedeutet, dass unterhalb der $\dot{\pi} = 0$-Linie $\dot{\pi} > 0$ und oberhalb $\dot{\pi} < 0$ gilt. Entsprechend verlaufen die vertikalen Richtungspfeile in Abbildung 3.5.

Aus dieser Charakterisierung der in jedem Punkt auf die endogenen Variablen einwirkenden Kräfte können wir nun qualitativ ableiten, wie sich das System verhält, wenn es sich in einer beliebigen Ungleichgewichtssituation abseits von A befindet.[1] Der π-u-Raum wird durch die beiden Demarkationslinien in vier Unterräume geteilt, wobei die durch das Differentialgleichungssystem (3.14) implizierte Bewegungsrichtung des Systems am Übergang zwischen den Regionen entweder genau vertikal (beim Überschreiten von $\dot{u} = 0$) oder genau horizontal (beim Überschreiten von $\dot{\pi} = 0$) ist. Bereits mit blossem Auge ist erkennbar, dass sich das System spiralförmig um den Punkt A bewegt. In Box 3.1 zeigen wir, dass das System stabil ist, die spiralförmigen Bewegungen mithin zum Gleichgewichtspunkt A konvergieren. Damit ist das Anpassungsverhalten des Systems hinreichend beschrieben.

Box 3.1: Die formale Überprüfung der Stabilität des dynamischen Phillipskurven-Modells

Bereits ein Blick auf die Richtungspfeile in Abbildung 3.5 liess uns erkennen, dass sich die dynamische Bewegung ausserhalb des Gleichgewichtspunktes A in Spiralen um diesen Ruhepunkt herum abspielt, allerdings lässt sich nicht ad hoc ableiten, ob diese Spirale zu A konvergiert oder nach aussen explodiert (bzw. als dritte Denkmöglichkeit gleichförmig um A oszilliert). Um hier eine klare Aussage treffen zu können, bedarf es etwas mehr an formaler Analyse. Im Zentrum steht dabei die Inspektion der sog. Jacobi'schen Matrix $J = \begin{bmatrix} 0 & \beta \\ -\lambda\varepsilon & -\varepsilon\beta \end{bmatrix}$. Ein Blick auf (3.14) zeigt, dass J nichts anderes als die Matrix ist, die die Abhängigkeit der *Änderungen* der Inflationsrate und der Arbeitslosenquote von den jeweiligen *Niveaus* der beiden Variablen abbildet.[2] Die Determinante dieser Matrix ist $|J| = \beta\lambda\varepsilon > 0$, die Spur, d.h. die Summe der Elemente auf der Hauptdiagonalen ist $sp(J) = -\varepsilon\beta < 0$.

---

[1] Da die beiden Differentialgleichungen linear sind, müssen wir nicht zwischen der globalen Stabilität und der lokalen Stabilität des Systems unterscheiden. Vgl. hierzu Chiang (1984, S. 638 ff.).

[2] Allgemein ist die Jacobi´sche Matrix eines Differentialgleichungssystems in den beiden Variablen x_1 und x_2 durch $J = \begin{bmatrix} \partial \dot{x}_1/\partial x_1 & \partial \dot{x}_1/\partial x_2 \\ \partial \dot{x}_2/\partial x_1 & \partial \dot{x}_2/\partial x_2 \end{bmatrix}$ gegeben. Vgl. Chiang (1984, S. 641).

3.4. Inflation, Output und Beschäftigung

> Diese beiden Bedingungen sind notwendig und hinreichend für die Stabilität eines linearen Systems[1]; d.h. das System konvergiert ausgehend von jedem beliebigen Punkt zu seinem Gleichgewicht. In unserem Falle liegt das Gleichgewicht in Punkt A und der Konvergenzprozess vollzieht sich in gedämpften Schwingungen. Bezüglich des Grades dieser Dämpfung gilt es eine weitere Fallunterscheidung zu treffen. Die in Abbildung 3.6 gezeichneten Spiralen setzen voraus, dass $(sp(J))^2 < 4|J|$. Für $(sp(J))^2 \geq 4|J|$, was – wie leicht zu überprüfen ist – einen extrem kleinen Wert für die Anpassungsgeschwindigkeit der Inflationsrate voraussetzt, liegt ein sog. „stable node" vor. In diesem Fall werden nach einem Schock die neuen Gleichgewichtswerte nur ein einziges Mal „überschossen", danach passen sich die Variablen asymptotisch (aber ohne weitere Schwingungen) dem neuen Gleichgewicht an.

Interpretieren lässt es sich am leichtesten anhand eines komparativ-dynamischen Gedankenexperiments, wofür wir im folgenden eine Änderung der Geldmengenwachstumsrate $\hat{M}$ als Beispiel wählen.

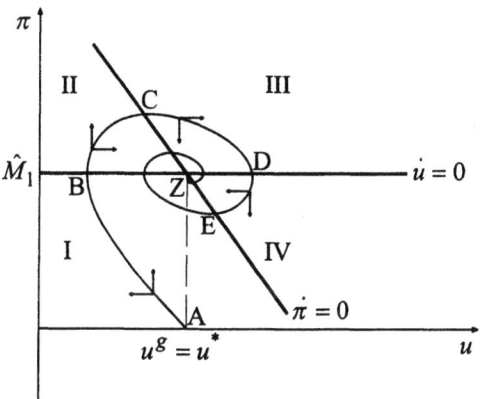

Abbildung 3.6: Der dynamische Anpassungsprozess nach einer Veränderung des Geldmengenwachstums

In Abbildung 3.6 betrachten wir die Auswirkungen einer Erhöhung des Geldmengenwachstums von $\hat{M} = 0$ auf $\hat{M} = \hat{M}_1$. Das Ausgangsgleichgewicht ist in Punkt A, wo $u = u^*$ und $\pi = \hat{M} = 0$. Aus der vorangegangenen Analyse wissen wir, dass sich langfristig ein neues Gleichgewicht in Punkt Z bei derselben Arbeitslosenquote, aber einer Inflationsrate $\pi = \hat{M}_1$ einstellen wird. Der Weg von A nach Z führt allerdings nicht direkt entlang der vertikalen langfristigen Phillips-

---

[1] Chiang (1984, S. 643, Table 18.1)

kurve, die durch diese beiden Punkte geht, sondern ist durch die Bewegungspfeile vorgezeichnet, die wir mit Abbildung 3.5 erläutert haben.

Die Gleichungen (3.15) und (3.16) zeigen, dass sich beide Demarkationslinien um den Betrag der Änderung des Geldmengenwachstums nach oben verlagern:

$\left.\frac{\partial \pi}{\partial \hat{M}}\right|_{\dot{u}=0} = \left.\frac{\partial \pi}{\partial \hat{M}}\right|_{\dot{\pi}=0} = 1$. Sie schneiden sich in Z und bilden im π-u-Raum die vier

mit I-IV markierten Regionen, wobei das frühere Systemgleichgewicht A offensichtlich in Region I zu liegen kommt, wo die Richtungspfeile nach links oben zeigen. Wir können den Anpassungspfad nun durch die verschiedenen Regionen hindurch verfolgen:

I. Ausgehend von Punkt A folgt das System zunächst der kurzfristigen Phillipskurve nach links oben. Die Arbeitslosenquote sinkt gemäss Gleichung (3.11), solange die Inflationsrate unterhalb der Geldmengenwachstumsrate liegt, d.h. solange die reale Geldmenge zunimmt. Dies beruht einerseits auf dem nachfrageseitigen Zusammenhang zwischen dem Output und der realen Geldmenge (Gleichung 3.5) und andererseits auf dem Okun-Gesetz (3.6), das die Outputänderung in eine entgegengesetzte Änderung der Arbeitslosenquote zu übersetzen erlaubt. Der Anstieg der Inflationsrate beruht zunächst auf dem Rückgang der Arbeitslosenquote, wird aber durch die in Gang kommende Revision der Inflationserwartungen verstärkt (gemäss den Gleichungen 3.12 und 3.13). Die Beschleunigung des Geldmengenwachstums löst also einen inflationären Boom aus.

II. In Punkt B kommt der Rückgang der Arbeitslosenquote zum Stillstand, weil die Inflationsrate dort der Wachstumsrate der Geldmenge entspricht. Die reale Geldmenge und mit ihr die reale Güternachfrage nehmen somit nicht mehr zu. Hingegen steigt die Inflationsrate weiter an, weil die Inflationserwartungen bei der in Punkt B gegebenen Konstellation $\pi < \pi^e$ weiterhin nach oben angepasst werden. Das System tritt in Region II ein, wo die Beschleunigung der Inflation mit einem Wiederanstieg der Arbeitslosenquote einhergeht, weil nun die Inflationsrate das Geldmengenwachstum übersteigt und die Güternachfrage dadurch wieder sinkt. Eine solche Koinzidenz von zunehmender Inflation und zunehmender Arbeitslosigkeit wird als *Stagflation* bezeichnet. Obwohl das Erscheinungsbild der Stagflation den ursprünglichen Vorstellungen von der Gestalt des Phillipskurven-Zusammenhangs diametral entgegenläuft, sehen wir, wie ein Phillipskurven-Modell dieses Phänomen durch Berücksichtigung der endogenen Dynamik der Inflationserwartungen abbilden kann.

III. In Punkt C erreicht die Inflationsrate ihr Maximum, weil sich zwei gegenläufige Effekte gerade die Waage halten: Einerseits wirkt die (bei $u < u^*$) nach wie vor überhitzte Konjunktur inflationstreibend, andererseits wird die Inflation entsprechend der Logik der Phillipskurve durch den Anstieg der Arbeitslosenquote gebremst. Sobald das System die Grenze zu Region III über-

3.4. Inflation, Output und Beschäftigung

schreitet, dominiert der zweite dieser Effekte, und die Inflationsrate geht bei weiterhin zunehmender Arbeitslosenquote wieder zurück.

IV. Erst in Punkt D ist die Inflationsrate so weit gesunken, dass die reale Geldmenge nicht mehr weiter reduziert wird. Dadurch kommen auch der Rückgang der realen Güternachfrage und der von ihr verursachte, über die NAIRU hinaus führende Anstieg der Arbeitslosenquote zum Stillstand. Zwischen den Punkten D und E durchläuft das System somit Region IV, die Inflationsrate und die Arbeitslosenquote sind beide rückläufig, bis in Punkt E der Wiedereintritt in Region I erfolgt.

So setzt sich der Anpassungsprozess in gedämpften Schwingungen fort, bis das langfristige Gleichgewicht in Z – vorbehaltlich des Eintretens neuer Schocks – erreicht wird. Die durch den einmaligen monetären Schock ausgelösten zyklischen Schwingungen der Modellvariablen, die dem Modell den Charakter eines monetären Konjunkturmodells verleihen, sind in Abbildung 3.7 zusammenfassend gegen die Zeit abgetragen. Unterstellt ist hier, dass die Wachstumsrate der Geldmenge in Periode 2 von null auf 5% pro Periode steigt.[1]

Grundsätzlich nach derselben Logik verlaufen die Anpassungsprozesse, wenn das System von anderen Schocks aus dem Gleichgewicht gestossen wird. Völlig symmetrisch sind die Abläufe im Falle eines kontraktiven Nachfrageimpulses, wie er etwa notwendig ist, wenn eine als zu hoch empfundene Inflationsrate gesenkt werden soll. Auch in diesem Fall reagieren zunächst die Mengengrössen, also der Output und die Beschäftigung. Die Inflationsbekämpfung verursacht somit Kosten in Form von entgangenem Output und (temporär) höherer Arbeitslosigkeit. Bei Kenntnis der Modellparameter können diese Kosten auch berechnet werden. Sie sind umso höher,

- je langsamer sich die Inflationserwartungen anpassen (d.h. je tiefer λ);
- je flacher die kurzfristige Phillipskurve verläuft (d.h. je tiefer ε).

Das Verhältnis zwischen der kumulativen Outputeinbusse, die über eine Desinflationsphase hinweg hingenommen werden muss, und dem Rückgang der „langfristigen" bzw. Trend-Inflationsrate, der dafür erreicht wird, wird als „*Opferquotient*" (englisch: *sacrifice ratio*) bezeichnet. Empirische Schätzungen dieses Opferquotienten bewegen sich in der Grössenordnung zwischen 5% und 10%, d.h. die Senkung der Trend-Inflationsrate um einen Prozentpunkt verursacht Outputverluste in der Grössenordnung von einem Zwanzigstel bis einem Zehntel der durchschnittlichen Jahresproduktion einer Volkswirtschaft.[2]

---

[1] Die für die Berechnung der gezeigten Zeitpfade verwendeten Parameter entsprechen denjenigen der Übungsaufgabe 3c am Ende des Kapitels, so dass Abbildung 3.7 eine graphische Lösung dieser Aufgabe bietet.

[2] Vgl. Ball (1993).

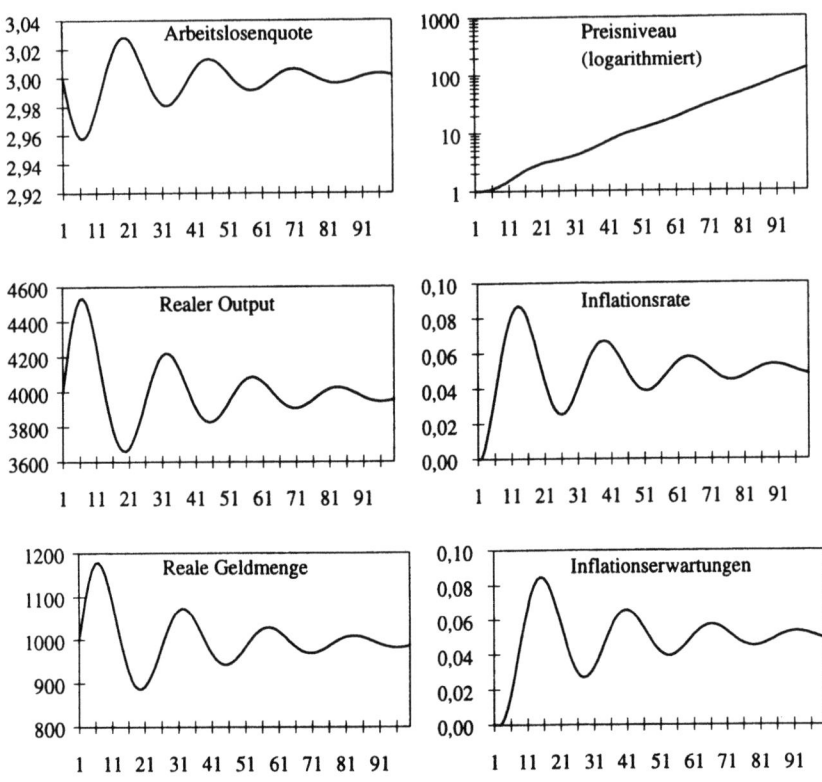

Abbildung 3.7: Simulation eines Geldmengenwachstumsratenschocks

Dass der nachfrageseitige Impuls trotz langfristig vertikaler Phillipskurve vorübergehende Beschäftigungsänderungen nach sich zieht, liegt an der Trägheit, mit der die Inflationsrate auf den Impuls reagiert. In unserem Modell ist diese Trägheit dadurch begründet, dass die sich adaptiv bildenden Inflationserwartungen der tatsächlichen Entwicklung der Inflationsrate immer hinterher hinken. Die Inflexibilität des Lernprozesses, der den Wirtschaftssubjekten hierbei unterstellt wird, hat denn auch schon in den 70er Jahren Kritik herausgefordert und zur Entwicklung alternativer Erwartungsbildungsmodelle geführt. Von diesen hat insbesondere die Hypothese der sog. *rationalen Erwartungen* grosse Popularität und in der makroökonomischen Forschung inzwischen eine dominierende Stellung erlangt. Auf diese Hypothese werden wir in Abschnitt 3.6 zurückkommen.

3.5. Das empirische Bild

Zum Abschluss dieses Kapitels wenden wir uns der Frage zu, ob die zyklischen Anpassungsmuster, die das Modell voraussagt, in den statistischen Daten wiederzufinden sind. Zu diesem Zweck reproduzieren wir in Abbildung 3.8 die Streudiagramme der Arbeitslosenquote und der Inflationsrate für die Bundesrepublik Deutschland und die USA, die wir bereits in Abbildung 1.10 gezeigt haben. Im Unterschied zu jener Abbildung zeigen wir hier nicht nur die Datenpunkte der Jahre 1961–1999, sondern verbinden sie auch von Jahr zu Jahr, so dass die Abläufe über die Zeit hinweg verfolgt werden können.

Man kann natürlich nicht hoffen, dass die Daten, die ja dauernd kleineren und grösseren Schocks angebots- und nachfrageseitigen Ursprungs ausgesetzt sind, die idealtypischen Spiralen des einfachen theoretischen Modells ohne weiteres reproduzieren. Dennoch zeigt sich zumindest im Falle der USA gut nachvollziehbar das Grundmuster der sich im Uhrzeigersinn durch den π-u-Raum ziehenden Schleifen. Die Expansionsphasen mit rückläufiger Arbeitslosenquote von 1961–69, 1972–73, 1976–79 und 1983–89 sowie die dazwischen liegenden Rezessionen sind zwar von ganz unterschiedlicher Länge, gehen aber durchwegs mit einem Verhalten der Inflationsrate einher, wie es das theoretische Modell ungefähr erwarten liesse. Die Arbeitslosenquote lag zu Beginn der 90er Jahre auf einem ähnlichen Niveau wie zu Beginn der 60er Jahre; ihre Gleichgewichtslage hat sich über den gesamten Zeitraum nicht wesentlich geändert.

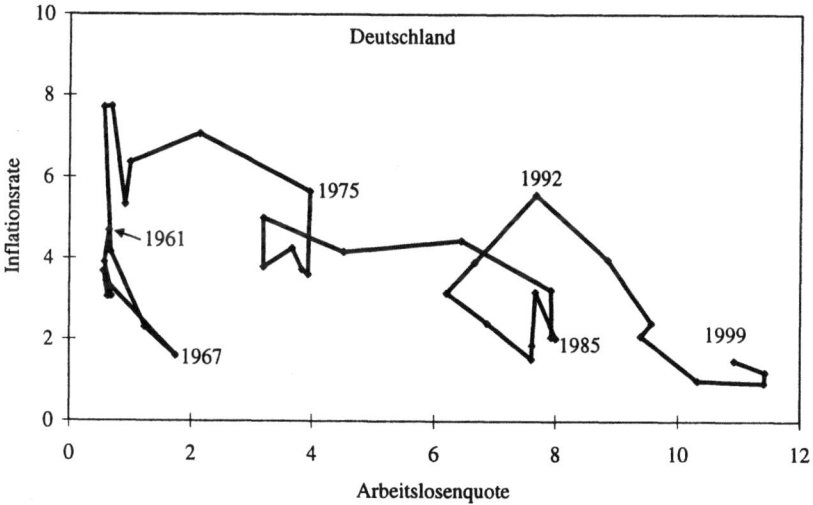

Abbildung 3.8, erster Teil

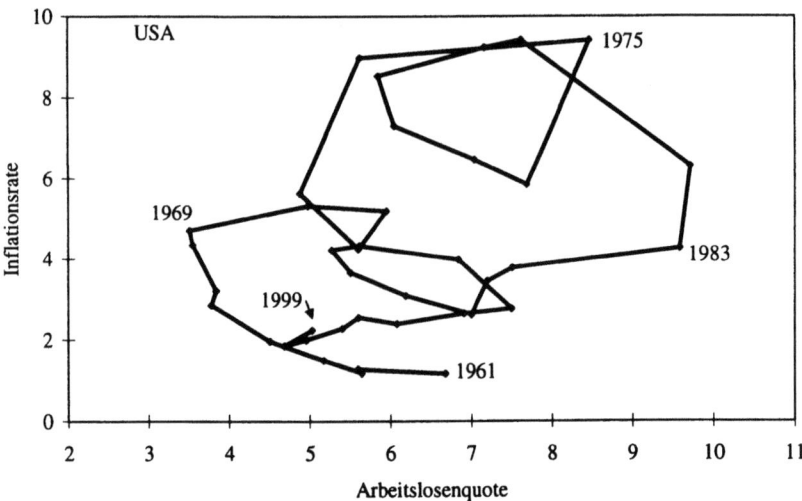

Abbildung 3.8 (Fortsetzung): Zyklen der Arbeitslosenquote und der Inflationsrate in der BRD und in den USA

Im Diagramm für die Bundesrepublik Deutschland fällt es weniger leicht, Schleifen im Uhrzeigersinn auszumachen. Wenn sie vorhanden sind, müssen sie über den Beobachtungszeitraum hinweg von einem starken Anstieg des Gleichgewichtswerts der Arbeitslosenquote, d.h. der NAIRU, überlagert worden sein. Diese Beobachtung legt die Vermutung nahe, dass sich die rohe Arbeitslosenquote im Falle Deutschlands weniger gut als Indikator inflationstreibender Konjunkturüberhitzungen bzw. inflationsdämpfender Konjunkturabschwünge eignet als im Falle der USA. In Abbildung 3.9 verwenden wir deshalb einen anderen Konjunkturindikator, nämlich den Kapazitätsauslastungsgrad, der, wie wir in Kapitel 1 gesehen haben, auch in Deutschland keine trendmässige Veränderung erkennen lässt.

Für die USA ergeben sich nahezu dieselben Zyklen wie in Abbildung 3.8 – allerdings spiegelbildlich, weil sich der Kapazitätsauslastungsgrad im Unterschied zur Arbeitslosenquote ja prozyklisch bewegt. Für Deutschland sind die Schleifenbewegungen nun ebenfalls besser zu sehen. Vor allem die drei Stabilisierungsrezessionen der Jahre 1974/75, 1980–82 und 1991–93 sind klar als Reaktionen auf eine jeweils vorangegangene Beschleunigung der Inflation zu erkennen, und jedesmal haben sie auch zu einer deutlichen, wenn auch verzögerten Bremsung des Preisauftriebs geführt.

Wie wir in Kapitel 1 gesehen haben, gingen im Zeitablauf mit jedem gegebenen Kapazitätsauslastungsgrad immer höhere Arbeitslosenquoten einher. Wenn derjenige Kapzitätsauslastungsgrad, der tief genug ist, dass sich die Inflationsrate nicht mehr erhöht, über die Jahre in etwa stabil geblieben ist, muss die NAIRU

3.5. Das empirische Bild

angestiegen sein. Diese Interpretation, die von ökonometrischen Studien erhärtet wird, ist so gut wie unausweichlich, wenn selbst Arbeitslosenquoten, die im historischen Vergleich aussergewöhnlich hoch sind, keine bremsende Wirkung auf die Lohn- und Preisinflation auszuüben vermögen. Den Ursachen dieser Entwicklung werden wir in Kapitel 4 nachgehen.

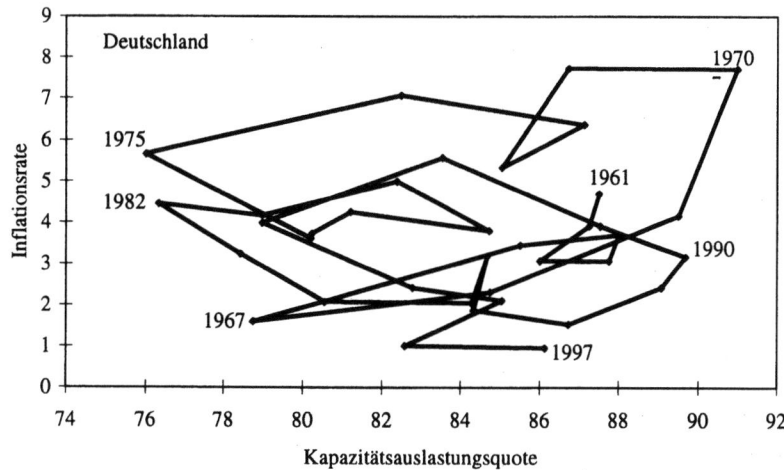

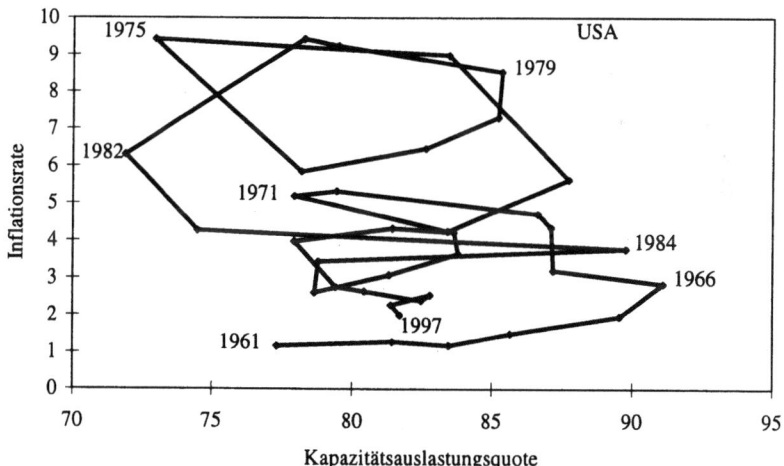

Abbildung 3.9: Inflationsrate vs. Kapazitätsauslastungsquote in der BRD und den USA

3.6. Die Phillipskurve unter rationalen Erwartungen

Das dynamische Anpassungsverhalten des oben in Abschnitt 3.4 beschriebenen Phillipskurven-Modells wird im wesentlichen durch die in Gleichung (3.8) verkörperte Hypothese der adaptiven Erwartungsbildung geprägt. Diese Hypothese unterstellt den Wirtschaftssubjekten zwar ein vernünftiges Verhalten in dem Sinne, dass deren Erwartungsbildung auf Erwartungsirrtümer reagiert. Gleichzeitig ist aber doch auch ein gehöriges Mass an Irrationalität impliziert, weil das Modell länger anhaltende Abweichungen der Arbeitslosenquote von der NAIRU nur dadurch erklären kann, dass die Erwartungen systematisch hinter der Realität herhinken, selbst wenn sich diese Realität nicht sonderlich erratisch oder unvorhersehbar verhält.

Es ist eine intellektuell wenig komfortable Position, wesentliche Aspekte der Realität mit Wirkungszusammenhängen erklären zu müssen, von denen man annehmen muss, dass sie für die Wirtschaftssubjekte grundsätzlich nicht durchschaubar sind. Deshalb konnte ab Mitte der 60er Jahre rasch eine radikale Gegenhypothese in der Makroökonomik Fuss zu fassen: die Hypothese der *rationalen Erwartungen* (Lucas 1972). Diese Hypothese besagt, dass rationale Wirtschaftssubjekte, denen ja an einer möglichst korrekten Antizipation der Zukunft gelegen ist, alle für sie verfügbare und relevante Information heranziehen, wenn sie ihre Erwartungen bilden – etwa nach dem Motto: „Alles, was vorhersehbar ist, wird auch vorhergesehen".

Solange man in die Verhaltensbeziehungen eines Modells keine unvorhersehbaren Zufallseinflüsse einbaut, läuft die Hypothese rationaler Erwartungen auf dasselbe wie perfekte Voraussicht hinaus; d.h. in einem solchen Kontext sind rationale Erwartungen korrekte Erwartungen. Im Falle unseres Phillipskurven-Modells bedeutet dies, dass anstelle des adaptiven Erwartungsbildungsprozesses (3.8) die Aussage zu stehen kommt, dass die rationalen Wirtschaftssubjekte eine Inflationsrate genau in der Höhe erwarten, wie sie sich dann auch einstellt:

(3.8') $\pi^e = \pi$

Zusammen mit der Phillipskurven-Gleichung

(3.7) $\pi = -\varepsilon \cdot (u - u^*) + \pi^e$

folgt aus dieser Erwartungsbildungshypothese unmittelbar

(3.17) $u = u^*$.

Die von der Entwicklung der Güternachfrage und dem Okun'schen Gesetz implizierte Dynamik der Arbeitslosenquote ändert sich durch die Annahme rationaler Erwartungen nicht; sie ist demnach weiterhin gegeben durch

3.6. Die Phillipskurve unter rationalen Erwartungen

(3.11) $\quad \dot{u} = -\beta \cdot \left(\hat{M} - \pi\right)$

Solange aber die NAIRU u^* konstant angenommen wird, muss gemäss (3.17) auch die Arbeitslosenquote u konstant bleiben:

(3.18) $\quad \dot{u} = \dot{u}^* = 0$

Aus den Ausdrücken (3.11) und (3.18) folgt für die Inflationsrate somit:

(3.19) $\quad \pi = \hat{M}$

Die beiden Gleichungen (3.17) und (3.19) verkörpern die beiden zentralen Konsequenzen, die sich aus der Einführung rationaler Erwartungen in unser obiges Phillipskurven-Modell ergeben: Die Arbeitslosenquote entspricht jederzeit der NAIRU, und die Inflationsrate jederzeit der Wachstumsrate der Geldmenge. Unter rationalen Erwartungen stellen sich demnach schon kurzfristig die Modelleigenschaften ein, die unter adaptiven Erwartungen nur langfristig – und auch dann nur bei stationärer Inflationsrate – zu erwarten sind. Dies bedeutet insbesondere, dass es nicht nur langfristig unmöglich ist, mit den Instrumenten der Nachfragesteuerung auf den Beschäftigungsgrad einer Volkswirtschaft einzuwirken, sondern dass die Ausbeutbarkeit des Phillipskurven-Trade-Off auch schon kurzfristig nicht mehr gegeben ist. Man spricht vom *Politikineffektivitäts-Theorem* (Sargent/Wallace 1975).

Diese Konsequenz der Hypothese rationaler Erwartungen ist radikal, und sie hat die Theorie der Konjunkturpolitik, ebenso wie die Konjunkturtheorie selbst, auch nachhaltig beeinflusst. Die Grundlagen des Politikineffektivitäts-Theorems leuchtet intuitiv unmittelbar ein: Wenn die Ausbeutbarkeit des Phillipskurven-Trade-Off, wie dies in unserem Modell der Fall ist, nur auf der Grundlage enttäuschter Erwartungen gegeben ist, so fällt diese Ausbeutbarkeit natürlich dahin, wenn den Wirtschaftssubjekten ein Erwartungsbildungsverhalten unterstellt wird, das nicht mehr so ohne weiteres zu täuschen ist. Kurzfristige Beschäftigungswirkungen der Nachfragepolitik sind unter rationalen Erwartungen nur begründbar, wenn die Behörden völlig zufällige, unsystematische und damit grundsätzlich nicht vorhersehbare Massnahmen ergreifen, wie man sie im Rahmen eines stochastischen Modells abbilden könnte. Es wäre aber nicht ganz einfach, ein tragfähiges normatives Argument für derartige Überraschungsmanöver zu konstruieren.

Da das Modell mit rationalen Erwartungen keinerlei keynesianische Züge mehr aufweist, d.h. insbesondere keine systematischen Mengenwirkungen monetärer Impulse mehr zulässt, hat es sich eingebürgert, diesen Ansatz als „*Neu-Klassische Makroökonomik*" zu bezeichnen – was theoriegeschichtlich insofern ein nicht ganz zutreffendes Etikett ist, als die Vertreter der klassischen quantitätstheoretischen Schule des 18. und 19. Jahrhunderts niemals derart weitgehende Ineffektivitäts-Theoreme vertreten hatten.

Die eigentliche Problematik des neu-klassischen Phillipskurven-Modells mit rationalen Erwartungen, das eigentlich ein Phillipskurven-Modell ohne Phillipskurve ist, liegt auf der empirischen Ebene. Die Empirie – und dies gilt gleichermassen für eher informale Beobachtungen, wie wir sie in Abschnitt 3.5 erläutert haben, wie für rigorose ökonometrische Analysen – spricht entschieden dagegen, dass es nicht einmal kurzfristig einen Phillipskurven-Trade-Off geben soll. Der anfängliche Schock, den das Politikineffektivitäts-Theorem in den 70er Jahren der traditionellen Theorie der Beschäftigungs- und Konjunkturpolitik versetzt hatte, führte denn auch schnell zur Frage, ob es wirklich adäquat ist, die Verzögerungen der Lohn- und Preisanpassung, auf die jeder reale Beschäftigungseffekt eines monetären Impulses angewiesen ist, wirklich nur mit Erwartungsirrtümern der Akteure auf den Arbeits- und Gütermärkten in Zusammenhang zu bringen. Rasch zeigte sich: nein.

In einer Welt, in der Nominallöhne durch Kontrakte gebunden sind, diese Kontrakte einander überlappende Laufzeiten aufweisen und es den Arbeitsmarktteilnehmern nicht nur auf das Niveau, sondern auch auf die (z.B. sektorale) Struktur der Reallöhne ankommt, sind es neben der jeweiligen Beschäftigungslage nicht mehr nur die zukunftsgerichteten Inflationserwartungen, die in die laufende Inflationsrate eingebaut werden müssen. Vielmehr wirkt unter den genannten Bedingungen auch die Entwicklung der Inflationsrate in der jüngeren Vergangenheit massgeblich auf die Gegenwart fort. Dies gilt umso mehr, als Unternehmungen durch ein komplexes Netz von Input-Output-Beziehungen miteinander verbunden sind und historische Inputkosten in die Kalkulation aktueller Outputpreise eingehen. So lässt sich ein inhärentes, d.h. nicht von Verzögerungen der Erwartungsbildung abhängiges, Trägheitsmoment des Inflationsprozesses begründen, eine eigentliche Eigendynamik.

Wir verfolgen hier die zur Begründung dieses Trägheitsmoments entwickelten theoretischen Ansätze, für die sich der Sammelbegriff der „New Keynesian Economics" eingebürgert hat, nicht weiter[1], sondern beschränken uns darauf zu skizzieren, was eine solche inhärente Trägheit des Inflationsprozesses an den Konsequenzen rationaler Erwartungen ändert. Wir bilden das Trägheitsmoment dadurch ab, dass wir in die Phillipskurvengleichung nicht nur die Inflationserwartungen π^e eingehen lassen, sondern auch eine sog. „Kern"-Inflationsrate c, welche die Eigendynamik des Inflationsprozesses verkörpert:

(3.7') $\pi = -\varepsilon \cdot (u - u^*) + \eta \cdot c + (1 - \eta) \cdot \pi^e$

Der Parameter η beschreibt die relative Bedeutung der Vergangenheitsorientierung bzw. der vorwärtsblickenden Erwartungen für die Lohn- und Preisbildung. Die Vergangenheitsorientierung der Kern-Inflation bilden wir dadurch ab, dass

---

[1] Einen Überblick bietet Gordon (1990). Wegweisende Beiträge sind gesammelt in Mankiw/Romer (eds.) (1991).

3.6. Die Phillipskurve unter rationalen Erwartungen

wir sie – ähnlich wie in Abschnitt 3.4 die adaptiven Erwartungen – hinter der aktuellen Inflationsrate herhinken lassen:

(3.20) $\dot{c} = \varsigma \cdot (\pi - c)$

Wenn wir wiederum die Hypothese rationaler Erwartungen (bzw. perfekter Voraussicht) gemäss (3.8') unterstellen und in (3.7') einsetzen, erhalten wir für die Inflationsrate

(3.7'') $\pi = -\dfrac{\varepsilon}{\eta} \cdot (u - u^*) + c$

und infolgedessen für die Änderung der Inflationsrate im Zeitablauf (analog zu Gleichung (3.12) in Abschnitt 3.4)

(3.12') $\dot{\pi} = -\dfrac{\varepsilon}{\eta} \cdot \dot{u} + \dot{c}$

Die nachfrageseitig induzierte Dynamik der Arbeitslosenquote lässt sich nach wie vor durch Gleichung (3.11) beschreiben, so dass wir nach Einsetzen von (3.20) und (3.11) in (3.12') in der Lage sind, die simultane Dynamik der Inflationsrate und der Arbeitslosenquote wie folgt wiederzugeben:

(3.14') $\begin{bmatrix} \dot{u} \\ \dot{\pi} \end{bmatrix} = \begin{bmatrix} 0 & \beta \\ -\varepsilon/\eta & -\varepsilon\beta/\eta \end{bmatrix} \begin{bmatrix} u \\ \pi \end{bmatrix} + \begin{bmatrix} -\beta & 0 \\ \varepsilon\beta/\eta & \varepsilon\varsigma/\eta \end{bmatrix} \begin{bmatrix} \hat{M} \\ u^* \end{bmatrix}$

Ein Vergleich dieses Ausdrucks mit dem System (3.14), mit dem wir in Abschnitt 3.4 das Verhalten des Phillipskurven-Modells mit adaptiven Erwartungen beschrieben hatten, zeigt, dass die beiden Modelle beinahe übereinstimmende Eigenschaften besitzen: Die langfristige Gleichgewichtslösung ist dieselbe ($u^g = u^*$ und $\pi^g = \hat{M}$), und auch die Stabilitätseigenschaften sowie das zyklische Muster der Anpassung an das langfristige Gleichgewicht stimmen überein. Deshalb verzichten wir hier auf eine Wiederholung der graphischen Analyse des Modellverhaltens. Zu beachten ist allerdings die Abhängigkeit der Systemdynamik von dem Parameter η, der das Ausmass der Eigendynamik des Inflationsprozesses zum Ausdruck bringt: Je kleiner dieser Parameter, d.h. je grösser die Bedeutung der vorwärtsblickenden rationalen Erwartungen in der Phillipskurven-Gleichung (3.7') ist, desto empfindlicher reagiert die Inflationsrate gemäss (3.14') auf jede Änderung des Geldmengenwachstums bzw. auf jede Abweichung der Arbeitslosenquote von der NAIRU, und desto rascher verläuft mithin der Prozess der Anpassung an das langfristige Gleichgewicht. Im Extremfall $\eta = 0$ wären wir wieder zurück beim neu-klassischen Politikineffektivitäts-Theorem. Solange aber das inhärente, erwartungsunabhängige Trägheitsmoment der Inflation überhaupt eine Rolle spielt, bleiben die qualitativen Eigenschaften des dynamischen Anpassungsverhaltens der Inflationsrate und der Arbeitslosenquote, das wir für den Fall einer adaptiven Erwartungsbildung abgeleitet haben, auch unter rationalen Erwartungen erhalten.

Es bleibt darauf hinzuweisen, dass die hier vermittelte keynesianische Perspektive, nach der die inhärente Anpassungsträgheit von Löhnen und Preisen der entscheidende Faktor ist, der die konjunkturellen Trendabweichungen der Produktion und der Beschäftigung im Gefolge monetärer oder realer Schocks verursacht, nicht unbestritten ist. Zwar hat der neu-klassische Ansatz, der Trendabweichungen der Mengengrössen bei rationalen Erwartungen sowie flexiblen Löhnen und Preisen ausschliesslich mit unsystematischen, nicht vorhersehbaren Schocks monetärer Art zu begründen suchte, seit den 70er Jahren vor allem aus empirischen Gründen erheblich an Popularität eingebüsst. Aber das Bemühen, das Konjunkturphänomen innerhalb eines Modells einer prinzipiell friktionslosen Volkswirtschaft mit perfekt funktionierenden Märkten zu erklären, hat seine Fortsetzung in der sog. *Realen Konjunkturtheorie* (englisch: *„Real Business Cycle Theory"*) gefunden. Diese Theorie stellt reale, vor allem angebotsseitige, Schocks als Konjunkturursachen in den Vordergrund und versucht, die aus diesen Schocks resultierenden Beschäftigungsbewegungen auf das optimierende Angebotsverhalten der Arbeitnehmer auf stets geräumten Arbeitsmärkten zurückzuführen. Allerdings sind auch hier die behaupteten Merkmale des Arbeitsanbieterverhaltens empirisch höchst umstritten; zudem lässt sich im Rahmen dieses Paradigmas nur mit Mühe erklären, wie die beobachtete Variation der Arbeitslosenquote zustandekommt.[1]

3.7. Ausblick

Unser Ausgangspunkt in diesem Kapitel war die Schlussfolgerung von Kapitel 2, dass die Veränderung der Beschäftigung im Zeitablauf massgeblich durch die Interaktion von Nachfrage- und Nominallohnwachstum bestimmt wird. Mithilfe des Phillipskurven-Modells haben wir diese Interaktion modelliert und konkretisiert. Das Modell hilft uns nicht nur, das typische zyklische Verhalten der Beschäftigung und der Inflation zu verstehen, sondern es vermittelt in Gestalt des Akzelerationstheorems auch eine Einsicht, die für die Beschäftigungspolitik von grosser Tragweite ist: Der Versuch, die Beschäftigung einfach dadurch zu steigern, dass das Nachfragewachstum über die aktuelle Rate der Nominallohnsteigerungen hinaus erhöht wird, ist mittel- bis langfristig zum Scheitern verurteilt. Am Ende resultiert nur eine höhere Inflationsrate, während die Arbeitslosenquote auf das Niveau der NAIRU zurückkehren muss.

Die NAIRU wird implizit durch die Gleichung (3.1') festgelegt, mit der wir die Zunahme der Nominallöhne beschrieben haben. Demnach ist das langfristige Gleichgewichtsniveau der Arbeitslosigkeit ist eine Frage der Lohnbildung. Über diese haben wir bisher, abgesehen von der ad hoc-Formulierung (3.1'), kaum

---

[1] Eine einfache Einführung in die Reale Konjunkturtheorie bietet Mankiw (1997), ch. 14.

etwas gesagt. Wie unvollständig das Erklärungsmodell damit geblieben ist, erhellt aus der Tatsache, dass zumindest für die Bundesrepublik Deutschland – und gleiches gilt auch für andere, vor allem europäische Länder – die Arbeitslosenquote offenkundig kein zuverlässiger Indikator für den Lohn- und Preisdruck ist, der vom Arbeitsmarkt ausgeht. Wohl haben sich die Konjunkturbewegungen immer auch in Änderungen der Arbeitslosenquote niedergeschlagen. Aber wie wir in Abbildung 3.8 gesehen haben, sind die zyklischen Variationen der deutschen Arbeitslosenquote im Vergleich zum trendmässigen Anstieg seit 1970 eher gering. Bewegt hat sich mithin nicht – wie in den USA – in erster Linie die Arbeitslosenquote relativ zur NAIRU, sondern bewegt hat sich die NAIRU selbst. Nachdem diese bisher in unserem Phillipskurven-Modell nur die Rolle einer nicht weiter hinterfragten exogenen Variablen gespielt hat, wird die Frage nach den Faktoren, mit denen sich die Variation der NAIRU in Zeit und Raum erklären lässt, im Mittelpunkt der nächsten Kapitel stehen.

Zusammenfassung

1. Ein erstes Modell zur Beschreibung der im zweiten Kapitel als wesentlich erkannten Nominallohnbildung ist die Phillipskurve, die in ihrer ursprünglichen Form einen negativen Zusammenhang zwischen der Wachstumsrate der Nominallöhne und der Arbeitslosenquote postuliert.
2. Hieraus lässt sich ein entsprechender Trade-Off zwischen der Güterpreisinflation und der Arbeitslosigkeit ableiten, wenn man mittels einer Preissetzungsgleichung eine Verbindung zwischen Güterpreisen und Nominallöhnen herstellt. Dieser Trade-Off wurde in den 60er Jahren als eine wirtschaftspolitische Speisekarte interpretiert, aus der sich die Politiker je nach ihrer Zielfunktion ihre präferierte Kombination von Inflation und Arbeitslosigkeit auswählen konnten.
3. Schon bevor in den 70er Jahren der in Phillips' Stichprobe über nahezu 100 Jahre stabile Trade-Off zusammenbrach, prognostizierten Milton Friedman und Edmund Phelps diesen Zusammenbruch, indem sie auf einen entscheidenden Denkfehler hinwiesen: Die Arbeitsmarktparteien sind nicht an Nominal- sondern an Reallöhnen interessiert. Deshalb spielen die Inflationserwartungen in den Lohnverhandlungen eine entscheidende Rolle. Die erwartete Inflationsrate wird zum Verschiebungsparameter der Phillipskurve.
4. Damit ist auch klar, dass der Phillipskurvenzusammenhang nicht langfristig von der Beschäftigungspolitik ausgebeutet werden kann. Sobald man sich entlang der Kurve nach oben bewegen will, beginnt sich die ganze Kurve aufgrund zunehmender Inflationserwartungen nach oben zu verschieben. Hier wird die aus dem Synthesemodell des zweiten Kapitels gelernte Lektion sichtbar: Eine expansive Geldpolitik wirkt nur so lange beschäftigungssteigernd, wie die Nominallöhne nicht voll mitziehen.

5. Die gleichgewichtige Arbeitslosenquote des Phillipskurvenmodells geht mit einer konstanten Inflationsrate einher und wird deshalb als „inflationsstabile Arbeitslosenquote" (NAIRU bezeichnet.
6. Unterstellt man für die Bildung der Inflationserwartungen einen adaptiven Lernprozess, so können sich in der Anpassung an einen exogenen Schock unterschiedliche Korrelationen zwischen der Änderung der Arbeitslosenquote und der Inflationsentwicklung ergeben. Insbesondere lassen sich auch sog. Stagflationsphasen, d.h. Phasen gleichzeitig steigender Arbeitslosigkeit und Inflation theoretisch begründen. Im wesentlichen das selbe Bild stellt sich unter der Annahme rationaler Inflationserwartungen ein, wenn man dem inhärenten Trägheitsmoment der Inflation Rechnung trägt.
7. Die durch das dynamische Phillipskurvenmodell im Anschluss an exogene Schocks produzierten „Schleifen" finden sich auch in der Realität als Charakteristikum von Konjunkturzyklen wieder. Allerdings scheint in den europäischen Ländern die Entwicklung der Arbeitslosenquoten neben diesen konjunkturellen Einflüssen seit Beginn der 70er Jahre einem säkularen Aufwärtstrend ausgesetzt gewesen zu sein.
8. Die Einführung sog. rationaler Erwartungen anstelle adaptiver Erwartungen ändert die Implikationen des Modells auf den ersten Blick drastisch, da nun die Phillipskurve auch in kurzen Frist vertikal ist und somit eine systematische Beeinflussbarkeit des Beschäftigungsgrades ausserhalb der Möglichkeiten der Nachfragesteuerung zu liegen scheint. Unterliegt allerdings der Inflationsprozess selbst irgendwelchen Trägheiten (beispielsweise aufgrund sich zeitlich überlappender Lohnverträge), so können qualitativ die gleichen Implikationen generiert werden wie im Phillipskurvenmodell mit adaptiven Erwartungen.

Übungsaufgaben

Aufgabe 1
Das Okun'sche Gesetz besagt, dass eine Senkung der Arbeitslosenquote von einem Prozentpunkt eine Outputsteigerung um ca. 2,5% nach sich zieht. Ist dies kompatibel mit einer Cobb-Douglas-Produktionsfunktion $Y = N^\alpha K^{1-\alpha}$? (Empirisch gemessene Werte von α bewegen sich im Bereich von 0,6 bis 0,7.) Diskutieren Sie!

Aufgabe 2
Erläutern Sie die ökonomische Logik hinter dem Politikineffektivitäts-Theorem der Neuen Klassischen Makroökonomik.

Aufgabe 3
Gegeben sei folgendes Modell:

Übungsaufgaben 117

$Y_t = 1000 + 3 \cdot (M_t / P_t) + G_t$

$\pi_t^e = \pi_{t-1}^e + 0{,}5 \cdot \left(\pi_{t-1} - \pi_{t-1}^e\right).$

$\pi_t = -0{,}5 \cdot (u_{t-1} - 3) + \pi_t^e + S_t$

$\hat{Y}_t = -3 \cdot (u_t - u_{t-1})$

Alle Variablen haben die im Text eingeführte Bedeutung, zusätzlich bezeichnet G_t die autonome Staatsnachfrage und S_t einen Schockterm für die Inflationsrate.

a) Berechnen Sie die Gleichgewichtswerte für das Modell, wenn die Geldmenge auf 1000 fixiert ist, das (stabile) Preisniveau auf „1", die Staatsausgaben und der Schockterm auf 0. Was passiert, wenn sich ab der zweiten Periode die Geldmenge permanent um 5% pro Periode erhöht? Lassen Sie auch hier die Staatsausgaben und den Inflationsschock auf dem Wert 0.
b) Welche Ereignisse könnten mit S_t gemeint sein?
c) Lösen Sie das Modell, wenn sich in Periode 2 S_t auf den Wert 4 einstellt und danach wieder für alle Zukunft auf null bleibt. Hinweis: Die Lösung ist in den Graphen der Abbildung 3.7 enthalten.
d) Lösen Sie das Modell für eine permante Erhöhung der Staatsausgaben auf den Wert 200 ab Periode 2.

Aufgabe 4
Analysieren Sie die Kosten- und Kaufkrafteffekte der Lohnpolitik auf Output und Beschäftigung mit Hilfe des folgenden log-linearen Modells, laut dem die Unternehmungen ihre Preise und ihre Produktion nur allmählich an die gewünschten Werte anpassen können:

(1) $\quad y = \alpha \cdot n$, $0 < \alpha < 1$ $\qquad$ Produktionsfunktion

(2) $\quad p^* = \mu + w + \dfrac{1-\alpha}{\alpha} \cdot y$ $\qquad$ Gewinnmaximales Preisniveau

(3) $\quad d = \beta_0 \cdot (m - p) + \beta_1 \cdot (w + n - p)$ $\qquad$ Güternachfrage ($0 < \beta_1 < \alpha$)

(4) $\quad \dot{p} = \lambda_0 \cdot \left(p^* - p\right)$ $\qquad$ Graduelle Preisanpassung

(5) $\quad \dot{y} = \lambda_1 \cdot (d - y)$ $\qquad$ Graduelle Anpassung der Produktion

Die Variablen sind die natürlichen Logarithmen der folgenden Grössen: y: Output; n: Beschäftigung; p: Preisniveau; w: Nominallohnniveau (exogen); d: Güternachfrage; m: nominale Geldmenge (exogen); α, β_0, β_1, λ_0, $\lambda_1 > 0$: exogene Parameter; ein Punkt über einer Variablen bezeichnet die Ableitung nach der Zeit.

a) Erläutern Sie, wie Gleichung (1) sowie die Annahme der Gewinnmaximierung bei unvollkommenem Wettbewerb zu Gleichung (2) führen.

b) Wie wirkt sich in komparativ-statischer Sicht – d.h. nach Abschluss der von (4) und (5) beschriebenen Anpassungsprozesse – eine exogene Änderung des Nominallohns auf Output, Beschäftigung, Preisniveau und Reallohn aus? Vergleichen Sie Ihr Ergebnis mit den Effekten, die sich ohne Kaufkrafteffekt der Löhne in der Güternachfragefunktion ergäben ($\beta_1 = 0$).

c) Skizzieren Sie die dynamische Anpassung des Systems an eine Erhöhung des Nominallohns mit Hilfe eines Phasendiagramms im (p, y)-Raum. Kommentieren Sie das von Ihnen ermittelte dynamische Anpassungsverhalten von Output und Beschäftigung.

Die Lösung zu dieser Aufgabe findet sich in Landmann/Jerger (1998).

Literatur

Den Anstoss zur gesamten Phillipskurven-Diskussion gab – wie schon in Kapitel 1 erwähnt – Phillips (1958).

Lipsey (1960) formulierte erstmals vollständig den Gedanken, dass die Phillipskurve als Anpassungsfunktion an Arbeitsmarktungleichgewichte verstanden werden kann.

Samuelson/Solow (1960) haben zum ersten Mal den von Phillips (1958) gefundenen Zusammenhang zwischen Lohninflation und Arbeitslosenquote in einen Trade-Off zwischen Preisinflation und Arbeitslosenquote übersetzt.

Friedman (1968) nimmt in dieser Ansprache vor der American Economic Association auf die Ergebnisse von Phillips (1958) Bezug und trifft aus theoretischen Überlegungen die Voraussage, dass sich die Phillipskurve verschieben wird, sobald die Wirtschaftspolitik den Zusammenhang ausbeutet. Dies ist eines der wenigen Beispiele, in dem die Theorie der Realität vorauseilte.

Praktisch zeitgleich mit Friedman (1968) erkannte Phelps (1967) die Bedeutung der erwarteten Inflationsrate als Verschiebungsparameter der Phillipskurve.

Tobin (1972) gibt in dieser Präsidialansprache vor der American Economic Association einen Überblick über die mikroökonomischen Grundlagen des Phillipskurvenzusammenhangs und nimmt aus keynesianischer Sicht Stellung zu den Beiträgen von Phelps (1967) und Friedman (1968).

Lucas (1972) wendete erstmalig die Hypothse rationaler Erwartungsbildung auf den Phillipskurven-Zusammenhang an und bereitete damit das von Sargent/Wallace (1975) so benannte „Politikineffektivitäts-Theorem" vor.

Ball (1993) präsentiert eine empirische Untersuchung über den Opferquotienten, deren Ergebnisse dafür sprechen, dass eine rasche Deflationspolitik mit weniger Outputverlusten verbunden ist als eine langsamere, und dass flexible Lohnfindungsprozesse ebenfalls zu einer schmerzloseren Deflation beitragen.

Ein ganzes Symposium hat das Journal of Economic Perspectives im Winter 1997 dem Thema der natürlichen Arbeitslosenquote gewidmet. Gordon (1997) verschafft einen Überblick über die Möglichkeiten der empirischen Erfassung der NAIRU, während Staiger/Stock/Watson (1997) darauf hinweisen, dass eine Messung nur mit grossen Unsicherheiten erfolgen kann. Blanchard/Katz (1997) bieten einen sehr empfehlenswerten Überblick über die zugrundeliegende Theorie.

Chiang (1984) sei als Mathematiklehrbuch für Ökonomiestudenten empfohlen. Die in diesem Kapitel verwendete Phasendiagrammtechnik ist hier gut beschrieben.

Kapitel 4: Die Determinanten der NAIRU

4.1. Einführung

In diesem Kapitel entwickeln wir einen allgemeinen Modellansatz zur Erklärung der NAIRU. Die Frage, welche Faktoren das Gleichgewichtsniveau der Arbeitslosenquote bestimmen, würde auch dann interessieren, wenn dieses Niveau im Zeitablauf konstant geblieben wäre. Ganz besondere Dringlichkeit erhält die Entwicklung einer theoretisch und empirisch überzeugenden Erklärung der NAIRU aber dadurch, dass diese, wie wir im vorangegangenen Kapitel vor allem am Beispiel der Bundesrepublik Deutschland gesehen haben, seit Beginn der 70er Jahre in verschiedenen Ländern offenkundig massiv angestiegen ist.

Man kann ohne Übertreibung sagen, dass der Anstieg der NAIRU zunächst so etwas wie ein intellektuelles Vakuum hat entstehen lassen. Am anschaulichsten manifestiert sich dieses Vakuum darin, dass zahlreiche empirische Studien der Phillipskurve die Veränderung der NAIRU nicht auf Veränderungen beobachtbarer ökonomischer Ursachen zurückzuführen vermögen, sondern einfach mit einem Trendterm – d.h. mit dem Faktor Zeit – erklären.[1] Eine derartige „Erklärung" ist gleichbedeutend mit dem Eingeständnis, dass man über die eigentlichen Ursachen nichts weiss, sondern sich auf eine blosse Beschreibung beschränkt. Das Vakuum wurde als umso gravierender empfunden, als Friedman (1968) für das langfristige Gleichgewichtsniveau der Arbeitslosigkeit ja den Begriff der „*natürlichen Arbeitslosenquote*" geprägt hatte, was da und dort vielleicht auch die Konnotation einer Naturkonstanten nahelegte. So sah sich etwa Solow (1986, S. S33) zu der kritischen Bemerkung veranlasst, dass an einer natürlichen Arbeitslosenquote, die von einem Triennium zum nächsten unter dem Einfluss unspezifizierter Kräfte dermassen „herumhopse", überhaupt nichts „natürlich" sei.

Friedman selbst hatte kein konkretes Modell der natürlichen Arbeitslosenquote formuliert, wohl aber eine klare, wenn auch sehr allgemeine, Definition des Begriffs gegeben, die deutlich macht, was ihm konzeptionell vorschwebte:

> „Die „natürliche Arbeitslosenquote" ist dasjenige Niveau [der Arbeitslosigkeit], das aus einem walrasianischen System allgemeiner

---

[1] Vgl. z.B. Burda/Sachs (1987).

Gleichgewichtsgleichungen herauskäme, vorausgesetzt, die tatsächlichen Strukturmerkmale der Arbeits- und Gütermärkte finden Eingang in die Gleichungen, einschliesslich Marktunvollkommenheiten, stochastische Variabilität von Angebot und Nachfrage, Kosten der Beschaffung von Information über offene Stellen und verfügbare Arbeitskräfte, Mobilitätskosten, und so weiter".[1]

Mit dem Begriff der „natürlichen Arbeitslosenquote" verband Friedman ausdrücklich keinerlei Vorstellung von „unveränderlich". Vielmehr lieh er sich den Begriff von Knut Wicksell aus, in dessen Zinstheorie der „natürliche" Zins derjenige Zinssatz ist, der sich in Abwesenheit von monetären Störeinflüssen als das Ergebnis eines realwirtschaftlichen Kapitalmarktgleichgewichts einstellt. Der Zweck dieser Begriffsbildung war es, einen analytisch scharfen Trennstrich zu ziehen zwischen den monetären Vorgängen im Bankensektor, die den Marktzins vorübergehend beeinflussen und dadurch inflationäre bzw. deflationäre Prozesse in Gang setzen können einerseits, und den längerfristig wirksamen realen Bestimmungsfaktoren des Zinses andererseits, die solche fundamentalen Marktgegebenheiten wie die Produktivität des Kapitalstocks und die Sparneigung der Bevölkerung widerspiegeln.

Friedman wollte mit dem Begriff der natürlichen Arbeitslosenquote die Parallele zwischen seiner Theorie des Arbeitsmarktes und Wicksells Theorie des Kapitalmarktes betonen: In beiden Fällen lautet die entscheidende Bedingung für die Stabilität des Preisniveaus, dass sich der jeweils betrachtete Markt in seinem realwirtschaftlich bestimmten, monetär nicht beeinflussbaren – eben „natürlichen" – Gleichgewicht befindet. So wenig Wicksell seinen natürlichen Zins als Naturkonstante verstanden haben wollte, so wenig wollte Friedman suggerieren, dass sich die „tatsächlichen Strukturmerkmale der Arbeits- und Gütermärkte" nicht gelegentlich ändern können bzw. auch durch Massnahmen der Wirtschaftspolitik beeinflussbar sind.

Welches sind denn nun die wesentlichen Strukturmerkmale der Arbeits- und Gütermärkte, mit denen sich das längerfristige Gleichgewichtsniveau der Arbeitslosenquote und seine Veränderungen im Zeitablauf erklären lassen? Erste Versuche, die von Friedman skizzierten Determinanten der natürlichen Arbeitslosenquote zu konkretisieren, konzentrierten sich auf den Aspekt der Informations- und Mobilitätskosten, d.h. auf die Ursachen der friktionellen und strukturellen Arbeitslosigkeit, die wir oben in Abschnitt 2.2 erläutert haben. Der ursprüngliche Prototyp des dort entwickelten Strommodells des Arbeitsmarktes war denn auch ausdrücklich als Theorie der natürlichen Arbeitslosenquote intendiert (Hall 1979). Die Marktunvollkommenheiten, die im Mittelpunkt des Strommodells stehen, betreffen nicht die Mechanismen der Lohn- und Preisbildung, sondern die Vermittlung zwischen stellensuchenden Arbeitskräften und offenen Stellen. Damit ist hier die im zweiten Kapitel eingeführte Komponente der friktionell-strukturellen

---

[1] Friedman (1968), S. 8; eigene Übersetzung.

4.1. Einführung

Arbeitslosigkeit im Unterschied zu einem Angebotsüberhang auf dem Arbeitsmarkt angesprochen. Dieses Modell ist deshalb eher zugeschnitten auf die spezifischen Bedingungen des amerikanischen Arbeitsmarktes, der ausgeprägt dezentral strukturiert ist, und auf dem die Verzerrung der Lohnbildung durch Wettbewerbsbeschränkungen im Vergleich zu den meisten anderen Industrieländern nur wenig ins Gewicht fällt.

Kann das Strommodell des Arbeitsmarktes erklären, warum die Arbeitslosigkeit im OECD-Raum heute so viel höher ist als noch 1970? Wäre das Problem der trendmässig angestiegenen Arbeitslosigkeit im Kern ein Problem einer zunehmend schwieriger gewordenen Vermittlung zwischen Arbeitsangebot und Arbeitsnachfrage – und nicht eines aggregativen Missverhältnisses zwischen der Anzahl Arbeitsloser und der Anzahl offener Stellen -, hätte die Zunahme der Arbeitslosigkeit mit einer entsprechenden Zunahme der offenen Stellen einhergehen müssen. Die Beveridgekurve hätte sich, mit Abbildung 2.6 gesprochen, bei ungefähr gleichbleibendem u/v-Verhältnis nach aussen verschoben. Dieses Szenario entspricht jedoch, wie sich anhand der oben in Abbildungen 1.10 und 2.8 wiedergegebenen Daten leicht verifizieren lässt, nicht der Realität, jedenfalls nicht ausserhalb der USA. Die Realität, insbesondere auch jene des deutschen Arbeitsmarktes, ist vielmehr durch einen markanten Anstieg der Arbeitslosigkeit relativ zu den nicht besetzten Arbeitsplätzen gekennzeichnet.

Diese Beobachtung legt den Schluss nahe, dass die langfristige Zunahme der Arbeitslosigkeit nicht in erster Linie friktionell und/oder strukturell bedingt ist, wenngleich dieser Aspekt auch eine Rolle gespielt haben mag. In erster Linie ist vielmehr zu erklären, warum die Stabilität der Inflationsrate mit einem seit Beginn der 70er Jahre offenkundig immer grösser gewordenen Angebotsüberhang auf dem Arbeitsmarkt erkauft werden muss. Warum ist die Bremswirkung des Arbeitsplatzmangels auf den Lohn- und Preisauftrieb schwächer geworden? Oder in der Sprache des Phillipskurvenmodells von Kapitel 3: Warum hat sich die $f(u)$-Funktion nach rechts verschoben und damit die NAIRU erhöht?[1]

Dies sind Fragen, die zur Auseinandersetzung mit den Mechanismen der Lohn- und Preisbildung zwingen; und dazu gehören angesichts der Wettbewerbsunvollkommenheiten auf den Arbeits- und Gütermärkten insbesondere auch die Konsequenzen der Marktmacht, über die die Akteure auf diesen Märkten verfügen. Wie wir in Abschnitt 4.2 sehen werden, führt der Einsatz von Marktmacht zugunsten gruppenspezifischer Einkommensinteressen dazu, dass die allokativen Funktionen des Preismechanismus – insbesondere eben auch der Ausgleich von Angebot und Nachfrage auf dem Arbeitsmarkt – auf der Strecke bleiben. In Abschnitt 4.3 werden wir zeigen, wie sich mit diesem Ansatz potentiell auch der Anstieg der Arbeitslosigkeit erklären lässt, indem wir Indizien anführen, die dafür sprechen, dass sich der Konflikt zwischen den Einkommensansprüchen der gesellschaftlichen

---

[1] Für eine Abgrenzung der Konzepte der NAIRU und der natürlichen Arbeitslosigkeit siehe Box 4.1.

Gruppen einerseits und den Erfordernissen der Vollbeschäftigung andererseits seit den frühen 70er Jahren verschärft hat.

Box 4.1: Natürliche Arbeitslosenquote und NAIRU: Begriffliches

In der Literatur gibt es häufig eine gewisse Verwirrung hinsichtlich der genauen Bedeutung der Begriffe „natürliche Arbeitslosigkeit" und „NAIRU". Letzteres ist konzeptionell am wenigsten problematisch, weil eindeutig nach demjenigen Niveau der Arbeitslosenquote gefragt ist, das in einer gegebenen Situation, d.h. unter Berücksichtigung aller für die räumliche Lage der $f(u)$-Funktion aus Kapitel 3 relevanten Faktoren, für eine konstante Inflationsrate sorgt. Insbesondere gehören dazu auch die von Friedman genannten „tatsächlichen Strukturmerkmale" der Märkte, d.h. durch Marktmacht verursachte Verzerrungen der Lohn- und Preisbildungsprozesse, die dafür verantwortlich sind, dass der Gleichgewichtszustand einer Volkswirtschaft – verstanden als ein Zustand ohne akzelerierende Inflation oder Deflation – nicht mit buchstäblicher Vollbeschäftigung verbunden sein kann. Wir halten daher die in Teilen der Literatur (z.B. Carlin/Soskice 1990, ch. 6) vertretene begriffliche Unterscheidung zwischen der natürlichen Arbeitslosenquote und der NAIRU für künstlich. Der Unterscheidung liegt der Gedanke zugrunde, den Begriff der natürlichen Arbeitslosenquote für ein Gleichgewicht zu reservieren, in dem die Arbeits- und Gütermärkte zwar frei von Marktmacht, aber nicht frei von Informations- und Mobilitätskosten sind, wogegen die NAIRU auch den Einfluss der Marktmacht berücksichtigen würde. In der Unterscheidung aus Kapitel 2 entspräche die natürliche Rate der friktionell-strukturellen Komponente, während die NAIRU neben dieser auch die Angebotsüberhangs-Komponente einbezieht. Der entscheidende Punkt ist jedoch, dass die „tatsächlichen Strukturmerkmale" des Arbeitsmarktes, gleich welcher Art, eine Arbeitslosenquote definieren, von der auf die Dauer nicht abgewichen werden kann, ohne das Preisniveau einer explosiven Instabilität auszusetzen. Diese Eigenschaft hat Friedman veranlasst, auf den Wicksellschen Begriff des „natürlichen" Gleichgewichts zurückzugreifen. Deshalb verwenden wir – wie das in der im Text zitierten Definition von Friedman (1968) angelegt ist – die Begriffe der natürlichen Arbeitslosenquote und der NAIRU synonym.

4.2. Ein Verteilungskampfmodell zur Erklärung der NAIRU[1]

In diesem Abschnitt entwickeln wir einen Modellansatz, der es uns erlaubt, der $f(u)$-Funktion des Phillipskurvenmodells von Kapitel 3 etwas mehr auf den Grund zu gehen. Insbesondere geht es uns um die Faktoren, die die räumliche Lage der Funktion im π-u-Raum bestimmen. Hierfür müssen wir uns nun endgültig von dem Wettbewerbs-Paradigma trennen, das die $f(u)$-Funktion als Ausdruck des „Gesetzes von Angebot und Nachfrage" zu interpretieren einlud. Vielmehr versuchen wir der Tatsache Rechnung zu tragen, dass der Arbeitsmarkt – am ausgeprägtesten in den europäischen Volkswirtschaften – ein Hauptschauplatz des Verteilungskampfs zwischen gut organisierten gesellschaftlichen Gruppen geworden ist.

Wie spielt sich dieser Verteilungskampf ab? Auf der einen Seite streben die Gewerkschaften mit ihren Nominallohnforderungen bestimmte Einkommensziele an. Auf der anderen Seite setzen sich die Unternehmer gegen diese Einkommensansprüche nicht nur am Tarifverhandlungstisch zur Wehr, sondern auch durch die Überwälzung ihrer Lohnkosten auf die Produktpreise. Wir gelangen so zur Vorstellung einer durch möglicherweise unvereinbare Einkommens*ansprüche* angeheizten Lohn-Preis-Spirale, die vor allem in der Inflationstheorie bereits eine lange Tradition besitzt (z.B. Holzman 1950). Das Verteilungskampfmodell der NAIRU läuft im Kern auf das Argument hinaus, dass die Arbeitslosigkeit die Verteilungsansprüche der gesellschaftlichen Gruppen, insbesondere jene der Arbeitnehmer, diszipliniert. Die NAIRU ist dabei einfach dasjenige Niveau der Arbeitslosenquote, dessen Disziplinierungswirkung stark genug ist, um die Lohn-Preis-Spirale zum Stillstand zu bringen.

Im folgenden wollen wir diesen Erklärungsansatz mit einem einfachen formalen Modell verdeutlichen und dabei zeigen, welches die wesentlichen Faktoren sind, die das Niveau der NAIRU bestimmen. Weiterhin nur sehr rudimentär beschreiben wir mit diesem Modell den Prozess der Lohnbildung. Wir postulieren, dass die Löhne zwar *nominal* festgesetzt werden, dass dabei aber ein *reales* Ergebnis intendiert wird, nämlich ein bestimmter (Ziel)-Reallohn Z_t.[2] Wenn wir unter dem intendierten Reallohn die Kaufkraft des Nominallohns W_t, gemessen am erwarteten Verbraucherpreisindex P_{ct}^e, verstehen, kann Z_t wie folgt geschrieben werden:

---

[1] Dieser Abschnitt stützt sich auf die Darstellung in Landmann (1989).
[2] Der Index t bezeichnet hierbei und im folgenden die Zeitperiode, auf die sich eine Variable bezieht.

(4.1) $\quad Z_t = \dfrac{W_t}{P_{ct}^e}$

Um diesen Zielreallohn zu erreichen, muss vor dem Hintergrund eines bestimmten Niveaus von P_{ct}^e der Nominallohn wie folgt gesetzt werden:

(4.2) $\quad W_t = Z_t \cdot P_{ct}^e$

oder logarithmiert (mit Kleinbuchstaben als Logarithmen):

(4.2') $\quad w_t = z_t + p_{ct}^e$

Die Aussage von Gleichung (4.2) lautet, dass die Nominallöhne für jeden gegebenen Wert des erwarteten Preisniveaus so festgesetzt werden, dass voraussichtlich das beabsichtigte Reallohnniveau z_t herauskommt. Was dies inhaltlich konkret bedeutet, hängt von den Annahmen ab, die über die Variable z_t getroffen werden. Was können wir über die Bestimmungsfaktoren von z_t sagen?

Auf einer allgemeinen Ebene nicht viel mehr, als dass z_t das Ergebnis des Prozesses (z.B. Verhandlungsprozesses) ist, durch den die Einkommensansprüche der Arbeitnehmer und die Lohnvorstellungen der Arbeitgeber in ein Marktergebnis umgesetzt werden. Insofern beschreibt Gleichung (4.2) den Ausgang des Verteilungskonflikts, soweit er sich am Arbeitsmarkt abspielt. Eine Reihe von detaillierteren Ansätzen zur Charakterisierung des Lohnbildungsprozesses werden wir in Kapitel 5 kennenlernen. Hier möge der Hinweis auf eine zentrale Einsicht genügen, die allen diesen Ansätzen gemein ist. Alle lassen sie nämlich erwarten, dass das Ergebnis des Lohnbildungsprozesses massgeblich von der jeweils herrschenden Arbeitsmarktlage beeinflusst wird, insbesondere vom Ausmass der Arbeitslosigkeit. Dies ist der oben erwähnte Disziplinierungseffekt der Arbeitslosigkeit. Das Disziplinierungsargument hat vor allem in der marxistischen Klassenkampftheorie immer eine grosse Rolle gespielt, angefangen bei Marx selbst (in Band 1 des „Kapitals"), in neuerer Zeit auch bei Kalecki (1938). Wie wir in Kapitel 5 sehen werden, ist es aber nicht notwendig, die Arbeitslosigkeit als ein Machtinstrument der kapitalistischen Klasse aufzufassen, um den genannten Disziplinierungseffekt theoretisch zu begründen.

Formal können wir den Einfluss der Arbeitslosigkeit auf die Lohnbildung wie folgt ausdrücken:

(4.3) $\quad z_t = z_t(u_t,\ldots)$ mit $\dfrac{\partial z_t}{\partial u_t} < 0$

Je höher die Arbeitslosenquote, desto niedriger ist also der beabsichtigte Reallohn. Daneben kann eine Vielzahl weiterer Einflüsse wirksam werden, die hier nicht näher spezifiziert sind, wie z.B. Militanz der Gewerkschaften, die soziale Ab-

4.2. Ein Verteilungskampfmodell zur Erklärung der NAIRU

sicherung der Arbeitslosigkeit und andere institutionelle Arbeitsmarktregelungen etc..

Als nächstes beschreiben wir die Preisbildung auf dem Gütermarkt. Der (log des) Konsumentenpreisindex p_{ct} sei definiert als gewichtetes Mittel des Preisniveaus der Inlandsgüter p_t und des Preisniveaus der Importgüter, deren Weltmarktpreis p_t^* mit dem Wechselkurs e_t in Einheiten der Inlandswährung konvertiert werden muss (wiederum alles in log-Schreibweise):

(4.4) $$\begin{aligned} p_{ct} &\equiv (1-\gamma) \cdot p_t + \gamma \cdot \left(e_t + p_t^*\right) \\ &= p_t + \gamma \cdot \left(e_t + p_t^* - p_t\right) \\ &= p_t + \gamma \cdot \tau_t \end{aligned}$$

γ bezeichnet dabei den Anteil der Importgüter am inländischen Konsum.

$\tau_t \equiv e_t + p_t^* - p_t$ ist das Verhältnis von Auslandspreisen (über e_t in inländische Währungseinheiten umgerechnet) und Inlandspreisen, also der sog. reale Wechselkurs. In diesem spiegeln sich insbesondere auch die Änderungen der Terms of Trade. Wie oben schon in Abschnitt 2.6 nehmen wir an, dass die Unternehmer ihre Preise als (marktmachtabhängigen) Aufschlag über die Grenzlohnstückkosten setzen. Die Marktmacht drückt sich in der Elastizität der Güternachfrage δ aus, der daraus resultierende Aufschlagsfaktor ist gegeben durch $\mu \equiv \left(1+\delta^{-1}\right)^{-1}$ (siehe Gleichungen (2.15) und (2.16)). Wenn die Güterproduktion mit Steuern (Einkommensteuer, Lohnsteuer, Mehrwertsteuer etc.) belastet wird, gehen natürlich auch diese in die Kalkulation der Preise ein. Damit ergibt sich die Preisgleichung (mit den zunächst noch nicht logarithmierten Variablen) als:

(4.5) $$P_t = \mu \cdot \frac{W_t}{F'} \cdot S_t ,$$

wobei S_t den Steuerfaktor ($\equiv$ 1+Steuersatz) bezeichnet.[1] Demnach ist P_t ein Index der unter Berücksichtigung aller Steuern auf dem Markt durchsetzbaren Brutto-Inlandspreise, wogegen W_t der Nettolohn ist, der den Arbeitnehmern nach Abzug aller Steuern und Sozialabgaben verbleibt.

Die weiteren Ableitungen werden vereinfacht, wenn wir unter Verwendung der partiellen Produktionselastizität des Faktors Arbeit $\alpha \equiv \dfrac{\partial Y}{\partial N} \cdot \dfrac{N}{Y} = \dfrac{F'}{Y/N}$ die Grenzproduktivität F' aus (4.5) eliminieren:[2]

---

[1] Der Steuersatz $(S_t - 1)$ bezeichnet genaugenommen die *marginale* steuerliche Belastung der Produktion.

[2] Für hinlänglich einfache Produktionsfunktionen (z.B. Cobb-Douglas) ist α bei Variation von N konstant, was im folgenden der Einfachheit halber angenommen sei.

(4.6) $\quad P_t = \mu \cdot \dfrac{W_t}{Y_t/N_t} \cdot \dfrac{1}{\alpha} \cdot S_t = \dfrac{\mu}{\alpha} \cdot \dfrac{W_t \cdot N_t}{Y_t} \cdot S_t$

(4.6) besagt, dass die Unternehmer einen Aufschlag auf die durchschnittlichen Lohnkosten pro Outputeinheit (Lohnstückkosten) $\dfrac{W \cdot N}{Y}$ verlangen, der von der Nachfrageelastizität δ und der Produktionselastizität α abhängt. Logarithmieren von (4.6) führt zu

(4.7) $\quad p_t = \tilde{\mu} + w_t - q_t + s_t$,

wobei $\tilde{\mu} \equiv \log(\mu/\alpha)$, $s \equiv \log(S)$, $q \equiv \log(Y/N)$. Einsetzen von (4.7) in (4.4) ergibt

(4.8) $\quad p_{ct} = \tilde{\mu} + w_t - q_t + s_t + \gamma \cdot \tau_t$.

Eine erste wichtige Einsicht, die sich aus (4.8) ableiten lässt, betrifft die Tatsache, dass mit dem unternehmerischen Preissetzungsverhalten nicht nur das Preisniveau bestimmt, sondern gleichzeitig bereits auch die Einkommensverteilung in wesentlichen Zügen präjudiziert wird. Am leichtesten ist dies zu erkennen, wenn wir (4.8) nach der Kaufkraft des Nettolohnes auflösen:

(4.9) $\quad w_t - p_{ct} = q_t - \tilde{\mu} - s_t - \gamma \cdot \tau_t$

Auf der rechten Seite von (4.9) steht mit der Arbeitsproduktivität (q_t), d.h. mit der Produktion pro Einheit des Arbeitseinsatzes, zunächst jene Grösse, die den in der Volkswirtschaft insgesamt vorhandenen Verteilungsspielraum bestimmt. Von diesem verteilbaren Einkommen sind jedoch nicht nur die Ansprüche der Arbeitnehmer ($w_t - p_{ct}$), sondern auch jene der Unternehmer bzw. des investierten Kapitals (μ), sowie jene des Staates (s_t) zu befriedigen. Die Terms of Trade, die sich im realen Wechselkurs (τ_t) niederschlagen, gehören ebenfalls zu den Bestimmungsgrössen des realen Verteilungsspielraums. Beispielsweise lässt sich eine Verteuerung der Einfuhren (eine Terms-of-Trade-Verschlechterung) als eine Vergrösserung des Einkommensanteils interpretieren, der dem Ausland für jede gegebene Einfuhrmenge abgetreten werden muss, und der mithin zur Befriedigung von Verteilungsansprüchen im Inland nicht zur Verfügung steht.[1]

---

[1] Es ist darauf hinzuweisen, dass der reale Wechselkurs als aggregatives Mass für das Preisverhältnis zwischen inländischen und ausländischen Gütern durch einen *Index* gemessen wird, dessen *Niveau*, für sich genommen, keine unmittelbare ökonomische Interpretation zulässt, sondern vor allem auch die Wahl des Basisjahrs reflektiert. Der $\gamma \tau_t$- Term in Gleichung (4.9) lässt sich deshalb nicht in gleicher Weise wie der Reallohn, die Gewinnspanne oder die Steuerquote direkt als ein Einkommensanteil interpretieren. Hingegen zeigen die *Änderungen* dieses Terms, wie im Text beschrieben, die terms-of-trade-bedingten *Änderungen* des inländischen Verteilungsspielraums an.

4.2. Ein Verteilungskampfmodell zur Erklärung der NAIRU

Was in Gleichung (4.9) *nicht* vorkommt, sind die in den Nominallohnabschlüssen durchgesetzten Verteilungsansprüche der Arbeitnehmer, die wir oben mit z_t bezeichnet haben. Es ist deshalb keineswegs a priori sicher, dass die Ausdrücke (4.2) und (4.9) für das Verhältnis zwischen dem Nominallohnniveau und dem Güterpreisniveau denselben Wert implizieren. Oder anders gewendet: Das Reallohnniveau, das die Nominallohnvereinbarungen auf dem Arbeitsmarkt herzustellen versuchen, und das Reallohnniveau, das durch die Überwälzung der Produktionskosten auf die Güterpreise entsteht, brauchen nicht notwendigerweise miteinander übereinzustimmen.

Damit stellt sich unmittelbar die Frage, was passiert, wenn Lohnsetzung und Preissetzung nicht dieselbe Lohn-Preis-Relation anstreben. Im speziellen interessiert, ob es irgendeinen immanenten Mechanismus gibt, der dafür sorgt, dass Lohnsetzung und Preissetzung dieselbe Lohn-Preis-Relation anstreben. Diese Fragen führen uns direkt zurück zum Phillipskurvenmodell des dritten Kapitels und zum Konzept der NAIRU. Denn die Folge einer Inkonsistenz zwischen Lohnsetzungs- und Preissetzungsverhalten ist, wie wir im folgenden sehen werden, dass genau jene Lohn-Preis-Spirale in Gang gesetzt wird, die wir in Kapitel 3 mit der Phillipskurve abgebildet haben, und die mithin die Arbeitslosenquote langfristig auf das Niveau der NAIRU zwingt.

Die Logik der Situation, und insbesondere die Rolle der Arbeitslosenquote, lässt sich mit Hilfe von Abbildung 4.1 verdeutlichen.

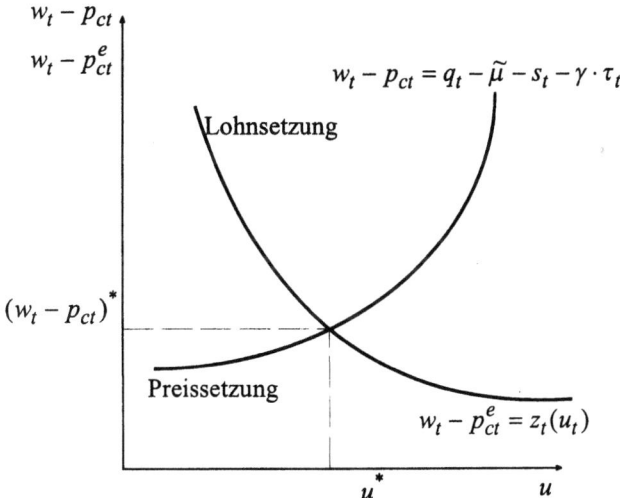

Abbildung 4.1: Die Bestimmung der NAIRU im Verteilungskampfmodell

Die Lohnsetzungsfunktion bildet die Reallohnintentionen ab, die den Nominallohnvereinbarungen gemäss Gleichung (4.2') zugrundeliegen, wobei der in (4.3) postulierte Einfluss der Arbeitslosenquote auf diese Intentionen durch den fallenden Verlauf der Funktion zum Ausdruck gebracht wird. Demgegenüber beschreibt die Preissetzungsfunktion das unternehmerische Preissetzungsverhalten gemäss (4.9). Die positive Steigung dieser Funktion soll der Tatsache Rechnung tragen, dass die Arbeitsproduktivität q_t gemäss den produktionstheoretischen Annahmen, mit denen wir bisher gearbeitet haben, mit der Beschäftigung ab- und folglich mit der Arbeitslosenquote zunimmt.[1] Demnach gilt

(4.10) $\quad q_t = q_t(u_t), \qquad q_t' > 0$

Der Schnittpunkt der beiden Funktionen stellt in dem Sinne ein Gleichgewicht dar, dass die Lohnsetzer auf dem Arbeitsmarkt und die Preissetzer auf dem Gütermarkt dasselbe Ergebnis, nämlich den Reallohn $(w_t - p_{ct})^*$, herbeiführen wollen. Offenkundig gibt es genau eine gleichgewichtige Arbeitslosenquote u^*, bei der diese Konsistenzbedingung erfüllt ist. Formal gesprochen, ist u^* jene Arbeitslosenquote, die den aus dem Lohnsetzungsverhalten resultierenden Ausdruck (4.2') und den aus dem Preissetzungsverhalten resultierenden Ausdruck (4.9) gleich gross werden lässt. Wenn wir den Einfluss der Arbeitsmarktlage auf die beiden Verhaltensfunktionen berücksichtigen, indem wir (4.3) und (4.10) in die beiden Ausdrücke einsetzen, lautet die Gleichgewichtsbedingung:

(4.11) $\quad z_t(u_t, ...) = q_t(u_t) - \tilde{\mu} - s_t - \gamma \cdot \tau_t$

Die wesentliche Eigenschaft dieses Gleichgewichts ist, dass die Einkommensansprüche aller an der Volkswirtschaft beteiligten Akteure – Arbeitnehmer, Unternehmer und Staat – mit dem von der Produktivität und den Terms of Trade bestimmten Verteilungsspielraum kompatibel sind. Liegt die Arbeitslosenquote unter ihrem Gleichgewichtswert u^*, sind die Reallohnansprüche der Arbeitnehmer, gemessen am Verteilungsspielraum und an den Ansprüchen der Unternehmer sowie des Staates, zu hoch. Diese Diskrepanz äussert sich darin, dass Nominallöhne durchgesetzt werden, die die Unternehmer nicht bei gleichbleibenden Preisen zu zahlen bereit sind. D.h. es kommt zur Überwälzung auf die Preise, was wiederum neue Nominallohnforderungen auslöst und so eben die erwähnte Lohn-Preis-Spirale in Gang bringt. Analoges gilt in umgekehrter Richtung, wenn die Arbeitslosenquote ihren Gleichgewichtswert u^* übersteigt. Somit wird deutlich, dass sich u^* tatsächlich als inflationsstabile Arbeitslosenquote (NAIRU) interpretieren lässt.

Die in unserem Modell angelegte Dynamik der Löhne und Preis wird deutlich, wenn wir die Lohngleichung (4.2') in die Preisgleichung (4.8) einsetzen:

---

[1] Diese ertragsgesetzliche Eigenschaft ist natürlich nur dann zu erwarten, wenn von einem konstanten Kapitalstock ausgegangen werden kann – eine Bedingung, auf die wir in Kapitel 6 zurückkommen werden.

4.2. Ein Verteilungskampfmodell zur Erklärung der NAIRU

(4.12) $p_{ct} = \tilde{\mu} - q_t(u_t) + s_t + \gamma \cdot \tau_t + z_t(u_t) + p_{ct}^e$

Subtraktion von p_{ct-1} auf beiden Seiten führt zu

(4.13)

$$\underbrace{p_{ct} - p_{ct-1}}_{\text{Inflationsrate}} \equiv \pi_{ct} = \underbrace{z_t}_{\text{Anspruchslohn}} - \underbrace{(q_t - \tilde{\mu} - s_t - \gamma \cdot \tau_t)}_{\text{Verteilungsspielraum}} + \underbrace{p_{ct}^e - p_{ct-1}}_{\text{erwartete Inflationsrate}}$$

Diese Gleichung ist bei näherem Hinsehen nichts anderes als die Phillipskurve. Der Ausdruck $z_t(u_t) - (q_t(u_t) - \tilde{\mu} - s_t - \iota \tau_t)$, interpretierbar als Diskrepanz zwischen dem Verteilungsspielraum der Volkswirtschaft und der Summe der Verteilungsansprüche, erweist sich dabei als Konkretisierung der $f(u)$-Funktion. In dieser Interpretation der Phillipskurve spielt die Inflation – oder genauer: die unerwartete Inflation – die Rolle des anonymen Marktmechanismus, der die überzogenen Einkommensansprüche nominal zwar zu erfüllen erlaubt, real aber auf das effektiv verteilbare Mass zurückstutzt. Das war denn auch der Grundgedanke des oben erwähnten verteilungskampftheoretischen Ansatzes der Inflationserklärung.[1] Ausserdem wird deutlich, dass die Bedingung $f(u) = 0$, durch die wir in Kapitel 3 die NAIRU definiert hatten, im Kontext des Verteilungskampfmodells nichts anderes als die Konsistenzbedingung (4.11) ist.

Das Akzelerationstheorem von Phelps und Friedman, das dem Konzept der NAIRU ja zugrundeliegt, fügt der verteilungskampftheoretischen Interpretation der Inflation somit eine wesentliche Erkenntnis hinzu. Ist nämlich die Geldpolitik nicht bereit, den aus den unvereinbaren Verteilungsansprüchen resultierenden Inflationsprozess zu akkommodieren – angesichts der inhärenten Tendenz zur Beschleunigung des Prozesses *kann* sie ihn auf die Dauer nicht akkommodieren –, schlägt der Verteilungskonflikt auf den Arbeitsmarkt zurück. Der Konflikt wird nicht mehr dadurch gelöst, dass die überzogenen Ansprüche auf dem Wege der Inflation ex post enttäuscht werden, sondern dadurch, dass sie durch die disziplinierende Wirkung einer hinreichend hohen Arbeitslosigkeit bereits ex ante auf das realwirtschaftlich erfüllbare Mass reduziert werden.

Was „hinreichend hoch" in diesem Zusammenhang konkret bedeutet, wird in Abbildung 4.1 durch die räumliche Lage wie auch die Steigungseigenschaften der Lohnsetzungsfunktion und der Preissetzungsfunktion illustriert: Entscheidend ist das Verhältnis zwischen dem Anspruchsverhalten der gesellschaftlichen Gruppen und des Staates einerseits sowie dem verteilbaren realen Volkseinkommen an-

---

[1] Eine Renaissance erlebte diese Interpretation der Inflation in den 80er Jahren in der Diskussion um die optimale Strategie der makroökonomischen Stabilisierung von Entwicklungs- und Schwellenländern. Die Position, die den verteilungspolitischen Hintergrund der Inflationsprozesse betonte und daher den Einsatz einkommenspolitischer Instrumente nahelegte, bezeichnete man als „heterodoxen" Ansatz der Stabilisierungspolitik, um den Gegensatz zur orthodox-monetaristischen Stabilisierungskonzeption zu markieren.

dererseits. Dies lässt sich denn auch als die Kernaussage des Verteilungskampfmodells zur Erklärung der NAIRU bezeichnen.

Wie das Beispiel in Box 4.2 zeigt, findet das von diesem Modell nahegelegte Zusammenwirken der verschiedenen Akteure bei der Verursachung der Arbeitslosigkeit seine Entsprechung in der Art und Weise, wie gerade die deutsche beschäftigungspolitische Diskussion gerne geführt wird – nämlich als Rollenspiel, in dem jeder beim anderen den Handlungsbedarf ausmacht und es folglich äusserst schwierig ist, überhaupt etwas zu bewegen. Die 1967 vom damaligen Wirtschaftsminister Karl Schiller ins Leben gerufene, später aber wieder abgebrochene sog. „Konzertierte Aktion" war ein Versuch, die Regierung, die Zentralbank, die Arbeitgeber und die Gewerkschaften an einen Tisch zu bringen, um jenes allseits kooperative Verhalten zu fördern, das notwendig ist, wenn ein hoher Beschäftigungsstand auf die Dauer bei stabilen Preisen aufrechterhalten werden soll. Vor diesem Hintergrund sind auch die seit 1995 immer wieder diskutierten Vorschläge für ein „Bündnis für Arbeit" zu beurteilen – und auch ihr bisheriges Scheitern (vgl. Berthold 1996, Franz 1996a) zu verstehen.

Box 4.2: Wer ist an der Arbeitslosigkeit schuld?

Im Jahre 1988 veröffentlichte DIE ZEIT eine Artikelserie, deren Autoren von unterschiedlichen Standpunkten aus zu den Ursachen der Arbeitslosigkeit und zu den Möglichkeiten ihrer Bekämpfung Stellung nahmen. Was dabei auf den Leser als verwirrende Vielfalt völlig gegensätzlicher Meinungen wirken musste, lässt sich als eine Abfolge von Teilaspekten des in diesem und im letzten Kapitel entwickelten Modellrahmens einordnen. Obgleich die Artikelserie imzwischen mehrere Jahre zurückliegt, haben die Argumente kaum an Aktualität eingebüsst. Wir zitieren im folgenden nur die Titel:

1. *Zuviel Lohn macht arbeitslos – Arbeitgeber und Gewerkschaften sind für die hohe Arbeitslosigkeit verantwortlich"* (Ausgabe vom 10.06.88)

Dies ist eine Diagnose klassischer Arbeitslosigkeit. In der Sprache des Verteilungskampfmodells: Die Lohnsetzungsfunktion verläuft zu weit oben. Allerdings setzt das Modell den Akzent insofern etwas anders, als es nicht einen zu hohen Reallohn verantwortlich macht, sondern zu hohe Reallohnaspirationen. Der Reallohn selbst ist – wie schon im Synthesemodell des zweiten Kapitels – nicht exogene Ursache, sondern endogenes Ergebnis der Interaktion von Lohnsetzungsverhalten und Preissetzungsverhalten. Würde die Preissetzungsfunktion beispielsweise horizontal verlaufen (vgl. hierzu Kapitel 6), hätte die räumliche Lage der Lohnsetzungsfunktion überhaupt keinen Einfluss auf die Lohnhöhe, wohl aber auf die NAIRU.

2. *„In der Bundesrepublik fehlt es an Binnennachfrage"* (Ausgabe vom 17.06.88)

Dies ist eine Diagnose keynesianischer Arbeitslosigkeit. Die Nachfrageseite des Gütermarktes tritt im Verteilungskampfmodell der NAIRU an sich nicht explizit in Erscheinung. Aber natürlich ist, wie wir in Kapitel 3 gesehen haben, das Auftreten eines bindenden Nachfrageengpasses immer der Mechanismus, der die Arbeitslosenquote in die Höhe treibt, wenn die monetäre Akkommodation einer Anspruchsinflation ausbleibt. Insofern „fehlt" es dann an Nachfrage. Aber Nachfragestimulierung löst das Problem nicht, wenn die Arbeitslosigkeit hoch ist, weil die NAIRU hoch ist.

3. *„Hohe Renditeansprüche verhindern den Abbau der Arbeitslosigkeit"* (Ausgabe vom 24.06.88)

Diese Diagnose rückt nicht die Einkommensansprüche des Faktors Arbeit in den Mittelpunkt, sondern die Einkommensansprüche des Faktors Kapital. In der Sprache des Verteilungskampfmodells: Das Problem ist, dass die Preissetzungsfunktion zu weit unten verläuft, weil die Unternehmer vom Produktionswert zu viel als Gewinnanteil abzweigen, d.h. $\bar{\mu}$ ist zu hoch. In der Tat kann nach der Logik des Modells ein Anstieg von $\bar{\mu}$ die NAIRU genauso erhöhen wie ein autonomer Anstieg von z. Inwieweit das effektiv der Fall gewesen ist, und ob hier ein Punkt ist, an dem die Beschäftigungspolitik den Hebel ansetzen könnte, sind Fragen, die wir in Kapitel 6 aufnehmen werden.

4. *„Vollbeschäftigung kostet Geld – Der Staat sollte zusätzliche Arbeitsplätze subventionieren"* (Ausgabe vom 01.07.88)

Diese Position zieht den Staat in die Verantwortung; allerdings nicht den Staat in seiner Eigenschaft als Lenker der Gesamtnachfrage, sondern den Staat in seiner Eigenschaft als fiskalischer Anspruchsteller. In der Sprache des Verteilungskampfmodells: s ist zu hoch. Eine Senkung der effektiven Abgabensätze, sei es direkt oder durch Gewährung kompensierender Arbeitsplatzsubventionen, könnte die Preissetzungsfunktion nach oben verschieben und so die NAIRU senken. Die Beschränkung auf die Subventionierung neu geschaffener Arbeitsplätze sollte Mitnahmeeffekte minimieren und es auch erlauben, gezielt Angehörige von Problemgruppen zu fördern, speziell im Niedriglohnbereich des Arbeitsmarktes, wo die effektive marginale Steuerbelastung besonders hoch ist. Derartige gezielte Massnahmen gehören zur sog. aktiven Arbeitsmarktpolitik, auf die wir in Kapitel 8 zurückkommen werden.

4.3. Das Verteilungskampfmodell und die Fakten

Wie ist es um die empirische Erklärungskraft des Verteilungskampfmodells bestellt? Letztlich kann dies nur danach beurteilt werden, ob es gelingt, die Lohn- und Preissetzungsfunktionen ökonometrisch zu identifizieren und exogene Verschiebungsparameter der beiden Funktionen zu finden, die einen signifikanten

Beitrag zur Erklärung der Zeitpfade leisten können, denen die beiden Endogenen, Reallohn und Arbeitslosenquote, gefolgt sind. Wie schon in Kapitel 3 begnügen wir uns allerdings auch hier mit einem Blick auf einige stilisierte Fakten, um zu erörtern, wie weit das Modell bei der Interpretation der Fakten trägt.[1] Zudem beschränken wir uns auf die Erfahrungen der Bundesrepublik Deutschland.

Wenn der offenkundige Anstieg der NAIRU seit 1970 mit dem analytischen Instrumentarium des Verteilungskampfmodells erklärbar sein soll, muss in diesem Zeitraum eine ungünstige Verschiebung in der relativen räumlichen Lage der Lohnsetzungs- und der Preissetzungsfunktion stattgefunden haben. Um Indizien für einen solchen Vorgang zu entdecken, stellen wir in Abbildung 4.2 der Entwicklung der deutschen Arbeitslosenquote über den Zeitraum 1960–1990 das Verhalten von vier Variablen gegenüber, die im Verteilungskampfmodell eine prominente Rolle spielen und daher potentiell einen Erklärungsbeitrag leisten können: Nominallöhne, Arbeitsproduktivität, Steuern und Sozialabgaben sowie Terms of Trade.[2]

Das in Abschnitt 4.2 skizzierte theoretische Modell stellte einfachheitshalber eine stationäre Volkswirtschaft dar. In Wirklichkeit ist jedoch ein anhaltender Produktivitätsfortschritt zu verzeichnen, durch den sich die Preissetzungsfunktion unablässig nach oben verlagert, weil die Arbeitsproduktivität ja als Lageparameter in diese Funktion eingeht. Wie aber reagiert die Lohnsetzungsfunktion? Klar ist, dass sie sich ebenfalls nach oben verlagern muss. Wäre dies nämlich nicht der Fall, müsste sich ja der Schnittpunkt der Lohnsetzungs- und der Preissetzungsfunktion mit zunehmender Produktivität andauernd entlang der Lohnsetzungsfunktion nach links oben verlagern – was bedeuten würde, dass die NAIRU bei steigendem Reallohnniveau anhaltend zurückgehen müsste. Alle empirische Evidenz spricht jedoch dagegen, dass das Niveau der Arbeitsproduktivität (historisch stetig ansteigend) und das Niveau der Arbeitslosenquote (historisch stationär) durch irgendeinen langfristigen Zusammenhang miteinander verbunden sind. Also wird das Produktivitätswachstum auch in die Lohnansprüche (in unserem Modell: z) eingebaut. Eine ganz andere Frage ist allerdings, wie schnell die geforderten Nominallohnzuwächse auf grundlegende Veränderungen des Produktivitätswachstums reagieren. Wie wir in Box 4.4 ausführen, spricht einiges dafür, dass die Reaktionsverzögerungen von erheblicher Dauer sein können.

Abbildung 4.2 zeigt die empirischen Entwicklungen der im Verteilungskampfmodell als relevant erkannten Variablen für die Bundesrepublik Deutschland.[3] Diese Daten zeigen klar, dass sich das Wachstum der Verteilungsspiel-

---

[1] Mit der ökonometrischen Evidenz setzen sich sowohl Layard et al. (1991) als auch Bean (1994) eingehend auseinander.

[2] Für den Zeitraum nach 1990 wäre wegen des wiedervereinigungsbedingten Strukturbruchs die Vergleichbarkeit der Zeitreihen nicht mehr gegeben gewesen.

[3] Um hier die Diskussion nicht mit den Sonderproblemen der deutsch-deutschen Wiedervereinigung zu vermischen (vgl. hierzu Box 2.3) werden nur die Daten bis zum zweiten Quartal 1990 betrachtet.

4.3. Das Verteilungskampfmodell und die Fakten

räume, das in der Bundesrepublik bis Ende der 60er Jahre ausserordentlich hoch gewesen ist, in den 70er Jahren nachhaltig verlangsamt hat. Hierfür waren insbesondere drei Entwicklungen verantwortlich.

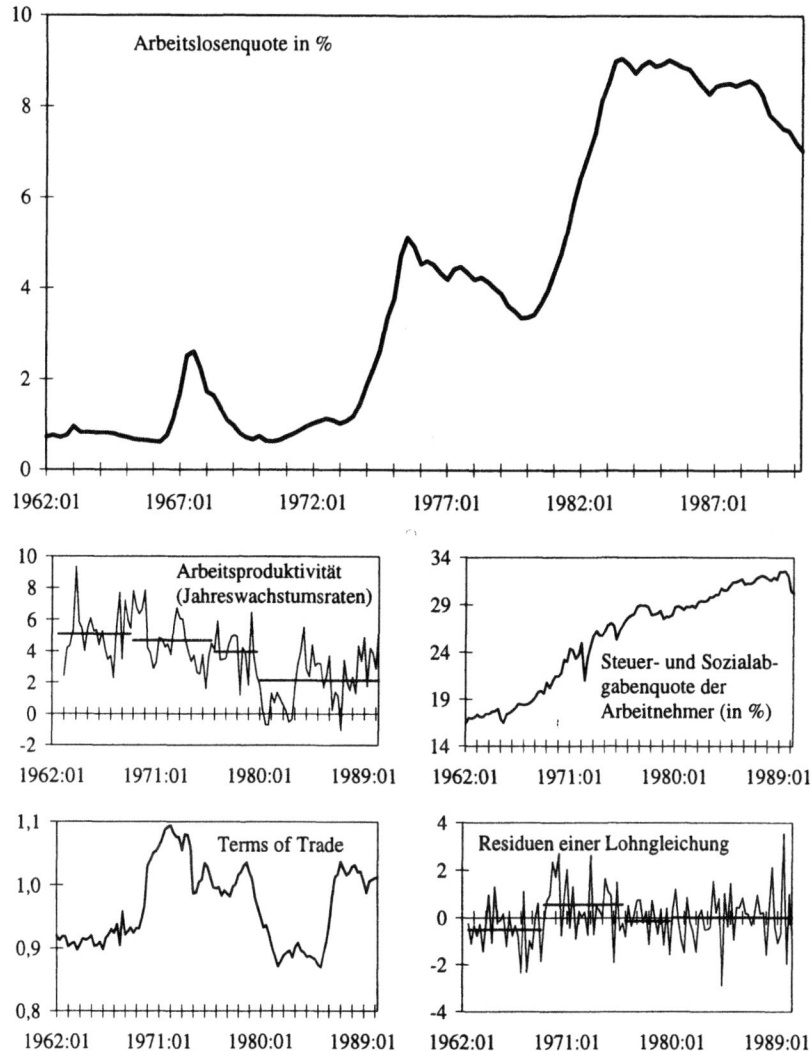

Abbildung 4.2: Determinanten des Verteilungsspielraums

1. *Die Verlangsamung des Produktivitätswachstums.* Nachdem die Arbeitsproduktivität in den 60er Jahren noch mit einer durchschnittlichen Jahresrate von über 5% gewachsen war, betrug das Produktivitätswachstum im Durchschnitt

der 70er Jahre keine 4% mehr und sank in den 80er Jahren auf nur noch etwa 2%. Die horizontalen Abschnitte in der entsprechenden Graphik geben den Durchschnittswert über den jeweiligen Zeitraum an.
2. *Die Zunahme der fiskalischen Abgabenlast.* Der Staat beanspruchte einen immer grösseren Anteil der volkswirtschaftlichen Wertschöpfung für sich. Diese Tendenz setzte zwar schon Mitte der 60er Jahre ein, erreichte in den 70er Jahren aber ihren Höhepunkt. Allein zwischen 1971 und 1977 stieg die Steuer- und Sozialabgabenquote der Arbeitnehmer um beinahe 8 Prozentpunkte an. D.h. in dieser Periode ging jährlich etwa ein Prozentpunkt des ohnehin schon verlangsamten Produktivitätswachstums an die öffentlichen Haushalte.
3. *Die Verschlechterung der Terms of Trade.* Nachdem sich die Terms of Trade der Bundesrepublik über die 60er Jahre hinweg stetig verbessert hatten, kehrte sich diese Entwicklung im nachfolgenden Jahrzehnt vollständig um, wobei vor allem die beiden ölpreis-bedingten Rückschläge 1973/74 und 1979/80 augenfällig sind. Der Rückgang der Terms of Trade von ihrem Höchstwert 1972 bis zu dem Tiefpunkt 1981 verringerte den Verteilungsspielraum im Durchschnitt ungefähr um ein weiteres halbes Prozent des Sozialprodukts pro Jahr. Die zweite Hälfte der 80er Jahre ist dann allerdings durch eine gegenläufige Entwicklung gekennzeichnet.

Box 4.3 beleuchtet die durch die letzten beiden Punkte verursachte Differenz zwischen dem Reallohn aus Sicht der Arbeitnehmer und Arbeitgeber etwas ausführlicher.

Box 4.3: Der Lohn aus Sicht von Arbeitnehmer und Arbeitgeber – die „wedge"

In weiten Teilen der beschäftigungstheoretischen Diskussion (auch in diesem Buch) ist einfach von „dem" Lohn die Rede, der von einem Arbeitgeber an einen Arbeitnehmer zu bezahlen ist. Die Diskussion in diesem Kapitel hat diese Vereinfachung zum ersten Mal etwas aufgeweicht, indem zum einen die Möglichkeit in Betracht gezogen wurde, dass Konsumenten (Arbeitnehmer) und Produzenten (Arbeitgeber) jeweils unterschiedliche Preisindizes heranziehen, um den aus ihrer Sicht „richtigen" *Real*lohn zu berechnen. Zum anderen – und in der Realität bedeutsamer – wurde in Gleichung (4.5) die Möglichkeit berücksichtigt, dass die Produktion mit Steuern belastet wird, die von einem Unternehmen abzuführen sind.

In dieser Box wollen wir uns das Verhältnis von Produzenten- und Konsumentenlohn – so die Fachtermini – etwas genauer anschauen, da die Unterschiede zwischen diesen beiden Grössen nicht nur quantitativ bedeutsam sind, sondern sich auch im Zeitablauf stark geändert haben. Diese Unterschiede spielen – ob bewusst oder nicht – auch in der politischen Diskussion eine wichtige Rolle, da beispielsweise die Frage, ob „die" Löhne gestiegen sind teilweise dem Vorzeichen

4.3. Das Verteilungskampfmodell und die Fakten

nach unterschiedlich beantwortet werden muss, je nachdem welches der beiden Konzepte herangezogen wird.

In der englischsprachigen Literatur hat sich für die Differenz zwischen Konsumenten- und Produzentenlohn der Begriff „wedge" (deutsch: Keil) eingebürgert. Folgende Definitionen können helfen, diesen Keil in seine Bestandteile zu zerlegen.

Wenn W den (tariflich vereinbarten) Bruttolohn bezeichnet und s_E den – der Einfachheit halber als konstant angenommenen – proportionalen Satz der Arbeitnehmerbeiträge zu den verschiedenen Zweigen der Sozialversicherung sowie der Lohnsteuer, so bekommt ein Arbeitnehmer den Nettolohn $W \cdot (1 - s_E)$. Um den Reallohn aus der Sicht des Arbeitnehmers zu ermitteln muss dieser nun durch den Konsumentenpreisindex P_C dividiert werden. Wenn wir diesen, wie oben in Gleichung (4.4), als gewichtetes (geometrisches) Mittel von Inlandspreisen und Importpreisen darstellen, lässt er sich als Produkt des Produzentenpreisindex P und des Terms of Trade-Faktors τ^γ schreiben und reflektiert überdies natürlich auch die indirekten Steuern (z.B. die Mehrwertsteuer). Mit s_C als indirektem Steuersatz erhalten wir somit den Konsumentenreallohn W_C^r:

$$W_C^r = \frac{W \cdot (1 - s_E)}{P_C \cdot (1 + s_C)} = \frac{W \cdot (1 - s_E)}{P \cdot \tau^\gamma \cdot (1 + s_C)}$$

Die Arbeitgeber haben über den Bruttolohn W hinaus in der Regel zusätzliche (Lohnneben-) Kosten zu übernehmen, sei es auf gesetzlicher, tarifvertraglicher oder freiwilliger Basis. Der wichtigste Bestandteil dieser Lohnnebenkosten sind die Arbeitgeberbeiträge zur Sozialversicherung, aber auch Posten wie Urlaubsgeld, Lohnfortzahlung im Krankheitsfall, die betriebliche Altersversorgung, Zuschüsse zur Vermögensbildung der Arbeitnehmer etc. kommen hier hinzu. Wenn die Lohnnebenkosten einen festen Anteil s_U der Bruttolöhne ausmachen, lässt sich der Produzentenreallohn W_P^r wie folgt schreiben:

$$W_P^r = \frac{W \cdot (1 + s_U)}{P}.$$

Die Division von W_P^r durch W_C^r ergibt dann den Keil zwischen diesen beiden Grössen, der sich in einen „Steuerkeil" und einen „Preiskeil" aufteilen lässt:

$$\frac{W_P^r}{W_C^r} = \underbrace{\frac{(1 + s_U) \cdot (1 + s_C)}{(1 - s_E)}}_{\text{Steuerkeil}} \cdot \underbrace{\tau^\gamma}_{\text{Preiskeil}}$$

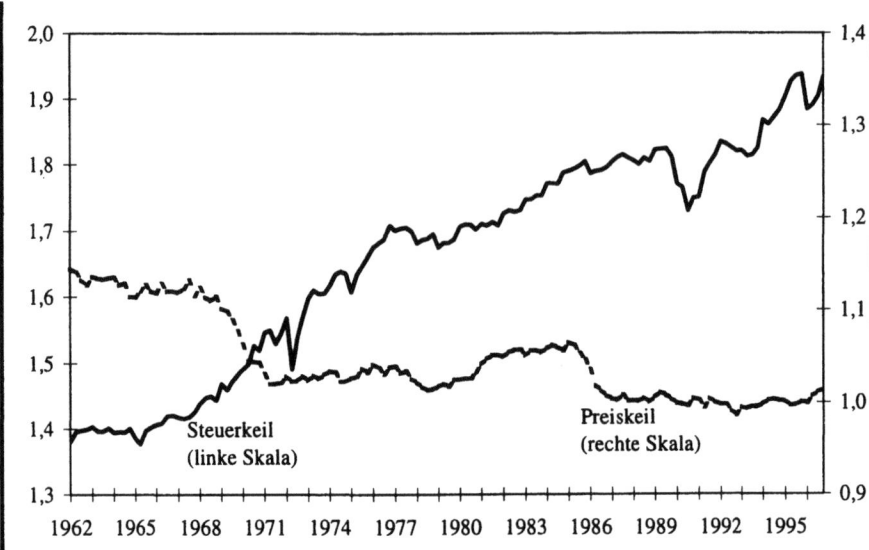

Abbildung 4.3: Steuer- und Preiskeil in Deutschland, 1962–1996; Quelle: DIW, Vierteljährliche volkswirtschaftliche Gesamtrechnung

Abbildung 4.3 gibt eine Vorstellung von den empirischen Grössenordnungen für Daten aus Deutschland. Der Preiskeil ist das (auf 1991=1 normierte) Verhältnis von Konsumentenpreisindex und BSP-Preisindex. Aus der Sicht der Konsumenten hat sich dieses Verhältnis insbesondere im Zuge der DM-Aufwertungen (die ausländische Güter real billiger machte) Ende der 60er Jahre und noch einmal Mitte der 80er Jahre verbessert. Der Keil zwischen Konsumenten- und Produzentenlohn hat sich hierdurch also nicht verbreitert, sondern über die lange Frist eher etwas verkleinert.

Ganz im Gegensatz dazu steht die Entwicklung des Steuerkeils, der berechnet wurde aus dem Quotienten von nominaler Bruttolohn- und -gehaltssumme plus Sozialbeiträge der Arbeitgeber und Nettolohn- und -gehaltssumme. Während 1962 für 100 DM Nettolohn ein Arbeitgeber etwa 138 DM aufwenden musste, beträgt diese Zahl heute 193 DM. Im Schnitt ist der Lohn also aus der Sicht des Arbeitgebers etwa doppelt so hoch wie aus Sicht des Arbeitnehmers.

Alle diese ungünstigen Entwicklungen der 70er Jahre wären, für sich genommen, noch kein Grund für eine anhaltende Zunahme der Arbeitslosigkeit gewesen, wenn die Lohnpolitik der nachlassenden Wachstumsdynamik des Verteilungsspielraums angemessen Rechnung getragen hätte. Das Gegenteil war jedoch der Fall. Im Jahre 1969 kam es zu einer markanten Beschleunigung des Nominallohnwachstums, und auch in der Folge blieb der Lohndruck, immer gemessen an der laufenden Entwicklung der Arbeitsmarktlage und der Inflationserwartungen, hoch. Insgesamt ergibt sich somit das Bild einer deutlichen Verschärfung der Verteilungskonflikte ab Beginn der 70er Jahre. Solange das nominale Nachfragewachstum hoch blieb oder sich sogar beschleunigte, entluden sich die zunehmenden Spannungen – wie dies das Phillipskurven- und das Verteilungskampfmodell nicht anders erwarten liessen – in einer Beschleunigung der Inflation bei vorderhand weiterhin tiefer Arbeitslosigkeit. Als jedoch die monetäre Akkommodation von der Bundesbank unter dem Eindruck der sich beschleunigenden Inflation verweigert wurde, begann sich das Problem rasch auf dem Arbeitsmarkt zu manifestieren: Die Arbeitslosenquote stieg ab 1974 auf ein höheres Plateau. Im letzten Quadranten der Abbildung 4.2 ist diese Verhaltensänderung der Lohnsetzer gut nachzuvollziehen. Hier sind die Residuen einer sehr einfachen Schätzgleichung für das Nominallohnwachstum zu sehen[1], wobei die horizontalen Linien wiederum die Mittelwerte über die entsprechenden Zeiträume zeigen. Da der Mittelwert dieser Residuen über die gesamte Stichprobe per Konstruktion null ist, kann die Graphik wie folgt interpretiert werden: Gegeben die für den gesamten Zeitraum geschätzte empirische „Gesetzmässigkeit" für die Bildung der Nominallöhne war in den 60er Jahren die Lohnpolitik um etwa einen halben Prozentpunkt zurückhaltender und in der ersten Hälfte der 70er Jahre um fast einen Prozentpunkt aggressiver.

Box 4.4: Lohnpolitik, Produktivitätswachstum und das Verblassen des Wirtschaftswunders

Der Bruch, der mit der Krise der Jahre 1974/75 auf dem Arbeitsmarkt der Bundesrepublik Deutschland erfolgte, tritt noch deutlicher in Erscheinung, wenn man sich klar macht, dass das Beschäftigungssystem es nicht nur fertiggebracht hatte, die Arbeitslosenquote die ganzen 60er Jahre hindurch überwiegend unter 1% zu halten, sondern zuvor schon eine Arbeitslosigkeit, die im Jahre 1950 immerhin noch über 10% betrug, innerhalb von 10 Jahren fast völlig abzubauen. Mit über 8 Millionen zusätzlichen Arbeitsplätzen war das Wirtschaftswunder auch ein Beschäftigungswunder.

Die Grundlagen des deutschen Wirtschaftswunders und die Gründe dafür, warum in den 70er Jahren offenkundig Sand ins Getriebe geraten ist, sind Gegenstand eines Buches von Giersch/Paqué/Schmieding (1992) mit dem Titel „The fading miracle" – das verblassende Wunder. Darin nehmen die Vorgänge auf dem Arbeitsmarkt einen prominenten Platz ein. Die Autoren unterscheiden drei Phasen der Arbeitsmarktentwicklung seit 1948:

---

[1] Ganz im Sinne des hier verwendeten Modells waren die beiden Rechthandvariablen dieser Gleichung die Arbeitslosenquote sowie das Konsumentenpreisniveau bzw. verzögerte Werte dieser beiden Variablen.

1. *Die Überwindung der Kapitalmangelarbeitslosigkeit* (1948–60)

Angesichts der Kriegsschäden an der deutschen Volkswirtschaft erforderte die Wiederherstellung der Vollbeschäftigung eine hohe Rate der Kapitalbildung, die ihrerseits eine enorme Produktivitätsreserve zu mobilisieren erlaubte. Eine wesentliche Voraussetzung dafür, dass sich dieses Wachstumspotential entfalten konnte, war eine moderate Lohnpolitik, die sowohl hinreichende Erträge zur Finanzierung der Investitionen als auch eine bedenkenlose nachfrageseitige Akkommodation des Wachstums zuliess. In der Tat blieb der Lohnzuwachs über diese ganze Periode hinweg deutlich hinter dem Zuwachs des Verteilungsspielraums zurück. Warum fanden sich die Arbeitnehmer zu solcher Zurückhaltung bereit? Von mehreren möglichen Erklärungen stellen Giersch/Paqué/Schmieding eine sehr einfache in den Vordergrund: Die Nominallohnforderungen der Gewerkschaften waren gar nicht so bescheiden, wurden aber durch das unerwartet starke Produktivitätswachstum mal für mal in den Schatten gestellt. Insbesondere die Tatsache, dass die sog. *Lohndrift* über die ganze Periode hinweg positiv war, d.h. die effektiv gezahlten Löhne stärker zunahmen als tariflich vereinbart, ist ein starkes Indiz für eine anhaltende Unterschätzung des Produktivitätswachstums durch die Tarifvertragsparteien.

2. *Überbeschäftigung* (1960–73)

Die anfänglich hohe Arbeitslosigkeit war mit Beginn der 60er Jahre verschwunden. Es setzte eine Phase des Arbeitskräftemangels ein, der bei anhaltend tiefer Arbeitslosenquote Zuwanderungen ausländischer Arbeitskräfte in erheblichem Umfang auslöste. Am zurückhaltenden Charakter der Tarifabschlüsse und an der anhaltenden Lohndrift änderte dies vorhand nichts. Weiterhin unterschätzte Wachstumsdynamik? Für Giersch/Paqué/Schmieding (1992, S. 155) sind die fortgesetzt bescheidenen Lohnforderungen der Gewerkschaften "sehr schwierig zu erklären". Jedenfalls konnte das Wirtschaftswachstum in kaum vermindertem Rhythmus weitergehen. Erst als mit der Erholung von der Rezession der Jahre 1966/67 die Unternehmergewinne, begünstigt von besonders tiefen Tarifabschlüssen, regelrecht explodierten und die Gewerkschaftsbasis in der Folge mit wilden Streiks neue Tarifverhandlungen erzwang, zogen dunkle Wolken am Horizont auf. Der schlagartig verstärkte Lohndruck bildete den Auftakt zur nächsten Phase:

3. *Anhaltende Arbeitslosigkeit und Wachstumsschwäche* (1973–89)

In den fünf Jahren bis 1974 überstiegen die Nominallohnzuwächse das Produktivitätswachstum um ein Mehrfaches. Was zunächst einfach durch einen aufgestauten Nachholbedarf begründbar schien, erwies sich bald als dauerhafte Verschärfung der gewerkschaftlichen Militanz, zu deren spannungsfreier Akkommodation aber die entsprechenden Verteilungsspielräume aus den im Text genannten Geründen auf einmal nicht mehr vorhanden waren. Diesen qualitativen Sprung zu einer aggressiveren Umverteilungspolitik – der sich in den Lohngleichungsresiduen in Abbildung 4.2 zeigt – finden Giersch/Paqué/Schmieding nicht weniger schwierig zu erklären als die vorangegangene langanhaltende Lohnzurückhaltung. Die Popularität des aggressiveren Auftretens bei der Gewerkschaftsbasis, das zunehmende Gewicht der Inflationserwartungen in der Endphase des Währungssystems von Bretton Woods und die Gewöhnung an die realen Expansionsraten der Wirtschaftswunderjahre mögen alle eine Rolle gespielt haben – oder wie Bombach es auf einen Nenner brachte: „Die Gewerkschaften hatten das Wachstum genau in dem Moment gelernt, als es vorbei war".[1]

Wesentlich mehr Mühe bereitet es, mit demselben analytischen Instrumentarium zu verstehen, warum der zunächst konjunkturell bedingte erneute Beschäftigungsrückschlag anfangs der 80er Jahre in eine anhaltend höhere Arbeitslosigkeit ausmündete, die ein weiteres Mal dazu zwang, die NAIRU-Schätzungen nach oben zu revidieren. Wohl ging das Produktivitätswachstum gegenüber dem bereits gedrückten Niveau der 70er Jahre nochmals etwas zurück. Aber die Abgabenquote blieb, wenn auch auf hohem Niveau, mehr oder weniger stabil, und bei den Terms of Trade sorgten Mitte der 80er Jahre fallende Preise auf den Rohstoffmärkten sowie eine starke DM auf den Devisenmärkten sogar für eine deutliche Erholung. Da die Lohnpolitik gleichzeitig alles andere als den Eindruck einer zunehmenden Aggressivität erweckte, erscheint es prima vista wenig plausibel, die Verdoppelung der Arbeitslosigkeit zwischen 1979 und 1989 wiederum mit einer Verschärfung der Verteilungskonflikte begründen zu wollen.

4.4. Fazit und Ausblick

Das in diesem Abschnitt vorgestellte Modell, das die NAIRU als Ergebnis der Auseinandersetzung der gesellschaftlichen Gruppen um die Verteilung des Volkseinkommens interpretiert, integriert verschiedene Faktoren, die zu Beginn der 70er Jahre für das Ende der Vollbeschäftigungsepoche verantwortlich gemacht wurden, in einen einheitlichen Analyserahmen. Obgleich das Modell verständlich werden lässt, warum sich die NAIRU so schnell und nachhaltig ändern kann, wie sie dies offenkundig getan hat, kann man sich durchaus darüber streiten, ob das Modell diese Änderungen in einem tieferen Sinne des Wortes wirklich *„erklärt"*. Denn vor allem die nachhaltigen Änderungen des Lohnverhaltens, mit denen wir in diesem Zusammenhang argumentiert haben, sind selbst wieder erklärungsbedürftig – und erfordern möglicherweise Erklärungsansätze, die über die rein ökonomische Sphäre hinaus ins Gesellschaftspolitische hineinreichen.

Dazu kommt, dass das Verteilungskampfmodell, soweit wir es in diesem Kapitel diskutiert haben, offenbar nicht leicht erklären kann, warum die Arbeitslosigkeit im Durchschnitt der 80er Jahre nochmals so viel höher lag als im Jahrzehnt

---

[1] Bombach (1985, S. 96 f., eigene Übersetzung)

zuvor. Wenn die Schuld diesmal weder der Abgabenquote noch den Terms of Trade angelastet werden kann und auch die Lohnpolitik nicht sichtbar aggressiver geworden ist, ist auf der *empirischen Ebene* etwa zu fragen,

- ob es andere Faktoren gegeben hat, die den Manövrierraum der Lohnpolitik eingeengt haben;
- ob sich die Beveridgekurve verschoben hat und somit die friktionell-strukturelle Komponente der Arbeitslosigkeit grösser geworden ist;
- ob die bisher aufrechterhaltene strikte Trennung zwischen den Determinanten des langfristigen Gleichgewichtsniveaus der Arbeitslosigkeit und den Determinanten der konjunkturellen Beschäftigungsschwankungen wirklich gerechtfertigt ist.

Aber auch auf der *theoretischen Ebene* ist bisher noch eine Reihe von Fragen unbeantwortet geblieben:

- Welche Mechanismen der Lohnbildung stecken im einzelnen hinter der $z(u, ...)$-Funktion, mit der wir den Einfluss der Arbeitsmarktlage auf die Löhne abgebildet haben?
- Was impliziert die Interaktion zwischen Lohnsetzungs- und Preissetzungsverhalten für den Zusammenhang zwischen Reallohn und Beschäftigung – kurz- und mittelfristig im Auf und Ab der Konjunktur, aber auch längerfristig über den Konjunkturzyklus hinweg?
- Wie lässt sich das Modell dieses Kapitels, das die NAIRU von den Eigenschaften der Lohn- und Preisbildung her erklärt, mit dem Beveridgekurven-Ansatz integrieren?

Antworten auf einige dieser Fragen, versuchen wir in den nachfolgenden Kapiteln zu geben.

Zusammenfassung

1. Aufgrund der Tatsache, dass in den letzten zweieinhalb Jahrzehnten immer höhere Arbeitslosenquoten mit Inflationsstabilität einhergingen, ist es offenbar notwendig, eine Theorie der inflationsstabilen Arbeitslosenquote (NAIRU) zu formulieren. Längerfristig sind nicht Bewegungen *entlang* von Phillipskurven (vgl. Kapitel 3) der Schlüssel zum Verständnis der empirischen Arbeitsmarktvorgänge, sondern Verschiebungen sowohl der kurz- als auch der langfristigen Phillipskurve nach rechts.
2. In diesem Kapitel wird eine solche Theorie der NAIRU im Rahmen eines Verteilungskampfmodells formuliert. Der wesentliche Gedanke dieser Theorie ist die disziplinierende Funktion der Arbeitslosenquote auf die Verteilungsan-

sprüche der Gewerkschaften. Die Abhängigkeit der gewerkschaftlichen Reallohnforderungen von der Arbeitslosenquote wird als „Lohnsetzungsfunktion" bezeichnet.
3. Die zweite Beziehung, die für das Arbeitsmarktergebnis relevant ist, wird in der sog. „Preissetzungsfunktion" abgebildet. In ihr kommt zum Ausdruck, welchen Reallohn die Unternehmer für ein gegebenes Niveau der Beschäftigung (das sich in Arbeitslosigkeit übersetzen lässt), zu bezahlen bereit sind.
4. Die NAIRU ist durch den Schnittpunkt dieser beiden Funktionen definiert. Der resultierende Reallohn stellt sicher, dass die Verteilungsansprüche und der Verteilungsspielraum auch ohne Veränderung der Inflationsrate miteinander kompatibel sind. Ist die Arbeitslosenquote geringer (höher) als die NAIRU werden Verteilungsanspruch und Verteilungsspielraum durch eine höhere (niedrigere) Inflation wieder miteinander in Einklang gebracht.
5. Das Modell macht uns auf eine ganze Reihe von Determinanten des Verteilungsspielraums – und damit der NAIRU – aufmerksam: Terms of Trade, (marginale) Steuerbelastung, Produktivitätsfortschritt, aber auch auf die Rolle von Gewerkschaftsmilitanz, d.h. über den zur Verfügung stehenden Spielraum hinausgehender Ansprüche.
6. Es ist keineswegs sehr einfach, die Aussagen des Modells mit den Daten zu konfrontieren, was im wesentlichen an zwei Problemen liegt: Zum einen können die Schocks in den genannten Determinanten nicht zweifelsfrei beobachtet werden, sondern müssen aus den entsprechenden Reihen „geraten" (bzw. geschätzt) werden, zum zweiten werden die in dem Modell abgebildeten Zusammenhänge von kurzfristigen, konjunkturellen Schwankungen überlagert.
7. Die wesentliche theoretische Aufgabe, die uns dieses Modell hinterlässt, ist die detaillierte Analyse von Lohnsetzungs- und Preissetzungsfunktion, d.h. der Abhängigkeit der von den Gewerkschaften geforderten bzw. von den Unternehmen bezahlten Reallöhnen von der Arbeitslosenquote. Diesen beiden Dingen wollen wir uns (in dieser Reihenfolge) in den beiden nächsten Kapiteln widmen.

Übungsaufgaben

Aufgabe 1
Der gleichgewichtige gesamtwirtschaftliche Grad der Unterbeschäftigung (NAIRU) lässt sich als Ergebnis von Preis- und Lohnsetzungsentscheidungen auffassen.
a) Erläutern Sie das Konzept der Preissetzungskurve! Welche Faktoren bestimmen den Verlauf dieser Funktion?
b) Die Lohnsetzungskurve lässt sich als Ergebnis von Lohnverhandlungen zwischen den Tarifparteien ableiten. Erläutern Sie kurz! Welche Bedeutung be-

sitzt das Niveau der gesamtwirtschaftlichen Beschäftigung bzw. Unterbeschäftigung für die Lohnsetzung?
c) Erläutern Sie das gesamtwirtschaftliche Gleichgewicht unter Zuhilfenahme einer Graphik!
d) Unterstellen Sie, dass der Staat die Produktionssteuern erhöht. Welche Auswirkungen prognostiziert dieses Modell für den Reallohn, die Beschäftigung und die Höhe der Arbeitslosigkeit im Gleichgewicht?
e) Nehmen Sie kritisch Stellung zur folgenden Behauptung, die sich auf das obige theoretische Modell bezieht: „Die Erklärung der Arbeitslosigkeit durch das makroökonomische Lohn-Preissetzungsmodell ist unbefriedigend, weil es nicht in Rechnung stellt, dass Vollbeschäftigung durch einfaches Unterbieten der Löhne seitens der Arbeitslosen erreicht werden könnte".

Aufgabe 2
Welche Konsequenzen hätte die Annahme einer Produktionstechnologie mit konstanter Grenzproduktivität der Arbeit für das Verteilungskampfmodell? Unter welchen Umständen könnte diese Annahme plausibel sein?

Aufgabe 3
Beurteilen Sie die Wirkungen von Arbeitszeitverkürzungen bei vollem Lohnausgleich vor dem Hintergrund dieses Modells.

Aufgabe 4
Beurteilen Sie im Rahmen des Lohnsetzungs-Preissetzungsmodells die Auswirkungen von exogenem Produktivitätsfortschritt auf Löhne und Arbeitslosigkeit. Ist die Vorhersage des theoretischen Modells eindeutig?

Literatur

Friedman (1968) führte den Begriff der natürlichen Arbeitslosenquote in die Literatur ein, der hier vorgestellte Analyserahmen mit Lohnsetzungs- und Preissetzungsfunktion ist inzwischen *das* Standardwerkzeug der makroökonomischen Beschäftigungstheorie. Eine gute aktuelle Zusammenfassung der theoretischen und empirischen Diskussion um das Konzept der NAIRU bieten die Aufsätze in der Winter 1997-Ausgabe des Journal of Economic Perspective. Insbesondere die Aufsätze von Gordon (1997), Staiger/Stock/Watson (1997) und Stiglitz (1997) sind in diesem Zusammenhang empfehlenswert. Eine kritische Position zum Konzept der NAIRU wird von Galbraith (1997) artikuliert.

Layard/Nickell (1986) und die weiteren – in aller Regel länderbezogenen – Aufsätze des Konferenzbandes, der als Sonderheft von Economica 1986 erschienen ist, bieten eine systematische Anwendung des Lohnsetzungs-Preissetzungs-Paradigmas auf die Arbeitsmarkterfahrungen der OECD-Länder. Dieses Projekt

Literatur

ist in den Beiträgen des von Drèze/Bean (1990) herausgegebenen Bandes aufdatiert.

Die Modellierung in diesem Kapitel folgt eng der Darstellung in Landmann (1989).

Ebenfalls eine nützliche Darstellung des Analyserahmens findet sich in Lindbeck (1993, ch. 5) sowie in Carlin/Soskice (1990).

Kapitel 5: Modelle der Lohnbildung

5.1. Einführung

Die Kernbotschaft des vorigen Kapitels lautet, dass der langfristige Gleichgewichtswert der Arbeitslosenquote durch das Zusammenspiel der Lohnbildung auf dem Arbeitsmarkt mit dem Preissetzungsverhalten der Unternehmen auf dem Gütermarkt bestimmt wird. Während das Preissetzungsverhalten aus einem einfachen und gebräuchlichen Modell des monopolistischen Wettbewerbs abgeleitet war, hatten wir es bei der Begründung der Lohnsetzungs- bzw. Anspruchslohnfunktion $z(u)$ mit einigen Plausibilitätsüberlegungen bewenden lassen. Damit besteht nun in diesem Kapitel unsere weiterführende Aufgabe darin, die Eigenschaften dieser Funktion näher zu beleuchten und mikroökonomisch besser zu fundieren.

Wozu braucht es das? Das rein intellektuelle Bedürfnis nach Vollständigkeit des Modells und der Wunsch nach logischer Konsistenz mit den allgemeinen Erklärungsprinzipien der Wirtschaftstheorie würden es vielleicht nicht rechtfertigen, dieser Frage ein eigenes Kapitel zu widmen – wohl aber das Ziel, ein klareres Verständnis der für die Lohnbildung, und damit letztlich für die (Unter-) Beschäftigung, massgeblichen Faktoren zu gewinnen. Insbesondere erfordert auch die Beurteilung der Aktionsparameter, derer sich die Beschäftigungspolitik ggf. bedienen könnte, um auf die NAIRU einzuwirken, eine gründliche Analyse der Wirkungszusammenhänge, die sich hinter der Preis- und Lohnsetzungsfunktion verbergen.

Wie wir sehen werden, gibt es verschiedene Ansätze zur theoretischen Begründung der Lohnsetzungsfunktion. Bevor wir genauer darauf eingehen, soll aber zunächst gefragt werden, was eine solche Begründung leisten muss. Im Hinblick auf die in Kapitel 1 beschriebenen Arbeitsmarkterfahrungen postulieren wir, dass zumindest die folgenden beiden Fragen beantwortet werden sollten:

1. Warum findet der Lohn- und Preissetzungsprozess, der im Zentrum des Modells von Kapitel 4 steht, sein Gleichgewicht nur bei einem Angebotsüberhang auf dem Arbeitsmarkt?
2. Woran liegt es, dass so viele Volkswirtschaften die Anpassung an einen Rückgang der Arbeitsnachfrage, bzw. an eine Einengung des gesamtwirtschaftlichen

Verteilungsspielraums, nicht ohne einen u.U. substantiellen Anstieg der Arbeitslosenquote bewältigen?

Mit beiden Fragen sind bestimmte Unvollkommenheiten – oder neutraler ausgedrückt: Besonderheiten – des Arbeitsmarkts angesprochen, die dafür verantwortlich sind, dass die Arbeitsmarktwirklichkeit von dem abweicht, was das Paradigma des vollkommenen Wettbewerbs erwarten liesse.

Abbildung 5.1 verdeutlicht den Charakter dieser Abweichungen anhand eines Arbeitsmarktdiagramms mit dem Reallohn W/P und der Beschäftigung N auf den Achsen. Die Arbeitsangebotsfunktion ist mit N^s bezeichnet. Wie im Zusammenhang mit Abbildung 2.9 erläutert, drückt sie aus, wieviel Arbeit die Summe aller Haushalte zu einem bestimmten Reallohn anzubieten bereit ist. Die Preissetzungsfunktion PS und die Lohnsetzungsfunktion LS sind direkt aus Abbildung 4.1 übernommen, mit dem einzigen Unterschied, dass dort die Arbeitslosenquote u auf der horizontalen Achse stand. Offensichtlich lassen sich die beiden Darstellungsweisen mit Hilfe der Definitionsgleichung $u \equiv 1 - (N/N^s)$ ineinander überführen, wobei die PS-Kurve durch die Transformation in dem Reallohn-Beschäftigungs-Quadranten der Abbildung 5.1 eine negative Steigung und die LS-Kurve eine positive Steigung erhält.

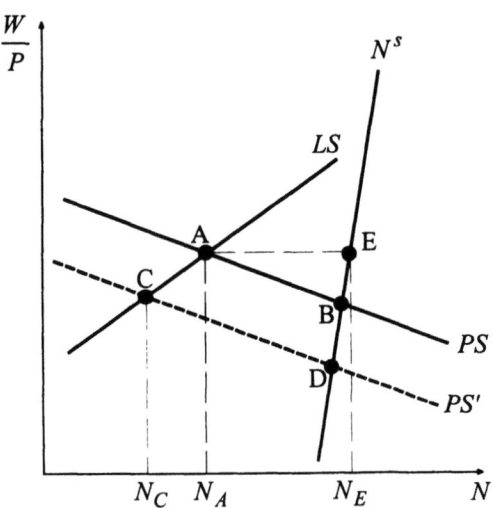

Abbildung 5.1: Lohnsetzungskurve, Preissetzungskurve und Arbeitsangebot

Wäre der Arbeitsmarkt ein vollkommener Wettbewerbsmarkt im Sinne des mikroökonomischen Lehrbuchs, würde sich ein Vollbeschäftigungsgleichgewicht in

5.1. Einführung

Punkt B einstellen.[1] Da der Arbeitsmarkt aber kein vollkommener Wettbewerbsmarkt ist, sondern die Lohnbildung durch die *LS*-Kurve beschrieben wird, findet der Arbeitsmarkt sein Gleichgewicht, wie in Kapitel 4 beschrieben, im Schnittpunkt der *LS*-Kurve und der *PS*-Kurve, also in Punkt A bei einem Angebotsüberhang im Umfang von $\overline{N_A N_E}$.[2] Da wir uns hier die Darstellung weiterhin durch die Vernachlässigung von friktioneller und mismatch-Arbeitslosigkeit vereinfachen, entspricht dieser Angebotsüberhang dem Gleichgewichtswert der Arbeitslosigkeit. Die gleichgewichtige Arbeitslosenquote, die NAIRU, ist demzufolge gegeben durch $\overline{N_A N_E}/N_E$. Der Angebotsüberhang entsteht, weil die *LS*-Kurve links von der Arbeitsangebotskurve N^s verläuft. Damit ist die erste der beiden oben gestellten Fragen zwar nicht beantwortet, aber in eine Form gebracht, die der Modellanalyse zugänglich ist: Muss die *LS*-Kurve notwendigerweise links von N^s verlaufen? Und falls ja, warum?

Ein ungünstiger Angebotsschock, also z.B. ein Produktivitätsrückschlag oder eine Verteuerung von Rohstoffen, verschiebt die Preissetzungsfunktion nach unten, in Abbildung 5.1 etwa von *PS* nach *PS'*. Somit stellt sich ein neues Gleichgewicht in Punkt C ein. Die Beschäftigung sinkt auf N_C und die Arbeitslosigkeit nimmt zu. Wäre der Arbeitsmarkt dagegen ein vollkommener Wettbewerbsmarkt, würde dieselbe Verschiebung der *PS*-Kurve das Gleichgewicht von Punkt B nach Punkt D verlagern. Da die Reallohnelastizität des Arbeitsangebots nach aller empirischen Evidenz ziemlich gering ist[3] – die N^s-Kurve mithin ziemlich steil verläuft –, würde der Angebotsschock in diesem Szenario im wesentlichen einen Rückgang des Reallohns W/P bewirken, ohne die Beschäftigungsmenge nennenswert zu verringern. Umgekehrt ist eine Erklärung steigender Arbeitslosigkeit, wenn sie auf Angebotsschocks rekurriert, auf einen vergleichsweise flachen Verlauf der *LS*-Kurve angewiesen. Damit sind wir bei unserer zweiten Frage: Warum verläuft die Lohnsetzungsfunktion so viel flacher als die Arbeitsangebotsfunktion? Zu zeigen ist, wie und warum die für den Arbeitsmarkt charakteristischen

---

[1] Das Vollbeschäftigungsgleichgewicht in Abbildung 5.1 unterscheidet sich von demjenigen in Abbildung 2.9 nur dadurch, dass das Unternehmerverhalten dort aufgrund der Annahme der vollkommenen Konkurrenz auf dem Gütermarkt durch eine als Arbeitsnachfragekurve interpretierbare Grenzproduktivitätsfunktion wiedergegeben wurde, während hier die *PS*-Kurve neben der Technologie auch die Wettbewerbsintensität auf den Gütermärkten zum Ausdruck bringt.

[2] Wir bezeichnen hier als „Gleichgewicht" somit nicht, wie manchmal üblich, die Übereinstimmung von Angebots- und Nachfragemenge, sondern wie in Kapitel 4 den Ruhezustand des Systems, der sich einstellt, wenn Lohn- und Preissetzung bezüglich ihrer Implikationen für den Reallohn miteinander konsistent sind.

[3] Der „Klassiker" der empirischen Studien in diesem Bereich ist Killingsworth (1983), einen kurzen Überblick gibt Franz (1996b, Abschnitt 2.5.2).

Wettbewerbsunvollkommenheiten die Lohnbildung – zumindest teilweise – von den Wahlhandlungen der individuellen Arbeitsanbieter abkoppeln.

In diesem Kapitel diskutieren wir nun drei Modelle der Lohnbildung, aus denen sich die $z(u)$-Funktion grundsätzlich ableiten lässt, und die damit auch Antworten auf unsere beiden oben gestellten Fragen geben:

1. Das *Monopolgewerkschaftsmodell* (Abschnitt 5.2.1) bietet einen elementaren, wenn auch nicht gänzlich realitätsnahen, Rahmen für die Analyse der Implikationen von Marktmacht auf der Angebotsseite des Arbeitsmarkts. Das Modell unterstellt, dass die Arbeitsanbieter in jedem Wirtschaftssektor gegenüber den Arbeitgebern durch eine Gewerkschaft vertreten werden, die wie ein Monopolanbieter von Arbeit auftritt und einen Lohn festsetzt, den die Unternehmen zwar hinnehmen müssen, auf den sie aber mit ihren Beschäftigungs-, Produktions- und Preisentscheidungen reagieren können.
2. Das *Verhandlungsmodell* (Abschnitt 5.2.2) unterstellt demgegenüber, dass der Lohn nicht ausschliesslich von den Gewerkschaften bestimmt werden kann, sondern in jedem Sektor zwischen Arbeitgeber- und Arbeitnehmervertretern ausgehandelt wird. Dieses Szenario weist die Charakteristika eines bilateralen Monopols auf und ist insofern realistischer, aber analytisch auch schwieriger zu behandeln. So stellt sich etwa die Frage, was überhaupt Verhandlungsgegenstand ist, nur der Lohn oder neben dem Lohn auch die Beschäftigungsmenge. Sowohl die Struktur des bilateralen Monopols als auch die Bedeutung dieser Frage sind ganz offensichtlich Merkmale, die die regional und branchenspezifisch differenzierten Tarifverhandlungen in Deutschland gut charakterisieren. Im Rahmen insbesondere unternehmensspezifischer „Bündnisse für Arbeit" wurde in letzter Zeit die Beschäftigungsmenge zunehmend auch Gegenstand expliziter Verhandlungen der Tarifvertragsparteien.
3. Das *Effizienzlohnmodell* (Abschnitt 5.3) abstrahiert von jeglicher gewerkschaftlichen Marktmacht und analysiert stattdessen die Determinanten der einzelbetrieblichen Lohnpolitik. Das Modell zeigt, dass es für die *Unternehmen*, selbst wenn sie von keinerlei mächtigen Arbeitnehmerorganisationen unter Druck gesetzt werden, vorteilhaft sein kann, ihren Arbeitnehmern freiwillig mehr zu bezahlen, als zur Besetzung ihrer Stellen unbedingt nötig wäre. Damit wird es im Gegensatz – oder besser: in Ergänzung – zu den beiden vorgenannten Modelltypen kollektiver Lohnbildung auch möglich, Arbeitslosigkeit ohne eine Vermachtung der Arbeitsangebotsseite zu erklären.

Allen drei Modellen gemeinsam ist eine zweistufige Struktur der Analyse: In einer ersten Stufe wird die Lohnbildung partialanalytisch für einen repräsentativen individuellen Sektor oder – im Falle des Effizienzlohnmodells – sogar nur für eine individuelle Unternehmung bestimmt. Das Gewicht dieses Sektors bzw. Unternehmens innerhalb der Volkswirtschaft wird als vernachlässigbar klein angenommen. Die jeweiligen Akteure müssen somit alle gesamtwirtschaftlichen Grössen als exogen vorgegeben behandeln und insbesondere auch davon ausgehen,

5.1. Einführung

dass die von ihnen festgelegten Löhne und Preise keinen spürbaren Einfluss auf das aggregierte Lohn- bzw. Preisniveau haben. Auf der makroökonomischen Ebene gilt natürlich, dass sich sowohl das Lohn- und Preisniveau als auch die Beschäftigungsmenge als aggregiertes Ergebnis der dezentral gefällten einzelwirtschaftlichen Lohn- und Preissetzungsentscheidungen bilden. Das allgemeine Gleichgewicht, das auf diese Art zustandekommt, ist auf einer zweiten Stufe Gegenstand einer Totalanalyse, aus der sich die aggregative *LS*-Kurve, die aggregative *PS*-Kurve, und damit auch eine gesamtwirtschaftliche Gleichgewichtslösung für den Reallohn und die Beschäftigung bzw. Arbeitslosenquote ergeben. Erst auf dieser totalanalytischen Ebene lassen sich also die Eigenschaften des in Abbildung 5.1 dargestellten Unterbeschäftigungsgleichgewichts beschreiben. Die modellogischen Gemeinsamkeiten und Unterschiede der drei Ansätze sind in Tabelle 5.1 schematisch skizziert.

	Partialanalyse			Totalanalyse
	Wirtschaftssektor, für den sich der Lohn bildet	Struktur des Arbeitsangebots	Struktur der Arbeitsnachfrage	zu aggregierende Wirtschaftseinheiten
Monopolgewerkschaftsmodell	nach Branche, regional und/oder beruflich	eine Gewerkschaft	viele atomistische Nachfrager	viele Sektoren
Verhandlungsmodell	abgegrenzter Wirtschaftssektor	eine Gewerkschaft	eine Arbeitgeberorganisation	viele Sektoren
Effizienzlohnmodell	individuelle Unternehmung	viele Arbeitnehmer	eine Unternehmung	viele Unternehmungen

Tabelle 5.1: Die logische Struktur der drei Lohnbildungsmodelle

5.2. Modelle der kollektiven Lohnbildung

5.2.1. Das Monopolgewerkschaftsmodell

5.2.1.1. Lohnbildung in einem einzelnen Sektor: die Partialanalyse

Wir betrachten in diesem Abschnitt einen – relativ zur Volkswirtschaft kleinen – Sektor, dessen Arbeitnehmer in einer (Monopol-) Gewerkschaft organisiert sind. Ausgangspunkt ist die vereinfachende Annahme, dass die Unternehmer zwar die Lohnforderungen der Gewerkschaften akzeptieren müssen, aber nach Massgabe ihrer sektoralen Arbeitsnachfragekurve über die Beschäftigung entscheiden.[1] In der Literatur wird dieses Merkmal als „Right-to-Manage" bezeichnet: die Unternehmung hat das Recht, die Beschäftigungsmenge selbst zu wählen. Erst in den Verhandlungsmodellen des nächsten Abschnitt werden wir Szenarien betrachten, in denen neben dem Lohn gegebenenfalls auch die Beschäftigungsmenge Gegenstand von Absprachen zwischen Gewerkschaften und Unternehmen sein kann.

Insoweit für die Mitglieder der Gewerkschaft die Beschäftigungschancen in dem betreffenden Sektor eine Rolle spielen, ist in die Nutzenfunktion der sektoralen Gewerkschaft neben dem (Real-) Lohn W_i/P auch die Beschäftigungsmenge im Sektor i, N_i, als Argument zu berücksichtigen. Aufgrund der „Right-to-Manage"-Annahme muss die Gewerkschaft daher, wenn sie die Interessen aller von ihr vertretenen Arbeitnehmer wahren will, nicht nur die Lohnhöhe, sondern auch die – von dieser Lohnhöhe abhängigen – Beschäftigungschancen ihrer Mitglieder im Auge behalten.[2]

Wir operieren im folgenden mit der einfachst möglichen Konkretisierung einer solchen gewerkschaftlichen Nutzenfunktion, nämlich mit der Annahme, dass die Gewerkschaft darauf aus ist, das reale Gesamteinkommen ihrer Mitglieder zu maximieren. Dieses Gesamteinkommen setzt sich zusammen aus dem Lohneinkommen der in Sektor i beschäftigten Arbeitnehmer und aus dem Einkommen, das den Gewerkschaftsmitgliedern alternativ zufliesst, wenn sie in Sektor i keine Beschäftigung finden. Nichtlohneinkommen, also z.B. Vermögenseinkommen,

---

[1] Die sektorale Arbeitsnachfragefunktion ergibt sich aus der horizontalen Aggregation der individuellen Arbeitsnachfragekurven aller in diesem Sektor operierenden Unternehmungen. Vgl. Varian (1996, ch. 15) für eine Besprechung der Aggregation von Nachfragefunktionen.

[2] Der Fall, dass nur die Interessen der Beschäftigten vertreten werden, ist Gegenstand der Insider-Outsider-Theorie; dieser Ansatz wird in Kapitel 7 besprochen.

5.2. Modelle der kollektiven Lohnbildung

das unabhängig vom Beschäftigungsstatus anfällt, wird nicht betrachtet. Dies heisst nicht, dass die Bedeutung solcher Einkommen geleugnet wird. Da sie aber unabhängig von der sektoralen Lohnsetzung sind, würde eine Berücksichtigung die folgenden Ergebnisse in keiner Weise verändern. Das formale Optimierungsproblem der Gewerkschaft lautet somit wie folgt:

(5.1) $\quad \text{Max} \, \Omega_i = \underbrace{N_i \cdot (W_i/P_i)}_{\substack{\text{Einkommen der Gewerkschafts-}\\\text{mitglieder bei Beschäftigung im}\\\text{Sektor } i}} + \underbrace{(1-N_i) \cdot A}_{\substack{\text{Einkommen der Gewerkschafts-}\\\text{mitglieder bei Nichtbeschäftigung}\\\text{im Sektor } i}}$

für $N_i \leq 1$ unter der Nebenbedingung

(5.2) $\quad N_i^d = N_i^d \left(\dfrac{W_i}{P}, Y_i^d \right).$

Die Variablenbezeichnungen sind die folgenden:
$N_i \quad$ Beschäftigung im Sektor i. Bei Vollbeschäftigung gilt $N_i = 1$
$\Omega_i \quad$ Nutzen der Gewerkschaft des Sektors i
$A \quad$ Alternativeinkommen für Gewerkschaftsmitglieder, die nicht in Sektor i beschäftigt sind
$Y_i^d \quad$ Reale Nachfrage nach Output des Sektors i

Zu beachten ist zudem, dass die Arbeitsnachfragefunktion (5.2) nur für Lohn-Beschäftigungskombinationen definiert ist, die einen nicht-negativen Gewinn der Unternehmungen impliziert, da diese sich sonst besser stellen könnten, wenn sie die Produktion einfach einstellten.

In (5.1) ist die Vollbeschäftigungsmenge – d.h. das Arbeitsangebot – im Sektor i aus Vereinfachungsgründen auf den Wert 1 normiert, so dass N_i als (sektorspezifischer) Beschäftigungsgrad interpretiert werden kann.[1] Alternativ lässt es diese Normierung auch zu, Ω_i als den erwarteten Nutzen des repräsentativen Gewerkschaftsmitglieds zu interpretieren. Hierfür müsste man den Individuen allerdings lineare Nutzenfunktionen unterstellen,[2] und N_i wäre als die Wahr-

---

[1] Diese Normierung impliziert auch, dass das Arbeitsangebot der Haushalte reallohnunelastisch ist. Damit wird der oben genannten Beobachtung einer sehr geringen Reallohnabhängigkeit des individuellen Arbeitsangebots Rechnung getragen. In Kategorien von Abbildung 5.1 heisst dies, dass wir im folgenden eine senkrechte N^s-Funktion annehmen.

[2] Dies deshalb, weil im allgemeinen nur lineare Funktionen auf individueller Ebene auch zu einer linearen Funktion auf sektoraler Ebene führen. Nicht-lineare Nutzenfunktionen stellen für den hier zu entwickelnden Modellrahmen kein konzeptionelles Problem dar, würden aber eine explizite algebraische Lösung verhindern. Eine allgemeinere Formulierung der Erwartungsnutzenfunktion (5.1) ist $\tilde{\Omega}_i = N_i \cdot v(W_i/P) + (1-N_i) \cdot v(A)$, wobei

scheinlichkeit zu definieren, dass ein Arbeitsanbieter in Sektor i eine Beschäftigung findet.

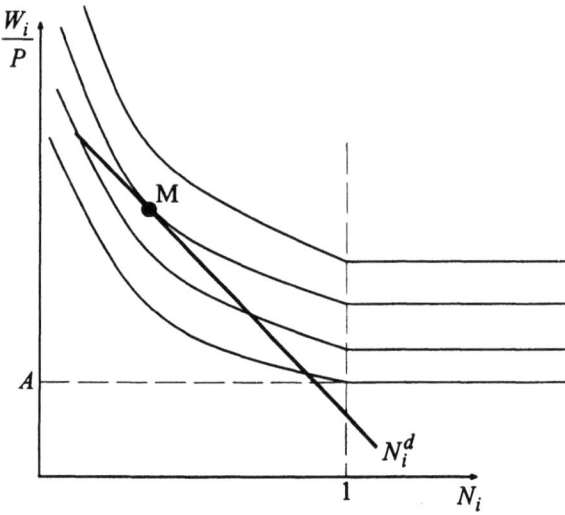

Abbildung 5.2: Das Optimierungsproblem der Gewerkschaft im Monopolgewerkschaftsmodell

Das von der Gewerkschaft anzustellende Kalkül ist in Abbildung 5.2 dargestellt.
Da die Gewerkschaft sowohl die Lohnhöhe als auch die Beschäftigung als erstrebenswerte „Güter" betrachtet, lassen sich ihre Präferenzen im $[(W_i/P)-N_i]$-Raum durch ein Indifferenzkurvenfeld abbilden, das die übliche, zum Ursprung hin konvexe Gestalt hat. Die Verfügbarkeit des exogenen Alternativeinkommens A zieht dabei gewissermassen einen „Boden" in das Indifferenzkurvenfeld ein: Aus (5.1) folgt sofort, dass das Nutzenniveau $\Omega_i = A$ selbst für eine gegen null gehende sektorale Beschäftigungsmenge nicht unterschritten werden kann, da $\lim_{N_i \to 0} \Omega_i = A$. Da die Gewerkschaft an einem höheren Beschäftigungsniveau als $N_i = 1$ keinerlei Interesse hat, knicken die Indifferenzkurven hier horizontal ab. Dies impliziert für Indifferenzkurven mit $\overline{\Omega}_i > A$ eine Diskontinuität in der Steigung der Indifferenzkurven, wie in Abbildung 5.2 gezeichnet.[1]

$v(\cdot)$ eine beliebige, d.h. nicht unbedingt lineare, Funktion bezeichnet.

[1] Für jeden gegebenen Wert $\overline{\Omega}_i$ der Zielfunktion lautet die Gleichung der Indifferenzkurve: $\frac{W_i}{P} = A + \frac{\overline{\Omega}_i - A}{N_i}$. Die Steigung der Indifferenzkurve errechnet sich daher als

5.2. Modelle der kollektiven Lohnbildung

Die fallende Arbeitsnachfragefunktion der Unternehmer (N_i^d) stellt die Nebenbedingung (5.2) dar. Sie definiert den Trade-Off zwischen Lohnhöhe und Beschäftigung, dem sich die Gewerkschaft bei der Festsetzung des Lohnes gegenübersieht. Box 5.1 geht näher auf die Herleitung und die Gestalt dieses Trade-Off ein. Das höchstmögliche Nutzenniveau wird in Punkt M erreicht, wo das Indifferenzkurvenfeld die Arbeitsnachfragefunktion gerade noch tangiert. Bereits die graphische Analyse zeigt, dass der für die Gewerkschaft optimale Lohn das Alternativeinkommen A übersteigen muss, solange die Arbeitsnachfragefunktion eine negative Steigung aufweist.

Das Alternativeinkommen A kann aus zwei Quellen stammen: entweder aus der Arbeitslosenunterstützung ALU oder aus einer möglichen Beschäftigung in einem anderen Sektor j ($j \neq i$). Als Entlohnung in einer solchen alternativen Beschäftigung kann plausiblerweise der gesamtwirtschaftliche Durchschnittslohn W/P erwartet werden kann. Wie wahrscheinlich es ist, bei Nichtbeschäftigung im Sektor i einen anderen Arbeitsplatz zu finden, hängt sicher von der gesamtwirtschaftlichen Beschäftigungslage ab. Je höher die Arbeitslosenquote ist, desto schwieriger ist es, ausserhalb des Sektors i eine Stelle zu finden. Wir beschreiben deshalb die diesbezügliche Wahrscheinlichkeit durch eine Funktion $\varphi = \varphi(u)$, mit $\varphi'(u) < 0$. Während in der Literatur häufig mit der vereinfachenden Annahme $\varphi = 1 - u$ gearbeitet wird, würden es Friktionen beim Übergang in ein neues Beschäftigungsverhältnis eher plausibel erscheinen lassen, dass $\varphi < 1 - u$. In Worten: Die Wahrscheinlichkeit, ausserhalb des Sektors i eine Beschäftigung zu finden, ist immer kleiner als der gesamtwirtschaftliche Beschäftigungsgrad $1 - u$.[1] Unter diesen Voraussetzungen ist das Alternativeinkommen A somit gegeben durch:

$$(5.3) \quad A \equiv \varphi \cdot \frac{W}{P} + (1 - \varphi) \cdot ALU .$$

$\frac{\partial (W_i / P)}{\partial N_i} = \frac{\overline{\Omega}_i - A}{N_i^2}$, woraus sich die im Text gemachte Behauptung ergibt:

$\lim_{N_i \to 1} \left(\frac{\partial (W_i / P)}{\partial N_i} \right) = \overline{\Omega}_i - A \geq 0$, da $\Omega_i \geq A$.

[1] Die Funktion $\varphi(\cdot)$ bildet ab, wie gravierend die Mobilitätshemmnisse der Arbeitskräfte zwischen den Sektoren sind – unabhängig davon, wodurch genau diese Hemmnisse entstehen. Naheliegende Beispiele sind regionale und qualifikatorische mismatches, die es nur eingeschränkt erlauben, dass Arbeitnehmer von einem Sektor in den anderen wechseln können. Eine völlige Bindung der Arbeitskräfte an „ihren" Sektor ist ausdrückbar durch $\varphi(u) = 0 \; \forall u$.

Box 5.1: Die sektorale Arbeitsnachfragefunktion bei monopolistischer Konkurrenz auf den Gütermärkten

Für die Herleitung der in Abbildung 5.2 eingezeichneten Arbeitsnachfragefunktion können wir auf unsere Diskussion des Unternehmerverhaltens bei monopolistischer Konkurrenz in Abschnitt 2.6 zurückgreifen und die Gewinnmaximierungsbedingung (2.14) für die Anbieter des Sektors i wie folgt schreiben:

$$(5.4) \qquad \frac{P_i}{\mu} - \frac{W_i}{F'(N_i)} = 0,$$

was sich von (2.14) nur durch die Indizes unterscheidet, die anzeigen, dass es sich um sektorspezifische Grössen handelt. Zur Erinnerung: $\mu \equiv \left(1+\delta^{-1}\right)^{-1}$ bezeichnet den von der Preiselastizität der Güternachfrage $\delta \equiv \frac{\partial Y_i}{\partial P_i} \cdot \frac{P_i}{Y_i} < -1$ abhängigen Aufschlag des Preises über die Grenzkosten. Die von (5.4) implizierte Beziehung zwischen der gewinnmaximierenden Beschäftigung und dem Lohn lässt sich durch totale Differentiation der Gleichung nach N_i und W_i ermitteln, wobei zu berücksichtigen ist, dass P_i gemäss der Preis-Absatz-Funktion von der produzierten Gütermenge und damit auch von der Beschäftigung abhängt:

$$(5.5) \qquad \mu^{-1} \cdot \frac{\partial P_i}{\partial Y_i} \cdot \frac{\partial Y_i}{\partial N_i} \cdot dN_i + \frac{W_i F''}{(F')^2} \cdot dN_i - \frac{1}{F'} \cdot dW_i = 0.$$

Multiplikation von (5.5) mit F'/W_i führt zu

$$(5.5') \qquad \left[\mu^{-1} \cdot \frac{\partial P_i}{\partial Y_i} \cdot \frac{\partial Y_i}{\partial N_i} \cdot \frac{F'N_i}{W_i} + \frac{F''N_i}{F'}\right] \cdot \frac{dN_i}{N_i} - \frac{dW_i}{W_i} = 0$$

In diese Gleichung kann (5.4) durch Substitution von μ^{-1} eingesetzt werden. Unter der Beachtung der Definition von δ errechnet sich daraus

$$(5.5'') \qquad \left[\frac{F'N_i}{\delta Y_i} + \frac{F''N_i}{F'}\right] \cdot \frac{dN_i}{N_i} - \frac{dW_i}{W_i} = 0$$

Wenn wir unterstellen, dass die Produktion mit einer konstanten Elastizität $0 < \alpha \equiv \frac{\partial Y_i/Y_i}{\partial N_i/N_i} \equiv \frac{N_i F'}{Y_i} < 1$ auf Beschäftigungsänderungen reagiert und unter

5.2. Modelle der kollektiven Lohnbildung

Beachtung der für alle isoelastischen Produktionsfunktionen gültigen Beziehung[1]
$$\frac{N_i F''}{F'} = \frac{N_i F'}{Y_i} - 1 = \alpha - 1 \text{ vereinfacht sich (5.5'') zu}$$

(5.6) $\quad \left[\alpha(1+\delta^{-1}) - 1\right] \cdot \frac{dN_i}{N_i} - \frac{dW_i}{W_i} = 0,$

was sich unmittelbar nach dem Betrag der Elastizität der sektoralen Arbeitsnachfrage bezüglich des Lohnes auflösen lässt, die wir mit ω bezeichnen:[2]

(5.7) $\quad \omega \equiv \left|\frac{dN_i/N_i}{dW_i/W_i}\right| \equiv \left|\frac{dN_i/N_i}{d(W_i/P)/(W_i/P)}\right| = \left[1 - \alpha(1+\delta^{-1})\right]^{-1} = \frac{\mu}{\mu - \alpha}$

Für die letzte Schreibweise wurde die nach Gleichung (5.4) notierte Beziehung zwischen δ und μ benutzt.[3] Ausdruck (5.7) macht zunächst deutlich, dass es auf der sektoralen Ebene keine Rolle spielt, ob wir die Elastizität der Arbeitsnachfrage in bezug auf den Nominallohn oder den Reallohn definieren, da das für die Gewerkschaft relevante gesamtwirtschaftliche Preisniveau P aus der Sicht aller Akteure in Sektor i eine nicht beeinflussbare exogene Grösse ist. Sodann macht die Definition (5.7) deutlich, dass die Lohnelastizität der Arbeitsnachfrage im vorliegenden Szenario auf zwei Effekten beruht:

Der *erste* Effekt ist die abnehmende Grenzproduktivität der Arbeit, die im Parameter $0 < \alpha < 1$ zum Ausdruck kommt. Oben in Box 2.1, wo die Ableitung der Arbeitsnachfragefunktion unter der vereinfachenden Annahme des vollkommenen Wettbewerbs auf dem Gütermarkt demonstriert wurde, war dies der einzige Effekt, der explizit in Erscheinung trat.

Der *zweite* Effekt rührt daher, dass die Unternehmer die Lohnkosten entsprechend der Logik ihres Preissetzungskalküls auf die Absatzpreise überwälzen, wodurch der relative Preis des in Sektor i hergestellten Gutes und damit (wegen $\delta < 0$) auch die auf den Sektor i entfallende Güternachfrage beeinflusst wird. Die Gewerkschaft muss sich also bewusst sein, dass sie mit ihrer Lohnpolitik die

---

[1] Man kann sich die Gültigkeit dieser Beziehung leicht klar machen, wenn man den Ausdruck $N_i F''/F'$ für eine allgemeine isoelastische Produktionsfunktion $Y_i = \Gamma \cdot N_i^\alpha$ explizit berechnet. Γ bezeichnet eine beliebige positive Konstante.

[2] Die Elastizität der Arbeitsnachfrage bei Variation des Reallohnes ist selbstverständlich negativ. Durch die Verwendung des absoluten Betrages dieser Elastizität ist $\omega > 0$.

[3] Mit Gleichung (5.7) ist auch gezeigt, dass die Annahme konstanter WerteWerte für α und μ eine isoelastische Arbeitsnachfragekurve impliziert. Strenggenommen müssten wir diese daher in Abbildung 5.2 – und auch in späteren Abbildungen – nicht als Gerade, sondern hyperbelförmig einzeichnen. Da letzteres aber bisweilen zu unübersichtlichen Skizzen führt, wollen wir diesen Punkt vernachlässigen.

preisliche Wettbewerbsfähigkeit ihres Sektors gegenüber anderen Sektoren – und vor allem auch gegenüber ausländischen Konkurrenten – beeinflusst.[1] Insgesamt gilt somit, dass die Arbeitsnachfrage umso elastischer auf Lohnänderungen reagiert, je langsamer die Grenzproduktivität der Arbeit mit zunehmender Beschäftigung abnimmt, und je intensiver der Wettbewerb auf den Gütermärkten ist, d.h. je grösser der absolute Betrag von δ ist. Die den Parametern auferlegten Restriktionen ($\alpha < 1$ und $|\delta| > 1$ bzw. $\mu > 1$) implizieren $\omega > 1$.

Der für die Gewerkschaft optimale Lohn W_i/P, der die Zielfunktion (5.1) unter der Nebenbedingung (5.2) maximiert, erfüllt die Bedingung

(5.8) $\quad \dfrac{\partial \Omega_i}{\partial (W_i/P)} = \dfrac{\partial N_i^d}{\partial (W_i/P)} \cdot \dfrac{W_i}{P} + N_i^d - \dfrac{\partial N_i^d}{\partial (W_i/P)} \cdot A = 0$

$\Rightarrow \quad \underbrace{\dfrac{\partial N_i^d}{\partial (W_i/P)} \cdot \left(\dfrac{W_i}{P} - A \right)}_{\text{Höherer Lohn führt zu Einkommensverlusten durch Beschäftigungsrückgang}} + \underbrace{N_i^d}_{\text{Höherer Lohn führt zu Einkommensgewinn für die Beschäftigten}} = 0.$

Die beiden Terme der Optimierungsbedingung (5.8) reflektieren in anschaulicher Weise den Trade-Off der Gewerkschaften bei der Lohnsetzung: Die optimale Lohnhöhe ist dort erreicht, wo der Einkommensgewinn, den die Beschäftigten aus einer weiteren Lohnerhöhung ziehen, gerade durch die Einkommenseinbusse jener kompensiert wird, die durch diese Lohnerhöhung ihren Arbeitsplatz in Sektor i verlieren. Der gesuchte Wert ergibt sich durch Auflösen von (5.8) nach dem Reallohn:

(5.9) $\quad \dfrac{W_i}{P} = A - N_i^d \cdot \dfrac{\partial (W_i/P)}{\partial N_i^d}$

Die Verwendung der in Box 5.1 hergeleiteten und erläuterten Lohnelastizität der Arbeitsnachfrage (ω) hilft, dieses Ergebnis in eine einfachere Form zu bringen. Denn unter Berücksichtigung von

(5.10) $\quad \omega \equiv \left| \dfrac{\partial N_i^d}{\partial (W_i/P)} \cdot \dfrac{W_i/P}{N_i^d} \right|$

wird (5.9) zu

---

[1] Keine Rolle spielt dagegen hier die Wettbewerbsposition der einzelnen Unternehmung gegenüber den anderen Unternehmungen desselben Sektors, da eine Lohnänderung ja alle Unternehmungen in gleicher Weise trifft.

5.2. Modelle der kollektiven Lohnbildung

(5.9') $\quad \dfrac{W_i}{P} = A + \dfrac{W_i/P}{\omega} = A \cdot \dfrac{1}{1-\omega^{-1}}$

bzw. unter Berücksichtigung von (5.3) zu

(5.11) $\quad \dfrac{W_i}{P} = \left[\varphi \cdot \dfrac{W}{P} + (1-\varphi) \cdot ALU\right] \cdot \dfrac{1}{1-\omega^{-1}}$.

Gleichung (5.11) stellt den geforderten Reallohn in Abhängigkeit von den Grössen dar, die die Gewerkschaft i nicht beeinflussen kann, sondern als exogen behandeln muss. Zu diesen nicht beeinflussbaren Rahmenbedingungen gehört – wie oben begründet – insbesondere auch das in der restlichen Volkswirtschaft vorherrschende Reallohnniveau W/P. Der von den Gewerkschaften geforderte Reallohn kann als ein Aufschlag auf die Alternativentlohnung A aufgefasst werden. Er ist umso höher,

- je höher die Arbeitslosenunterstützung ALU ist;
- je schwächer die Arbeitsnachfrage auf eine Reallohnänderung reagiert;
- je höher der durchschnittliche Lohn in den anderen Sektoren W/P ist;
- je geringer die Arbeitslosenquote u ist (wegen $\varphi'(u)<0$);
- je besser der matching-Prozess auf dem Arbeitsmarkt funktioniert, d.h. je weniger sich φ und u voneinander unterscheiden.

5.2.1.2. Gesamtwirtschaftliche Implikationen: die Totalanalyse

Wir können nun die Implikationen des Modells für die Makroebene herausarbeiten, indem wir die Lohnsetzungsfunktionen aller Sektoren aggregieren. Diese Aggregation ist im Prinzip kein triviales Unterfangen, kann aber dadurch vereinfacht werden, dass alle Sektoren symmetrisch behandelt werden. Konkret besagt die Symmetrieannahme, dass sich alle Sektoren in derselben Situation befinden, und dass es im gesamtwirtschaftlichen Gleichgewicht deshalb keine Reallohndifferentiale zwischen ihnen geben darf. Besteht die Volkswirtschaft aus n Sektoren, lautet diese Bedingung:[1]

---

[1] Implizit ist die Symmetrieannahme oben in Box 5.1 schon in die Definition der Lohnelastizität der Arbeitsnachfrage eingeflossen, die wir unter Weglassung eines Sektor-Index mit ω bezeichnet haben. Anstelle der extrem einfachen Aggregationsregel (5.12) könnte man auch eine sektoral differenzierte Lohnstruktur im Gleichgewicht zulassen: $\dfrac{W_i}{P} = \beta_i \dfrac{W}{P}$. Mit g_i als Gewicht des i-ten Sektors wäre $\dfrac{W}{P} = \sum_{i=1}^{n} g_i \beta_i \dfrac{W_i}{P}$. Dabei gilt $\sum_{i=1}^{n} g_i = \sum_{i=1}^{n} g_i \beta_i = 1$. In (5.12) ist der Spezialfall $\beta_i = 1 \;\forall i$ gegeben. Dies stellt die algebraische Berechenbarkeit einer Lösung für die aggregierte Ebene sicher. Alternative An-

(5.12) $\quad \dfrac{W_i}{P} = \dfrac{W}{P} \quad \forall i$.

Einsetzen von (5.12) in (5.11) ergibt

(5.13) $\quad \dfrac{W}{P} = \dfrac{1}{1-\omega^{-1}} \left[\varphi \cdot \dfrac{W}{P} + (1-\varphi) ALU \right]$

bzw.

(5.14) $\quad \dfrac{W}{P} = \dfrac{1-\varphi}{1-\varphi-\omega^{-1}} \cdot ALU$.

Gesamtwirtschaftlich spielen demnach neben der Reallohnelastizität der Arbeitsnachfrage nur die Arbeitslosenunterstützung und die Gestalt der $\varphi(u)$-Funktion eine Rolle für die Lohnbildung. Um die Brücke zurück zum ursprünglichen Erklärungsanliegen zu schlagen, können wir festhalten, dass Gleichung (5.14) eine Konkretisierung der Anspruchslohnfunktion $z(u)$ des vierten Kapitels ist, die somit erweitert werden kann zu

(5.15) $\quad z = z(u, ALU, \varphi, \omega)$

mit den folgenden Vorzeichen für die vier verschiedenen partiellen Ableitungen: $z_1 < 0, z_2 > 0, z_3 > 0, z_4 < 0$.

Ein weiteres – intuitiv bereits aus dem Maximierungsproblem ersichtliches – Merkmal der Modellösung lässt sich in Gleichung (5.14) gut ablesen. Damit die Existenz einer sinnvollen Lösung ($W/P > 0$) sichergestellt ist, muss der Nenner in (5.14) positiv sein, d.h. $1-\varphi-\omega^{-1} > 0$, bzw. $\varphi < 1-\omega^{-1}$. Wenn sich φ dem Wert $1-\omega^{-1} = \alpha/\mu$ annähert, dann muss der Reallohn asymptotisch gegen unendlich gehen, was eine minimale Arbeitslosenquote $u_{\min} = \varphi^{-1}\left(1-\omega^{-1}\right)$ impliziert.[1] Umgekehrt impliziert (5.14) auch, dass der Reallohn (wegen $\omega^{-1} > 0$) stets grösser als die Arbeitslosenunterstützung bleiben muss, wenn die Arbeitslosenquote zunimmt. Abbildung 5.3 illustriert beide diese Eigenschaften, wobei der obere Quadrant die $\varphi(u)$-Funktion und der untere die Lohnbildung gemäss der $z(u)$-Funktion (5.15) – bzw. gemäss (5.14) – darstellt.[2]

---

nahmen bzgl. der gleichgewichtigen Lohnstruktur liessen hier nur eine Analyse mit Hilfe numerischer Simulationen zu.

[1] φ^{-1} bezeichnet dabei die Umkehrfunktion von φ.

[2] Die Steigung der $z(\cdot)$-Funktion errechnet sich per Quotientenregel aus (5.13):

$\dfrac{\partial (W/P)}{\partial u} = \dfrac{\varphi' \omega^{-1} \cdot ALU}{\left(1-\varphi-\omega^{-1}\right)^2}$. Dass die Steigung eindeutig negativ ist, ergibt sich aus den

5.2. Modelle der kollektiven Lohnbildung

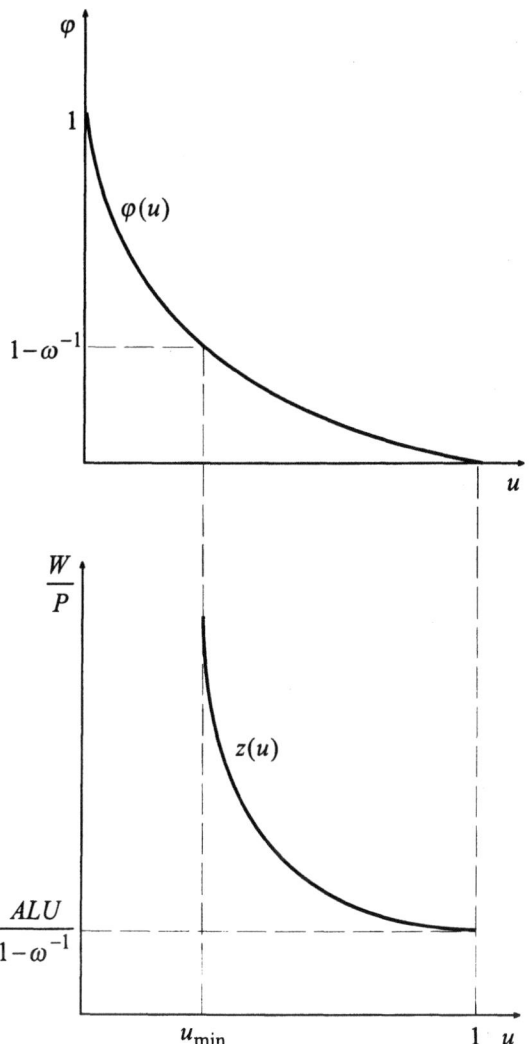

Abbildung 5.3: Die gesamtwirtschaftliche Lohnsetzungsfunktion des Monopolgewerkschaftsmodells

Entsprechend der in Kapitel 4 entwickelten Logik ist damit das Ergebnis auf makroökonomischer Ebene noch nicht festgelegt, da die $z(u)$-Funktion im unteren Teil von Abbildung 5.3 ja nur eines der beiden dort eingeführten Elemente ist.

Eigenschaften $\varphi' < 0$ sowie $\omega > 0$.

Erst das Zusammenspiel mit der Preissetzungskurve vermag die NAIRU und den resultierenden gleichgewichtigen Lohn auf aggregierter Ebene festzulegen.

Eingangs dieses Kapitels haben wir zwei Mindestanforderungen formuliert, die an jedes Lohnbildungsmodell zu stellen sind: Es muss erklären können, warum der Preis- und Lohnbildungsprozess sein Gleichgewicht bei Unterbeschäftigung findet, und warum die Reallohnelastizität der gesamtwirtschaftlichen Lohnsetzungsfunktion so viel höher ist als diejenige des Arbeitsangebots. Trotz seiner noch wenig ausgefeilten Darstellung des Lohnbildungsprozesses erfüllt das Monopolgewerkschaftsmodell diese Anforderungen. Es erklärt die beiden Phänomene mit dem Zusammenwirken von gewerkschaftlicher Marktmacht und staatlicher Arbeitslosenunterstützung:

Je grösser die gewerkschaftliche Monopolmacht (d.h. je kleiner ω) ist, desto grösser ist in Abbildung 5.3 der Schwellenwert der Arbeitslosenquote u_{min}, der nicht unterschritten werden kann, ohne dass sich die Lohn-Preis-Spirale explosiv beschleunigt. Bemerkenswert an diesem Ergebnis ist, dass eine Gewerkschaft, die – wie unsere Formulierung impliziert – vollkommen rational das erwartete Einkommen ihrer Mitglieder maximiert, in jedem Fall eine positive Arbeitslosenquote in Kauf nimmt, selbst wenn man ihr ausdrücklich unterstellt, dass sie als Interessenvertreterin *aller* Arbeitsanbieter des jeweiligen Sektors auftritt, und nicht etwa nur als Vertreterin der Arbeitsplatzbesitzer.[1]

Je höher andererseits die Arbeitslosenunterstützung ist, desto früher biegt die Lohnsetzungsfunktion bei sinkendem Reallohn nach rechts ab, bevor sie sich asymptotisch dem Wert $\dfrac{ALU}{1-\omega^{-1}}$ annähert.[2] Obwohl das Arbeitsangebot in dem Modell als vollkommen unelastisch vorgegeben angenommen ist, geht die Elastizität der Lohnsetzungsfunktion mit zunehmender Arbeitslosenquote gegen unendlich. Somit bietet das Modell eine Erklärung für das, was wir im vorangegangenen Kapitel als Reallohnrigidität bzw. Reallohnresistenz bezeichnet hatten: Im Falle eines Rückgangs der Arbeitsnachfrage, der auf einem rein kompetitiven Arbeitsmarkt für die Arbeitnehmer Lohneinbussen, aber nicht unbedingt Arbeitsplatzverluste bedeuten würde, ist es für die Gewerkschaft rational, der Lohnsenkung Widerstand entgegenzusetzen und dafür einen Beschäftigungsrückgang hinzunehmen.

---

[1] Das Modell liesse sich leicht modifizieren, um den Fall abzubilden, dass die sektorale Gewerkschaft nicht alle potentiellen Arbeitsanbieter vertritt. Das „effektive" Arbeitsangebot in einem Sektor ist dann nicht mehr (die auf eins normierte) Beschäftigungsmenge, sondern eine entsprechend geringere Zahl. Die Logik des Modells impliziert dann, dass die Löhne so gesetzt werden, dass die sektorale Beschäftigung immer geringer als das effektive Arbeitsangebot ist.

[2] Dies folgt aus (5.14) sofort, wenn man sich klar macht, dass die Wahrscheinlichkeit, ausserhalb des eigenen Sektors eine Beschäftigung zu finden gleich null ist bei einer Arbeitslosenquote von eins: $\varphi(1)=0$.

5.2. Modelle der kollektiven Lohnbildung

Trotz dieser Erklärungsleistung bietet das Modell keine realistische Darstellung der Lohnbildung. Über Löhne wird verhandelt; und in solchen Verhandlungen setzen die Gewerkschaften ihre Lohnvorstellungen kaum je ohne Abstriche durch. Deshalb wenden wir uns im folgenden der verhandlungstheoretischen Analyse der Lohnbildung zu. Dort werden wir sehen, dass sich die Lösung des Monopolgewerkschaftsmodells als Grenzfall eines Verhandlungsmodells auffassen lässt, und – was wichtiger ist – dass sich die qualitativen Implikationen des Monopolgewerkschaftsmodells in bezug auf die Wirkung exogener Variablen weitgehend bestätigen.

5.2.2. Das Verhandlungsmodell

Wenn die Gewerkschaft den Lohn nicht einfach einseitig festsetzen kann, sondern mit den Arbeitgebern aushandeln muss, liegt offenkundig kein gewöhnliches, sondern ein *bilaterales Monopol* vor. Aus dem mikroökonomischen Lehrbuch wissen wir, dass die Theorie bei dieser Marktform keine genau bestimmbare, allgemein gültige Aussage über das Marktergebnis liefert. Vielmehr lässt sich meistens ein Unbestimmtheitsbereich abgrenzen, innerhalb dessen die Lösung liegen muss.[1] Gewöhnlich wird zur Analyse einer solchen Verhandlungssituation eine Modellierung herangezogen, die auf Nash (1950) zurückgeht. Dieser Ansatz ist axiomatisch fundiert, was bedeutet, dass er an das Verhandlungsergebnis a priori ganz bestimmte Anforderungen stellt. Unter anderem verlangen die Axiome, dass ein Verhandlungsergebnis rational in dem Sinne ist, dass die Verhandlungsparteien den gemeinsamen Verteilungsspielraum voll ausschöpfen.

Das Modell bildet die Interessen der beiden Verhandlungsseiten durch je eine Zielfunktion ab. Für die Gewerkschaft postulieren wir dabei dieselbe Zielfunktion Ω_i, die wir oben in Gleichung (5.1) spezifiziert haben. Die Interessen der Arbeitgeber bringen wir zum Ausdruck durch die Gewinnfunktion

(5.16) $\quad \Pi_i = R_i - \dfrac{W_i}{P} \cdot N_i$,

wobei Π_i den realen Gewinn im i-ten Sektor bezeichnet und R_i den realen Verkaufserlös der Unternehmen in Sektor i, d.h. $R_i \equiv P_i Y_i / P$.

Beide Seiten streben die Maximierung ihrer jeweiligen Zielfunktion an. Jede der beiden Zielfunktionen darf einen bestimmten Mindestwert nicht unterschreiten, da sich sonst die betreffende Verhandlungspartei besser stellen würde, wenn sie die Verhandlungen platzen liesse. Diesen Mindestwert bezeichnet die angelsächsische Literatur als „*Fallback*"-Position, d.h. als die Position, in die man bei Scheitern der Verhandlungen „zurückfällt". Wie im Monopolgewerkschaftsmodell ist dieser Mindestwert durch die Höhe des Alternativeinkommens A gegeben: A ist

---

[1] Vgl. z.B. Pindyck/Rubinfeld (1995), ch. 14.

der Wert, den die Zielfunktion Ω_i annimmt, wenn aufgrund des Scheiterns der Tarifverhandlungen keinerlei Beschäftigung im betreffenden Sektor entsteht. Als Fallback-Position der Unternehmen unterstellen wir einfachheitshalber einen Gewinn von null.[1] Der von uns betrachtete axiomatische Lösungs-Ansatz besagt nun, dass sich die Verhandlungsparteien so verhalten, als würden sie den sog. „*verallgemeinerten Nash-Maximanden*" Φ maximieren:[2]

(5.17) $\quad \text{Max}\,\Phi = \Pi_i^\lambda \cdot (\Omega_i - A)^{1-\lambda}$

unter Beachtung von $\Pi_i \geq 0$, $\Omega_i \geq A$ und $0 \leq \lambda \leq 1$

Der Parameter λ beschreibt die relative Verhandlungsmacht der beiden Seiten: je grösser λ ist, desto besser ist die Verhandlungsposition der Unternehmen, und desto schlechter diejenige der Gewerkschaften. Dieser Parameter fängt eine ganze Reihe von äusseren Rahmenbedingungen ein, unter denen sich die Lohnverhandlungen abspielen. Dazu gehören etwa die gesetzliche Regelung der zulässigen und unzulässigen Verhaltensweisen in einem Arbeitskampf, der Zustand der gewerkschaftlichen Streikkasse, die Möglichkeiten der Arbeitgeber, auf gewerkschaftlich nicht organisierte Arbeitskräfte zurückzugreifen, die gesetzliche Ausgestaltung des Kündigungsschutzes und vieles andere mehr. Der Nash-Maximand Φ ist das verhandlungsmacht-gewichtete geometrische Mittel der Verhandlungserfolge, die die beiden Seiten über ihre jeweilige Fallback-Position hinaus erzielen. Im schlechtesten Fall, nämlich wenn die Verhandlungen scheitern, nimmt Φ den Wert null an. Durch die Maximierung von Φ unterstellt der Nash-Ansatz den Verhandlungsparteien jedoch, dass sie jede Möglichkeit nutzen, sich gegenüber dieser Null-Lösung zu verbessern.

Offen bleibt damit nur die Frage nach den Aktionsparametern, über die überhaupt verhandelt werden kann, und damit auch die Frage nach möglichen weiteren Restriktionen, denen die Menge der möglichen Verhandlungsergebnisse unterliegt. Wir betrachten in Abschnitt 5.2.2.1 zunächst das Szenario, das den Normalfall darstellt, wo immer sich Gewerkschaften und Arbeitgeberverbände gegenüberstehen: nämlich die Situation, dass in den Tarifverhandlungen die Löhne ausgehandelt werden, dass aber die Entscheidung über die Anzahl der Beschäftigten, die zu diesen Löhnen arbeiten, Sache der individuellen Unternehmen bleibt. Wie oben schon ausgeführt, verkörpert diese „*Right-to-Manage*"-Annahme das Prinzip, dass die Kontrolle des Faktoreinsatzes als Kernfunktion des

---

[1] Grundsätzlich wäre als Fallback-Position auch ein negativer Wert der Gewinnfunktion denkbar, wenn etwa bei den Unternehmen Fixkosten anfallen, die auch nach gescheiterten Lohnverhandlungen weiterlaufen.

[2] Die „Verallgemeinerung" bezieht sich auf den Exponenten λ in der Formulierung des Maximanden Φ in (5.17). Der ursprüngliche Lösungsansatz von Nash konzentrierte sich auf die Analyse des symmetrischen Spezialfalls $\lambda = 1/2$. Vgl. Michaelis (1998, S. 40 ff.) für eine ausführliche Diskussion.

5.2. Modelle der kollektiven Lohnbildung

Unternehmens-Managements in den Verhandlungen nicht zur Disposition steht, sondern ein Vorrecht der Unternehmensleitungen bleibt. In Abschnitt 5.2.2.2 werfen wir jedoch die Frage auf, ob es gute Gründe geben könnte, auch die Beschäftigungsmenge zum Verhandlungsgegenstand zu machen, und welche Konsequenzen dies hätte.

5.2.2.1. Der „Right-to-Manage"-Ansatz

Wenn Unternehmerverbände mit Gewerkschaften über die Lohnhöhe verhandeln und die Unternehmungen danach eine optimale Beschäftigungsmenge in Abhängigkeit vom Ausgang der Lohnverhandlungen festsetzen, so kommt gemäss Ausdruck (5.17) eine Verhandlungslösung unter der Bedingung zustande, dass es auf der Arbeitsnachfragefunktion eine Lohn-Beschäftigungs-Konstellation gibt, bei der sowohl der Unternehmergewinn Π_i als auch der Netto-Gewerkschaftsnutzen $\Omega_i - A$ nicht-negative Werte annehmen.

In Abbildung 5.2 haben wir anhand des gewerkschaftlichen Indifferenzkurvenfeldes analysiert, wie der Gewerkschaftsnutzen bei Variation der Lohnhöhe entlang der Arbeitsnachfragefunktion variiert und im Punkt der Monopolgewerkschaftslösung sein Maximum erreicht. Eine völlig analoge Überlegung können wir in bezug auf den Gewinn anstellen. So wie eine Indifferenzkurve alle Punkte abbildet, die denselben Nutzen stiften, können wir eine sog. *Isogewinnkurve* als den Ort aller Punkte definieren, in denen Π_i denselben Wert annimmt. Ausgehend von der Gewinndefinition in Gleichung (5.16) ist im $[(W_i/P) - N_i]$-Raum der Ort aller Punkte mit gleichem Gewinnniveau $\overline{\Pi}_i$ darstellbar als

$$(5.18) \quad \frac{W_i}{P} = \frac{R_i(N_i) - \overline{\Pi}_i}{N_i}$$

Die Steigung dieser Kurve errechnet sich mit Hilfe der Quotientenregel als

$$(5.19) \quad \frac{\partial (W_i/P)}{\partial N_i} = \frac{N_i R_i' - (R_i - \overline{\Pi}_i)}{N_i^2},$$

was sich unter Berücksichtigung von (5.18) auch schreiben lässt als $\dfrac{R_i' - (W_i/P)}{N_i}$.

Die Steigung der Isogewinnkurven wird demnach gleich null für $R_i' = W_i/P$, d.h. genau auf der durch diese Bedingung definierten und in Box 5.1 charakterisierten Arbeitsnachfragefunktion.

Geht man von der Arbeitsnachfragefunktion in horizontaler Richtung nach links, so gilt dort $W_i/P < R_i'$, weil der Grenzumsatz eine fallende Funktion der Beschäftigungsmenge N_i ist, d.h. die Isogewinnlinie hat einen positiven Anstieg. Rechts von der Arbeitsnachfragefunktion ist die Steigung hingegen negativ. Somit ergibt sich das in Abbildung 5.4 wiedergegebene Bild einer Schar von Isogewinnkurven, die von links ansteigend ihr Maximum auf der Arbeitsnachfragefunktion erreichen. Jede der Kurven verkörpert dabei ein anderes Gewinn-Niveau, und zwar nach dem Grundsatz, dass der Gewinn umso höher ist, je niedriger die Isogewinnkurve im $[(W_i/P) - N_i]$-Raum liegt. Warum dies so ist, zeigt Gleichung (5.18), laut der $\overline{\Pi}_i$ und W_i/P für jeden gegebenen Wert der Beschäftigung N_i in einer inversen Beziehung zueinander stehen; d.h. es gilt $\overline{\Pi}_i^0 < \overline{\Pi}_i^1 < \overline{\Pi}_i^2$. Hieraus folgt unmittelbar: Je tiefer der ausgehandelte Lohn ist, desto höher ist entlang der Arbeitsnachfragekurve nicht nur die Beschäftigung, sondern auch der Gewinn.

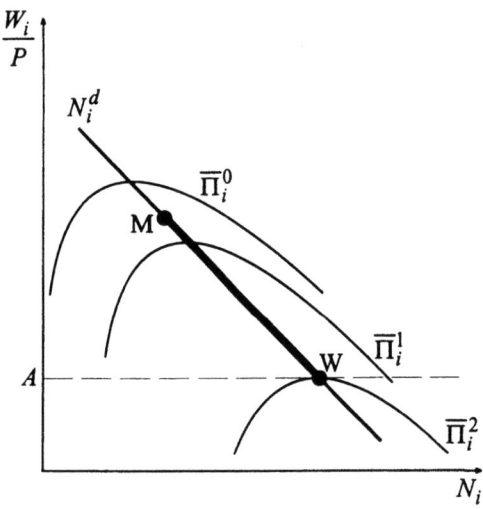

Abbildung 5.4: Mögliche Verhandlungslösungen im Right-to-Manage-Modell

Die Bestimmung der Verhandlungslösung lässt sich nun leicht beschreiben: Das Maximierungsproblem (5.17) wird dadurch gelöst, dass der verallgemeinerte Nash-Maximand Φ bezüglich des Lohnsatzes, der ja weiterhin der einzige Aktionsparameter ist, maximiert wird, wobei zusätzlich zu den oben unter (5.17) angegebenen Nebenbedingungen zu beachten ist, dass sich die Beschäftigung in Abhängigkeit vom ausgehandelten Lohn nach Massgabe der Arbeitsnachfragefunktion (5.2) bzw. (5.4) ergibt. In Box 5.2 wird gezeigt, dass sich für den Lohn auf diese Weise folgender Ausdruck ermitteln lässt:

$$(5.20) \quad \frac{W_i}{P} = \lambda \cdot A + (1-\lambda) \cdot A \cdot \frac{1}{1-\omega^{-1}} = A \cdot \frac{1-\lambda\omega^{-1}}{1-\omega^{-1}}$$

Wie nicht anders zu erwarten, hängt der resultierende Lohn entscheidend von der relativen Verhandlungsmacht der beiden Tarifparteien ab. Am einfachsten zu

5.2. Modelle der kollektiven Lohnbildung

interpretieren sind die Extremfälle. Der eine Extremfall ist der Fall $\lambda = 0$, was bedeutet, dass die Unternehmen überhaupt keine Verhandlungsmacht besitzen, wodurch die Verhandlungssituation zum Szenario des Monopolgewerkschaftsmodells degeneriert. Die Maximierung von (5.17) ist in diesem Fall gleichbedeutend mit der Maximierung von $\Omega_i - A$, was für jedes gegebene A auf dasselbe hinausläuft wie die Maximierung von Ω_i. Entsprechend stimmt der „Verhandlungs"-Lohn mit der Lösung des Monopolgewerkschaftsmodells gemäss Gleichung (5.9') überein.

Box 5.2: Die Verhandlungslösung im Right-to-Manage-Modell

Wie bereits im Text beschrieben, besteht die Lösung in der Maximierung von (5.17) über den Lohnsatz, wobei zu beachten ist, dass sich die Unternehmen stets auf ihrer Arbeitsnachfragekurve befinden. Letztere wurde bereits in Box 5.1 charakterisiert. Gleichung (5.2) ist daher eine Nebenbedingung des Optimierungsproblems.

Die Maximierung des Nash-Maximanden wird etwas erleichtert, wenn nicht direkt Φ, sondern $\log(\Phi)$ Verwendung findet. Da die Logarithmierung eine monotone Transformation ist, bleibt die Lösung hiervon völlig unberührt. Damit ist der Maximand wie folgt gegeben:

(5.17') $\quad \log\Phi = \lambda \cdot \log(R_i - W_i N_i / P) + (1-\lambda) \cdot \log(N_i \cdot ((W_i/P) - A))$

Die Maximierung von (5.17') über W_i/P liefert

(5.21)
$$\frac{\partial \log \Phi}{\partial (W_i/P)} = \frac{-\lambda N_i}{R_i - W_i N_i / P} + \frac{1-\lambda}{((W_i/P) - A) N_i} \cdot \left[\frac{\partial N_i}{\partial (W_i/P)} ((W_i/P) - A) + N_i \right]$$
$$= \frac{-\lambda}{(R_i/N_i) - R_i'} + (1-\lambda) \cdot \left[\frac{\partial N_i / \partial (W_i/P)}{N_i} + \frac{1}{(W_i/P) - A} \right] = 0$$

wobei bei der Ableitung des ersten Summanden auf der rechten Seite von (5.17') die Arbeitsnachfragefunktion $R_i' = W_i/P$ benutzt wurde.

Wenn wir die Elastizität der Erlösfunktion $R_i(N_i)$ bezüglich einer Beschäftigungsänderung mit $\varepsilon \equiv \dfrac{R_i'}{R_i/N_i}$ bezeichnen, so können wir den ersten Term auf der rechten Seite von (5.21) wie folgt schreiben:

(5.22) $\quad \dfrac{-\lambda}{(R_i/N_i) - R_i'} = \dfrac{-\lambda \varepsilon}{(1-\varepsilon)(W_i/P)}$

Wie in Box 5.1 erläutert, reflektiert die Steigung der Arbeitsnachfragekurve sowohl die Änderung der Outputmenge als auch die Änderung des Outputpreises bei

Änderung des Arbeitseinsatzes. Diesen Zusammenhang kann man auch in Kategorien der (Grenz-) Erlösfunktion ausdrücken. Wegen $R_i(N_i) \equiv \dfrac{P_i Y_i}{P} = \dfrac{P_i F(N_i)}{P}$ gilt

(5.23) $\quad R'_i \equiv \dfrac{\partial R_i}{\partial N_i} = \dfrac{\partial (P_i/P)}{\partial Y_i} \cdot \dfrac{\partial F}{\partial N_i} \cdot F(N_i) + \dfrac{P_i}{P} \cdot \dfrac{\partial F}{\partial N_i} = \dfrac{R_i}{N_i} \cdot \left(\delta^{-1} \alpha + \alpha \right)$

Die letzte Schreibweise benutzt die bekannten Definitionen von α und δ, wobei aufgrund der Exogenität von P auf sektoraler Ebene die Tatsache verwendet wurde, dass $\delta \equiv \dfrac{\partial Y_i}{\partial P_i} \cdot \dfrac{P_i}{Y_i} = \dfrac{\partial Y_i}{\partial (P_i/P)} \cdot \dfrac{(P_i/P)}{Y_i}$. Somit gilt

(5.24) $\quad \varepsilon \equiv \dfrac{R'_i}{R_i/N_i} = \alpha \left(1 + \delta^{-1}\right).$

In Box 5.1 (Gleichung 5.7) hatten wir den Betrag der Lohnelastizität der Arbeitsnachfrage hergeleitet als $\omega = \left[1 - \alpha \left(1 + \delta^{-1}\right)\right]^{-1}$, so dass folgender Zusammenhang gilt

(5.25) $\quad \omega = (1 - \varepsilon)^{-1} \iff \varepsilon = 1 - \omega^{-1} = \dfrac{\alpha}{\mu}$

Einsetzen von (5.25) in (5.21) ergibt

(5.21') $\quad \dfrac{-\lambda \cdot (\omega - 1)}{(W_i/P)} + (1 - \lambda) \cdot \left[\dfrac{-\omega}{W_i/P} + \dfrac{1}{(W_i/P) - A} \right] = 0$

Diese Bedingung – aufgelöst nach W_i/P – erweist sich als identisch mit der im Text genannten Verhandlungslösung (5.20).

Der umgekehrte Extremfall ist $\lambda = 1$, d.h. eine Situation, in der die Gewerkschaften keinerlei Verhandlungsmacht besitzen, in welchem Fall die Maximierung von (5.17) gleichbedeutend mit der Maximierung des Gewinns Π_i unter der Nebenbedingung $\Omega_i \geq A$ ist. Die Lösung, die sich unter diesen Bedingungen einstellt, ist in Abbildung 5.4 durch Punkt W gekennzeichnet: Der höchste Gewinn, der die genannte Nebenbedingung gerade noch erfüllt, ist $\overline{\Pi}_i^2$. Ohne Gewerkschaftsmacht kann der Lohn in Sektor i nicht höher sein als die beste verfügbare Alternative A. Entsprechend sind die Verhandlungslösungen, die sich für strikt positive Werte von λ und $1 - \lambda$ einstellen, in Abbildung 5.4 durch das dick ausgezogene Segment MW auf der Arbeitsnachfragefunktion gegeben.

5.2. Modelle der kollektiven Lohnbildung

Wie der Vergleich von Ausdruck (5.20) mit der Lösung des Monopolgewerkschaftsmodells (5.9') deutlich macht, beschreibt auch das Verhandlungsmodell den Lohn als einen Aufschlag auf den Alternativlohn A, wobei der Aufschlagsfaktor des Verhandlungsmodells denjenigen des Monopolgewerkschaftsmodells in dem Ausmass unterschreitet, wie die Unternehmer über Verhandlungsmacht verfügen: Je grösser λ, desto tiefer der Lohn. Dies ist natürlich wiederum erst die Lösung auf der Ebene der Partialanalyse. Aber es ist nicht notwendig, an dieser Stelle den Weg zur allgemeinen Gleichgewichtslösung nochmals in aller Ausführlichkeit zu begehen. Die Schritte sind dieselben wie im Falle des Monopolgewerkschaftsmodells – mit dem einzigen Unterschied, dass der Monopolaufschlagsfaktor $(1-\omega^{-1})^{-1}$ durch den Verhandlungsaufschlagsfaktor $\dfrac{1-\lambda\omega^{-1}}{1-\omega^{-1}}$ zu ersetzen ist. Entsprechend resultiert eine Lohnsetzungsfunktion, die nun vielleicht eher als Verhandlungslohnfunktion denn als Anspruchslohnfunktion zu bezeichnen ist. Jedenfalls besitzt sie grundsätzlich dieselbe Gestalt wie die $z(u,...)$-Funktion in Abbildung 5.3, verläuft aber entsprechend der Verhandlungsmacht der Unternehmen weiter links und weiter unten. Die formalen Einzelheiten sind in Abschnitt 5.2.3 in Box 5.4 näher ausgeführt.[1]

Als Ergebnis können wir somit festhalten, dass der „Right-to-Manage"-Ansatz des Verhandlungsmodells das Monopolgewerkschaftsmodell als Spezialfall einschliesst und zu einer Lohnsetzungsfunktion mit denselben qualitativen Eigenschaften führt. Die wesentliche zusätzliche Aussage lautet, dass die Lohnsetzungsfunktion umso weiter entfernt vom Ursprung des Reallohn-Arbeitslosigkeits-Raums verläuft, je grösser die Verhandlungsmacht der Gewerkschaften ist.

5.2.2.2. Effiziente Kontrakte

Indem sowohl das Monopolgewerkschafts-Modell als auch der „Right-to-Manage"-Ansatz des Verhandlungsmodells mit der Annahme operieren, dass die Beschäftigungsentscheidung in die ausschliessliche Kompetenz der Unternehmen fällt, beschränken beide Modelle die Menge der möglichen Reallohn-Beschäftigungskonstellationen auf ein Segment der Arbeitsnachfragefunktion. Schon im Jahre 1946 hat allerdings Leontief darauf hingewiesen, dass unter dieser Restriktion keine effizienten Kontrakte zustandekommen. Unter einem effizienten Kontrakt ist dabei im Sinne des Pareto-Kriteriums[2] zu verstehen, dass sich weder die eine noch die andere Vertragspartei durch eine Abweichung von dem Kontrakt

---

[1] Dort ist auch leicht nachprüfbar, dass im Verhandlungsmodell für jedes $\lambda > 0$ sowohl die Untergrenze der Arbeitslosenquote als auch die Untergrenze des Reallohns, denen sich die Lohnsetzungsfunktion asymptotisch annähert, niedriger liegen als die entsprechenden Untergrenzen im Monopolgewerkschaftsmodell.

[2] Das Konzept der Pareto-Optimalität bzw. Pareto-Effizienz wird von jedem einführenden Lehrbuch der Mikroökonomik ausführlich erläutert. Vgl. z.B. Varian (1996).

besser stellen kann, ohne dass die Gegenpartei schlechter gestellt würde. Wenn eine Verhandlungslösung auf der Arbeitsnachfragefunktion dieses Kriterium verletzt, so bedeutet dies, dass es einen alternativen Kontrakt abseits der Arbeitsnachfragefunktion geben muss, durch den die Gewerkschaften bei gegebenen Unternehmensgewinnen einen höheren Nutzen und/oder die Unternehmen bei gegebenem Nutzen der Gewerkschaften einen höheren Gewinn erzielen könnten.

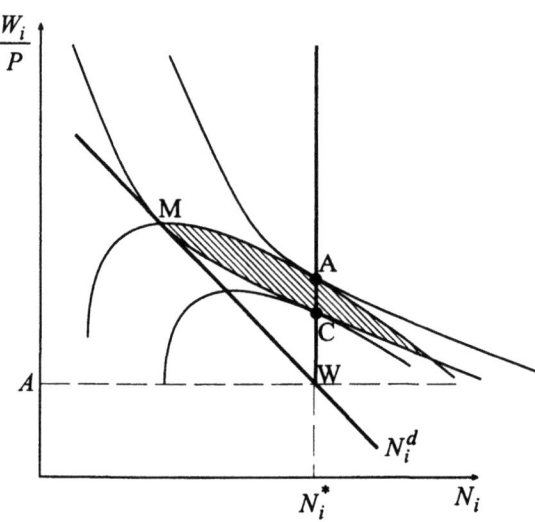

Abbildung 5.5: Die Kontraktkurve

Das Argument von Leontief (1946) lässt sich anhand von Abbildung 5.5 leicht veranschaulichen. Man muss sich lediglich in Erinnerung rufen, dass diejenigen Indifferenzkurven der Gewerkschaften, die weiter aussen liegen, einen höheren Nutzenindex aufweisen, und diejenigen Isogewinnkurven, die weiter unten liegen, einen höheren Gewinn.[1] Wenn wir die Lösung des Monopolgewerkschaftsmodells in Punkt M als Ausgangspunkt wählen, stellen alle Punkte, die in der schraffierten Linse liegen, gegenüber M eine Pareto-Verbesserung in dem eben beschriebenen Sinne dar. Ein analoges Argument lässt sich für jede mögliche Verhandlungslösung zwischen M und W machen. Pareto-effiziente Punkte sind überall dort gegeben, wo sich eine Isogewinn- und eine Indifferenzkurve tangieren: Genau dann gibt es nicht mehr eine sog. „Tauschlinse", innerhalb der sich beide Seiten (bzw. wenigstens eine Seite) besser stellen können. Die Punkte A und C sind Beispiele für effiziente Kontrakte, die diese Bedingung erfüllen.

---

[1] Zur Erinnerung: Dies kann man sich dadurch klar machen, dass man einen vertikalen Schnitt durch zwei Isogewinnkurven legt: Die höher liegende Isogewinnkurve impliziert für eine gegebene Beschäftigungsmenge einen höheren Lohn, und damit ceteris paribus einen niedrigeren Gewinn.

5.2. Modelle der kollektiven Lohnbildung

Die Verbindung aller Pareto-effizienten Punkte definiert die sog. *Kontraktkurve*. Auf dieser Kontraktkurve gilt, dass keine Reallohn-Beschäftigungskombination mehr gefunden werden kann, die Arbeitgeber *und* Gewerkschaften besser stellt. Aus der Tangentialbedingung, die die Menge der effizienten Kontrakte definiert, kann man auch die Gleichung ableiten, durch die sich die Kontraktkurve beschreiben lässt. Der Gewerkschaftsnutzen wird durch Gleichung (5.1) definiert, aus der sich durch Auflösen nach W_i/P eine Gleichung für die Indifferenzkurven ergibt:

$$(5.26) \quad \frac{W_i}{P} = A + \frac{\Omega_i - A}{N_i}.$$

Leitet man diesen Ausdruck *für ein gegebenes Nutzenniveau* $\overline{\Omega}_i$ nach N_i ab und setzt für $\overline{\Omega}_i - A$ Gleichung (5.1) ein, so erhält man die Steigung der Indifferenzkurve, die für besagtes Nutzenniveau steht:

$$(5.27) \quad \left.\frac{\partial (W_i/P)}{\partial N_i}\right|_{\Omega_i = \overline{\Omega}_i} = -(\overline{\Omega}_i - A) \cdot \frac{1}{N_i^2} = -\frac{(W_i/P) - A}{N_i}$$

Für die Steigung der Isogewinnlinien haben wir oben den Ausdruck (5.19) ermittelt. Gleichsetzen der beiden Steigungsmasse (5.19) und (5.27) ergibt somit die Kontraktkurve

$$(5.28) \quad R'_i = A$$

Da der Grenzumsatz R'_i von dem sektoralen Beschäftigungsvolumen N_i abhängt, das Alternativeinkommen A für den einzelnen Sektor jedoch exogen ist, gibt es genau eine Beschäftigungsmenge N_i^*, welche die Bedingung (5.28) erfüllt; die Kontraktkurve ist in diesem Fall eine vertikale Linie an der Stelle $N_i = N_i^*$.[1]

Wiederum lässt sich nun das Nash-Verhandlungsmodell auf die Frage anwenden, *wo* auf der Kontraktkurve sich die Tarifparteien treffen. Plausiblerweise werden dabei die Grenzen des Verhandlungsspielraums nach unten durch die Alternativentlohnung A und nach oben durch die Isogewinnlinie mit dem Wert $\overline{\Pi}_i = 0$ markiert. Die so charakterisierte Verhandlungssituation ist in Abbildung 5.6 dargestellt. Als relevanter Teil der Kontraktkurve sind alle effizienten Kontrakte gekennzeichnet, die als Verhandlungsergebnis in Frage kommen. Mit Aus-

---

[1] Dies ist ein Ergebnis der hier verwendeten einfachen Spezifikation der gewerkschaftlichen Nutzenfunktion Ω_i, die den Grenznutzen des in Sektor i erzielten Einkommens der Gewerkschaftsmitglieder, d.h. die Ableitung von Ω_i nach der realen Lohnsumme $W_i N_i/P$ als Konstante behandelt. Unter allgemeineren Annahmen über die gewerkschaftliche Nutzenfunktion muss die Kontraktkurve keine Vertikale sein.

nahme des unteren Endpunkts W liegen alle möglichen Lösungen abseits der Arbeitsnachfragekurve. Die Grösse des Verhandlungsspielraums zwischen den Punkten A und W ist letztlich durch das Ertragspotential der Arbeit nachfragenden Unternehmen bestimmt. Die erwirtschafteten Gewinne können ,je nach Verhandlungsmacht der Gewerkschaften ganz oder teilweise zu den Arbeitnehmern umverteilt werden. Im Extremfall geht der Gewinn dabei vollständig an die Gewerkschaften (Punkt A mit $\Pi_i = 0$) bzw. an die Unternehmer (Punkt B mit $W_i/P = A$).[1]

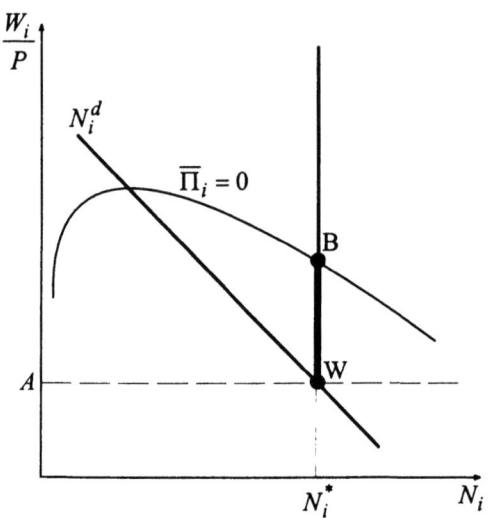

Abbildung 5.6: Zulässige Lösungen auf der Kontraktkurve

Wie hoch ist der durch den effizienten Kontrakt implizierte Beschäftigungsgrad N_i^*? Wie aus Bedingung (5.28) bzw. Abbildung 5.6 ersichtlich ist, kommt es auf die Höhe der Alternativentlohnung A relativ zum Verlauf der Arbeitsnachfragefunktion an. Es ist wichtig sich klarzumachen, dass in dem Modell nichts angelegt ist, was für die Vollbeschäftigung der Arbeitsanbieter in Sektor i sorgt. Das heisst die Bedingung (5.28) ist keine Vollbeschäftigungsbedingung. Damit wird deutlich, dass die Pareto-Effizienz der hier dargestellten Verhandlungslösung und die volkswirtschaftliche Effizienz des Arbeitsmarktes zwei verschiedene Dinge sind. Denn die Effizienz der Verhandlungslösungen auf der Kontraktkurve ist ja auf den exogenen Wert der Alternativentlohnung A konditioniert. Der Wert von A

---

[1] Wiederum ist der Vorbehalt anzubringen, dass die Analyse in jedem Sektor eine gegebene Anzahl von Firmen und eine gegebene Menge von investiertem Kapital unterstellt. Längerfristig ist natürlich in Rechnung zu stellen, dass der Grad der Gewinnaneignung durch die Gewerkschaften Rückwirkungen auf diese Grössen hat.

5.2. Modelle der kollektiven Lohnbildung

wiederum reflektiert sozialpolitische Regelungen, die mit dem Erreichen der Vollbeschäftigung u.U. in Konflikt stehen – nämlich dann, wenn die Transfers an die Arbeitslosen im Verhältnis zur Grenzproduktivität der Arbeit bei Vollbeschäftigung zu hoch sind.

Wo auf der Kontraktkurve kommt die Verhandlungslösung zustande? Diese Frage lässt sich nach demselben Verfahren beantworten wie im Falle des Right-to-Manage-Modells. Wurde dort der Punkt auf der Arbeitsnachfragefunktion gesucht, der den in (5.17) angegebenen verallgemeinerten Nash-Maximanden maximiert, so wird hier der entsprechende Punkt auf dem relevanten Teil der Kontraktkurve gesucht. Formal bedeutet dies die Maximierung des Ausdrucks (5.17) bzw. (5.17') bezüglich des Reallohns W_i/P unter der Nebenbedingung (5.28). Als Ergebnis erhalten wir

$$(5.29) \quad W_i/P = \lambda \cdot A + (1-\lambda) \cdot \frac{R_i(N_i^*)}{N_i^*}.$$

Die formale Herleitung von (5.29) wird in Box 5.3 näher erläutert.

Dieses Ergebnis besagt, dass der Reallohn einem gewichteten Mittel aus Durchschnitts- und Grenzerlös der Arbeit beim Beschäftigungsgrad N_i^* entspricht, wobei die Gewichte durch die relative Verhandlungsmacht der beiden Vertragsparteien bestimmt sind. Dies ist insofern gut nachvollziehbar, als bei $\lambda = 0$ der Lohnsatz dem Durchschnittsertrag entspricht und die Unternehmen somit keinen Gewinn mehr machen, während bei $\lambda = 1$ die Unternehmer nicht mehr als den Alternativlohn A – der bei N_i^* genau dem Grenzerlös der Arbeit entspricht – bezahlen müssen. Allgemein impliziert (5.29), dass der Ertrag, den die in Sektor i eingesetzte Arbeit über ihre Alternativentlohnung hinaus zu erwirtschaften erlaubt, nach Massgabe der relativen Verhandlungsmacht zwischen Unternehmen und Gewerkschaften aufgeteilt wird.

Box 5.3: Die Verhandlungslösung bei effizienten Kontrakten

Ausgangspunkt ist wie beim „Right-to-Manage"-Modell der verallgemeinerte Nash-Maximand in Gleichung (5.17'). Dessen Maximierung über W_i/P liefert zunächst die folgende Bedingung erster Ordnung:

$$(5.30) \quad \frac{\partial \log M}{\partial (W_i/P)} = \frac{\lambda}{R_i - (W_i N_i/P)} \cdot \left[\frac{\partial R_i}{\partial N_i} \cdot \frac{\partial N_i}{\partial (W_i/P)} - \frac{W_i}{P} \cdot \frac{\partial N_i}{\partial (W_i/P)} - N_i \right]$$
$$+ \frac{1-\lambda}{N_i((W_i/P) - A)} \cdot \left[\frac{\partial N_i}{\partial (W_i/P)} \cdot ((W_i/P) - A) + N_i \right] \overset{!}{=} 0$$

Unter Beachtung der Gleichung für die Kontraktkurve (5.28) sieht man, dass sich die beiden Terme in eckigen Klammern – abgesehen vom Vorzeichen – genau entsprechen. (5.30) vereinfacht sich daher drastisch zu

$$(5.30') \quad \frac{\lambda}{R_i - (W_i N_i / P)} = \frac{1-\lambda}{N_i((W_i/P) - A)},$$

was sich sofort nach der Lohngleichung (5.29) auflösen lässt. Zu beachten ist, dass es für diese Ableitung nicht die isoelastischen Spezifikationen für Produktions- und Nachfragefunktion gebraucht hat, wie wir sie in Box 5.2 für die Herleitung der Right-to-Manage-Modellösung verwendet haben.

5.2.3. Kollektive Lohnbildung: eine Synopse

Wir haben nun drei Prototyp-Modelle kennengelernt, anhand derer die Beschäftigungstheorie den Einfluss der kollektiven Lohnbildung auf das Arbeitsmarktergebnis zu analysieren erlaubt. Dabei wurde deutlich, dass das Ausmass der Unterbeschäftigung, das auf die kollektive Lohnbildung zurückzuführen ist, vor allem durch zwei Faktoren bestimmt wird: dem Umfang der staatlichen Sozial- und Lohnersatzleistungen, die einem Individuum im Falle der Arbeitslosigkeit zustehen (in den obigen Modellen: ALU), sowie die Ertragskraft der Unternehmungen, ausgedrückt durch die Grenzumsatzfunktionen R_i'.

Da die Finanzierungskosten für ALU auf der sektoralen Ebene ja höchstens als exogenes Datum wahrnehmbar sind, stellen die Tarifparteien in ihrem Kalkül nicht die ganzen Beschäftigungskonsequenzen ihrer Entscheidungen in Rechnung, sondern haben jeden Anreiz, die Allgemeinheit an den Folgekosten ihres Handelns zu beteiligen. Da die Transferzahlungen an nicht beschäftigte Arbeitsanbieter gehen, wirkt sich der Fehlanreiz umso stärker auf die Beschäftigung aus, je grösser die Verhandlungsmacht der Arbeitnehmerseite ist (je kleiner λ).

Diese Zusammenhänge lassen sich anhand von Abbildung 5.7 veranschaulichen, wo die verschiedenen Szenarien der kollektiven Lohnbildung auf der partialanalytischen Ebene zueinander in Beziehung gesetzt werden. Abbildung 5.8 verdeutlicht sodann die Implikationen der Modelle für Reallohn und Arbeitslosenquote auf der gesamtwirtschaftlichen Ebene.

Abbildung 5.7 stellt die Situation eines Sektors i dar: Die Arbeitsanbieter konditionieren ihr Verhalten auf ein gegebenes Alternativeinkommen A, das bei Nichtbeschäftigung im Sektor i erhältlich ist. Die Ertragskraft der Unternehmungen kommt in der Grenzerlösfunktion $R_i'(N_i)$ zum Ausdruck, die auch als Arbeitsnachfragefunktion $N_i^d(W_i/P)$ interpretiert werden kann. Bei vollkommenem Wettbewerb auf dem Arbeitsmarkt käme die Lösung in Punkt W zustande, weil die Arbeitgeber nicht mehr als die Opportunitätskosten der Arbeit, d.h. das Alternativeinkommen A, zu zahlen bräuchten. Je grösser indessen die Marktmacht der

5.2. Modelle der kollektiven Lohnbildung

Arbeitnehmer ist, desto weiter oben auf der Arbeitsnachfragekurve kommt das Arbeitsmarktergebnis zu liegen – im Right-to-Manage-Verhandlungsmodell nach Massgabe des Machtparameters λ in Punkt V_{RTM}, im Extremfall des Monopolgewerkschaftsmodells ($\lambda = 0$) in Punkt M. Effiziente Kontrakte, die das gemeinsame Interesse der Arbeitsmarktparteien durch Vereinbarung von Lohn und Beschäftigung maximieren, liegen auf der Kontraktkurve zwischen den Fallback-Positionen B und W, wobei wiederum die relative Verhandlungsmacht der beiden Seiten den spezifischen Punkt V_{EK} bestimmt, auf den man sich einigt.

Dass die Monopolgewerkschaftslösung M auf der Arbeitsnachfragefunktion und die unternehmerische Fallback-Position B auf der Kontraktkurve in Abbildung 5.7 auf derselben (Lohn-) Höhe eingezeichnet sind, ist kein Zufall, sondern folgt – wie wir in Box 5.4 zeigen – aus den Prämissen, unter denen wir die verschiedenen Modelle in den vorangegangenen Abschnitten entwickelt haben. Hieraus folgt unmittelbar auch, dass die Verhandlungslösungen V_{RTM} und V_{EK} für jedes gegebene λ auf derselben Höhe liegen müssen. Denn die Aufteilung der Strecken $\overline{MW}$ und $\overline{BW}$ ist in beiden Fällen ausschliesslich durch λ bestimmt, und dies erfordert einen gleichen Reallohn.

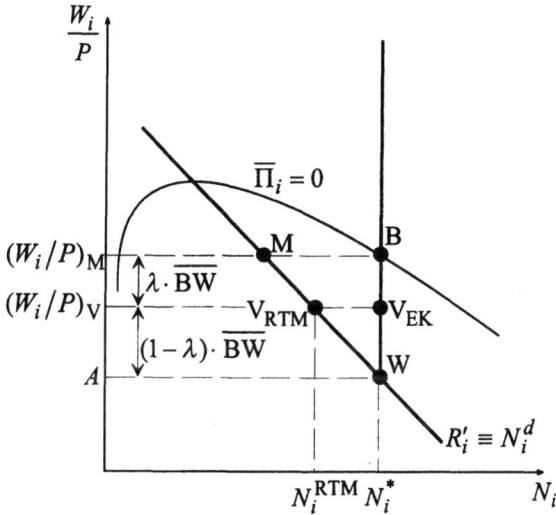

Abbildung 5.7: Die alternativen Modelle der Lohnbildung in der Partialanalyse

Nicht zulässig wäre es jedoch, aus der partialanalytischen Betrachtung von Abbildung 5.7 den Schluss zu ziehen, dass im allgemeinen Gleichgewicht aller Sektoren unter Right-to-Manage-Bedingungen derselbe volkswirtschaftliche Durchschnittslohn resultiert wie mit effizienten Kontrakten. Denn beim Übergang zur Totalanalyse ist zu berücksichtigen, dass unterschiedliche Beschäftigungsmengen, die sich in jedem Sektor bei gegebenem Alternativeinkommen A einstellen, durch die Interaktion der Sektoren Rückwirkungen auf den gesamtwirtschaftlich endogenen Wert von A haben. Ebensowenig bedeutet die vertikale Kontraktkurve des Partialmodells, dass effiziente Kontrakte gesamtwirtschaftlich ein Beschäftigungsvolumen generieren, das unabhängig von der relativen Verhandlungsmacht der beiden Arbeitsmarktparteien in den sektoralen Verhandlungen ist.[1] Auch in diesem Fall übersetzt sich das Lohnniveau des Partialmodells in eine Lohnsetzungskurve des Totalmodells; und da bei effizienten Kontrakten der Wert des Machtparameters λ Implikationen für das Preissetzungsverhalten der Firmen hat, überträgt sich die Invarianz der Beschäftigung bezüglich der relativen Verhandlungsmacht nicht auf die gesamtwirtschaftliche Ebene.

Was sich im gesamtwirtschaftlichen Preissetzungs-Lohnsetzungs-Kontext in den alternativen Szenarien abspielt, zeigt Abbildung 5.8, wo nun auf der Abszisse anstelle der sektoralen Beschäftigung die aggregierte Arbeitslosenquote abgetragen ist. Die Preissetzungskurve PS_{RTM} ist das aggregierte Äquivalent der sektoralen Grenzerlösfunktionen $R_i'(N_i)$. Sie resultiert – wie wir inzwischen mehrfach gesehen haben – aus dem Gewinnmaximierungskalkül der Firmen, wenn die Right-to-Manage-Annahme gilt und auf den Gütermärkten monopolistischer Wettbewerb herrscht. Ob sich Vollbeschäftigung einstellen würde, wenn die Lohnbildung vollkommen kompetitiv vonstatten ginge, hängt davon ab, wie sich die Höhe der staatlichen Transferzahlungen an die Arbeitslosen (ALU) zum vollbeschäftigungskonformen Reallohnniveau $(W/P)^*$ verhält, das durch den Ordinatenabschnitt von PS_{RTM} definiert ist. In Abbildung 5.8 ist der Fall $ALU > (W/P)^*$ eingezeichnet, was bedeutet, dass eine positive Arbeitslosenquote u_W resultiert, weil die Löhne ja nicht unter das Niveau der Transferzahlungen sinken können.

Die Tatsache, dass die Verhandlungslösungen im Right-to-Manage-Szenario und im Szenario der effizienten Kontrakte auf der sektoralen Ebene für jedes gegebene λ und jedes gegebene A zum gleichen Reallohn führen, bedeutet, dass beide Szenarien auf der gesamtwirtschaftlichen Ebene durch dieselbe Lohnsetzungsfunktion LS_V abgebildet werden können. Dass diese Funktion näher zum Ursprung verläuft als die Lohnsetzungsfunktion LS_M, die das Monopolgewerkschaftsszenario darstellt, haben wir bereits oben in Abschnitt 5.2.2.1 plausibel gemacht. Die exakte Gleichung für die LS_V-Kurve ist in Box 5.4 angegeben. Die LS_M-Kurve entspricht der $z(u)$-Kurve in Abbildung 5.3 und ist somit durch die in Abschnitt 5.2.1.2 entwickelte Gleichung (5.14) definiert. Die Extremlösungen W und M lassen sich wie schon im partialanalytischen Kontext von Abbildung 5.7

---

[1] Es sei daran erinnert, dass die Invarianz der Beschäftigung bezüglich des Verhandlungsmachtparameters λ auch auf der sektoralen Ebene nur unter der vereinfachenden Annahme resultiert, dass die Gewerkschaft eine lineare Nutzenfunktion hat.

5.2. Modelle der kollektiven Lohnbildung

als Spezialfälle des allgemeinen Right-to-Manage-Verhandlungsmodells auffassen, nämlich als die Fälle $\lambda = 1$ (W) bzw. $\lambda = 0$ (M). Die Eigenschaft, dass mit zunehmender gewerkschaftlicher Verhandlungsmacht (d.h. mit abnehmendem λ) die Unterbeschäftigung und das Reallohnniveau zunehmen, bleibt dabei erhalten.

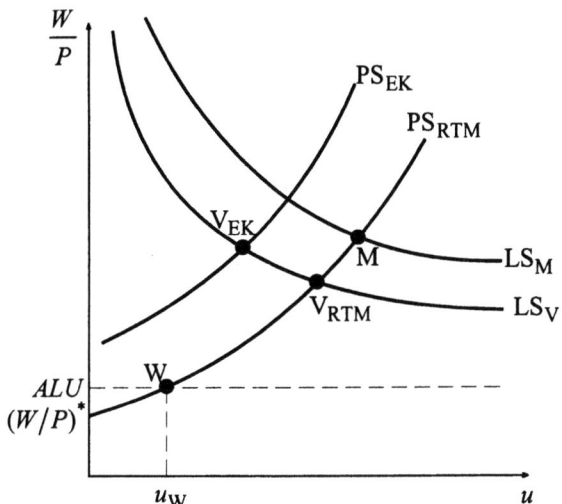

Abbildung 5.8: Unterschiedliche Preissetzungs-Lohnsetzungs-Gleichgewichte nach Massgabe des zugrundeliegenden Lohnbildungsmodells

Die PS_{EK}-Kurve bildet das Preissetzungsverhalten ab, wenn die Unternehmen durch effiziente Kontrakte auf eine Lösung abseits ihrer Arbeitsnachfragekurve festgelegt werden. Wie die Partialanalyse zeigt, übersteigt der durch eine solche Lösung implizierte Reallohn den Grenzerlös $R'_i(N^*_i)$ – und zwar umso mehr, je grösser die gewerkschaftliche Verhandlungsmacht ist. Die Diskrepanz reflektiert die Tatsache, dass die Unternehmungen in jedem Sektor, um den Output der über die Beschäftigung N_i^{RTM} hinaus einzustellenden Arbeiter absetzen zu können, Preiskonzessionen machen müssen, die den Grenzerlös unter den Reallohn drücken. Diese Preiskonzessionen schlagen sich auch auf der gesamtwirtschaftlichen Ebene in einem Verlauf der Preissetzungsfunktion nieder, der – im Vergleich zur PS_{RTM}-Funktion – mehr Beschäftigung und/oder ein höheres reales Lohnniveau impliziert.

> **Box 5.4: Die formalen Beziehungen zwischen den Lohnbildungsmodellen**
>
> In den Abbildungen 5.7 und 5.8 werden verschiedene Zusammenhänge zwischen den alternativen Modellen der kollektiven Lohnbildung veranschaulicht, die wir im folgenden etwas genauer begründen wollen:[1]
>
> 1. *Warum liegen die Punkte M und B in Abbildung 5.7 auf derselben Höhe?*
> Punkt M ist die Lösung des Monopolgewerkschaftsmodells, die wir oben in Gleichung (5.9') als Aufschlag auf das Alternativeinkommen A errechnet hatten:
>
> $$(5.9') \quad \frac{W_i}{P} = A \cdot \frac{1}{1-\omega^{-1}} \quad \text{(Punkt M in Abbildung 5.7)}$$
>
> Punkt B ist die Fallback-Position der Unternehmen im Modell des effizienten Kontrakts und liegt auf der Kontraktkurve an der Stelle, wo $\Pi_i = 0$. Die Bedingung $\Pi_i = 0$ bedeutet, dass der ganze Erlös an die Arbeitnehmer geht, der Reallohn W_i/P also dem Durchschnittserlös R_i/N_i entspricht. In Box 5.2 hatten wir die Elastizität der Erlösfunktion wie folgt definiert:
>
> $$(5.25) \quad \varepsilon \equiv \frac{R'_i}{R_i/N_i} = 1 - \omega^{-1}$$
>
> Wenn wir berücksichtigen, dass die Lage der Kontraktkurve durch die Bedingung $R'_i = A$ bestimmt wird, können wir die Bestimmungsgleichung der Fallback-Position der Unternehmen auf der Kontraktkurve ($\Pi_i = 0$) somit wie folgt schreiben:
>
> $$(5.31) \quad \frac{W_i}{P} = \frac{R_i}{N_i} \equiv \frac{R'_i}{\varepsilon} = \frac{A}{\varepsilon} = \frac{1}{1-\omega^{-1}} \cdot A \quad \text{(Punkt B in Abbildung 5.7)}$$
>
> Unter den getroffenen Annahmen, dass die gewerkschaftliche Nutzenfunktion linear und die Fallback-Position der Unternehmen durch $\Pi_i = 0$ gegeben ist, zeigt sich somit, dass Punkt B durch denselben Aufschlag auf das Alternativeinkommen A definiert ist wie Punkt M. Allerdings wird später die Totalanalyse zeigen, dass in den beiden Szenarien das Alternativeinkommen nicht denselben Wert annehmen wird. Nebenbei zeigt sich auch, dass die Lösung des Monopolgewerkschaftsmodells auf jeden Fall bei einem positiven Wert des Gewinns Π_i zustandekommt.

---

[1] Die in den Abbildungen 5.7 und 5.8 sowie in dieser Box beschriebenen Zusammenhänge beruhen auf verschiedenen Vereinfachungen bei der Spezifikation der zugrundeliegenden Verhaltensfunktionen (Linearität der gewerkschaftlichen Nutzenfunktion, isoelastische Erlösfunktion). Eine Darstellung, die auch allgemeinere Spezifikationen betrachtet, findet sich bei Creedy/McDonald (1991).

5.2. Modelle der kollektiven Lohnbildung

2. Warum liegen die Punkte V_{RTM} und V_{EK} in Abbildung 5.7 auf derselben Höhe?

Das Right-to-Manage-Modell hat auf der Ebene der Partialanalyse oben zu folgender Lösung für den Reallohn geführt:

(5.20) $\quad \dfrac{W_i}{P} = \dfrac{1-\lambda\omega^{-1}}{1-\omega^{-1}} \cdot A \quad$ (Punkt V_{RTM} in Abbildung 5.7)

Im Falle des Modells des effizienten Kontrakts lautete die Lösung

(5.29) $\quad \dfrac{W_i}{P} = \lambda \cdot A + (1-\lambda) \cdot \dfrac{R_i}{N_i}$,

was sich mit Hilfe von (5.31) umformen lässt zu

(5.32) $\quad \dfrac{W_i}{P} = \lambda \cdot A + (1-\lambda) \cdot \dfrac{1}{1-\omega^{-1}} \cdot A = \dfrac{1-\lambda\omega^{-1}}{1-\omega^{-1}} \cdot A$

(Punkt V_{EK} in Abbildung 5.7).

Dies ist offensichtlich derselbe Ausdruck wie die Lösung des Right-to-Manage-Modells (5.20), wenn wir in den beiden Szenarien die relative Verhandlungsmacht durch dasselbe λ beschreiben. Die Lösungen (5.20) und (5.32) entsprechen den Punkten V_{RTM} bzw. V_{EK} in Abbildung 5.7.

3. Wie kommen die Lohnsetzungsfunktionen in Abbildung 5.8 zustande?

Die Übereinstimmung der partialanalytischen Lösungen der beiden Verhandlungsmodelle für den Reallohn hat auf der Ebene des allgemeinen Gleichgewichts zur Folge, dass die beiden Szenarien durch dieselbe Lohnsetzungskurve charakterisierbar sind, nicht aber, dass in den beiden Fällen tatsächlich derselbe Lohn resultiert. Die Ermittlung der aggregativen Lohnsetzungskurve beinhaltet, wie wir in Abschnitt 5.2.1 am Beispiel des Monopolgewerkschaftsmodells im einzelnen gezeigt haben, zwei Schritte: Zum einen muss in die partialanalytische Reallohngleichung die (allen Szenarien gemeinsame) Bestimmungsgleichung des Alternativeinkommens A eingesetzt werden, die wir hier bequemlichkeitshalber nochmals aufführen:

(5.3) $\quad A \equiv \varphi \cdot \dfrac{W}{P} + (1-\varphi) \cdot ALU$.

Zum anderen wird auf die Symmetrieannahme $W_i = W \; \forall i$ zurückgegriffen. Angewandt auf die partialanalytische Verhandlungslösung (5.20) bzw. (5.32) ergibt dies

(5.33) $\quad \dfrac{W}{P} = \dfrac{1-\lambda\omega^{-1}}{1-\omega^{-1}} \cdot \left(\varphi \cdot \dfrac{W}{P} + (1-\varphi) \cdot ALU \right) = \dfrac{(1-\varphi)(1-\lambda\omega^{-1})}{1-\omega^{-1} - \varphi \cdot (1-\lambda\omega^{-1})} \cdot ALU$.

Gleichung (5.33) wird in Abbildung 5.8 durch die Lohnsetzungskurve LS_V dargestellt, die einen fallenden Verlauf aufweist, weil der Gewichtungsfaktor φ eine negative Funktion der Arbeitslosenquote u ist, wobei die Bedingung, dass der Nenner $1-\omega^{-1}-\varphi\cdot\left(1-\lambda\omega^{-1}\right)$ positiv bleiben muss, eine Untergrenze der Arbeitslosenquote definiert, bei welcher der Reallohn gegen unendlich geht. Diese Untergrenze liegt umso höher, je tiefer λ, d.h. je grösser die Verhandlungsmacht der Gewerkschaften ist. Im Extremfall $\lambda=0$ reduziert sich (5.33) auf die Lösung des Monopolgewerkschaftsmodells (Gleichung (5.14) in Abschnitt 5.2.1.2), die in Abbildung 5.8 durch die LS_M-Kurve wiedergegeben wird.

4. *Wie lautet die Preissetzungsgleichung bei effizienten Kontrakten?*

Solange die Unternehmen die alleinige Entscheidungskompetenz über die Beschäftigung besitzen, reflektiert die Preissetzungsfunktion das in Kapitel 2 beschriebene Gewinnmaximierungskalkül; d.h. es gilt die in Abschnitt 2.6 hergeleitete Beziehung zwischen Preis und Grenzkosten bzw. zwischen Reallohn und Grenzerlös, die in Abbildung 5.8 als PS_{RTM}-Kurve bezeichnet ist:

$$(2.16) \quad P = \mu \cdot \frac{W}{F'(N)} \iff \frac{W}{P} = \frac{F'(N)}{\mu} = R'(u)$$

(PS_{RTM}-Kurve in Abbildung 5.8)

Die Grenzerlösfunktion $F'(N)/\mu$ ist nichts anderes als das Aggregat der sektoralen Grenzerlösfunktionen $R'_i(N_i)$. Der negative sektorale Zusammenhang zwischen R'_i und N_i lässt sich dabei – wie schon in Kapitel 4 bei der Entwicklung des Preissetzungs-Lohnsetzungs-Modells – auf der gesamtwirtschaftlichen Ebene als positiver Zusammenhang zwischen dem Grenzerlös und der Arbeitslosenquote u ausdrücken, den wir $R'(u)$ nennen. Die PS_{RTM}-Kurve steigt somit von links nach rechts an.

Im Falle effizienter Kontrakte übersteigt der Reallohn aufgrund der von den Unternehmungen eingegangenen Beschäftigungsverpflichtung den Grenzerlös, und zwar – wie Gleichung (5.32) in Verbindung mit der Bestimmungsgleichung der Kontraktkurve $R'_i = A$ erkennen lässt – um einen Faktor $\dfrac{1-\lambda\omega^{-1}}{1-\omega^{-1}}$. Als gesamtwirtschaftliche Preissetzungsfunktion ergibt sich in diesem Szenario somit

$$(5.34) \quad \frac{W}{P} = \frac{1-\lambda\omega^{-1}}{1-\omega^{-1}} \cdot R'(u) \qquad (\text{PS}_{EK}\text{-Kurve in Abbildung 5.8})$$

Dass der gleichgewichtige Reallohn bei effizienten Kontrakten höher sein muss als im Right-to-Manage-Szenario, folgt unmittelbar aus der negativen Steigung der LS_V-Kurve. Andererseits wird die „Effizienz" der effizienten Kontrakte durch die Tatsache relativiert, dass sie im allgemeinen Gleichgewicht (Punkt

5.2. Modelle der kollektiven Lohnbildung

> V_{EK} in Abbildung 5.8) zu einer höheren Arbeitslosenquote führen als das Referenzszenario der Wettbewerbslösung (Punkt W in Abbildung 5.8). Der Beweis dieser Behauptung stützt sich auf die Tatsache, dass für alle positiven Werte von φ, die in (5.33) einen zulässigen Wert des Reallohns generieren, die folgende Ungleichung erfüllt ist:
>
> $$(5.35) \quad \frac{(1-\varphi)(1-\lambda\omega^{-1})}{1-\omega^{-1}-\varphi(1-\lambda\omega^{-1})} > \frac{1-\lambda\omega^{-1}}{1-\omega^{-1}}$$
>
> Diese Ungleichung ist gleichbedeutend mit der Feststellung, dass der vertikale Abstand der LS_V-Kurve (5.33) von der Arbeitslosenunterstützung ALU grösser ist als der vertikale Abstand der PS_{RTM}-Kurve (2.16) von der PS_{EK}-Kurve (5.34) – woraus folgt, dass Punkt V_{EK} in Abbildung 5.8 rechts von Punkt W liegen muss.

Da sich bei Abschluss effizienter Kontrakte dieselbe fallende Lohnsetzungskurve LS_V ergibt wie im Right-to-Manage-Modell, kommt das Preissetzungs-Lohnsetzungs-Gleichgewicht somit im Punkt V_{EK} der Abbildung 5.8 zustande. Anders als die Partialanalyse auf den ersten Blick vermuten lassen könnte, führen effiziente Kontrakte im Vergleich zu Verhandlungen unter Right-to-Manage-Bedingungen nicht nur zu mehr Beschäftigung, sondern auch zu einem höheren Reallohn. Ebenfalls im Gegensatz zur partialanalytischen Intuition steht das in Box 5.4 bewiesene Ergebnis, dass effiziente Kontrakte im allgemeinen Gleichgewicht ein geringeres Beschäftigungsvolumen und damit eine höhere Arbeitslosenquote generieren als der reine Wettbewerbsmechanismus.

Dennoch: Die günstigen Eigenschaften, die das Modell der effizienten Kontrakte auch gesamtwirtschaftlich gegenüber dem Right-to-Manage-Ansatz besitzt, werfen die Frage nach der praktischen Relevanz bzw. Realisierbarkeit dieses Modells auf. Die Mobilisierung der Effizienzreserven, welche die auf der Arbeitsnachfragekurve liegenden Verhandlungslösungen ungenutzt lassen, setzt voraus, dass die Tarifparteien simultan über Lohnhöhe *und* Beschäftigung verhandeln. Es gibt indessen nur wenig direkte Evidenz dafür, dass dies tatsächlich geschieht.[1]

Wenn man sich fragt, warum sich in der Realität ein Verhandlungsmodus offenkundig nicht durchsetzen kann, der theoretisch gegenüber der herrschenden Praxis einen eindeutigen Effizienzvorteil besitzen müsste, stösst man relativ schnell auf Merkmale der konkreten Verhandlungssituation, die von unseren bis-

---

[1] Dies schliesst allerdings die Existenz impliziter Beschäftigungsabsprachen nicht aus. Internationale Evidenz über die Rolle der Beschäftigung in Tarifverhandlungen diskutiert Oswald (1993).

herigen Modellierungen nicht abgebildet werden.[1] Dazu gehört insbesondere die Unsicherheit über die Entwicklung der Gütermärkte während der Laufzeit des Vertrages. Legen sich die Unternehmen von Anfang an auf Lohnhöhe *und* Beschäftigungsmenge fest, verbleibt ihnen kein Aktionsparameter mehr, mit dem sie auf unvorgesehene Veränderungen ihrer Ertragslage reagieren könnten. Ein solcher Verzicht auf jegliche Flexibilität kann leicht kostspielig werden und den oben geschilderten Effizienzgewinn überkompensieren.

Selbst wenn wir vom Problem der Unsicherheit absehen, macht Abbildung 5.7 unmittelbar klar, dass es ungeachtet der Effizienzeigenschaften des effizienten Kontrakts V_{EK} nicht im Interesse der Unternehmungen liegen kann, ihr „Right-to-Manage" ohne Gegenleistung freiwillig zur Disposition zu stellen. Denn in V_{EK} ist der Gewinn Π_i eindeutig tiefer als in V_{RTM}.[2]

Manche Autoren haben auch darauf hingewiesen, dass aus der Sicht von Insider-Outsider-Modellen – auf die wir unten in Kapitel 7 näher eingehen werden – für die Gewerkschaften nicht unbedingt die Beschäftigungsmenge als solche in die Zielfunktion eingeht, sondern lediglich die Sicherung der bestehenden Arbeitsplätze. Wenn dies zutrifft, lässt sich zeigen, dass die Gewerkschaften unter normalen Bedingungen, d.h. solange sie nicht mit einem dramatischen Rückgang der Arbeitsnachfrage konfrontiert sind, bereit sind, den Unternehmen die Bestimmung der Beschäftigungsmenge zu überlassen.

Ein dritter Grund für die Absenz effizienter Kontrakte liegt in dem Zentralisierungsgrad der Tarifverhandlungen. Wenn nämlich auf sektoraler und/oder regionaler oder gar auf makroökonomischer Ebene Verhandlungen stattfinden, können sich Arbeitgebervertreter nicht auf eine quantitative Beschäftigungszusage einlassen, die von der Gesamtzahl der Unternehmungen einzuhalten ist. Jede Unternehmung könnte in einer solchen Situation auf „die anderen" verweisen, die die Beschäftigungsmenge entsprechend anpassen müssten. Diese Problematik hat wesentlich dazu beigetragen, dass aus den wiederholten Anläufen, in der Bundesrepublik Deutschland ein sog. „Bündnis für Arbeit" zu schliessen, nie etwas geworden ist. Die Vorstellung, man könne die Arbeitgeberseite – u.U. im Austausch gegen bestimmte Konzessionen bei den Löhnen – zu verbindlichen Beschäftigungszusagen bewegen, scheitert allein schon daran, dass die verhandelnden Arbeitgeberverbände keinerlei Handhabe besitzen, gegenüber ihren individuellen Mitgliedern die Umsetzung irgendwelcher Beschäftigungsverpflichtungen durchzusetzen.

Ein in der Realität durchsetzbarer effizienter Kontrakt ist nur dann zu erwarten, wenn Verhandlungen auf der Ebene einer einzelnen Unternehmung stattfinden. Nur dann sitzen sich die Verhandlungspartner gegenüber, die später auch für die

---

[1] Zu den Gründen, warum in der Praxis das Right-to-Manage-Modell die grössere Relevanz zu besitzen scheint, vgl. Layard/Nickell/Jackman (1991, ch. 2), Oswald (1993) sowie Booth (1995, ch. 5).

[2] Auf dieses Problem, wie auch auf Möglichkeiten seiner Überwindung, kommen wir unten, in Abschnitt 6.6.2, nochmals zurück.

Einhaltung mengenmässiger Beschäftigungsverpflichtungen verantwortlich gemacht werden können. Beispiele für solche Verträge gibt es allerdings; bekannt geworden sind entsprechende Vereinbarungen bei der Volkswagen AG im Rahmen eines Haustarifvertrags. In Kapitel 6 werden wir zudem ein interessantes Argument aufgreifen, laut dem die Eigenschaften effizienter Kontrakte auf indirektem Wege hergestellt werden können, wenn in den Lohnvertrag eine Gewinnbeteiligungskomponente nach dem Vorbild von Martin Weitzmans (1985) „Share Economy" eingebaut wird.

Mit ihrer Fokussierung auf die Rolle der kollektiven Lohnverhandlungen nehmen die bis hierher behandelten Lohnbildungsmodelle manche Übervereinfachung in Kauf. Nähme man etwa Abbildung 5.8 wörtlich, müsste man glauben, dass bei hinreichend tiefen Lohnersatzleistungen des Staates und in Abwesenheit gewerkschaftlicher Marktmacht die Arbeitslosenquote den Wert null annimmt. Dies zeigt, dass das Modell beispielsweise alle Unvollkommenheiten des Matching-Prozesses auf dem Arbeitsmarkt ausblendet, die wir in Kapitel 2 im Zusammenhang mit der Beveridgekurve erörtert haben. Ähnliches gilt für die ganzen komplexen Anreizeffekte der staatlichen Transfer- und Umverteilungsmaschinerie, die das Modell auf einen simplen, allein vom durchschnittlichen Niveau der Unterstützungszahlungen abhängigen Lohndruck-Effekt reduziert.

Zu den Prämissen, auf die sich die bisherigen Überlegungen durchwegs gestützt haben, gehört schliesslich auch die Annahme, dass die Arbeitgeber jeden Anreiz haben, ihren Beschäftigten den tiefstmöglichen Lohn zu bezahlen, zu dem die Arbeitsplätze überhaupt besetzt werden können. Zugeständnisse, die über dieses Minimum hinausgehen, machen sie nur insoweit, als sie ihnen von den Gewerkschaften abgerungen werden. Dass dieses Unternehmerbild eine grobe Karikatur ist, und dass eine realistischere Modellierung des Arbeitgeberinteresses weitreichende Konsequenzen für die Funktionsweise des Arbeitsmarktes hat, ist die grundlegende Einsicht der Lohnbildungstheorie, der wir uns nun zuwenden.

5.3. Die Effizienzlohntheorie

5.3.1. Die Grundidee

Am Anfang dieses Kapitels stand die Einsicht, dass Arbeitslosigkeit als Gleichgewichtseigenschaft des Arbeitsmarktes deshalb auftritt, weil die Lohnsetzungsfunktion von der gesamtwirtschaftlichen Arbeitsangebotsfunktion abweicht (Abbildung 5.1). Die bisher erörterten Modelle der kollektiven Lohnbildung führen alle zum Ergebnis, dass diese Abweichung auf die Marktmacht gewerkschaftlich organisierter Arbeitnehmer zurückzuführen ist. Aber es wäre voreilig, hieraus den Schluss zu ziehen, dass Marktmacht auf der Angebotsseite des Arbeitsmarkts eine notwendige Bedingung für einen anhaltenden Angebotsüberschuss ist. Denn dies wäre einerseits empirisch falsch – anhaltende Arbeitslosigkeit kann auch auftreten, wo die gewerkschaftliche Organisation schwach oder gar nicht vorhanden ist.[1] Andererseits ist es auch logisch nicht zwingend, dass eine Absenkung der Löhne auf ein markträumendes Niveau immer nur durch den Widerstand der Beschäftigten oder durch gesetzliche Beschränkungen vereitelt wird. Vielmehr zeigt die Praxis, dass auch die Unternehmen kein unbedingtes Interesse daran haben, auf jedes Anzeichen eines Angebotsüberhanges oder eines Nachfragerückganges hin die Löhne zu drücken, sondern es vorziehen, bei unveränderten Löhnen die Menge der Arbeitsplätze zu rationieren. In Befragungen wird als Begründung für dieses Verhalten etwa angeführt,

- dass bei Lohnkürzungen gerade diejenigen Mitarbeiter zuerst abspringen, die man am ehesten halten möchte; [2]
- dass Lohnkürzungen Unzufriedenheit in den Betrieb hineintragen und die Leistungsbereitschaft der Mitarbeiter beeinträchtigen;
- dass die Reputation, ein fairer Arbeitgeber zu sein, der „gute Löhne" zahlt, ein kostbares Gut ist und daher nicht ohne Not aufs Spiel gesetzt werden sollte.

Argumente dieser Art, die unmittelbar dem gesunden Menschenverstand entspringen, besagen im Grunde nichts anderes, als dass der Lohn für den Betrieb nicht nur ein Kostenfaktor ist, sondern auch ein Instrument zur Beeinflussung der Leistungsbereitschaft, Motivation, Betriebstreue und damit letztlich auch der Effizienz und Produktivität der Mitarbeiter – daher der Begriff „Effizienzlohn"[3]. Die Effizienzlohntheorie zeigt formal, wie sich der Anreiz eines Unternehmens, mehr als den marktgängigen Lohn zu zahlen, aus einem reinen Gewinnmaximierungskalkül, d.h. aus einem Vergleich der Produktivitäts- und Kostenwirkungen eines höheren Lohnes, herleiten lässt. Sie untermauert damit die Überzeugung von Henry Ford, der im Jahre 1914 die Mindestlöhne in den Ford-Werken mit einem Schlag auf 5 Dollar verdoppelt hatte und später dazu meinte: „This was one of the finest cost cutting moves we ever made" (Raff/Summers 1987).

Es gibt eine Reihe von Modellen, welche die verschiedenen Motive, Effizienzlöhne zu zahlen, abbilden. Eine frühe formale Modellierung des Effizienzlohngedankens findet sich in einem entwicklungsökonomischen Kontext bei Leibenstein (1957). Bei ihm wird die Situation eines Entwicklungslandes betrachtet,

---

[1] In den Worten von Layard/Nickell/Jackman (1991, S. 150): „Unions are a newer phenomenon in human history than unemployment".

[2] Ein anschauliches Beispiel für dieses Argument gibt Weiss (1980, S. 526): „In 1975, the administration of the Stanford Linear Accelerator Center (SLAC) declared its intention to lay off 10 percent of its work force. The workers then voted to take a 10 percent wage cut voluntarily to stop the layoffs. This offer was refused by the management of SLAC. The reason offered by SLAC was: if wages were cut, the best workers would quit."

[3] Damit wird auch deutlich, dass der hier verwendete Effizienzbegriff mit den Effizienzeigenschaften der Kontrakte im vorangegangenen Abschnitt nichts zu tun hat.

5.3. Die Effizienzlohntheorie

in dem höhere Löhne eine produktivitätssteigernde Wirkung allein deshalb entfalten, weil sie die Ernährungssituation der Arbeitskräfte verbessern. Naheliegenderweise betont die auf hochentwickelte Volkswirtschaften zugeschnittene Arbeitsmarktliteratur andere Wirkungskanäle. In der Regel wird dabei jeweils ein bestimmter Aspekt beleuchtet, weshalb die Modelle als komplementär zueinander anzusehen sind. Wir möchten diese Modelle hier allerdings nicht im einzelnen ausbreiten, sondern uns darauf beschränken, die vier populärsten zu nennen und die jeweilige Grundidee kurz zu skizzieren.[1] Es sind dies das Drückeberger-Modell, das Fluktuationskosten-Modell, das Modell der adversen Selektion sowie der soziologische Ansatz.

Das Drückeberger-Modell
Dieses Modell, das auf einen Aufsatz von Shapiro/Stiglitz (1984) zurückgeht, unterstellt den Arbeitnehmern eine Nutzenfunktion, in die der erzielte Lohn mit einem positiven und die zu erbringende Leistung mit einem negativen Vorzeichen eingeht. Weiter wird angenommen, dass die Leistungsintensität durch den Arbeitgeber nur unvollkommen kontrolliert werden kann – z.B. stichprobenweise –, so dass im Prinzip ein Anreiz besteht, sich vor der Arbeit zu drücken. Der Arbeitnehmer muss dabei zwei Dinge gegeneinander abwägen: einerseits den Nutzen, den ihm die Drückebergerei bringt, sofern er nicht ertappt wird; andererseits die Wahrscheinlichkeit, ertappt zu werden, sowie den Nutzenverlust, der in diesem Fall durch die Sanktion der Entlassung entsteht. Das Problem der Unternehmungsleitung besteht demgegenüber darin, bei gegebenen technischen Möglichkeiten der Leistungsüberwachung den Lohn genügend hoch anzusetzen – und somit den Nutzenverlust im Entlassungsfall genügend gross werden zu lassen –, dass es die Arbeitnehmer vorziehen, auf die Drückebergerei zu verzichten.

Der entscheidende Punkt dabei ist, dass das Unternehmen, um den angestrebten Anreizeffekt zu erzielen, den Lohnsatz im Verhältnis zu den Löhnen anderer Unternehmen umso weniger hoch ansetzen muss, je höher die Arbeitslosenquote ist. Die Drohung, im Entlassungsfall arbeitslos zu werden, diszipliniert das Verhalten der Arbeitnehmer. Nicht umsonst sprechen Shapiro/Stiglitz von der Arbeitslosigkeit als einem „Disziplinierungsmittel" – eine Funktion, die der Arbeitsmarktlage in ganz ähnlicher Weise natürlich auch in den oben besprochenen Gewerkschafts- und Verhandlungsmodellen zukommt.

Das Fluktuationskosten-Modell
Ein Faktor, der für die Effizienz des Arbeitseinsatzes erhebliche Bedeutung erlangen kann, ist die Personalfluktuation (Salop 1979, Schlicht 1978). Dabei geht es nicht nur um die direkten Kosten im Vordergrund, die durch zeitweilige Vakanzen und die Rekrutierung neuer Arbeitskräfte entstehen, sondern vor allem auch um

---

[1] Gute, detaillierte Übersichten über die einzelnen Versionen der Effizienzlohntheorie vermitteln der Sammelband von Akerlof/Yellen (eds.) (1986) sowie der Survey-Artikel von Katz (1986).

die Investitionen in betriebsspezifische Qualifikationen, die bei Ausscheiden eines Mitarbeiters jedesmal abgeschrieben werden müssen. Wenn die Kündigungsrate eine Funktion der relativen Attraktivität des Arbeitsplatzes ist, bildet dies für den Arbeitgeber einen Anreiz, diese Attraktivität zu erhöhen. Dies kostet zwar Geld in Form eines höheren Lohnes, spart aber Fluktuationskosten. Der Effizienzlohn ist jener Lohnsatz, bei dem die Summe von direkten Lohnkosten und Fluktuationskosten ein Minimum erreicht. Wiederum gilt, dass ein Anstieg der Arbeitslosenquote die Kündigungslust dämpft und daher den Effizienzlohn senkt.

Das Modell der adversen Selektion
Bei diesem Ansatz geht es um die Kriterien, die ein Unternehmen bei der Einstellung von neuem Personal heranzieht. So wie das Drückeberger-Modell als Ausgangshypothese eine unvollkommene Kontrollierbarkeit der Leistungsintensität postuliert, legt das Modell der adversen Selektion die Vermutung zugrunde, dass trotz Zeugnissen und Lebenslauf die betriebsspezifische Qualifikation eines Bewerbers nicht hinlänglich präzise beurteilt werden kann. Unter diesen Bedingungen ist es für ein Unternehmen eine rationale Strategie, attraktive (Effizienz-) Löhne zu zahlen, um den Anteil leistungsfähiger und leistungsbereiter Personen unter den Bewerbern zu erhöhen. Eine Negativauslese (adverse Selektion) findet insoweit statt, als von der Lohnforderung eines Stellenbewerbers auf dessen Qualität geschlossen wird. Wenn die teuersten Arbeitsanbieter im Schnitt tatsächlich die Besten sind, wird wiederum eine höhere Produktivität der Arbeitskräfte mit höheren Löhnen erkauft.

Soziologische Modelle
Diese Klasse von Erklärungen stellt Überlegungen in den Mittelpunkt, die die soziale Interaktion von Arbeitgeber und Arbeitnehmer betonen. Beziehungen auf dem Arbeitsmarkt werden z.B. als gegenseitiger Austausch von „Geschenken" gesehen (Akerlof 1982), die aufgrund von gesellschaftlichen Konventionen oder Normen voneinander erwartet werden – etwa nach dem Motto: „Fairer Lohn für gute Arbeit". Diese Modellklasse weist bereits auf die (in Kapitel 7) noch zu besprechenden Insider-Outsider-Hypothese hin, indem die soziologischen Modelle eine Asymmetrie zwischen Beschäftigten und Nicht-Beschäftigten nahelegen: Soziale Normen werden vornehmlich in bestehenden Beschäftigungsverhältnissen wirksam, Arbeitslose haben keine Chance, in den Genuss loyalen Arbeitgeberverhaltens zu kommen, genau so wenig wie sie ihrerseits Loyalität praktizieren können. Die Quintessenz ist, dass das Unternehmen auch hier mit einem Trade-Off zwischen der Leistungsintensität seiner Mitarbeiter und der Höhe seiner Lohnkosten konfrontiert ist, den es in gleicher Weise wie in den anderen Effizienzlohn-Modellen optimiert.

Was uns im folgenden nun allerdings mehr interessieren wird als die Spezifikation der einzelbetrieblichen Anreizstrukturen, die zur Zahlung von Effizienzlöhnen Anlass geben, sind die makroökonomischen Implikation der Effizienzlohntheorie. Dabei wird sich zeigen, dass die Doppelrolle des Lohnes als Produk-

5.3. Die Effizienzlohntheorie

tivitäts- und Kostenfaktor auf der gesamtwirtschaftliche Ebene die auf den ersten Blick überraschende – und auf der einzelbetrieblichen Ebene in keiner Weise beabsichtigte – Konsequenz nach sich zieht, dass im Gleichgewicht Arbeitslosigkeit resultiert. Wie in den vorangegangenen Abschnitten beginnen wir mit einer Beschreibung der Situation auf der Ebene der mikroökonomischen Partialanalyse – mit dem Unterschied, dass die relevante Wirtschaftseinheit jetzt nicht mehr ein ganzer Sektor ist, sondern eine einzelne Unternehmung. Wir nehmen dabei an, dass die Festsetzung des Lohnes ausschliesslich Sache der Unternehmung ist, und dass es weder auf der Arbeitgeber- noch auf der Arbeitnehmerseite irgendwelche Absprachen oder sonstige Formen der kollektiven Organisation gibt. Anschliessend analysieren wir die Implikationen der Effizienzlöhne auf der aggregativen, makroökonomischen Ebene.

5.3.2. Partialanalyse: Die Solow-Bedingung für das einzelbetriebliche Optimum

Wie immer im einzelnen der Wirkungskanal beschaffen sein mag, über den die Lohnhöhe die Produktivität des Faktors Arbeit beeinflusst, zentral ist in jedem Fall die Attraktivität des individuellen Arbeitsplatzes im Verhältnis zu den Alternativen, die einem Beschäftigten im Falle eines Arbeitsplatzverlustes offenstehen. Natürlich hängt die Attraktivität eines Arbeitsplatzes von vielerlei Faktoren ab, die nicht einmal alle dem Unternehmen Kosten verursachen müssen. Insoweit sie aber Kosten verursachen, subsumieren wir sie im folgenden unter die Variable „Lohn" (W_i). Wie schon in den Modellen der kollektiven Lohnbildung ist der Lohn sodann zu den Aussichten eines Arbeitnehmers ausserhalb des Unternehmens in Beziehung zu setzen, wobei wir wiederum vereinfachend das gesamtwirtschaftliche Lohnniveau W stellvertretend für den an einem anderen Arbeitsplatz erhältlichen Lohn und die Arbeitslosenquote u als Indikator der Wiederbeschäftigungschancen verwenden.

Die Effizienz des Arbeitseinsatzes in einem Unternehmen i bezeichnen wir mit e_i und bringen den Zusammenhang zur relativen Attraktivität der Arbeitsplätze durch eine Effizienzfunktion Λ zum Ausdruck:

$$(5.36) \quad e_i = \Lambda\left(\frac{W_i}{W}, u, \ldots\right) \qquad \text{mit } \Lambda_1 > 0, \Lambda_2 > 0, \Lambda_{11} < 0, \Lambda_{12} < 0$$

Die Punkte in der Funktion stehen für effizienzwirksame Faktoren, die im folgenden nicht explizit berücksichtigt werden, wozu nicht zuletzt auch das Einkommen im Falle der Erwerbslosigkeit (Transferzahlungen, Vermögenseinkommen) zu zählen ist. Die Subskripte 1, 2 bezeichnen die partiellen Ableitungen nach dem ersten bzw. zweiten Argument. Der Einfluss des Relativlohns und der Arbeitslosenquote auf die Attraktivität einer Beschäftigung im Unternerhmen i und damit auf den Effizienzparameter e_i ist positiv ($\Lambda_1, \Lambda_2 > 0$), wobei die marginale

Wirkung des Anreizmittels Relativlohn mit steigender Dosierung plausiblerweise geringer wird ($\Lambda_{11} < 0$). Ebenso verliert der Relativlohn bei zunehmender Arbeitslosenquote an Bedeutung ($\Lambda_{12} < 0$).

Relevant für die Produktionsleistung, die ein Unternehmen mit seiner Belegschaft erbringen kann, ist der „effektive" Arbeitseinsatz, der sich durch Multiplikation des Effizienzparameters e_i mit der Beschäftigungsmenge N_i ergibt. Dies bedeutet auch, dass das Produkt $e_i \cdot N_i$ als Argument in die uns bereits bekannte Erlösfunktion eingeht:

(5.37) $\quad R_i = R_i(e_i \cdot N_i), \quad R_i' > 0, \; R_i'' < 0$

Das unternehmerische Gewinnmaximierungskalkül weist aufgrund von (5.37) eine Dimension mehr auf als in den Fällen, die wir bisher in diesem Buch diskutiert haben. Denn neben der Beschäftigungsmenge wird nun auch der Lohnsatz zu einem Aktionsparameter, wobei die Wirkung beider Instrumente auf die Erlös- und auf die Kostenseite zu berücksichtigen ist. Wenn wir die Erlösfunktion (5.37) in die übliche Gewinngleichung einsetzen und dabei die Spezifikation von e_i in (5.36) berücksichtigen, resultiert folgendes Optimierungsproblem:

(5.38) $\quad \underset{W_i, N_i}{\text{Max}} \; \Pi_i = R_i\left(e_i\left(\frac{W_i}{W}, u\right) \cdot N_i\right) - \frac{W_i}{P} \cdot N_i$

Das gesamtwirtschaftliche Lohn- und Preisniveau (W bzw. P) gehört für die einzelne Unternehmung ebenso wie die Arbeitslosenquote u zur Menge der nicht kontrollierbaren exogenen Daten. Erst auf der aggregativen Ebene des allgemeinen Gleichgewichts wird sich die Frage stellen, wie sich diese Grössen aus der Interaktion der vielen, unabhängig voneinander handelnden Akteure bestimmen lassen. Die Lösung des Gewinnmaximierungsproblems (5.38) muss die folgenden beiden Bedingungen erster Ordnung erfüllen:

(5.39) $\quad \dfrac{\partial \Pi_i}{\partial (W_i/W)} = R_i' \cdot \Lambda_1 \cdot N_i - \dfrac{W}{P} \cdot N_i \overset{!}{=} 0$

(5.40) $\quad \dfrac{\partial \Pi_i}{\partial N_i} = R_i' \cdot e_i - \dfrac{W_i}{P} \overset{!}{=} 0$

Gleichung (5.39) gibt die Anweisung, den Lohn bis zu dem Punkt zu erhöhen, wo der Wert einer weiteren Steigerung der Effizienz des Arbeitseinsatzes die zusätzlichen Lohnkosten[1] gerade noch rechtfertigt. Dagegen ist Gleichung (5.40) die

---

[1] In (5.39) machen wir uns bei der Ableitung der realen Lohnkosten nach dem Relativlohn zunutze, dass $\dfrac{W_i}{P} \equiv \dfrac{W_i}{W} \cdot \dfrac{W}{P}$.

5.3. Die Effizienzlohntheorie

übliche Bedingung, dass Grenzerlös und Grenzkosten bei einer Veränderung der Beschäftigungsmenge übereinstimmen müssen. Wenn wir (5.40) in (5.39) einsetzen, um R'_i zu eliminieren, erhalten wir

(5.41) $\quad \Lambda_1 = \dfrac{e_i}{W_i/W}$,

was sich leicht in die folgende Elastizitätsbedingung umformen lässt:

(5.41') $\quad \Lambda_1 \cdot \dfrac{W_i/W}{e_i} \equiv \dfrac{\partial e_i}{\partial (W_i/W)} \cdot \dfrac{W_i/W}{e_i} = 1$

Diese Bedingung ist als *Solow-Bedingung* in die Literatur eingegangen (Solow 1979). Sie lässt sich sich mit Hilfe von Abbildung 5.9 graphisch veranschaulichen. Im $[e_i - (W_i/W)]$-Quadranten ist die Λ-Funktion gemäss (5.36) eine konkave Funktion. Plausiblerweise hat diese Funktion einen positiven Abszissenabschnitt, weil erst ab einem gewissen Minimalwert von W_i/W überhaupt eine Leistung erwartet werden kann. Auf der linken Seite von (5.41) steht nun die Steigung dieser Funktion, auf der rechten Seite steht die Steigung eines Fahrstrahls vom Ursprung. Die Bedingung (5.41) besagt demnach, dass die optimale Lohnpolitik im Tangentialpunkt A realisiert wird. Sie ist dadurch charakterisiert, dass sie die Lohnkosten pro Effizienzeinheit minimiert. Dies lässt sich daraus ersehen, dass die Steigung des Fahrstrahls – die durch $\dfrac{e_i}{(W_i/W)}$ gegeben ist und somit (für jedes gegebene W) umgekehrt proportional mit den Lohnkosten pro Effizienzeinheit variiert – in Punkt A ihren maximalen Wert erreicht.[1]

Äquivalent können wir mit (5.41') eben auch sagen, dass die Elastizität der Effizienzfunktion im Optimum gerade den Wert eins annehmen muss, was folgende Interpretation hat: Es ist für die Unternehmung so lange attraktiv, den (relativen) Lohn zu erhöhen, wie eine 1%-ige Lohnerhöhung zu einer Effizienzsteigerung um mehr als 1% führt. Umgekehrt wäre es für eine Unternehmung sinnvoll, die Löhne um 1% zu senken, solange dies mit einem unterproportionalen Leistungsrückgang einhergeht.

Der untere Quadrant von Abbildung 5.9 veranschaulicht, welche Konsequenzen die Solow-Bedingung für die Arbeitsnachfrage der Unternehmung hat.

---

[1] Es ist (mit Hilfe der Quotientenregel) leicht verifizierbar, dass (5.41) bzw. (5.41') auch direkt aus der Maximierung von $\dfrac{e_i}{(W_i/W)}$ folgt.

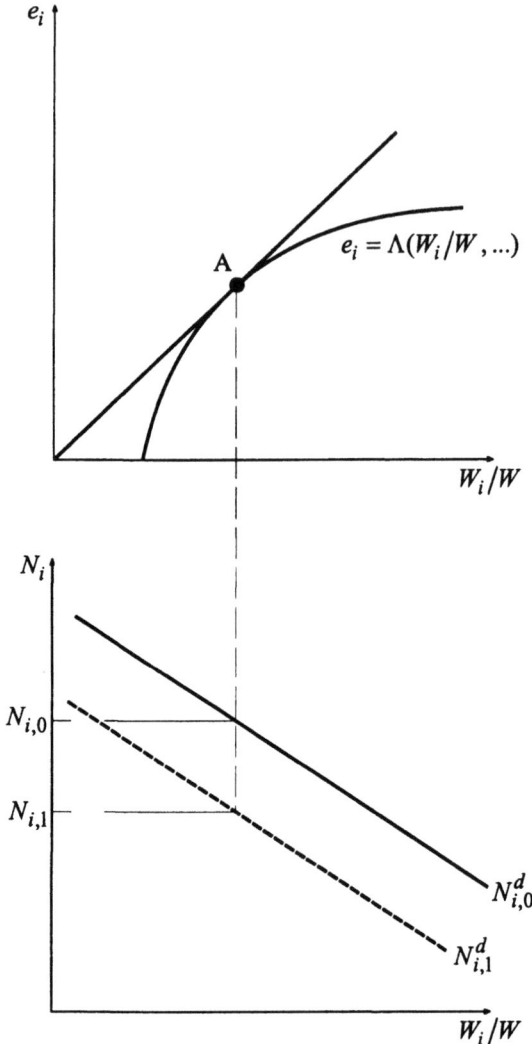

Abbildung 5.9: Die Solow-Bedingung

Die N_i^d-Kurve ist die Arbeitsnachfragefunktion mit der üblichen negativen Steigung. Zu beachten ist bloss, dass die Beschäftigung hier auf der Ordinate abzulesen ist. Es wird deutlich, dass das Optimierungsproblem der Unternehmung eine zweistufige Struktur hat: Zunächst wird nach Massgabe der Solow-Bedingung der optimale Lohn ermittelt, worauf in einer zweiten Stufe diejenige Beschäftigungs-

5.3. Die Effizienzlohntheorie

menge gefunden werden muss, die beim gegebenen optimalen Lohn die Marginalbedingung (5.40) erfüllt.[1]

Eine bemerkenswerte Implikation dieser zweistufigen Struktur des Entscheidungsproblems ist, dass auf Firmenebene die Löhne vollständig rigide sind. Wenn sich nämlich die Arbeitsnachfragefunktion der Unternehmung verschiebt – etwa aufgrund einer Produktivitätsänderung oder aufgrund einer Verschiebung der Konsumentenpräferenzen zugunsten oder zulasten der Produkte der Firma i –, so ändert dies ja nichts an der Logik der Lohnbestimmung im oberen Quadranten, solange die Effizienzfunktion durch die exogene Änderung nicht auch tangiert wird. Abbildung 5.9 veranschaulicht dies durch einen Rückgang der Arbeitsnachfrage von $N_{i,0}^d$ nach $N_{i,1}^d$, der einen proportionalen Beschäftigungsrückgang von $N_{i,0}$ nach $N_{i,1}$ zur Folge hat, weil der optimale Lohn weiterhin durch die Solow-Bedingung (Punkt A im oberen Quadranten) gegeben ist. So gesehen, ist die Effizienzlohntheorie eine Theorie der Lohnstarrheit. Wie wir allerdings gleich sehen werden, lässt sich dieses Ergebnis nicht ohne weiteres auf die makroökonomische Ebene übertragen, wenn gesamtwirtschaftlich wirksame Arbeitsnachfrageschocks am Werk sind.

Hervorzuheben ist, dass ein Beschäftigungsrückgang, wie er in Abbildung 5.9 skizziert ist, zwar auf die Starrheit der Löhne zurückzuführen ist, dass die mangelnde Lohnflexibilität in diesem Fall aber nichts mit Reallohnresistenz seitens der Arbeitnehmer, geschweige denn ihrer Interessenvertreter, zu tun hat. Die Löhne sinken auch dann nicht, wenn sie die Reservationslöhne der Arbeitsanbieter deutlich übersteigen. Die Effizienzlohntheorie zeigt eben, dass es im ureigenen Interesse der Unternehmen liegt, den Lohn nicht so tief wie möglich zu drücken und einen Lohnunterbietungswettbewerb, wenn er denn durch eine bestehende Arbeitslosigkeit in Gang kommen sollte, nicht mitzumachen. Die Bereitschaft, zu einem tieferen als dem herrschenden Lohn zu arbeiten, hilft einem Arbeitslosen unter diesen Voraussetzungen nichts. Er ist in jedem Sinne des Wortes unfreiwillig arbeitslos.

5.3.3. Totalanalyse: Warum Effizienzlöhne Arbeitslosigkeit verursachen

Wenn die Effizienzlohntheorie erklären kann, warum ein Angebotsüberhang auf dem Arbeitsmarkt auch in Abwesenheit gewerkschaftlicher Marktmacht keine

---

[1] Dass die Arbeitsnachfrage hierbei als Funktion des relativen Lohnes erscheint und nicht, wie sonst üblich, als Funktion des Reallohns, bedeutet nicht, dass der Reallohn keine Rolle spielt. Vielmehr wird (wieder) die Tatsache benutzt, dass $\frac{W_i}{W} = \frac{W_i}{P} \cdot \frac{P}{W}$, d.h. da auf der Firmenebene P und W exogen sind lassen sich Real- und Relativlohn ineinander übersetzen.

hinreichende Bedingung für ein Sinken der Löhne und die Wiedererlangung der Vollbeschäftigung ist, ist damit noch nichts darüber ausgesagt, ob bzw. unter welchen Umständen ein solcher Angebotsüberhang entsteht. Dies zeigt sich erst auf der gesamtwirtschaftlichen Ebene des allgemeinen Gleichgewichts, wo neben der Arbeitslosenquote u auch die anderen aggregativen Grössen zu bestimmen sind, die für die individuellen Akteure zu den unbeeinflussbaren Rahmenbedingungen ihres einzelwirtschaftlichen Kalküls zählen, nämlich das allgemeine Preisniveau P und das Lohnniveau W.

Am einfachsten ist die Bestimmung des Lohnniveaus W zu beschreiben. Denn dieses bildet sich offenkundig als Aggregat, d.h. als gewichteter Durchschnitt, der individuellen Löhne W_i. Im Gleichgewicht resultiert dabei eine Lohnstruktur, die nicht nur die je nach Unternehmen, Sektoren und Beschäftigten unterschiedliche Qualifikation, Produktivität, Wettbewerbsintensität etc. widerspiegelt, sondern auch die höchst unterschiedliche Bedeutung der von der Effizienzlohntheorie betonten Anreizeffekte. In der Tat gehört die Erklärung von Lohndifferentialen, die nicht ohne weiteres mit Qualifikations- oder Produktivitätsmerkmalen der Beschäftigten zu erklären sind, zu den vielversprechendsten Anwendungen der Effizienzlohntheorie in der Arbeitsmarkt- und Industrieökonomik (Krueger/Summers 1987, 1988).

In unserem Zusammenhang stehen allerdings die Eigenschaften der gleichgewichtigen Lohnstruktur weniger im Vordergrund als die Implikationen des Lohnwettbewerbs, den sich die vielen unabhängig voneinander optimierenden Unternehmen liefern, für das makroökonomische Gleichgewicht der Volkswirtschaft. Gleichgewicht bedeutet hierbei, dass die von den einzelnen Unternehmen angestrebten und die durch ihre Interaktion tatsächlich resultierenden Lohnrelationen miteinander übereinstimmen. Zum Beispiel wäre es kein Gleichgewicht, wenn alle Firmen bestrebt wären, überdurchschnittliche Löhne zu zahlen. Wie schon bei der Modellierung der kollektiven Lohnbildung greifen wir deshalb zum Mittel der Symmetrieannahme, die das Konsistenzerfordernis des gesamtwirtschaftlichen Gleichgewichts in die einfachst mögliche Form bringt, nämlich

(5.42) $\quad W_i = W$

Ein wichtiger Punkt vorneweg: Bedingung (5.42) steht nicht im Widerspruch zu der Tatsache, dass die einzelnen Unternehmen ihren relativen Lohn W_i/W nach Massgabe ihrer individuellen Situation zu optimieren suchen. Vielmehr handelt es sich um eine Restriktion, die das allgemeine Gleichgewicht dem *Ergebnis* des Lohnbildungsprozesses auferlegt. Die Implikationen dieser Restriktion werden deutlich, wenn wir die Symmetriebedingung (5.42) in die Solow-Bedingung (5.41) einsetzen, wobei zu berücksichtigen ist, dass gemäss Gleichung (5.36) sowohl die Effizienz des Arbeitseinsatzes $e_i = \Lambda\left(\dfrac{W_i}{W}, u, ...\right)$ als auch ihre partielle Ableitung Λ_1 Funktionen des Relativlohns W_i/W und der Arbeitslosenquote u sind:

5.3. Die Effizienzlohntheorie

(5.43) $\quad \Lambda_1(1, u, ...) = \Lambda(1, u, ...)$

Dies ist eine Gleichung für eine zu bestimmende Variable, nämlich die Arbeitslosenquote u. Während auf der Ebene der einzelnen Unternehmung die Arbeitslosenquote ein exogenes Datum ist und der Relativlohn W_i/W festgelegt werden muss, ist es auf der gesamtwirtschaftlichen Ebene gerade umgekehrt: Die Logik des allgemeinen Gleichgewichts bestimmt die Lohnstruktur, und die Arbeitslosenquote muss sich anpassen, um die Gleichgewichtsbedingung zu erfüllen. Die so bestimmte gleichgewichtige Arbeitslosenquote ist die NAIRU des Effizienzlohnmodells.

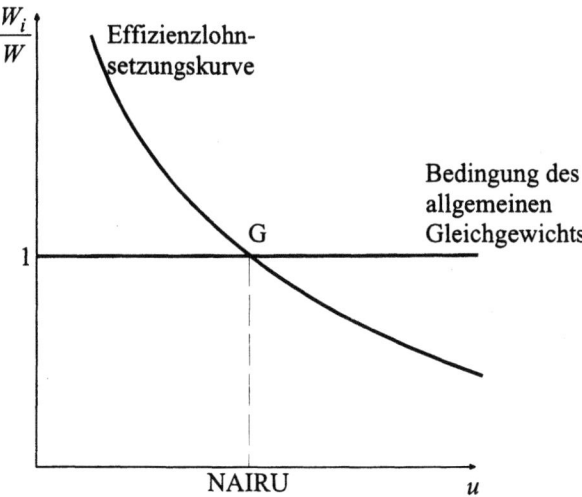

Abbildung 5.10: Die NAIRU des Effizienzlohnmodells

Abbildung 5.10 verdeutlicht, wie wir uns das Zustandekommen eines solchen Gleichgewichts vorstellen müssen: Die „Effizienzlohnsetzungskurve" stellt den von der repräsentativen Unternehmung gemäss Solow-Bedingung angestrebten Relativlohn W_i/W in Abhängigkeit von der Arbeitslosenquote u dar. Die negative Steigung der Kurve bringt dabei zum Ausdruck, dass auf der betrieblichen Ebene die Notwendigkeit, mit attraktiven Löhnen positive Anreize zu setzen, mit zunehmender gesamtwirtschaftlicher Arbeitslosigkeit abnimmt, weil sich die Alternativen für die Mitarbeiter ausserhalb des Unternehmens verschlechtern. Formal lässt sich dieser Zusammenhang dadurch verifizieren, dass die Solow-Bedingung (5.41) nach dem Relativlohn und der Arbeitslosenquote total differenziert und nach $d(W_i/W)/du$ aufgelöst wird:

(5.41'') $\quad \dfrac{d(W_i/W)}{du} = \dfrac{\Lambda_1 \cdot \Lambda_2 - e_i \cdot \Lambda_{12}}{e_i \cdot \Lambda_{11}}$

Dieser Ausdruck muss, gegeben die Spezifikation der Effizienzfunktion Λ in (5.36), ein negatives Vorzeichen haben. Demgegenüber wird die Symmetriebedingung (5.42) in Abbildung 5.10 durch die horizontale Gerade mit dem Ordinatenabschnitt $W_i/W = 1$ wiedergegeben. Im Schnittpunkt G ist die Gleichgewichtsbedingung (5.43) erfüllt. Die NAIRU definiert mithin dasjenige Niveau der Arbeitslosigkeit, bei dem sich die von den Unternehmen angestrebten Relativlöhne tatsächlich realisieren lassen.

Der Mechanismus, durch den die Arbeitslosenquote in diesem Modell ihren Gleichgewichtswert findet, ist im Prinzip sehr ähnlich wie derjenige des Preissetzungs-Lohnsetzungs-Modells in Kapitel 4. Kam dort der Arbeitslosigkeit die Funktion zu, die Lohn-Preis-Spirale zum Stillstand zu bringen, die aus der Kollision zwischen den Reallohnaspirationen der Lohnsetzer und den Grenzen des Verteilungsspielraums resultiert, haben wir es hier eher mit einer Lohn-Lohn-Spirale zu tun. Wenn wir uns in Abbildung 5.10 etwa links vom Gleichgewichtspunkt befinden, sind die Unternehmen mit ihrer Position im allgemeinen Lohngefüge nicht zufrieden und versuchen, sich durch Lohnerhöhungen, welche die von ihnen erwarteten Lohnzuwächse in der restlichen Wirtschaft übersteigen, zu verbessern. Weil aber die relativen Löhne nicht alle steigen können, wird eine Lohn-Lohn-Spirale in Gang gesetzt, die durch Überwälzungsprozesse auf die Güterpreise übergreift. Bleibt die monetäre Akkommodation des inflationären Drucks aus, steigt die Arbeitslosigkeit an, bis der Wert der NAIRU erreicht ist.[1]

Eine ganz ähnliche Lohn-Lohn-Mechanik ergibt sich im übrigen auch dann, wenn die relativen Löhne nicht nur in der Zielfunktion der Arbeitgeber, sondern auch in derjenigen der Arbeitnehmer ein Rolle spielen. Wir verzichten hier darauf, dieses zusätzliche Argument explizit zu modellieren, weisen aber darauf hin, dass es in der Beschäftigungstheorie eine lange Tradition hat. So hat insbesondere Keynes (1936) die Sorge der Arbeitnehmer um ihre Position in der Lohnhierarchie als Begründung dafür angeführt, dass eine Reallohnkürzung eher hingenommen würde, wenn sie durch einen Anstieg der Güterpreise zustandekommt, als wenn die Löhne nominell abgesenkt werden.[2] In dem Grade, wie den Arbeitnehmern die Lohnrelationen wichtig sind, verstärkt dies natürlich auch die Anreizwirkungen, die sich durch eine geeignete Gestaltung von Lohnhöhe und Lohn-

---

[1] Dass die Lohnsteigerungen auf die Güterpreise übergreifen, folgt aus dem unternehmerischen Preissetzungsverhalten, das in den Gewinnmaximierungsbedingungen (5.39) und (5.40) implizit angelegt ist. Das Gleichgewicht des Lohn-Lohn-Prozesses und des *Relativ*lohns ist somit auch ein Gleichgewicht des Lohn-Preis-Prozesses und des *Real*lohns. Formal wird dies deutlich, wenn man die Symmetriebedingung (5.42) direkt in die Gewinnmaximierungsbedingungen (5.39) und (5.40) einsetzt, wodurch man je eine aggregierte Lohnsetzungs- und Preissetzungsfunktion erhält, die zusammen den gleichgewichtigen Reallohn und die NAIRU bestimmen.

[2] Die Rolle rivalisierenden Statusdenkens ist später auch im Kontext von Modellen der kollektiven Lohnbildung thematisiert worden; vgl. z.B. Gylfason/Lindbeck (1984a, b), und Landmann (1990).

5.3. Die Effizienzlohntheorie

struktur auf der einzelwirtschaftlichen Ebene erzielen lassen. Aber was auch immer die theoretische Grundlage des Relativlohneffekts ist, die quantitative Bedeutung der Lohn-Lohn-Rückkoppelung ist in empirischen Lohngleichungen immer wieder bestätigt worden.[1]

Zusammenfassend können wir festhalten, dass die Effizienzlohntheorie ein komplettes Modell eines Unterbeschäftigungsgleichgewichts bietet. Wie auch in den Modellen der kollektiven Lohnbildung spielt die Arbeitsmarktlage die Rolle eines Disziplinierungsfaktors, der je nach Höhe der Arbeitslosenrate mehr oder weniger Lohnzurückhaltung herbeiführt. Mit dieser Disziplinierungsfunktion der Arbeitslosigkeit nimmt die moderne Beschäftigungstheorie einen Gedanken auf, der vor allem in der Tradition der marxistischen Wirtschaftslehre immer eine bedeutende Rolle gespielt hat. Nicht nur hat Marx schon betont, dass es leichter ist, eine bestimmte tägliche Arbeitszeit festzulegen, als die Arbeitsleistung zu vereinbaren, die in dieser Zeit zu erbringen ist. Er hat vor allem auch den Begriff der „industriellen Reservearmee" (d.h. der Arbeitslosen) geprägt, die dazu dient, den Einfluss und das Einkommen der Arbeiterklasse niedrig zu halten.[2] Allerdings macht gerade die moderne Effizienzlohntheorie deutlich, dass die Arbeitslosigkeit, insoweit als sie diese Rolle tatsächlich spielt, nicht ein von der „Klasse der Kapitalisten" bewusst eingesetztes Machtinstrument ist, sondern das Ergebnis anonymer Marktkräfte, denen die Aufgabe zufällt, dezentral gefällte Lohnentscheidungen zu koordinieren.

Dass die Effizienzlohntheorie das Verfehlen der Vollbeschäftigung ohne Rückgriff auf jegliche Art von Gewerkschaftsmacht erklärt, ist ihr als Stärke wie auch als Schwäche angerechnet worden. Jedenfalls wäre es falsch zu argumentieren, dass diese Theorie für Situationen, in denen die Marktmacht organisierter Arbeitnehmerinteressen eine offenkundige Rolle spielt, keine Relevanz besitzt. Denn dass Löhne Gegenstand kollektiver Lohnverhandlungen sind, und dass sie auf betrieblicher Ebene Anreizwirkungen entfalten, ist kein Widerspruch, sondern beleuchtet zwei komplementäre Aspekte der Lohnbildung. Der Anreizaspekt kann nicht nur in die Formulierung der Verhandlungsposition der Arbeitgeber in Lohnverhandlungen eingehen, sondern vor allem auch zum Tragen kommen, wenn es darum geht, die Lohnspanne – d.h. die Abweichung zwischen tariflich vereinbarten und effektiv gezahlten Löhnen – zu erklären (Gahlen/Ramser 1987; Schnabel 1997).

Zum Abschluss dieses Kapitels wollen wir in Box 5.5 die Lohnbildungsmodelle dazu benutzen, über die Arbeitsmarktwirkungen von verschiedenen Möglichkeiten der Besteuerung nachzudenken. Damit soll auch gezeigt werden, dass

---

[1] Vgl. z.B. die empirische Analyse des Lohn- und Preisbildungsprozesses für die USA und Deutschland in Franz/Gordon (1993a, b).

[2] „Die industrielle Reservearmee drückt [...] auf die aktive Arbeiterarmee und hält ihre Ansprüche während der Periode der Überproduktion und des Paroxysmus im Zaum" (Marx, 1867, S. 673).

die Modelle nicht nur dazu taugen, Arbeitslosigkeit zu erklären, sondern auch als Analyseinstrument für konkrete wirtschaftspolitische Vorschläge einsetzbar sind.

Box 5.5: Arbeitslosigkeit, Lohnbildung und Besteuerung[1]

Bei unserer Diskussion des Preissetzungs-Lohnsetzungs-Modells in Kapitel 4 haben wir die auf der Wirtschaft lastende fiskalische Abgabenlast als Bestimmungsgrösse des gesamtwirtschaftlichen Verteilungsspielraums und damit der gleichgewichtigen Arbeitslosenquote herausgestellt. Wir haben aber weder die Frage adressiert, wie sich die steuerliche Belastung auf die Lohnbildung auswirkt, noch verschiedene Arten der Besteuerung unterschieden. Nachdem wir uns in diesem Kapitel nun aber mit den theoretischen Grundlagen der Lohnsetzungsfunktion befasst haben, sind wir in der Lage, die in der beschäftigungspolitischen Debatte seit Jahren kontrovers diskutierten Wirkungen steuerpolitischer Variablen etwas genauer unter die Lupe zu nehmen.

Unser Ausgangspunkt ist die Feststellung, dass alle von uns betrachteten Lohnbildungsmodelle – das Effizienzlohnmodell ebenso wie die Modelle der kollektiven Lohnbildung – eine gemeinsame Eigenschaft haben: Sie besagen alle, dass der Lohn auf die eine oder andere Weise in ein bestimmtes Verhältnis zur (Un-) Attraktivität der Situation gesetzt wird, in der sich die Arbeitnehmer wiederfinden, wenn das Beschäftigungsverhältnis entweder aufgelöst wird oder erst gar nicht entsteht. Daher hängt die Lohnhöhe einerseits von der Arbeitsmarktlage ab, andererseits aber auch von den Faktoren, die darüber entscheiden, wie attraktiv der Zustand der Beschäftigung relativ zum Zustand der Nicht-Beschäftigung ist. Zu diesen Faktoren gehören auch verschiedene Aspekte des Steuersystems. Der Gleichgewichtswert der Beschäftigung spiegelt in allen Modellen die Relation zwischen der Ertragskraft der Unternehmen und den effektiven Arbeitskosten wider – in den meisten Fällen nach Massgabe der Regel „Grenzerlös = Grenzkosten".

Wie wirkt sich nun die Besteuerung auf die Mechanik des Preisssetzungs-Lohnsetzungs-Prozesses aus? Wir betrachten hier drei verschiedene Steuerarten:

- Steuern und Abgaben (einschliesslich Sozialversicherungsbeiträge), deren Bemessungsgrundlage die *Lohnsumme* ist, bilden einen Bestandteil der Arbeitskosten. Beschäftigungsneutral wäre die Lohnsummenbesteuerung nur dann, wenn sie direkt und in vollem Umfang auf die Arbeitnehmer abgewälzt werden könnte. Da es bei der Festsetzung des Nettolohns aber auf das Verhältnis zum Alternativeinkommen bei Nichtbeschäftigung ankommt, das dieser Steuer ja nicht unterliegt, bleibt die Überwälzung aus – und zwar unabhängig davon, ob die Lohnhöhe

---

[1] Die Ausführungen in dieser Box verarbeiten insbesondere Ergebnisse von Jackman/Layard/Nickell (1996) und Pflüger (1997), bei denen auch detailliertere formale Analysen sowie weitere Literaturhinweise zu finden sind.

5.3. Die Effizienzlohntheorie

durch ein Unternehmen nach Effizienzlohnkriterien oder durch Tarifparteien in einem Verhandlungsprozess bestimmt wird.[1] Dies bedeutet, dass die *Lohnsummenbesteuerung* eine *beschäftigungsfeindliche* Form der Besteuerung ist.

- Die Besteuerung des Konsums bzw. der Wertschöpfung (*Mehrwertsteuer*) verteuert den Marktpreis der Produktion. Beschäftigungsmindernd wirkt diese Steuer nur in dem Grade, wie die von ihr verursachte Kaufkrafteinbusse den Arbeitnehmern durch einen entsprechend höheren Lohn ersetzt werden muss. Da aber diese Steuer die Kaufkraft jedes Einkommens, ob Erwerbseinkommen oder Nichterwerbseinkommen, gleichermassen belastet, ändert sie nichts an der relativen wirtschaftlichen Situation der Beschäftigten und der Nichtbeschäftigten und sollte daher gemäss unseren Lohnbildungsmodellen nicht auf die Löhne durchschlagen. Demzufolge ist die *Mehrwertsteuer beschäftigungsneutral*.

- Die *Einkommensteuer* lässt die Arbeitsnachfrage der Unternehmungen unberührt, vermindert aber die Nettolöhne der Arbeitnehmer. Sofern alle Einkommensarten in gleicher Weise der Einkommenssteuer unterliegen, gilt wiederum, dass die Steuerbelastung nicht auf die Bruttolöhne überwälzt wird, und dass infolgedessen auch die Beschäftigung nicht in Mitleidenschaft gezogen wird. Wenn jedoch staatliche Lohnersatzleistungen an Nichtbeschäftigte von der Steuer befreit sind, verschlechtert jede Erhöhung der Einkommenssteuer die relative Einkommensposition der Beschäftigten und führt deshalb zu kompensierenden Lohnerhöhungen, die ihrerseits negative Auswirkungen auf die Beschäftigung haben.

Die Tatsache, dass einige Steuern einen Einfluss auf die Höhe der gleichgewichtigen Arbeitslosenquote ausüben, bedeutet, dass die Steuerpolitik ein potentiell wichtiges Instrument der Beschäftigungspolitik ist. Mehr noch: Weil offenkundig nicht alle Steuern gleich wirken, sind Steuerreformen denkbar, die Beschäftigungseffekte durch Veränderung der *Zusammensetzung* der Steuerlast erzielen, ohne dass dabei die *Gesamtbelastung* notwendigerweise verändert werden muss. Ein naheliegendes Rezept lautet etwa, die beschäftigungsfeindliche Belastung der Lohnsumme abzubauen und den damit verbundenen Einnahmenausfall der öffentlichen Kassen durch eine Erhöhung der beschäftigungsneutralen Konsum- bzw. Mehrwertbesteuerung wettzumachen.

Wer sich eine solche Beschäftigungspolitik auf die Fahnen schreibt, muss sich allerdings auch darüber im klaren sein, worauf ihre Wirkung letztlich beruht: Die Beschäftigung steigt nur deshalb, weil den Unternehmungen eine Lohnkostenentlastung zuteil wird, an der die Arbeitnehmer im neuen Gleichgewicht nur partiell partizipieren, während die vollen Kosten dieser Entlastung den Arbeitnehmern und den Arbeitslosen proportional zu ihren Konsumausgaben aufgebürdet werden. Genausogut könnte man also fordern, die Transferzahlungen an die Arbeitslosen zu kürzen und mit dem eingesparten Geld die Lohnnebenkosten zu senken – eine

---

[1] Erst wenn der Kosteneffekt dieser Steuer in der Folge auf die Beschäftigung durchschlägt und hiervon ein lohndämpfender Effekt ausgeht, kommt es auf diesem indirekten Wege noch zu einer (allerdings nur partiellen) Überwälzung auf die Arbeitnehmer.

Forderung, die vermutlich auf breiter Front als „ungerecht" abgelehnt würde. Dagegen scheint es die Umschichtung zwischen Lohnsummen- und Konsumbesteuerung, die indirekt und in weniger transparenter Art und Weise dasselbe tut, leichter zu haben, ernsthaft diskutiert zu werden. Es folgt auch unmittelbar, dass jeder

Versuch, die geschilderte Steuerreform „sozial abzufedern", etwa durch kompensierende Zuschläge auf Transferzahlungen an Arbeitslose, den Beschäftigungseffekt in Frage stellt, weil dann die Konsumsteuer nicht mehr beschäftigungsneutral ist.[1]

Nahe verwandt mit der eben geschilderten Reformidee ist die sog. ökologische Steuerreform, d.h. die Idee, umweltbelastende Aktivitäten zu besteuern und mit den Erträgen den Einsatz des Faktors Arbeit zu verbilligen. Die Befürworter dieses Konzepts versprechen sich davon, mit einer Klappe gleich zwei Fliegen schlagen zu können: die Umwelt zu schonen und die Arbeitslosigkeit zu senken (sog. „doppelte Dividende"). Während wir hier den umweltpolitischen Nutzeffekt nicht weiter analysieren können, lassen unsere Modelle der Lohnbildung folgenden Schluss bezüglich der Beschäftigungswirkungen zu:

Wenn die Umweltsteuer beim *Konsum* ansetzt (also etwa beim Heizölverbrauch der privaten Haushalte), wirkt sie qualitativ ähnlich wie eine Mehrwertsteuererhöhung, d.h. beschäftigungsneutral. Durch Verwendung der Erträge für die Senkung der Lohnnebenkosten kann in diesem Fall eine positive Nettowirkung auf die Beschäftigung erzielt werden. Allerdings dürften sich, wenn man die im Verhältnis zur Lohnsumme eher bescheidene Grössenordnung der potentiellen Bemessungsgrundlage einer solchen Umweltkonsumsteuer in Betracht zieht, die Beschäftigungswirkungen in Grenzen halten. Belastet die Umweltsteuer dagegen die *Produktion*, reduziert sie die marginale Nettoproduktivität und wirkt insofern beschäftigungssenkend. Ob in diesem Fall bei Verwendung der Erträge zugunsten des Faktors Arbeit überhaupt noch eine positive Nettowirkung auf die Beschäftigung eintritt, ist offen.

Ziemlich weitreichende Modifikationen aller dieser Ergebnisse können erforderlich werden, wenn man berücksichtigt, dass die staatlichen Transferleistungen, die an Arbeitslose ausgerichtet werden, keine exogenen Parameter sind, sondern endogen mit der Lohnhöhe variieren, wie dies etwa der Fall ist, wenn die Arbeitslosenunterstützung als bestimmter Prozentsatz des Nettolohnes festgesetzt wird.[2] Grundsätzlich gilt, dass die Beschäftigungswirkungen, die mit Steuersatzvariationen erzielt werden können, unter diesen Voraussetzungen kleiner werden. Betrachten wir das Beispiel einer steuerlichen Entlastung der Lohnsumme: Die Arbeitsnachfrage nimmt zu, die Beschäftigung steigt und zieht auch die Nettolöhne mit nach oben. Ist nun die Arbeitslosenunterstützung als Bruchteil des Netto-

---

[1] Vgl. hierzu Koskela/Schöb (1996).
[2] Die Auswirkungen einer derartigen Endogenisierung der Lohnersatzleistungen auf die Interaktion von Preissetzung und Lohnsetzung nehmen wir im folgenden Kapitel genauer unter die Lupe.

lohns fixiert, steigt sie ebenfalls und drückt dadurch das Lohnniveau erst recht nach oben, was wiederum eine Anpassung der Transferleistungen nach sich zieht, etc. etc. ... Wenn am Ende dieses Rückkoppelungsprozesses überhaupt noch ein positiver Beschäftigungseffekt übrigbleiben soll, setzt dies voraus, dass es Elemente der Transferzahlungen gibt, die nicht strikt an das Lohnniveau gebunden sind, oder dass noch andere Nichterwerbseinkommen im Spiel sind, die ebenfalls unabhängig von der Lohnhöhe sind.

Aus diesem Grunde, und auch gestützt auf einige empirische Befunde, beurteilen Jackman/Layard/Nickell (1996) die Wirkungschancen der Steuerpolitik bezüglich der Bekämpfung der Arbeitslosigkeit eher skeptisch, zumindest bei langfristiger Betrachtung. Sie räumen aber auch ein, dass die Anpassungsprozesse bei der Lohn- und Preisbildung, durch die die anfänglichen Steuereffekte im Zeitablauf wieder abgeschwächt werden, ziemlich lange dauern können. Dies bedeutet, dass die Steuereffekte, selbst wenn sie möglicherweise nur vorübergehender Natur sind, dennoch zu einer „signifikanten und lang anhaltenden Zunahme der Arbeitslosigkeit führen können, insbesondere unter Berücksichtigung der Tatsache, dass die Steuerscheren in den letzten 30 Jahren in den meisten OECD-Ländern um 10–20% angestiegen sind."[1]

Zusammenfassung

1. Der Modellrahmen des vierten Kapitels wird hier weiter ausgefüllt, indem die Lohnsetzungsentscheidung genauer unter die Lupe genommen wird. Dabei können wir Lohnbildungsmodelle danach unterscheiden, ob die Löhne durch die Vertreter von Arbeitnehmern kollektiv oder dezentral von den Unternehmungen gesetzt werden. Eine der wichtigsten Lektionen ist dabei die auf den ersten Blick eher überraschende Tatsache, dass in beiden Modellen eine Erklärung für gesamtwirtschaftliche Arbeitslosigkeit geleistet werden kann. Welches der beiden Modelle „adäquat" ist, hängt von den institutionellen Gegebenheiten ab. Allerdings sind die Politikimplikationen sehr ähnlich. Beide Erklärungsansätze sind daher eher komplementär als in Konkurrenz zueinander.
2. Die Modelle kollektiver Lohnbildung unterstellen eine mehr oder weniger starke Vertretung von Gewerkschaftsinteressen gegenüber den Unternehmungen. Der analytisch einfache Grenzfall einer unbeschränkten Lohnsetzungsmacht der Gewerkschaften ist durch das Monopolgewerkschaftsmodell abgebildet. Bei den Verhandlungsmodellen, die eine Aufteilung der Verhandlungsmacht zwischen Unternehmen und Gewerkschaft postulieren, muss danach unterschieden werden, *worüber* die Verhandlung stattfindet – nur über den Lohn (Right-to-Manage) oder auch über die Beschäftigungsmenge (effiziente Kontrakte).

---

[1] Jackman/Layard/Nickell (1996, S. 40f., eigene Übersetzung).

3. Im Monopolgewerkschafts- und der Right-to-Manage-Variante des Verhandlungsmodells sehen sich die Gewerkschaften einem Trade-Off zwischen Lohnhöhe und Beschäftigungsmenge gegenüber, der durch die Arbeitsnachfrageentscheidung der Unternehmung charakterisiert ist. Die gewählte Lohn-Beschäftigungskombination hängt insbesondere ab von der Alternativentlohnung für nicht im betreffenden Sektor beschäftigte Gewerkschaftsmitglieder und der Lohnelastizität der sektoralen Arbeitsnachfragekurve. Das Alternativeinkommen ist dabei ein gewogenes Mittel aus der Entlohnung in anderen Sektoren und der Höhe der Transfers bei Arbeitslosigkeit. In Form des Gewichtungsfaktors für diese beiden Komponenten spielt auch die aggregierte Arbeitslosenquote eine Rolle für die sektorale Lohnsetzung.
4. Der Schluss von der sektoralen Lösung auf die aggregierte Ebene ist nicht trivial. Insbesondere ist das im letzten Punkt angesprochene Alternativeinkommen bei Nicht-Beschäftigung auf aggregierter Ebene endogen. Das Ergebnis der Aggregation des sektoralenr Lohnsetzungsverhaltens ist eine Lohnsetzungskurve, die die Lohnforderungen in Abhängigkeit von der Arbeitslosenquote, der Höhe der Transfers bei Arbeitslosigkeit, der Effizienz des Matching-Prozesses und der Lohnelastizität der Arbeitsnachfrage spezifiziert.
5. Die Lösungen des Monopolgewerkschaftsmodells und des Right-to-Manage-Modells sind nicht effizient in dem Sinne, dass es abseits der Arbeitsnachfragekurve im allgemeinen Lohn-Beschäftigungskombinationen gibt, die die Gewerkschaften und/oder die Unternehmen besser stellen. Diese Kontrakte werden im Prinzip dadurch erreichbar, dass nicht nur über den Lohn, sondern zusätzlich auch über die Beschäftigungsmenge verhandelt wird. Gegenüber reinen Lohnverhandlungen kommt es auf sektoraler Ebene zu Lösungen mit gleichem Lohn aber höherer Beschäftigung. Auf aggregierter Ebene führen effiziente Kontrakte zu mehr Beschäftigung *und* zu höheren Löhnen.
6. Alle Varianten der Modelle kollektiver Lohnbildung lassen es zu, ein gleichgewichtiges Niveau der Arbeitslosenquote, die NAIRU, zu charakterisieren. Die NAIRU zeichnet sich dadurch aus, dass die Gewerkschaften (Unternehmen) keinen Anreiz mehr haben die Lohnforderungen (Preise) zu verändern. Abweichungen der Arbeitslosenquote von der NAIRU setzen eine Lohn-Preis-Spirale in Gang, die sich solange dreht bis die NAIRU wieder erreicht ist.
7. Im Rahmen der Effizienzlohntheorie kann gezeigt werden, dass eine Vermachtung des Arbeitsangebots keine notwendige Bedingung für die Existenz von Arbeitslosigkeit ist. Vielmehr kann es im Interesse der Unternehmer liegen, Löhne zu bezahlen, die zu hoch sind, um für eine Räumung des Arbeitsmarktes zu sorgen. Dieses Interesse erwächst aus einer Abhängigkeit der individuellen Leistungsbereitschaft oder -fähigkeit vom bezahlten Lohn. Die verschiedenen Versionen der Effizienzlohntheorie unterscheiden sich darin, wie diese Abhängigkeit begründet wird.
8. Auf der einzelwirtschaftlichen Ebene wird die Leistung jedoch nicht nur vom bezahlten (Relativ-) Lohn abhängen, sondern auch von der gesamtwirtschaftlichen Arbeitslosenquote. Diese ist ein Mass für die Nachteile eines Arbeitneh-

mers im Falle der Entlassung. Mithin fungiert in diesen Modellen die Arbeitslosenquote als Disziplinierungsinstrument.
9. Auf der aggregierten Ebene sind jedoch sowohl der Lohn – bzw. die Lohnstruktur – als auch die Arbeitslosenquote endogen. Wie in den Modellen kollektiver Lohnbildung kann eine NAIRU charakterisiert werden, die dadurch gekennzeichnet ist, dass es für keinen Unternehmer mehr einen Anreiz gibt, höhere oder tiefere Löhne zu bezahlen. Abweichungen der tatsächlichen Arbeitslosenquote von der NAIRU setzen eine Lohn-Lohn-Spirale in Gang.

Übungsaufgaben

Aufgabe 1
Welche Bedeutung besitzt das Niveau der gesamtwirtschaftlichen Arbeitslosenquote für die Lohnsetzungsentscheidung in den verschiedenen Modelltypen dieses Kapitels?

Aufgabe 2
Nehmen Sie Stellung zu der folgenden Behauptung: „Die Erklärung der Arbeitslosigkeit durch die Modelle kollektiver Lohnbildung ist unbefriedigend, weil nicht in Rechnung gestellt wird, dass Vollbeschäftigung durch einfaches Unterbieten der Löhne seitens der Arbeitslosen erreicht werden könnte."

Aufgabe 3
Überprüfen Sie die in Box 5.5 präsentierte theoretische Analyse anhand eines formalen Modells der kollektiven Lohnbildung!

Aufgabe 4
Die Effizienzlohntheorie postuliert für den Verkaufserlös einer repräsentativen Unternehmung i die folgende Funktion:

$$R_i = R\left(e\left(\frac{W_i}{W}, u\right) \cdot N_i\right),$$

W_i ist der Lohn, den die Unternehmung bezahlt, W der durchschnittliche Marktlohn, u die gesamtwirtschaftliche Arbeitslosenquote und N_i die Beschäftigungsmenge in der Unternehmung i.
a) Erläutern und begründen Sie, was die Effizienzlohntheorie über die Funktionen $R(\cdot)$ und $e(\cdot)$ voraussetzt.
b) Erläutern Sie, wie sich aus diesen Voraussetzungen das Entstehen von Arbeitslosigkeit ableiten lässt.

Literatur

Das Paradigma des Lohnsetzungs-Preissetzungsmodells und die Begründung der Lohnsetzung durch ein Modell kollektiver Lohnbildung ist heute insbesondere für die Analyse der europäischen Arbeitsmarktsituation dominierend. Führend bei dessen Entwicklung war und ist die Forschergruppe um Richard Layard an der London School of Economics. Die wohl umfassendste Dokumentation bietet das Lehrbuch von Layard/Nickell/Jackman (1991). Layard/Nickell/Jackman (1994) ist eine Kurzfassung dieses Werks, ebenfalls einen sehr guten Einstieg in diese Literatur bietet Lindbeck (1993).

Der zugrundeliegende Denkansatz ist allerdings deutlich älter und geht mindestens bis auf Zeuthen (1930) zurück. Die Möglichkeit der Analyse von Verhandlungssituationen war jedoch erst mit und nach den Beiträgen von Nash (1950, 1951) gegeben. Deshalb findet sich für die Modelle kollektiver Lohnbildung auch häufig der Begriff „Zeuthen-Nash"-Modell.

Die wichtigsten Versionen des Effizienzlohnmodells gehen zurück auf Shapiro/Stiglitz (1984) sowie Akerlof/Yellen (1990). Einen hervorragenden Einstieg in die Literatur vermittelt immer noch der Sammelband von Akerlof/Yellen (eds.) (1986), kurzgefasste Überblicksartikel bieten Katz (1986) sowie Summers (1988).

Kapitel 6: Beschäftigung, Produktivität und Kapitalstock

6.1. Einführung

Eine der zahlreichen modelltheoretischen Vereinfachungen, die den vorangegangenen Kapiteln zugrundelagen, war die Unterstellung einer eindeutigen Beziehung zwischen Output Y und der Beschäftigungsmenge N über die Produktionsfunktion $Y = F(N)$. Die damit verbundene Abstraktion ist jedoch nur dann unproblematisch, wenn die Menge der anderen Produktionsfaktoren konstant, oder jedenfalls völlig unabhängig von den gerade interessierenden Vorgängen auf dem Arbeitsmarkt ist. Für eine kürzere Frist ist die Annahme sicherlich adäquat, längerfristig ist es für Unternehmen jedoch möglich, neben dem Produktionsfaktor Arbeit auch die Menge der anderen Produktionsfaktoren zu variieren. Im folgenden wollen wir von „Kapital" als dem zweiten Produktionsfaktor sprechen und die Wechselwirkungen zwischen der bereits im letzten Kapitel behandelten Lohnbildung und der Kapitalstockentscheidung untersuchen. „Kapital" ist natürlich kein homogener Produktionsfaktor – genausowenig wie „Arbeit" –, sondern umfasst eine enorm grosse Anzahl mehr oder weniger spezialisierter Produktionsanlagen, Maschinen etc..[1] Dennoch wird es sich als nützlich herausstellen, diese Abstraktion zu machen, genau so wie es analytisch für viele Fragestellungen nützlich war, Arbeit als homogenen Faktor zu behandeln.

Innerhalb des in Kapitel 4 aufgespannten Rahmens des Lohnsetzungs-Preissetzungs-Modells geht es im folgenden um eine etwas gründlichere Analyse der Preissetzung, nachdem in Kapitel 5 die Lohnsetzungsentscheidung genauer unter die Lupe genommen wurde. Relativ zu dem Modell in Kapitel 4 besteht die grössere Gründlichkeit vor allem darin, die Kapitalstockentscheidung der Unternehmer explizit mit in Rechnung zu stellen. Dies hat naheliegenderweise jedoch auch Rückwirkungen auf die Lohnbildung, da die Arbeitsproduktivität im allgemeinen eine positive Funktion der Menge des eingesetzten Kapitals ist. Da die

---

[1] Um einem häufigen Missverständnis vorzubeugen, soll darauf hingewiesen werden, dass hier unter „Kapital" immer ein physischer Produktionsfaktor verstanden wird. Um dies hervorzuheben, wird häufig auch von „Realkapital" gesprochen – im Gegensatz zu „Finanzkapital", das hier nicht gemeint ist.

Menge des Faktors Arbeit in aller Regel schneller variiert werden kann als Kapital kann man auch davon sprechen, dass eine Analyse der langen Frist, die eben durch die Anpassungsmöglichkeit des Kapitalstocks definiert ist, vorgenommen werden soll.

In den folgenden Abschnitten wird die Analyse wie folgt vorangetrieben: Abschnitt 6.2 wird die Arbeitsnachfrage- bzw. Preissetzungsfunktion unter der Annahme einer optimalen Anpassung des Faktors Kapital ableiten. Die daraus resultierende „langfristige" Preissetzungsfunktion wird dann in Abschnitt 6.3 mit den Lohnsetzungsfunktionen des Monopolgewerkschafts- bzw. der „Right-to-Manage"-Version des Verhandlungsmodells aus Kapitel 5 zusammengeführt, bevor in Abschnitt 6.4 das Modell dazu benutzt wird, die Wirkungen einiger für die tatsächliche Entwicklung der Arbeitslosigkeit bedeutsamer Faktoren theoretisch durchzuspielen, sowie der Frage nach der Beurteilbarkeit der Vollbeschäftigungskonformität von Löhnen nachzugehen.

Zwei Weiterentwicklungen des Grundmodells sind Gegenstand der Abschnitte 6.5 und 6.6. Zum einen wollen wir untersuchen, inwieweit die Aussagen des Modells durch eine explizite Modellierung heterogener Arbeit tangiert werden. Wir analysieren hier die denkbar einfachste Art von Heterogenität, indem zwei unterschiedlich produktive Arten von Arbeit angenommen werden. Schliesslich wenden wir uns noch dem seit längerer Zeit diskutierten Vorschlag einer Gewinnbeteiligung für Arbeitnehmer zu und untersuchen dessen Eigenschaften sowohl für die kurze als auch für die lange Frist, d.h. für einen gegebenen bzw. endogen bestimmten Kapitalstock. Es wird sich dabei herausstellen, dass die Gewinnbeteiligung eine Möglichkeit ist, zu den in Abschnitt 5.2.2.2 behandelten effizienten Kontrakten zu gelangen

6.2. Arbeitsnachfrage und Kapitalstock

Schon in Kapitel 2 (vgl. Box 2.1 sowie Abschnitt 2.6) hatten wir gesehen, dass im Zentrum der Arbeitsnachfrageentscheidung der Unternehmer das Gewinnmaximierungskalkül steht: Arbeit wird nachgefragt, solange die Grenzkosten den Grenzerlös nicht übersteigen. Diese Logik überträgt sich nun vollständig auch auf den Fall mehrerer Produktionsfaktoren. Konkret wollen wir hier den Fall zweier Produktionsfaktoren behandeln, d.h. die im folgenden zugrundegelegte Produktionsfunktion ist in der allgemeinsten Schreibweise gegeben durch

(6.1) $\quad Y = F(N, K)$,

wobei K den Kapitalstock bzw. die in einer Periode durch diesen Kapitalstock zur Verfügung gestellten Leistungen (im Englischen: „flow of capital services") bezeichnet. Y und N stehen nach wie vor für die Outputmenge bzw. die Menge der verwendeten Arbeitskraft. Da hier eine Unterscheidung von unternehmensspezifischen und aggregierten Variablen nicht notwendig ist – vgl. hierzu die Aus-

6.2. Arbeitsnachfrage und Kapitalstock

führungen zu Beginn des Abschnitts 6.3 –, kann auf eine entsprechende Indexierung verzichtet werden. Über die Produktionsfunktion (6.1) werden die folgenden plausiblen und realistischen Annahmen getroffen:

- $\dfrac{\partial Y}{\partial N} \equiv F_1 > 0$, $\dfrac{\partial Y}{\partial K} \equiv F_2 > 0$, d.h. der marginale Produktionsbeitrag beider Faktoren ist immer positiv. Damit wird vor allem der Fall ausgeschlossen, dass die beiden Faktoren in einem bestimmten, fixen Verhältnis zueinander stehen müssen (Leontief-Produktionsfunktion). Für die gesamtwirtschaftliche Ebene ist diese Annahme – zumal im Hinblick auf die hier interessierende lange Frist – sicherlich realistisch, selbst wenn auf betrieblicher Ebene Produktionstechnologien mit fixen Faktorverhältnissen vorliegen.

- $\dfrac{\partial^2 Y}{\partial N^2} \equiv F_{11} < 0$, $\dfrac{\partial^2 Y}{\partial K^2} \equiv F_{22} < 0$, d.h. die Grenzproduktivitäten beider Faktoren nehmen mit wachsender Menge des jeweiligen Faktors ab. Bezogen auf den Faktor Arbeit haben wir diese Eigenschaft bereits in den vorigen Kapiteln benutzt.

- $\dfrac{\partial^2 Y}{\partial N\, \partial K} \equiv F_{12} > 0$, $\dfrac{\partial^2 Y}{\partial K\, \partial N} \equiv F_{21} > 0$, d.h. die Grenzproduktivität eines Produktionsfaktors ist eine positive Funktion der Einsatzmenge des jeweils anderen Produktionsfaktors.

Nachdem diese Annahmen über die Produktionstechnologie eingeführt sind, kann das Gewinnmaximierungsproblem der Unternehmung wie folgt aufgeschrieben werden:

(6.2) $\quad \underset{N,\,K}{\text{Max}}\ \Pi = PY - WN - QK$,

wobei Q den nominalen Kapitalkostensatz bezeichnet.

Aktionsparameter der Unternehmer sind hier die beiden Faktoreinsatzmengen N und K.[1] Unterstellen wir wie in Kapital 2 einen Einfluss des Unternehmens auf den Preis des von ihm hergestellten Gutes, so ergeben sich die beiden Bedingungen erster Ordnung – analog zu (2.14) – als

(6.3) $\quad \dfrac{\partial \Pi}{\partial N} = P \cdot \dfrac{\partial Y}{\partial N} + Y \cdot \dfrac{\partial P}{\partial Y} \cdot \dfrac{\partial Y}{\partial N} - W \overset{!}{=} 0 \ \Leftrightarrow\ \dfrac{W}{P} = \dfrac{F_1}{\mu}$

---

[1] Ist N der einzige innerhalb der betrachteten Frist variable Produktionsfaktor und damit Y eine eindeutige Funktion von N, so spielt es keine Rolle, über welche dieser beiden Variablen optimiert wird (vgl. Box 2.1 und Gleichung (2.13) in Kapitel 2). Wenn jedoch zwei oder mehr Produktionsfaktoren variabel sind, so muss explizit über deren Mengen optimiert werden.

(6.4) $\quad \dfrac{\partial \Pi}{\partial K} = P \cdot \dfrac{\partial Y}{\partial K} + Y \cdot \dfrac{\partial P}{\partial Y} \cdot \dfrac{\partial Y}{\partial K} - Q \stackrel{!}{=} 0 \quad \Leftrightarrow \quad \dfrac{Q}{P} = \dfrac{F_2}{\mu}.$

mit $\mu \equiv \left(1+\delta^{-1}\right)^{-1}$ und $\delta \equiv \dfrac{\partial Y}{\partial P} \cdot \dfrac{P}{Y}$, wie schon in Kapitel 2 eingeführt. Die produktionstheoretischen Annahmen $F_{11} < 0$ und $F_{22} < 0$ stellen sicher, dass die notwendigen Bedingungen (6.3) und (6.4) auch hinreichend für das gesuchte Gewinnmaximum sind.

Entscheidend für die weiteren Schlussfolgerungen ist aber nun, dass die Grenzproduktivitäten der Faktoren eine Funktion der Menge des jeweils anderen Produktionsfaktors sind. (6.3) definiert also – wie im Fall mit N als einzigem Produktionsfaktor – eine Beziehung zwischen Reallohn und Beschäftigungsmenge, wobei jedoch K ein Verschiebungsparameter dieser Beziehung ist. Konkret: Eine Erhöhung des Kapitalstocks von K_0 auf K_1 verschiebt die aus Kapitel 2 bekannte Arbeitsnachfrage- bzw. Preissetzungsfunktion im Reallohn-Beschäftigungs-Quadranten nach rechts bzw. nach oben, wie das in Abbildung 6.1 gezeigt ist.

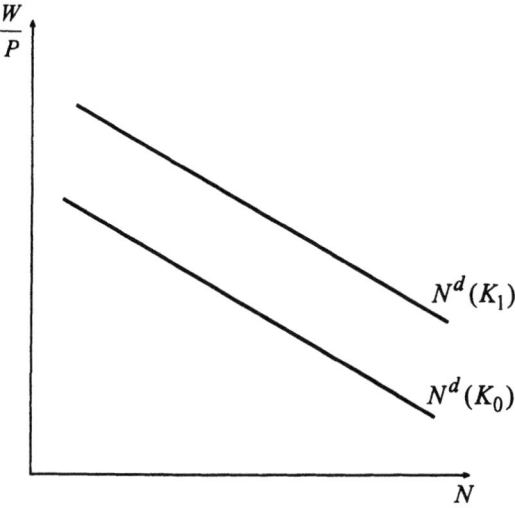

Abbildung 6.1: Kurzfristige Arbeitsnachfragefunktionen

Unbeschadet der Unterschiede von Preissetzungs- und Arbeitsnachfragekurve[1] hinsichtlich der Interpretation des Zusammenhangs zwischen realem Faktorpreis

---

[1] Vgl. hierzu die Ausführungen nach Gleichung (2.16) im zweiten Kapitel. Da der in diesem Kapitel im Vordergrund stehende Einfluss von K nicht von der Preissetzungs-

6.2. Arbeitsnachfrage und Kapitalstock

und Faktormenge wollen wir die Beziehung (6.3) für einen gegebenen Wert des Kapitalstocks als *kurzfristige Arbeitsnachfragefunktion* bezeichnen. Das Adjektiv „kurzfristig" bringt dabei die Tatsache zum Ausdruck, dass der Kapitalstock relativ zur Beschäftigungsmenge nur langsam – bzw. kurzfristig überhaupt nicht – angepasst werden kann. Es ist für die weitere Analyse gar nicht so sehr von Bedeutung, warum genau die Anpassung des Kapitalstocks nur langsam erfolgen kann, der zeitliche Aufwand bei Planung und Implementation von Investitionsentscheidungen macht es aber äusserst plausibel, dass die Annahme empirisch gerechtfertigt ist. Zu beachten ist, dass es dabei nicht um eine buchstäbliche, *physische* Unmöglichkeit geht, den Kapitalstock beliebig schnell anzupassen, sondern um die Existenz substantieller Anpassungskosten, die es *ökonomisch* vorteilhaft machen, eine Anpassung nur graduell vorzunehmen. Wir werden über die Natur und Modellierbarkeit dieser Kosten hier nicht weiter ins Detail gehen, eine ausführliche Behandlung dieser Frage bietet Sala-i-Martin (1990).

Das System (6.3)–(6.4) erlaubt es aber auch, eine sog. *langfristige Arbeitsnachfragefunktion* abzuleiten, die dadurch definiert ist, dass die optimale Anpassung des Kapitalstocks bereits abgeschlossen ist. Diese langfristige Arbeitsnachfragefunktion wird abgeleitet, indem (6.4) nach K aufgelöst wird und diese Gleichung zur Eliminierung von K in (6.3) benutzt wird. Daraus resultiert eine Beziehung zwischen dem Reallohn, der Beschäftigungsmenge und der realen Kapitalentlohnung. Mit der oben verwendeten allgemeinen Produktionsfunktion (6.1) kann dies natürlich nicht explizit gerechnet werden, allerdings fordern die Aufgaben 1 und 2 am Ende dieses Kapitels dazu auf, die Rechnung für eine Cobb-Douglas-Produktionsfunktion durchzuführen.

Dennoch ist es auch für die allgemeine Spezifikation (6.1) möglich, die Gestalt der langfristigen Arbeitsnachfragefunktion näher zu charakterisieren. Dazu werden die Bedingungen erster Ordnung (6.3) und (6.4) total differenziert nach den beiden Faktormengen N und K sowie den jeweiligen realen Faktorkostensätzen:

(6.5)
$$d\left(\frac{W}{P}\right) = \frac{1}{\mu}(F_{11}dN + F_{12}dK)$$
$$d\left(\frac{R}{P}\right) = \frac{1}{\mu}(F_{21}dN + F_{22}dK)$$

Auflösen der zweiten dieser beiden Gleichungen nach dK und Einsetzen in die erste liefert:

(6.6)
$$d\left(\frac{W}{P}\right) = \frac{F_{12}}{F_{22}} d\left(\frac{R}{P}\right) + \frac{1}{\mu}\left(F_{11} - \frac{F_{12}F_{21}}{F_{22}}\right) dN$$

---

macht auf dem Gütermarkt abhängt, werden im folgenden die Bezeichnungen Arbeitsnachfrage- und Preissetzungsfunktion synonym benutzt.

Im $[(W/P)-N]$-Raum bewirkt eine Erhöhung der realen Kapitalkosten eine Verschiebung der langfristigen Arbeitsnachfragefunktion nach unten, da $F_{12}/F_{22} < 0$. Die Intuition dahinter leuchtet sofort ein: Wenn man von der Erfüllung von (6.3) und (6.4) in einem Ausgangsgleichgewicht ausgeht, sorgt die Erhöhung von Q/P dafür, dass die Grenzkosten des Kapitaleinsatzes nun den Grenzerlös des Kapitals übersteigen. Dadurch entseht ein Anreiz, den Kapitaleinsatz soweit zu reduzieren bis die Gleichheit dieser beiden Grössen wieder hergestellt ist. Dadurch sinkt aber für jedes gegebene Beschäftigungsniveau die Grenzproduktivität der Arbeit – und damit der Reallohn.

Der auf den ersten Blick etwas komplizierter aussehende Koeffizient von dN bestimmt die Steigung der langfristigen Arbeitsnachfragefunktion im $[(W/P)-N]$-Raum. Es kann nun gezeigt werden, dass für eine wichtige Klasse von Produktionsfunktionen – konkret: für alle Produktionsfunktionen mit konstanten Skalenerträgen – dieser Koeffizient genau null wird. Mit anderen Worten: Unter der (produktionstheoretischen) Annahme konstanter Skalenerträge ist die langfristige Arbeitsnachfragekurve *horizontal*. Da die analytische Herleitung dieser Eigenschaft etwas aufwendig ist, wird diese in Box 6.1 ausgelagert.

Box 6.1: Die langfristige Arbeitsnachfragekurve bei konstanten Skalenerträgen

Die im Text behauptete horizontale Gestalt der langfristigen Arbeitsnachfragekurve (6.6) ist offensichtlich dann gegeben, wenn gezeigt werden kann, dass die Bedingung

(6.7) $\quad F_{11} - \dfrac{F_{12}F_{21}}{F_{22}} = 0$

erfüllt ist. Im folgenden wird bewiesen, dass dies für alle Produktionsfunktionen mit konstanten Skalenerträgen der Fall ist. Konstante Skalenerträge (bzw. synonym: die Linear-Homogenität der Produktionsfunktion) erfordern, dass eine Änderung aller Faktormengen um einen beliebigen Faktor $\lambda > 0$ auch die Outputmenge um den gleichen Faktor erhöht. (Der Faktor λ hat nichts mit der im vorigen Kapitel mit dem gleichen Buchstaben bezeichneten relativen Verhandlungsmacht von Gewerkschaften und Unternehmen zu tun.) Damit gilt die folgende Eigenschaft:

(6.8) $\quad F(\lambda N, \lambda K) = \lambda F(K, N)$

Für $\lambda \equiv 1/N$ und $F(1,(K/N)) \equiv f(K/N)$ kann (6.8) auch wie folgt geschrieben werden:

(6.8') $\quad Y = F(N, K) = N \cdot f(K/N)$

6.2. Arbeitsnachfrage und Kapitalstock

Damit können die Grenzproduktivitäten der beiden Faktoren für eine Produktionsfunktion mit konstanten Skalenerträgen wie folgt geschrieben werden:

(6.9) $\quad F_1 = f(K/N) - \dfrac{K}{N} \cdot f'(K/N) \qquad F_2 = f'(K/N),$

wobei $f'(K/N)$ die Ableitung der Funktion f nach der Kapitalintensität K/N bezeichnet. Mit Hilfe der beiden Gleichungen (6.9) kann – indem (6.9) in die rechte Seite von (6.10) eingesetzt wird – gezeigt werden, dass der Output Y wie folgt dargestellt werden kann:

(6.10) $\quad Y = N \cdot F_1 + K \cdot F_2.$

Totale Differentiation von (6.10) nach K und N, führt nach der Zusammenfassung aller Terme zu

(6.11) $\quad 0 = dN(F_{11}N + F_{21}K) + dK(F_{12}N + F_{22}K).$

Da diese Gleichung für von null verschiedene Änderungen dN und dK gilt, müssen die beiden Terme in Klammern jeweils gleich null sein. Nullsetzen und Auflösen des zweiten Klammerterms nach K/N und Einsetzen in den ersten liefert dann die Bedingung (6.7) und etabliert damit die Behauptung, dass die langfristige Arbeitsnachfragekurve für alle linear-homogenen Produktionstechnologien horizontal ist.

In Abbildung 6.2 sind die beiden kurzfristigen Arbeitsnachfragekurven aus Abbildung 6.1 noch einmal zu sehen. Die horizontale Funktion N_l^d bezeichnet die langfristige Arbeitsnachfragefunktion, deren räumliche Lage durch den realen Kapitalkostensatz Q/P bestimmt ist. Für einen gegebenen Wert von Q/P sind also langfristig alle Beschäftigungsmengen mit dem Lohn $(W/P)^*$ kompatibel. Umgekehrt gilt, dass es keine Beschäftigungsmenge gibt, die einen anderen Reallohn als $(W/P)^*$ zulässt. Mit anderen Worten: *Langfristig, d.h. für einen optimal angepassten Kapitalstock, gibt es unter der Annahme konstanter Skalenerträge keinen Trade-Off zwischen Reallohn und Beschäftigungsmenge.* Die Qualität des Zusammenhangs zwischen Reallohn und Beschäftigung ist in der kurzen bzw. langen Frist also fundamental verschieden. Im folgenden Abschnitt werden wir sehen, welche Konsequenzen sich daraus für die Zuordnung der Verantwortlichkeiten für Reallohn bzw. (Unter-) Beschäftigungsgrad auf die einzelnen Akteure ergeben.

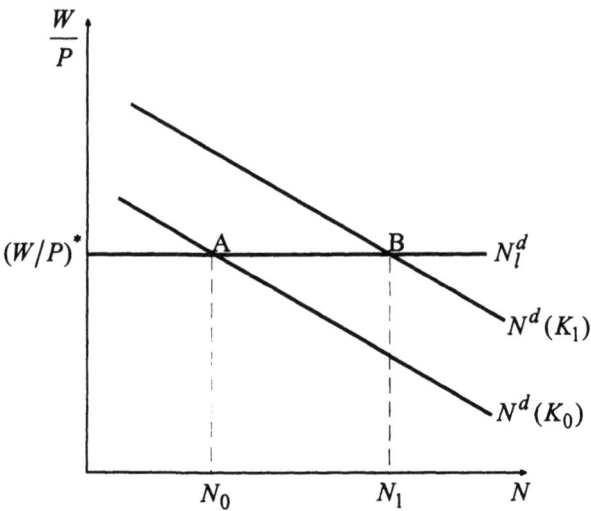

Abbildung 6.2: Kurz- und langfristige Arbeitsnachfragefunktionen

Zunächst soll aber anhand der Abbildung 6.2 der Unterschied zwischem kurz- und langfristigem Gleichgewicht noch einmal verdeutlicht werden. Punkt A liegt sowohl auf der lang- als auch kurzfristigen Arbeitsnachfragefunktion, wenn die Menge des eingesetzten Kapitals gerade K_0 beträgt. Auf jedem Punkt auf $N^d(K_0)$ ausser A ist zwar die Bedingung für den optimalen Einsatz von Arbeit (6.3), nicht aber die Bedingung für den optimalen Kapitaleinsatz (6.4) erfüllt. Nur A ist also entlang von $N^d(K_0)$ ein langfristiges Gleichgewicht. Allerdings schreiben (6.3) und (6.4) nicht eindeutige Mengen von N und K vor; ganz im Gegenteil zeigt die Gestalt der langfristigen Arbeitsnachfragefunktion N_l^d, dass *jede* Beschäftigungsmenge mit einem langfristigen Gleichgewicht kompatibel sein kann. Voraussetzung ist allerdings, dass sich der Kapitalstock proportional zur Beschäftigungsmenge mit verändert. Punkt B ist also dadurch charakterisiert, dass das Verhältnis K_1/N_1 gleich ist dem Verhältnis K_0/N_0: Mehr Beschäftigung geht also im langfristigen Gleichgewicht mit mehr Kapital einher, bzw. genauer: Die Kapitalintensität K/N entlang N_l^d ist konstant. Den Implikationen dieser Einsicht wollen wir in Box 6.2 noch näher auf den Grund gehen.

Box 6.2: Rationalisierungsbedingte Arbeitslosigkeit

Die Erkenntnis der Komplementarität von Arbeit und Kapital ist von nicht zu überschätzender Bedeutung, wenn man bedenkt, wie oft das genaue Gegenteil be-

6.2. Arbeitsnachfrage und Kapitalstock

> hauptet wird, dass nämlich eine Ausdehnung des Kapitalstocks ursächlich sei für *weniger* Beschäftigung. Meist fällt in diesem Zusammenhang das Schlagwort der „rationalisierungsbedingten Arbeitslosigkeit". Die ratio hinter dieser These besteht darin, dass *ein gegebener Output* in der Tat entweder arbeitsintensiv („beschäftigungsfreundlich") oder kapitalintensiv („beschäftigungsfeindlich") hergestellt werden kann. Für sich genommen ist diese Behauptung zwar richtig – auch die Produktionsfunktion (6.1) weist diese Eigenschaft auf –, die Argumentation verkennt jedoch die Endogenität der Kapitalintensität K/N und des Outputs im langfristigen Gleichgewicht.
>
> Dass mit Investitionen häufig Arbeitsplatz*vernichtung* und nicht eine mögliche Beschäftigungs*expansion* in Verbindung gebracht wird, hat eine lange Tradition. So gab es in England schon in einer relativ frühen Phase der Industrialisierung zu Beginn des 19. Jahrhunderts eine Bewegung, die – aus Angst um den angestammten Arbeitsplatz – versuchte, die Maschinen in Textilfabriken zu zerstören (die sog. „Maschinenstürmer" oder „Ludditen", benannt nach ihrem Anführer N. Ludd). Das Problem war offenbar so gross, dass 1812 dieser Tatbestand in England unter die Todesstrafe – später dann „nur" noch Deportation – gestellt wurde.
>
> Das Beispiel der Maschinenstürmer ist in erster Linie geeignet zu demonstrieren, wie unterschiedlich sich ein und derselbe Tatbestand darstellen kann, je nachdem, ob er aus sektoraler oder gesamtwirtschaftlicher Perspektive beurteilt wird. Obwohl es leicht denkbar ist, dass der Rationalisierungseffekt der Mechanisierung der Textilindustrie die Nachfrage nach Textilarbeitern senkt, bedeutet dies nicht, dass Arbeitlosigkeit entstehen muss, sondern es bedeutet, dass die Volkswirtschaft ihr Arbeitskräftepotential in andere Verwendungen lenken muss. Nicht auszuschliessen ist dabei natürlich, dass Arbeitnehmer, deren Humankapital spezifisch auf ihren angestammten Arbeitsplatz zugeschnitten war, im Zuge dieses Reallokationsprozesses empfindliche Einbussen erleiden.
>
> Noch extremer ist das Beispiel der Landwirtschaft, die einst über die Hälfte des Arbeitsangebots beansprucht hat, heute in den hochentwickelten Volkswirtschaften aber nur noch ca. 2–3% der Arbeitskräfte beschäftigt, weil Mechanisierung und technischer Fortschritt die Produktivität weit schneller haben wachsen lassen, als die Nachfrage nach landwirtschaftlichen Erzeugnissen zunehmen konnte. Niemand würde im Ernst behaupten wollen, dass hierdurch ein massives Beschäftigungsproblem entstanden wäre. Im Gegenteil: Die Reallokation des Arbeitspotentials zu Industrie und Dienstleistungssektor war über 200 Jahre hinweg eine wesentliche Triebfeder des Wirtschaftswachstums.

Neben dem schon diskutierten Verschiebungsparameter der langfristigen Arbeitsnachfragefunktion – dem realen Kapitalkostensatz Q/P – ist noch ein weiterer Faktor einzuführen, der die Arbeitsnachfrageentscheidung beeinflusst: der exogene Produktivitätsfortschritt. „Exogen" heisst im Kontext des hier vorliegenden Modells vor allem, dass den Produktivitätssteigerungen nicht eine Veränderung der Faktormengen von N und K zugrunde liegt. Wie wir aus der angewandten Wachstumsforschung wissen, ist der technische Fortschritt – ob dieser nun innerhalb der Wachstumstheorie als exogene Grösse behandelt wird oder endogen zu erklären versucht wird[1] – empirisch von kaum zu überschätzender Bedeutung. Der weitaus überwiegende Teil des Wirtschaftswachstums in den modernen Industrieländern ist nicht durch die Ausweitung der Faktormengen, sondern durch deren im Zeitablauf immer grösser werdende Produktivität erklärbar. In die Produktionsfunktion (6.1) kann dieses Merkmal sehr einfach eingebaut werden, indem postuliert wird, dass der Produktionsfaktor Arbeit mit einer konstanten Rate g im Zeitablauf produktiver wird. Konkret ändert dies (6.1) zu

$$(6.1') \quad Y_t(t, N_t, K_t) = F\left(e^{gt} \cdot N_t, K_t\right)$$

t bezeichnet hier einen Zeitindex, e die Euler'sche Zahl.[2] Diese Modifikation ändert die kurz- und langfristigen Arbeitsnachfragefunktionen in sehr einfacher Weise: Beide verschieben sich im Zeitablauf mit der Rate g im $[(W/P) - N]$-Quadranten nach oben. Produktivitätsfortschritt sorgt also dafür, dass die Entlohnung des Faktors Arbeit steigen kann, ohne dass dafür – wie sonst entlang einer einer kurzfristigen Arbeitsnachfragekurve üblich – Beschäftigungseinbussen hingenommen werden müssen. Abbildung 1.14 gab Auskunft darüber, welche Bedeutung dem Produktivitätswachstum auf der empirischen Ebene zukommt.

Allerdings ändert die Einbeziehung des Technischen Fortschritts überhaupt nichts an dem völlig unterschiedlichen Charakter kurz- und langfristiger Arbeitsnachfragefunktionen. Der Trade-Off zwischen Reallohn und Beschäftigung entlang einer kurzfristigen Arbeitsnachfragefunktion verschiebt sich durch den Technischen Fortschritt lediglich weiter nach oben, während für einen optimal angepassten Kapitalstock der Trade-Off weiterhin verschwindet, wenn die Produktionsfunktion konstante Skalenerträge aufweist.

Bevor nun im nächsten Abschnitt die Implikationen der Endogenität des Kapitalstocks weiter ausgeführt werden, bedarf es noch einer Begründung dafür, warum die so bedeutsame Annahme einer Produktionstechnologie mit konstanten Skalenerträgen „vernünftig" ist, und damit die langfristig horizontale Arbeitsnachfragefunktion ein für die Analyse der Arbeitsmarktrealität nützliches Denkinstrument darstellt. Unabhängig von konkreten Kostenverläufen auf der mikroökonomischen Ebene, kann man hier das sog. *Replikationsargument* machen.

---

[1] Vgl. Barro/Sala-i-Martin (1995) für eine ausführliche Darstellung sowohl der traditionellen als auch der modernen Wachstumstheorie oder – etwas kompakter – die Kapitel 1 bis 3 in Romer (1996).

[2] Die in (6.1') postulierte Form des Technischen Fortschritts nennt man auch „arbeitssparend", da Technischer Fortschritt genauso wirkt wie eine Erhöhung von N. Es ist ein Standardergebnis in der Wachstumstheorie, dass nur diese Art von Technischem Fortschritt mit einem gleichgewichtigen Wachstumspfad kompatibel ist; vgl. hierzu Barro/Sala-i-Martin (1995, p. 33 sowie den Appendix zu ch. 1). Wir gehen auf diesen Punkt hier nicht weiter ein, da er für das nachfolgende Argument keine zentrale Rolle spielt.

Dieses basiert auf dem Gedankenexperiment, dass eine grosse Volkswirtschaft einfach als Replikation mehrerer kleiner Volkswirtschaften aufgefasst werden kann. Bei einem gleichen Niveau des technischen Wissens – eine Eigenschaft, die sich in Kategorien der Produktionsfunktion (6.1) dadurch ausdrückt, dass die Funktion $F(\cdot)$ in beiden Volkswirtschaften gleich ist – realisiert die kleine Volkswirtschaft einfach einen Punkt wie A in Abbildung 6.2, bei niedrigem N und K und die grössere Volkswirtschaft einen Punkt wie B. Die Kapitalintensität ist jedoch in beiden Volkswirtschaften gleich. Anders ausgedrückt: Das Replikationsargument läuft darauf hinaus, dass allein die Grösse einer Volkswirtschaft nichts über deren Produktivität und damit die Lage der langfristigen Arbeitsnachfragefunktion impliziert. Ohne hier empirische Evidenz zu bemühen, sollte die Plausibilität dieser Eigenschaft auf der Hand liegen.

6.3. NAIRU und Reallohn im „Right-to-Manage"-Modell

Wir sind nun in der Lage, die in Kapitel 5 diskutierte Lohnsetzungsfunktion mit der kurz- und langfristigen Arbeitsnachfrageentscheidung zusammenzuführen. Hier geschieht dies zunächst für das Monopolgewerkschafts- bzw. die „Right-to-Manage"-Variante der Verhandlungsmodells. Damit wird der in Kapitel 4 eingeführte Analyserahmen des Lohnsetzungs-Preissetzungsmodells weiter ausgebaut. Entsprechend ist mit der im folgenden abgeleiteten Beschäftigungsmenge, bzw. der damit korrespondierenden Arbeitslosenquote, die NAIRU gemeint. Konjunkturelle Schwankungen, wie sie in Kapitel 3 behandelt wurden, sind in dieser Betrachtung nicht enthalten.

Bei der Ableitung der kurz- und langfristigen Arbeitsnachfragefunktionen im vorigen Abschnitt wurde nicht zwischen unternehmensspezifischen und aggregierten Grössen unterschieden. Diese Unterscheidung ist, wie im folgenden erläutert werden soll, auch gar nicht notwendig, weil – im Unterschied zur Ableitung der Lohnsetzungsfunktion – eine sehr viel einfachere Aggregationstechnik verwendet werden kann: Die Vorstellung einer „repräsentativen Unternehmung". Damit kann das Gewinnmaximierungskalkül (6.2) – und alle daraus gezogenen Schlussfolgerungen – als gleichermassen gültig für eine einzelne Unternehmung oder auch das Aggregat aller Unternehmungen interpretiert werden, wenn diese hinsichtlich ihrer Produktionstechnologie und der Preiselastizität der für sie relevanten Nachfragefunktion identisch sind. Da uns solche Unterschiede im vorliegenden Zusammenhang nicht weiter interessieren, ist diese Abstraktion jedoch unproblematisch. Neben der Identität der Unternehmungen ist eine weitere Voraussetzung für die Zulässigkeit der gedanklichen Konstruktion eines repräsentativen Akteurs, dass das gesamtwirtschaftliche Pendant des Aktionsparameters dieses Akteurs für dessen Entscheidung nicht relevant ist, da anderenfalls die Variablen auf Mikro- und Makroebene jeweils unterschiedliche Rollen spielen. Dieser Fall war gegeben beim gewerkschaftlichen Kalkül für die optimale Wahl des Lohns: Hier war dessen gesamtwirtschaftliches Pendant – der Durchschnittslohn – als Bestandteil des Alternativeinkommens für die Wahl auf sektoraler Ebene von Bedeutung. Deshalb konnte erst logisch *nach* der Ableitung der sektoralen Lohnsetzungsfunktion die Aggregation erfolgen. Da im Gegensatz dazu jedoch für eine einzelne Unternehmung bei der Bestimmung ihrer optimalen Faktoreinsatzmengen die aggregierten Mengen von N und K keine Rolle spielen, kann man sich in diesem Fall der gedanklichen Konstruktion einer repräsentativen Unternehmung bedienen.

Die langfristige Perspektive, die wir in diesem Kapitel einnehmen, legt es nahe, einen wichtigen und interessanten Spezialfall der Lohnsetzungskurve zu betrachten. Als Ausgangspunkt wählen wir dabei die in Box 5.4 (Gleichung 5.33) hergeleitete Lohnsetzungsfunktion für das „Right-to-Manage"-Verhandlungsmodell, die wir hier bequemlichkeitshalber nochmals wiedergeben:

$$(6.12) \quad \frac{W}{P} = \frac{\left(1 - \lambda\omega^{-1}\right)\cdot(1-\varphi)}{1 - \omega^{-1} - \varphi\cdot\left(1 - \lambda\omega^{-1}\right)} \cdot ALU$$

In Kapitel 5 wurde die Höhe des Realeinkommens bei Arbeitslosigkeit ALU als Konstante behandelt. Wie oben bereits in Box 5.5 angedeutet, ist es jedoch über einen längeren Zeithorizont mindestens ebenso plausibel, davon auszugehen, dass die Sozialpolitik den Wert von ALU der Entwicklung des allgemeinen Lebensstandards anpasst – und damit an den durchschnittlichen Reallohn W/P koppelt. Diese Hypothese über die Entwicklung von ALU impliziert also, dass die sog. Lohnersatzquote LEQ (im Englischen: replacement ratio)

$$(6.13) \quad LEQ \equiv \frac{ALU}{W/P}$$

als exogene, politisch bestimmte Konstante behandelt werden sollte. Diese Annahme hat aber für die Gestalt der Lohnsetzungsfunktion im $[(W/P)-u]$- bzw. $[(W/P)-N]$-Raum eine wichtige Konsequenz. Einsetzen von (6.13) in (6.12) liefert nämlich die folgende Lohnsetzungsfunktion:

$$(6.14) \quad (LEQ)^{-1} = \frac{\left(1 - \lambda\omega^{-1}\right)(1-\varphi)}{1 - \omega^{-1} - \varphi\left(1 - \lambda\omega^{-1}\right)}$$

Wenn die linke Seite von (6.14) qua Annahme eine Konstante ist, so muss das natürlich auch für die rechte Seite zutreffen. Da überdies λ und ω Konstanten sind, muss auch φ eine Konstante sein, und dies impliziert einen konstanten Wert der Arbeitslosenquote u, da $\varphi = \varphi(u)$.[1] Unter der zuätzlichen Prämisse eines exogenen und reallohnunabhängigen aggregierten Arbeitsangebots $\overline{N}^s$ ist damit

---

[1] Mit anderen Worten: Die durch (6.14) definierte Lohnsetzungsfunktion verläuft vertikal.

6.3. NAIRU und Reallohn im „Right-to-Manage"-Modell

auch ein konstanter Wert für die gesamtwirtschaftliche Beschäftigungsmenge N verbunden.

Nach diesen Klärungen ist es nun möglich, die Implikationen der Entscheidungskalküle von Unternehmen und Gewerkschaften für Reallohn und Beschäftigung bzw. Arbeitslosenquote zu untersuchen. Dies soll anhand von Graphiken im $[(W/P)-N]$-Raum erfolgen. N kann als Beschäftigungsgrad $(1-u)$ interpretiert werden, wenn die Normierungsannahme $\overline{N}^s = 1$ getroffen wird. Daher kann auch die Arbeitslosenquote implizit in den nachfolgenden Diagrammen abgelesen werden.

Konkret ergibt sich für die lange Frist – d.h. für einen optimal angepassten Kapitalstock – und unter der Annahme eines konstanten Wertes der Lohnersatzquote das in Abbildung 6.3 gezeigte Bild.

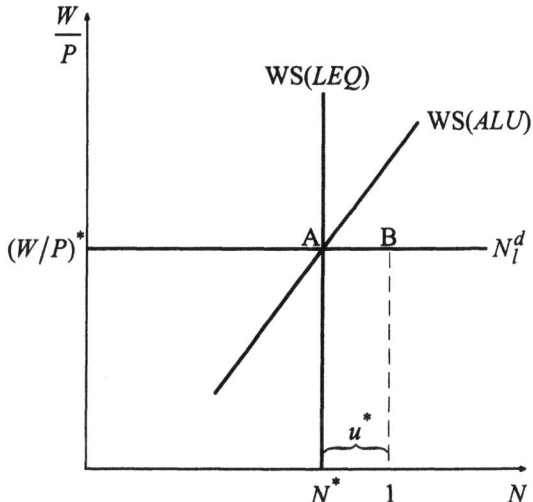

Abbildung 6.3: NAIRU und Reallohn in der langen

Unter den genannten Prämissen kann eine eindeutige Zuordnung der „Zuständigkeiten" der einzelnen Akteure vorgenommen werden:

- Das Gewinnmaximierungskalkül (6.2) der Unternehmen determiniert eindeutig den Reallohn. Dieser ist in der langen Frist von den Lohnsetzern nicht beeinflussbar. Verschiebungsparameter von N_l^d sind die realen Kapitalkosten und technischer Fortschritt. Daneben spielt die Marktmacht der Unternehmen auf dem Gütermarkt eine Rolle: Je grösser diese ist, desto grösser ist die Gewinnspanne und desto geringer ist folglich $(W/P)^*$.

- Umgekehrt hat das Verhalten der Unternehmen in der langen Frist keinen Einfluss auf die gleichgewichtige Beschäftigungsmenge N^* bzw. die NAIRU u^*. Vielmehr ist u^* *ausschliesslich* durch die Lohnsetzung WS determiniert – unabhängig davon, ob *LEQ* oder *ALU* als Konstante behandelt wird. Über diesen Kanal wird auch die wichtige Rolle der staatlichen Sozialpolitik deutlich: Je höher *LEQ* bzw. *ALU* ist, desto weiter verschiebt sich die Lohnsetzungskurve nach links, desto höher ist also die NAIRU u^*.

Dieser letzte Punkt beleuchtet einen grundlegenden Konflikt zwischen dem Ziel eines hohen Beschäftigungsgrades (bzw. einer geringen NAIRU) und dem Distributionsziel, d.h. dem Wunsch, über grosszügige Lohnersatzleistungen die Arbeitslosen finanziell zu unterstützen. Die Logik der Lohnsetzung führt dazu, dass das durch die Zahlung von Arbeitslosenunterstützung adressierte Problem – die Arbeitslosigkeit – durch eben diese Massnahme verschlimmert wird. Dies bedeutet keineswegs, dass einzelne Arbeitslose in einem vernünftigen Sinn des Wortes „freiwillig" arbeitslos sind, d.h. den Bezug von *ALU* bei Arbeitslosigkeit einer Beschäftigung zu $(W/P)^*$ vorziehen. Höchstens kann man sagen, dass die Gewerkschaften als die Vertreter der Arbeitnehmer die als Konsequenz ihrer Lohnpolitik im Gleichgewicht resultierende Arbeitslosigkeit bewusst in Kauf nehmen. Treffend bezeichnet Corden (1978, p. 172) eine solche Arbeitslosigkeit auch als „union-voluntary but private-involuntary". Immerhin sei in diesem Zusammenhang auch nochmals an die Effizienzlohntheorie erinnert, die zeigt, dass auch ohne Marktmacht auf der Arbeitnehmerseite im Gleichgewicht Arbeitslosigkeit entstehen kann.

Die gerade beschriebene Rollenverteilung wirft eine weitere Frage auf: Die den Beschäftigungsgrad bestimmende Lohnsetzungsfunktion wurde in Kapitel 5 vor dem Hintergrund eines Trade-Off zwischen Lohn und Beschäftigung entlang einer kurzfristigen Arbeitsnachfragekurve auf sektoraler Ebene abgeleitet. Wie gesehen, ergibt sich daraus eine Lösung wie Punkt A in Abbildung 6.3. Nun ist es offensichtlich, dass Punkt B (und natürlich jeder Punkt auf der Strecke zwischen A und B) auch aus der Sicht der Gewerkschaften eindeutig besser ist, da dort eine höhere Beschäftigungsmenge zu einem gegenüber A unveränderten Lohn zu haben ist. Damit stellt sich aber die Frage, was – bei Einsicht in die Zusammenhänge – die Lohnsetzer daran hindert, mit mehr Lohnzurückhaltung für einen höheren Beschäftigungsgrad zu sorgen. Die Antwort auf dieser Frage soll mit Hilfe von Abbildung 6.4 diskutiert werden.

6.3. NAIRU und Reallohn im „Right-to-Manage"-Modell

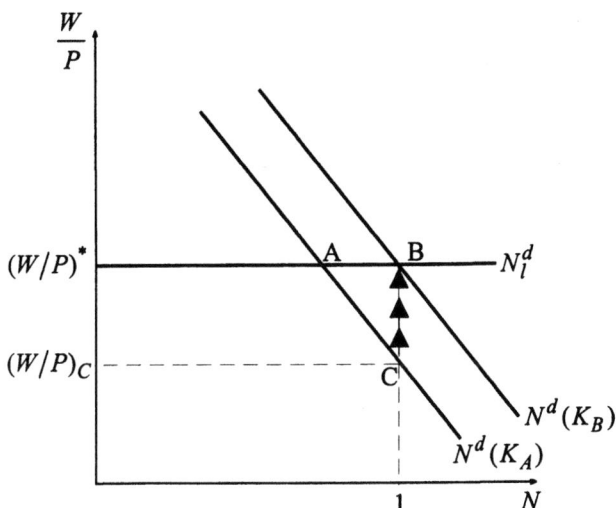

Abbildung 6.4: Der Weg zu mehr Beschäftigung führt über Reallohnverzicht

Die Punkte A und B in Abbildung 6.4 entsprechen denen in Abbildung 6.3, allerdings sind nun zusätzlich die kurzfristigen Arbeitsnachfragefunktionen $N^d(K_A)$ und $N^d(K_B)$ eingezeichnet, wobei K_B den optimalen Kapitalstock bei Vollbeschäftigung darstellt.

Wie kann man nun ausgehend von A nach Punkt B gelangen? Da in A die Unternehmen keinerlei Anreiz haben, irgendetwas an ihrem Verhalten zu ändern, muss der Ausgangspunkt bei den Lohnsetzern zu suchen sein. Diese können im Prinzip Beschäftigungssteigerungen durch eine Bewegung entlang von $N^d(K_A)$ nach rechts unten herbeiführen. Damit sind jedoch zunächst einmal Reallohneinbussen verbunden – wenn sofort Vollbeschäftigung erreicht werden soll, muss der Lohn bis $(W/P)_C$ sinken. Wie wir aber nun aus der Charakterisierung der langfristigen Arbeitsnachfragefunktion wissen, ist C aus der Sicht der Unternehmen kein langfristiges Gleichgewicht, da hier ein Anreiz besteht, den Kapitalstock auszudehnen. Im Zuge dieser Anpassung kommt es zu der durch die Pfeile angedeuteten graduellen Bewegung von C nach B, da sich die kurzfristige Nachfragefunktion mit der Kapitalstockausdehnung nach oben verlagert. In B wäre dann das neue Gleichgewicht erreicht. Damit können wir festhalten: Obleich es im langfristigen Gleichgewicht keinen Trade-Off zwischen Reallohn und Beschäftigung gibt, ist es für eine Beschäftigungsexpansion notwendig, vorübergehend Lohneinbussen in Kauf zu nehmen. Der Weg von A nach C ist also die Durststrecke auf dem Weg zu mehr (in der Graphik: zu Voll-) Beschäftigung.

Die Analyse zeigt somit, dass Unterbeschäftigung auf der makroökonomischen Ebene keineswegs ein Schicksal ist, dem eine Gesellschaft mehr oder weniger hilflos ausgeliefert ist. Allerdings müssten die Lohnsetzer ihr Verhalten im Dienste einer Beschäftigungsexpansion, die über die konjunkturelle Frist hinausgeht, wie beschrieben ändern. Und damit verschiebt sich die Frage nach den Ursachen der hohen und anhaltenden Arbeitslosigkeit darauf, warum die Bereitschaft nicht vorhanden ist, im Interesse der Arbeitslosen das vorübergehende Opfer zu bringen. Ein möglicher Ansatzpunkt dafür ist die Insider-Outsider-Theorie, auf die in Kapitel 7 eingegangen wird.

Die Idee der langfristig horizontalen Arbeitsnachfragefunktion macht auch klar, dass eine wesentliche Komponente der Erklärung gesamtwirtschaftlicher Arbeitslosigkeit im Kontext des „Right-to-Manage"-Modells die Kurzfristigkeit des Kalküls der Lohnsetzer sein dürfte. Würde nämlich auf sektoraler Ebene das Lohnsetzungsproblem (5.1) bzw. das Verhandlungsproblem (5.17) unter der Nebenbedingung der langfristigen Arbeitsnachfragekurve gelöst werden, so stünde der Vollbeschäftigung nichts im Wege solange $(W/P)^* > ALU$. Erst der in der kurzen Frist existierende Trade-Off zwischen Reallohn und Beschäftigung führt zu einem Lohnsetzungsverhalten, das mit Vollbeschäftigung nicht kompatibel ist.[1]

6.4. Empirische Aspekte[2]

6.4.1. Determinanten der Entwicklung der Arbeitslosenquote in Deutschland

Die im letzten Abschnitt gefundene Antwort auf die Frage, warum eine Rückkehr zur Vollbeschäftigung so schwierig ist, erklärt noch nicht, wie es ausgehend von einem hohen Beschäftigungsstand zu einer Erhöhung der NAIRU kommen kann – und der treppenartige Anstieg der Arbeitslosenquote zumindest in Deutschland legt ja nahe, dass es einen solchen Anstieg der NAIRU gegeben hat. Daher sollen in diesem Abschnitt einige Faktoren aufgelistet und analysiert werden, die für diese Entwicklung möglicherweise ursächlich waren.

---

[1] Das korrekte Verfahren, um die Bedeutung des Gegensatzes zwischen kurz- und langfristigem Trade-Off für die Lohnsetzung abzubilden, besteht darin, das Optimierungsproblem der Gewerkschaften als ein dynamisches zu spezifizieren, wobei der allmählichen Anpassung des Kapitalstocks als Nebenbedingung Rechnung zu tragen ist (Grout 1984, van der Ploeg 1987). Das Ergebnis, das sich hierbei einstellt, lautet, dass das langfristige Gleichgewicht in Abhängigkeit von der Zeitpräferenz (Ungeduld) der Gewerkschaften in Abbildung 6.4 irgendwo zwischen den Punkten A und B zustandekommt.

[2] Die Überlegungen in diesem Abschnitt basieren zum grössten Teil auf Landmann/Jerger (1993) sowie Jerger (1993).

6.4. Empirische Aspekte

Beginnt man mit der Suche bei den Verschiebungsparametern der Lohnsetzungskurve, so fällt sofort die mögliche Rolle einer grosszügiger gewordenen Arbeitslosenunterstützung und der Verhandlungsmacht der Gewerkschaften – ausgedrückt durch den Parameter λ – ins Auge. Relative Verhandlungsmacht ist natürlich alles andere als einfach zu messen – und wohl auch nicht unabhängig von den Transfers an die Arbeitslosen –, die Ablösung der in Deutschland seit dem Ende des zweiten Weltkriegs amtierenden konservativen Regierung zunächst durch eine grosse Koalition ab 1966 und eine sozial-liberale Koalition ab 1969 ist jedoch durchaus konsistent mit einem relativen Machtgewinn der Gewerkschaften in diesem Zeitraum. Besser zu fassen sind hingegen die Lohnersatzleistungen bei Arbeitslosigkeit. Ohne hier die institutionellen Details von Anspruchsregelungen, Dauer, Abhängigkeit von der Familiensituation etc. schildern zu wollen, kann festgehalten werden, dass die Lohnersatzleistungen grosszügiger geworden sind. In den 60er Jahren betrug das Arbeitslosengeld zwischen 40% und 90% des zuletzt erzielten Einkommens, wobei der Prozentsatz invers mit dem Einkommen variierte. 1969 wurde dieser Satz auf 62,5% vereinheitlicht und 1975 auf 68% angehoben. Allerdings unterschätzen die beiden letzten Zahlen die Lohnersatzquote für geringe Einkommen, da hier gegebenenfalls ein Anspruch auf ergänzende Sozialhilfe zusätzlich zum Arbeitslosengeld entstehen kann.[1] Vor diesem Hintergrund war eine Verschiebung der Lohnsetzungskurve und eine im Gefolge höhere NAIRU durchaus zu erwarten.

Variable	1961–1973	1974–1979	1980–1991
Arbeitslosenquote	0,8	3,5	6,6
Realzins (in % p.a.)	2,8	3,2	4,6
Nettoinvestitionsquote in % [1)]	21,4	13,5	10,2
Arbeitsproduktivitätswachstum in % [2)]	5,1	3,6	2,0

[1)] Nettoinvestitionen der Privaten und des Staates in % des Bruttosozialprodukts
[2)] Jährliches Wachstum des Quotienten von Bruttosozialprodukt und Arbeitsstunden
Quelle: Übernommen aus Landmann/Jerger (1993, S. 691). Die Zahlen beziehen sich auf Westdeutschland.

Tabelle 6.1: Indikatoren für eine Verschiebung der langfristigen Arbeitsnachfragekurve

Eine für die Arbeitsnachfrageentscheidung wichtige Grösse sind die realen Kapitalkosten. Auch hiermit sind recht komplizierte Messprobleme verbunden[2], eine

---

[1] Die Daten sind entnommen aus Emerson (1988, Appendix A), wo auch entsprechende Zusammenstellungen für andere Industrieländer und andere Zweige der jeweiligen Sozialversicherungssysteme gefunden werden können.

[2] Vgl. Jerger (1993, Anhang 1) für die Beschreibung der Konstruktion einer entsprechenden Zeitreihe.

wesentliche Einflussgrösse ist hier aber der reale Zinssatz.¹ Dieser ist zusammen mit der gesamtwirtschaftlichen Nettoinvestitionsquote und der Wachstumsrate der Arbeitsproduktivität für drei Zeiträume in Tabelle 6.1 wiedergegeben.² Aus der ersten Zeile wird klar, dass vor allem in den 80er Jahren das Realzinsniveau sehr viel höher war als in der Vollbeschäftigungsperiode der 60er Jahre. Damit einher ging ein sehr deutlicher Rückgang der Kapitalakkumulation sowie des Wachstums der Arbeitsproduktivität.

Abbildung 6.5 analysiert die Auswirkungen einer Erhöhung der realen Kapitalkosten. Wie wir bereits aus dem vorigen Abschnitt wissen, ist damit eine Abwärtsverschiebung der langfristigen Arbeitsnachfragekurve verbunden.³

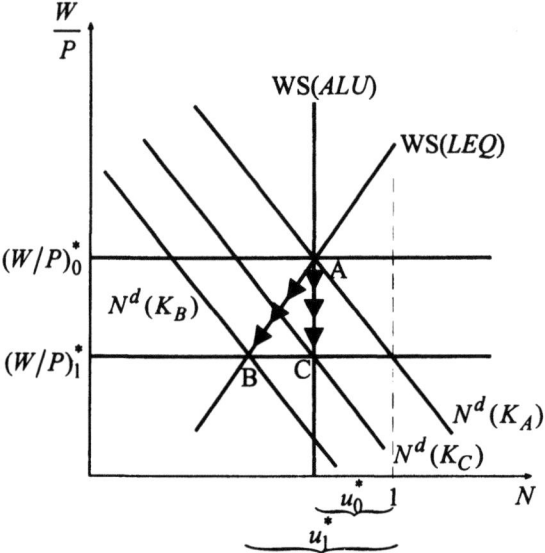

Abbildung 6.5: Die Konsequenzen steigender Kapitalkosten

---

1 Der reale Zinssatz – und damit die realen Kapitalkosten – können auch auf gesamtwirtschaftlicher Ebene als exogen angesehen werden, wenn der (Finanz-) Kapitalmarkt dieser Volkswirtschaft gegenüber dem Ausland zumindest teilweise geöffnet ist. In diesem Fall stellt internationale Arbitrage sicher, dass sich die Realzinsen (bereinigt um die Änderung der Wechselkurse) international nicht allzu weit auseinander entwickeln.

2 Die Aufdatierung für gesamtdeutsche Daten nach 1991 wurde nicht vorgenommen, weil die Wiedervereinigung die hier diskutierten Zusammenhänge so stark überlagert, dass eine saubere Trennung mit Durchschnittswerten einiger Kenngrössen nicht möglich ist.

3 Dieser Mechanismus ist ein Kernstück der „strukturalistischen" Beschäftigungstheorie von Phelps (1994).

6.4. Empirische Aspekte

Nach Abschluss aller Anpassungsprozesse wird der Lohn also in jedem Fall von $(W/P)_0^*$ auf $(W/P)_1^*$ sinken. Wichtig ist nun der Einfluss der Lohnsetzung auf diesen Anpassungsprozess. Wenn die Sozialpolitik ALU festhält, also die positiv geneigte Lohnsetzungsfunktion $WS(ALU)$ relevant ist, so befindet sich das neue Gleichgewicht in B, mit einer von u_0^* auf u_1^* gestiegenen NAIRU. Die Intuition hinter diesem Anstieg der Arbeitslosigkeit liegt auf der Hand. Durch den – bei konstantem Wert von ALU – gesunkenen Reallohn ist im Kalkül der Lohnsetzer die relative Attraktivität der Beschäftigung gegenüber der Arbeitslosigkeit gesunken – mit der Konsequenz, dass es im Gleichgewicht weniger Beschäftigung geben wird. Die Senkung des Kapitalstocks von K_A auf K_B reflektiert daher sowohl die reale Verteuerung von K als auch den Beschäftigungsrückgang. Das Modell zeigt aber auch, wie Punkt C erreicht und damit der Beschäftigungsrückgang verhindert werden kann. Dies wäre der Fall, wenn die sozialpolitischen Akteure ALU parallel zum Reallohn senken, d.h. für einen konstanten Wert von LEQ sorgen. Für die Lohnsetzer bleibt in diesem Fall das Attraktivitätsgefälle zwischen Beschäftigung und Arbeitslosigkeit konstant – und damit auch die NAIRU. In diesem Fall sinkt der Kapitalstock ausgehend von A nur auf K_C, d.h. um weniger als dies bei einem konstanten Wert von ALU der Fall ist.

Ein für die Entwicklung der Arbeitslosenquote in Deutschland möglicherweise ebenfalls wichtiger Impuls war die Ausweitung des Arbeitskräftepotentials, die bereits in Abbildung 1.1 dargestellt wurde. Wie dort zu sehen war, hat sich das Arbeitskräftepotential seit Anfang der 70er Jahre – und mit einer gewissen Beschleunigung ab Anfang der 80er Jahre – kontinuierlich nach oben entwickelt, auch wenn natürlich der „Wiedervereinigungsknick" das dominierende Merkmal der Zeitreihe ist und der Anstieg auch relativ zu Japan und vor allem den USA moderat war. Zwei Gründe können für den Anstieg des Arbeitskräftepotentials vor allem genannt werden: Zum einen drängten ab den späten 70er Jahren die geburtenstarken Jahrgänge der frühen 60er Jahre auf den Arbeitsmarkt, zum anderen ist die Partizipationsquote der Frauen deutlich angestiegen.

Die Auswirkungen eines solchen Anstiegs des gesamtwirtschaftlichen Arbeitskräftepotentials $\overline{N}^s$ können zumindest auf den ersten Blick sehr einfach analysiert werden: Die langfristige Preissetzungsfunktion ist horizontal und die Lohnsetzungsfunktion ist in Kategorien der Arbeitslosen*quote* spezifiziert, so dass eine Ausweitung des Arbeitskräftepotentials zu einer proportionalen Ausweitung der Beschäftigung (und des Kapitalstocks) führt, d.h. die NAIRU davon völlig unberührt bleibt. Diese Analyse ist auch völlig zutreffend, wenn die Lohnsetzer das gestiegene Arbeitskräftepotential wirklich berücksichtigen. Wie wir gesehen haben, heisst dies aber, dass ein temporärer Reallohnrückgang in Kauf genommen werden muss, um den Unternehmen den Anreiz zu der notwendigen Ausweitung des Kapitalstocks zu geben. Anders gesagt: Die Integration eines wachsenden Arbeitskräftepotentials unterscheidet sich nicht prinzipiell von der Integration Arbeitsloser bei einem gegebenen Arbeitskräftepotential.

Diese Bereitschaft zu temporären Lohnverzichten ist aber je nach Organisation der Lohnsetzung nicht notwendigerweise vorhanden, da Gewerkschaften fast schon definitionsgemäss Interessenvertretungen der Beschäftigten – und nicht der Arbeitslosen – sind. Damit kann es zu einer Diskrepanz zwischen tatsächlichem gesamtwirtschaftlichem Arbeitsangebot und „effektivem", d.h. in der Lohnsetzungsentscheidung berücksichtigtem Arbeitsangebot kommen. Im Extremfall einer völligen Unabhängigkeit dieser beiden Arbeitsangebotskonzepte würde der notwendige Aufbau des Kapitalstocks und die Integration der neu hinzukommenden Arbeitskräfte in den Arbeitsmarkt sogar vollständig blockiert.

6.4.2. Zur empirischen Diagnose „überhöhter" Reallöhne

Die bisherige Analyse in diesem Kapitel machte klar, dass es zwischen Beschäftigung bzw. der NAIRU und Reallohn bzw. Produktivität einer Volkswirtschaft keinen einfachen Zusammenhang gibt, da die Lohnsetzungsentscheidung eine entscheidende Determinante dieses Zusammenhangs ist. Kurz zusammengefasst lautet die fast paradox anmutende Quintessenz der Überlegungen folgendermassen: Die Lohnforderungen sind ursächlich für den Beschäftigungsgrad, dennoch ist der Lohn auf längere Sicht unabhängig vom Beschäftigungsgrad. Dieses Ergebnis präjudiziert bereits, dass ein Blick auf die Daten, was den Zusammenhang von Beschäftigung und Löhnen angeht, alles andere als einfach ist. Deshalb soll in diesem Abschnitt auf das grundlegende konzeptionelle Problem der Beurteilung der Vollbeschäftigungskonformität von Löhnen eingegangen werden.

Gerade im Kontext des Streits zwischen der keynesianischen und klassischen Arbeitsmarkttheorie – vgl. hierzu Kapitel 2 – spielte die Frage, ob Löhne vollbeschäftigungskonform sind, eine herausragende Rolle. Deshalb ist es wenig verwunderlich, dass es vor allem in der 80er Jahren eine ganze Reihe empirischer Untersuchungen gab, deren Ziel es war, eine sog. „Reallohnlücke", d.h. den Abstand von tatsächlichem und vollbeschäftigungskonformem Lohn zu messen (Sachs 1983, Artus 1984, Bruno/Sachs 1985; speziell für Deutschland: Vollmer 1990). Das ökonometrische Problem dabei ist natürlich die Ermittlung des nicht direkt beobachtbaren vollbeschäftigungskonformen Reallohns. Aufgrund der Bedeutung von Produktivitätsfortschritten, ist dieser im Zeitablauf nicht konstant, sondern steigt mit der – ebenfalls unbeobachtbaren – Rate des technischen Fortschritts.

Aus dieser Überlegung heraus wurde meist die folgende Vorgehensweise für die Messung der Reallohnlücke gewählt: Als Ausgangspunkt wird eine Periode mit einem hohem Beschäftigungsgrad – wie er in Deutschland in den 60er Jahren vorherrschte; vgl. Abbildung 1.2 – gewählt. Diese Wahl stellt sicher, dass der in dieser Periode beobachtete Reallohn als vollbeschäftigungskonform beurteilt werden kann. Nun kann man versuchen, ausgehend von diesem Punkt Produktivitäts- und Reallohnwachstum miteinander zu vergleichen: Tut sich zwischen Reallohn- und Produktivitätswachstum eine positive Lücke auf, sollte man von überhöhten, nicht vollbeschäftigungskonformen Reallöhnen ausgehen können, entwikkeln sich die beiden Grössen hingegen in etwa parallel, so legt dies nahe, dass das Arbeitsmarktproblem anderweitige Ursachen hat. Für Deutschland war das Ergebnis all dieser Studien, dass sich bis Ende der 70er/Anfang der 80er Jahre eine Reallohnlücke aufbaute, danach aber relativ rasch bis Ende der 80er Jahre wieder verschwand. Daraus wurde vielfach geschlossen, dass Deutschland kein „Lohnproblem" habe.

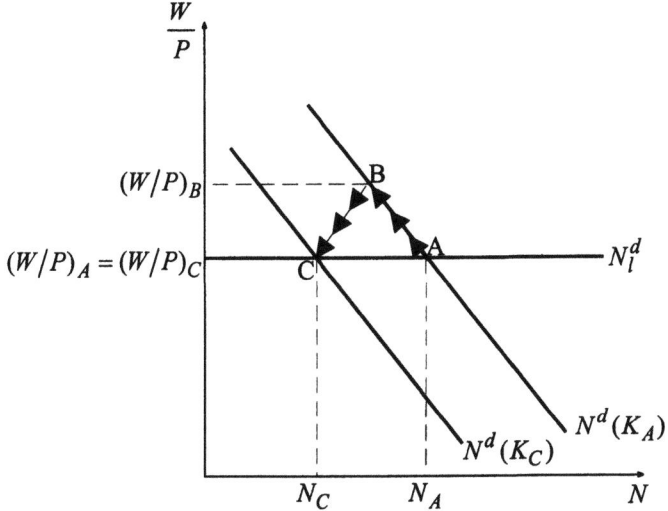

Abbildung 6.6: Reallohn- und Beschäftigungswachstum im Gefolge eines Lohnsetzungsschocks

Die Analyse dieses Kapitels zeigt jedoch, dass diese Vorgehensweise und die daraus gezogenen Schlüsse dem Problem nicht gerecht werden, und zwar aus mehreren Gründen nicht. Erstens berücksichtigt dieses Verfahren nicht, dass die beobachtete Produktivitätsentwicklung nicht einfach dem exogenen Trend des technischen Fortschritts folgt, sondern auch Veränderungen der Beschäftigung reflektiert. Abbildung 6.6 veranschaulicht diesen Umstand am Beispiel eines Anstiegs der Lohnansprüche. Was immer der Auslöser eines solchen Anstiegs ist (vgl. oben, Abschnitt 6.4.1): Bei gegebenem Kapitalstock K_A bewegt sich die Volkswirtschaft, ausgehend vom langfristigen Anfangsgleichgewicht in Punkt A, entlang der kurzfristigen Arbeitsnachfragefunktion $N^d(K_A)$ nach links oben. Dabei steigt die Kapitalintensität K/N und folglich auch die Arbeitsproduktivität an. Wie stark die Arbeitsproduktivität zunimmt, hängt davon ab, wie leicht die Produktionsfaktoren substituiert werden können.[1] Es ist aber leicht möglich, dass

---

[1] Vgl. hierzu die Diskussion bei Landmann/Jerger (1993).

der induzierte Produktivitätsanstieg den Reallohnanstieg ganz oder teilweise zu „rechtfertigen" scheint. Ein naiver Reallohn-Produktivitäts-Vergleich braucht somit nicht unbedingt ein Lohnproblem anzuzeigen, obwohl in diesem Beispiel die steigenden Lohnansprüche eindeutig die Ursache des Beschäftigungsrückgangs sind. Ein korrekter Reallohnlücken-Indikator müsste daher den induzierten Produktivitätsanstieg herausfiltern und den beobachteten Reallohn $(W/P)_B$ zum eigentlich vollbeschäftigungskonformen Reallohn $(W/P)_A$ in Beziehung setzen, so dass sich eine Reallohnlücke $(W/P)_B - (W/P)_A$ ergäbe.

Aber damit nicht genug: Wenn der Beschäftigungsrückgang, wie oben erläutert, einen Abbau des Kapitalstocks nach sich zieht, verschiebt sich ja die kurzfristige Arbeitsnachfragefunktion nach links, und der Reallohn bildet sich wieder zurück, bis ein neues langfristiges Gleichgewicht in Punkt C erreicht ist, wo der Kapitalstock so weit gesunken ist, dass die ursprüngliche (langfristig optimale) Kapitalintensität der Produktion wiederhergestellt ist ($K_C/N_C = K_A/N_A$). Die in Punkt B gemessene Reallohnlücke ist nun wieder verschwunden, obwohl die Beschäftigung gegenüber Punkt B weiter gesunken ist. Bei oberflächlicher Betrachtung könnte leicht der Schluss gezogen werden, die Entwicklung der Reallohnlücke zeige Lohnmässigung an, weshalb der Beschäftigungsrückgang andere Ursachen als eine unsachgemässe Lohnpolitik haben müsse. Dabei zeigt unser Beispiel, dass der Beschäftigungsrückgang von B nach C nichts anderes als die verzögerte Spätwirkung der gestiegenen Lohnansprüche ist, die uns zunächst von Punkt A nach B transportiert hatten.

Ähnliches spielt sich ab, wenn sich die Kapitalbildung aufgrund steigender Kapitalkosten abschwächt, wie wir dies anhand von Abbildung 6.5 diskutiert haben. Auch da kommt es zu einem Reallohnrückgang bzw. – bei Berücksichtigung des Trendwachstums – zu einer Abschwächung des Reallohnwachstums, die aber nichts mit „Lohnmässigung" in irgend einem vernünftigen Sinne des Wortes zu tun hat, sondern auf die induzierte Verringerung der Arbeitsnachfrage zurückzuführen ist.

Das Fazit dieser Überlegungen liegt auf der Hand: Die Reallohnentwicklung, ob man sie nun isoliert betrachtet, zur Produktivitätsentwicklung in Beziehung setzt oder zur trendmässigen Produktivitätsentwicklung in Beziehung setzt, kann langfristig keinerlei Aufschluss darüber geben, ob sich die Lohnpolitik beschäftigungsgerecht verhalten hat oder nicht. Denn im langfristigen Gleichgewicht reflektiert der Reallohn nur den technologischen Fortschritt und die Determinanten der optimalen Kapitalintensität. Der einzige gültige Masstab, an dem sich auf die Dauer erweist, ob die Lohnpolitik angemessen Rücksicht auf die Beschäftigung nimmt, ist die Beschäftigung selbst.

6.5. Heterogene Arbeit

Die gesamte bisherige Diskussion in diesem Buch behandelte den Produktionsfaktor „Arbeit" als homogen. Folgerichtig war daher immer auch nur von *dem* Lohn die Rede, dessen Bestimmung und Relation zum Beschäftigungsgrad im Mittelpunkt unseres Interesses stand. Die damit verbundene Abstraktion hat zu einer Reihe von interessanten und für die Interpretation der realen Vorgänge relevanten Einsichten geführt. Dennoch bleibt die Annahme der Homogenität von Arbeit eine sehr starke Abstraktion, die möglicherweise den Blick auf wichtige Phänomene verstellt. Daher soll in diesem Abschnitt die Annahme gelockert werden, so dass die Konsequenzen heterogener Arbeit explizit adressiert werden können.

„Heterogenität" liegt in der Realität natürlich in vielerlei Hinsicht vor. Einzelne Arbeitsanbieter unterscheiden sich hinsichtlich ihres Alters, ihres Geschlechts, ihrer Qualifikation sowie ihrer regionalen und zeitlichen Verfügbarkeit um nur einige wenige Dimensionen zu nennen. Um die Analyse so einfach wie irgend möglich zu gestalten, soll angenommen werden, dass es zwei Arten von Arbeit gibt, die sich hinsichtlich ihrer Produktivität unterscheiden. Wir können uns darunter beispielsweise ausgebildete Arbeitskräfte (N_1) und nicht ausgebildete Arbeitskräfte (N_2) vorstellen. Entsprechend verallgemeinert sich die Produktionsfunktion (6.1) zu

(6.1'') $\quad Y = F(N_1, N_2, K)$

Die unterstellte „höhere Produktivität" von N_1 gegenüber N_2 muss nun etwas genauer gefasst werden, da wir völlig analog zu den Eigenschaften von (6.1) und realistischerweise annehmen wollen, dass die Produktivitäten der Faktoren jeweils Funktionen der Menge *aller* Produktionsfaktoren sind. Eine höhere Produktivität von N_1 soll also dadurch definiert sein, dass für einen gegebenen Wert von K und für jedes $N_1 = N_2$ die Grenzproduktivität von N_1 grösser ist als die Grenzproduktivität von N_2. Die Diskussion vereinfacht sich, wenn wir eine Produktionsfunktion, die diese Eigenschaft erfüllt, konkret spezifizieren. In der Cobb-Douglas-Spezifikation

(6.1''') $\quad Y = F(N_1, N_2, K) = K^\alpha N_1^{\beta_1} N_2^{\beta_2}$

impliziert die Restriktion $\alpha + \beta_1 + \beta_2 = 1$ konstante Skalenerträge und $\beta_1 > \beta_2$ die genannte Konkretisierung höherer Produktivität. Dies lässt sich leicht sehen, indem die Grenzproduktivitäten der beiden Kategorien von Arbeit berechnet werden:

(6.15) $\quad \dfrac{\partial Y}{\partial N_1} = \beta_1 K^\alpha N_1^{\beta_1 - 1} N_2^{\beta_2} \; ; \; \dfrac{\partial Y}{\partial N_2} = \beta_2 K^\alpha N_1^{\beta_1} N_2^{\beta_2 - 1}$

226 Kapitel 6: Beschäftigung, Produktivität und Kapitalstock

Ohne das zu (6.2) analoge Gewinnmaximierungskalkül zu wiederholen, sollte klar sein, dass der Quotient der Reallöhne für N_1 und N_2 im Gleichgewicht dem Verhältnis der in (6.15) berechneten Grenzproduktivitäten entsprechen muss. D.h. die *Lohnstruktur* ist charakterisiert durch

$$(6.16) \quad \frac{(W/P)_1}{(W/P)_2} = \frac{\partial Y/\partial N_1}{\partial Y/\partial N_2} = \frac{\beta_1}{\beta_2} \cdot \frac{N_2}{N_1}.$$

Die erste aus (6.16) folgende Beobachtung ist, dass die Lohnstruktur unabhängig von K ist. Daraus folgt unter anderem, dass alles was bisher in diesem Kapitel über den Zusammenhang von Lohn, Beschäftigung und Kapitalstock gesagt wurde, weiterhin gilt, wenn Lohn durch Lohnstruktur und Beschäftigung durch Beschäftigungsstruktur ersetzt wird.[1]

Aus (6.16) ergibt sich aber auch sofort die im vorliegenden Zusammenhang interessantere Beobachtung: Je mehr unqualifizierte Arbeit relativ zur qualifizierten Arbeit eingesetzt werden soll, desto grösser muss das Lohndifferential zwischen diesen beiden Arten von Arbeit sein. Vollbeschäftigung für beide Arten von Arbeit ist also prinzipiell möglich, erfordert aber, dass ein bestimmtes Lohndifferential akzeptiert wird. Abbildung 6.7 zeigt diesen Zusammenhang.

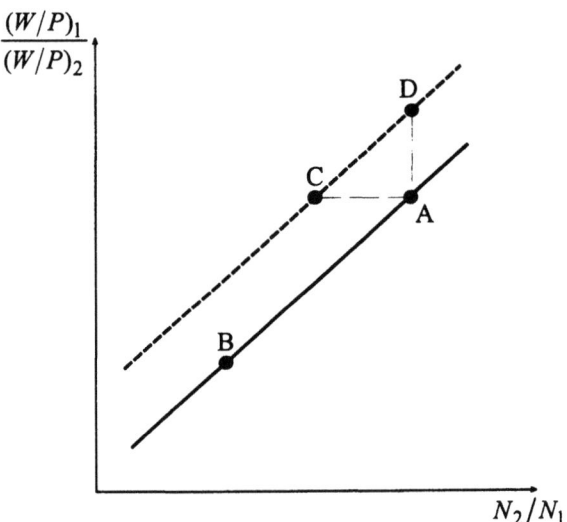

Abbildung 6.7: Der Zusammenhang von Lohn- und Beschäftigungsstruktur

---

[1] Es ist leicht zu sehen, dass die Produktionsfunktion (6.1''') geschrieben werden kann in Abhängigkeit von Kapital und einem Kompositum der beiden Arten von Arbeit. $Y = K^\alpha N^{\beta_1+\beta_2}$ mit $N \equiv \left(N_1^{\beta_1} N_2^{\beta_2}\right)^{1/(\beta_1+\beta_2)}$.

6.5. Heterogene Arbeit

Wenn also die (exogene) Struktur des Arbeitsangebots dem mit Punkt A assoziierten Verhältnis entspricht, so ist ein relativ hoher Wert des Lohnvorsprungs der qualifizierten Arbeitskraft impliziert. Wird dies nun aber von der Lohnsetzung als „ungerecht" empfunden und durch entsprechend tarifvertragliche Regelungen verhindert – beispielsweise durch Festschreiben der in Punkt B gültigen Lohnstruktur, so wird sich die Beschäftigungsstruktur zuungunsten der Niedrigqualifizierten verschieben. Ausgehend von einem angenommenen Vollbeschäftigungspunkt für beide Qualifikationen in A, ist nämlich B nur dadurch zu realisieren, dass N_2 zurückgeht, also Arbeitslosigkeit unter den Niedrigqualifizierten entsteht. Damit beschreibt das Modell einen Trade-Off zwischen Lohn*struktur* und Beschäftigungsgrad – und damit auch zwischen dem gesamtwirtschaftlichen *Durchschnitts*lohn und dem Beschäftigungsgrad. Wie wir gesehen hatten, ist dieser Trade-Off überdies unabhängig von der Kapitalausstattung der Volkswirtschaft, da die Lohnstruktur gemäss (6.16) unabhängig von K ist.[1] Damit gilt das Ergebnis gleichermassen in der kurzen und in der langen Frist, d.h. vor dem Hintergrund eines exogen gegebenen bzw. optimal angepassten Kapitalstocks.

Die gerade behauptete negative Beziehung zwischen dem gesamtwirtschaftlichen Beschäftigungsgrad und dem Durchschnittslohn muss noch analytisch gezeigt werden. Zu diesem Zweck definieren wir den Durchschnittslohn als

$$\left(\frac{\overline{W}}{P}\right) = \frac{N_1 \cdot \left(\frac{W}{P}\right)_1 + N_2 \cdot \left(\frac{W}{P}\right)_2}{N_1 + N_2}$$

und berechnen dessen Änderung bei Variation von N_2 für einen gegebenen Wert von N_1. Die angenommene Konstanz von N_1 reflektiert dabei die Idee, dass qualifizierte Arbeit bereits im Ausgangspunkt vollbeschäftigt ist, eine Erhöhung des gesamtwirtschaftlichen Beschäftigungsgrades also durch eine Zunahme niedrig qualifizierter Arbeit zu erfolgen hat. Neben dem „direkten" Effekt einer Änderung von N_2 auf den Durchschnittslohn ist dabei zu berücksichtigen, dass N_2 sowohl auf den Lohn der unqualifizierten als auch der qualifizierten Arbeit zurückwirkt. Konkret errechnet sich (mit Hilfe der Arbeitsnachfragefunktionen für die beiden Arten von Arbeit):

---

[1] Diese Eigenschaft ist natürlich eine Implikation der speziellen funktionalen Form der Produktionsfunktion (6.14). Man kann sich jedoch durchaus vorstellen, dass eine höhere Kapitalausstattung die Grenzproduktivität der qualifizierten Arbeit *stärker* begünstigt als diejeniger der nicht qualifizierten Arbeit. In diesem Fall würde mit höherem K der in Abbildung 6.7 gezeigte Trade-Off nach oben verschoben werden, die mit Punkt A assoziierte Vollbeschäftigung beider Faktoren also ein immer grösseres Lohndifferential bedingen.

$$\frac{\partial(\overline{W}/P)}{\partial N_2} = \frac{\partial(\overline{W}/P)}{\partial N_2}\bigg|_{\text{direkt}} + \frac{\partial(\overline{W}/P)}{\partial(W/P)_2} \cdot \frac{\partial(W/P)_2}{\partial N_2} + \frac{\partial(\overline{W}/P)}{\partial(W/P)_1} \cdot \frac{\partial(W/P)_1}{\partial N_1}$$

$$= \frac{N_1}{(N_1+N_2)^2} \cdot \left[\left(\frac{W}{P}\right)_2 - \left(\frac{W}{P}\right)_1\right] + K^\alpha N_1^{\beta_1} N_2^{\beta_2-1} \cdot [\beta_2 \cdot (\beta_1 + \beta_2 - 1)]$$

Die beiden Terme in eckigen Klammern sind jeweils kleiner als null, so dass der negative Zusammenhang von Durchschnittslohn und Beschäftigung gezeigt ist.

Abbildung 6.7 kann auch dazu benutzt werden, zwei Phänomene zu diskutieren, die seit einiger Zeit weithin Beachtung finden, und jeweils einen Rückgang der relativen Nachfrage nach niedrig qualifizierten Arbeitskräften bedingen.[1] Zum einen kann hier ein sog. „skill-biased" technischer Fortschritt angeführt werden, der die Produktivität hoch qualifizierter Arbeiter schneller steigen lässt als die niedrig qualifizierter Arbeitskräfte. Entwicklungen im EDV-Bereich lassen sich problemlos mit dieser Idee in Einklang bringen. Zum anderen ist hier die zunehmende Öffnung von Güter- und Faktormärkten zu nennen (Schlagwort: Globalisierung), die in den Industrieländern darauf hinausläuft, dass wenig qualifizierte Arbeitnehmer relativ stärkerem Konkurrenzdruck ausgesetzt sind, da die Volkswirtschaften der zweiten und dritten Welt besonders reichlich mit dieser Art von Arbeit ausgestattet sind. Beide Entwicklungen bewirken eine Verschiebung der Linie der gleichgewichtigen Lohnstruktur nach links bzw. nach oben. Es ist nun sofort nachvollziehbar, dass eine Volkswirtschaft im Prinzip zwei Möglichkeiten hat, damit umzugehen. Ausgehend von Punkt A wird sich entweder bei konstanter Lohnstruktur die relative Beschäftigungsmenge der niedrig qualifizierten Arbeit verringern (Punkt C) oder aber eine Senkung des Relativlohns dieser Gruppe gegenüber den hoch qualifizierten Arbeitnehmern ergeben, die es erlaubt, die alte Beschäftigungsrelation aufrechtzuerhalten (Punkt D).

Die (lohn-) politische Implikation dieser Analyse liegt auf der Hand: Im Interesse einer Beschäftigungsausdehnung generell und der Ausdehnung der Beschäftigung niedrig qualifizierter Arbeitnehmer im Besonderen sollte durch die Lohnsetzer ein entsprechendes Lohndifferential zuungunsten der von Arbeitslosigkeit besonders betroffenen Gruppen zugelassen werden. Sollte dies zu verteilungs- und sozialpolitisch unerwünschten Ergebnissen führen, so wäre daran zu denken, dass der Staat die benachteiligten Gruppen durch Lohnsubventionen besser stellt, die an die Ausübung der Tätigkeit geknüpft sind. Auf diese Art und Weise könnte der Markt für eine der Struktur des Arbeitsangebots entsprechende Struktur der Arbeitsnachfrage sorgen, während der Staat die distributiven Konsequenzen mildert (vgl. Jerger/Spermann 1997, 1999, Phelps 1997). Damit wäre es denkbar, einen *negativen* Keil zwischen Produzenten- und Konsumentenlohn zu treiben; vgl. Box 4.3.

---

[1] Eine ausführliche Synopse dieser Diskussion bieten Landmann/Pflüger (1998).

6.6. Gewinnbeteiligung

Will man den Beschäftigungsgrad erhöhen – insbesondere in solchen Gruppen mit sehr grossen Arbeitsmarktproblemen –, so besteht die einzige Alternative zur Inkaufnahme des Lohndifferentials in der Beeinflussung der Angebotsstruktur selbst. Da sich Arbeitslosigkeit bei niedrig Qualifizierten besonders stark konzentriert, heisst dies konkret die staatliche Unterstützung der Qualifizierung – auch wenn sich hier natürlich Erfolge erst relativ langfristig einstellen werden. Gelänge es nämlich, N_2/N_1 von der Arbeits*angebots*seite her zu senken, so wäre Vollbeschäftigung mit einem entsprechend niedrigeren Lohndifferential zu erreichen.

6.6. Gewinnbeteiligung

6.6.1. Die Grundidee

Martin Weitzman (1985) hat mit seinem Vorschlag der Einführung einer Gewinn- bzw. Umsatzbeteiligung der Arbeitnehmer für ein erhebliches Echo sowohl in der akademischen als auch in der politischen Diskussion gesorgt. Er propagierte seinen Vorschlag als probates Mittel der Isolierung der Beschäftigungsentwicklung von konjunkturellen Schwankungen der Güternachfrage. Die starke Konjunkturabhängigkeit der Arbeitslosenquote in den USA (vgl. Abbildung 1.2) macht klar, wie sehr ein solcher Mechanismus zu begrüssen wäre, der für eine Entkopplung von Beschäftigung und Konjunktur sorgt. In der auf Weitzman (1985) folgenden Diskussion wurde dann sehr rasch auch der mögliche Einfluss des Entlohnungssystems auf die NAIRU analysiert, was für uns (in den Abschnitten 6.6.2 und 6.6.3) ebenfalls im Vordergrund des Interesses stehen wird.

Der Grundgedanke von Weitzman kann anhand eines Vergleichs einer Entlohnung mit ex ante festgelegten Löhnen (d.h. der bisher ausschliesslich unterstellte Fall einer „Fixlohnökonomie") und einer reinen Beteiligung der Arbeitnehmer am Umsatz als extremer Form einer „Beteiligungsökonomie" oder „Share Economy" verdeutlicht werden – zunächst vor dem Hintergrund der Annahme eines exogen fixierten Kapitalstocks.[1]

Bezeichnet R_i den realen Umsatz einer Unternehmung, so ist die Arbeitsnachfrageentscheidung in einer Fixlohnökonomie bekanntermassen durch den Ausgleich von Grenzerlös und Grenzkosten der Arbeit

---

[1] Als Beteiligungsökonomie definiert Weitzman ein System, in dem ein Teil des Arbeitsentgelts als Fixlohn und ein Teil als Beteiligung ausbezahlt wird. In diesem Unterabschnitt beschränken wir uns jedoch der expositorischen Einfachheit halber (noch) auf den Extremfall einer Fixlohnkomponente von null.

(6.17) $\quad \dfrac{\partial R_i}{\partial N_i} = \dfrac{W_i}{P}$

gekennzeichet (vgl. die Ableitung von (2.14)). Erfolgt die Entlohnung in einer Beteiligungsökonomie dergestalt, dass ein Anteil $0 < \gamma < 1$ des Umsatzes an die Arbeitnehmer ausbezahlt wird, so lautet die Gewinnfunktion der Unternehmung

(6.18) $\quad \Pi_i = R_i \cdot (1-\gamma),$

da die einzigen (variablen) Kosten der Unternehmung darin bestehen, den Betrag γR_i an die Beschäftigten auszubezahlen.

Die Maximierung des Gewinns über die Beschäftigungsmenge liefert die Bedingung

(6.19) $\quad \dfrac{\partial \Pi_i}{\partial N_i} = \dfrac{\partial R_i}{\partial N_i} \cdot (1-\gamma) \overset{!}{=} 0 \Leftrightarrow \dfrac{\partial R_i}{\partial N_i} = 0,$

d.h. Arbeit wird solange nachgefragt bis der Grenzerlös gleich null ist! Dabei macht es für die Höhe der optimalen Beschäftigungsmenge keinen Unterschied, wie hoch der Beteiligungsparameter γ gewählt wird. Abbildung 6.8 verdeutlicht den Unterschied zwischen Fixlohn- und Beteiligungsökonomie.

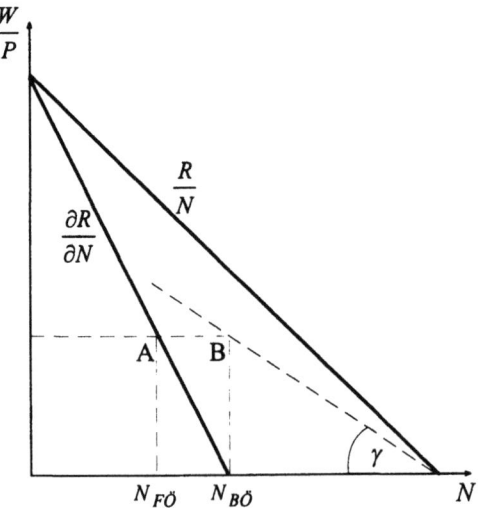

Abbildung 6.8: Beteiligungs- vs. Fixlohnökonomie

Die beiden fallenden Geraden bezeichnen die Durchschnitts- bzw. Grenzerlöskurven, die jeweils fallende Funktionen der Beschäftigungsmenge N sind. Ist der Lohn in einer Fixlohnökonomie auf dem mit Punkt A einhergehenden Niveau

6.6. Gewinnbeteiligung

fixiert – dessen Zustandekommen spielt für den Moment keine Rolle –, so wird Arbeit im Umfang von $N_{FÖ}$ nachgefragt. Wie wir wissen, impliziert das Gewinnmaximierungskalkül der Unternehmung nämlich, dass der Lohn gerade dem Grenzerlös der Arbeit entsprechen muss. Demgegenüber steigt die Arbeitsnachfrage in einer Beteiligungsökonomie gemäss (6.19) auf $N_{BÖ}$. Eingezeichnet ist nun ein Beteiligungskontrakt, der den Arbeitnehmern einen Anteil γ am Gesamterlös der Unternehmung zubilligt, wobei γ gerade so gewählt ist, dass der gleiche Lohn resultiert wie in Punkt A. Die Beteiligungsökonomie ist durch die Lohn-Arbeitsnachfrage-Kombination des Punktes B gekennzeichnet. Wenn man also in einer Unternehmumg traditionelle Arbeitsverträge durch entsprechende Beteiligungsverträge ersetzen würde, so ergäbe sich eine zusätzliche Arbeitsnachfrage ohne dass damit Senkungen des Durchschnittslohns notwendigerweise verbunden sind – ein gegenüber der Zeichnung höherer Wert des Beteiligungsparameters würde sogar zu einer gegenüber der Fixlohnökonomie höheren Entlohnung der Beschäftigten führen, ohne dass dadurch die Arbeitsnachfrage zurückgehen würde. Wenn wir annehmen, dass die Lohnsetzungsfunktion zwischen den Punkten A und B durchgeht, so herrscht in einer Fixlohnökonomie Arbeitslosigkeit, während in einer Beteiligungsökonomie eine *Überschussnachfrage* nach Arbeit besteht. Anders ausgedrückt: Wenn sich durch negative Nachfrage- oder Produktivitätsschocks die Grenz- und Durchschnittserlöskurven in Abbildung 6.8 nach unten verlagern, so hätte dies in einem bestimmten Bereich – eben bis die Überschussnachfrage abgebaut ist – keinerlei Beschäftigungswirkungen. Weitzman bezeichnete diesen Effekt als „Staubsauger" auf dem Arbeitsmarkt, der dafür sorgt, dass der in konjunkturellen Abschwüngen entstehende Angebotsüberhang auf dem Arbeitsmarkt sofort absorbiert wird. Dieser Staubsaugereffekt beruht darauf, dass die Arbeitsnachfrage nicht mehr wie in der Fixlohnökonomie durch die Grenzerlöskurve gegeben ist, sondern völlig lohnunelastisch senkrecht über $N_{BÖ}$ verläuft.

Vor diesem Hintergrund erscheint es verständlich, dass die Beteiligungs-Idee nach dem Erscheinen von Weitzman (1985) teilweise fast euphorisch aufgenommen wurde, u.a. in einer Besprechung der New York Times als „the most important contribution to economic thought since John Maynard Keynes's General Theory".

Die Überlegungen zu Abbildung 6.8 sind allerdings auf dieser Stufe ein reines „Was-wäre-wenn"-Gedankenexperiment, ohne eine nähere Analyse der Verhaltensweisen von Unternehmen und Lohnsetzern, die sich bei der möglichen Verhandlung eines Beteiligungskontraktes ergeben würden. Diese nähere Charakterisierung ist Gegenstand der beiden folgenden Unterabschnitte.

Zuvor sei allerdings noch ein weiteres Argument im Zusammenhang mit der Einführung von Beteiligungskontrakten angesprochen: Die unmittelbare Erfolgsbeteiligung von Arbeitnehmern wirkt plausiblerweise zurück auf deren Leistungsanreize und damit auf die (Grenz-) Produktivität der Arbeit. Vor diesem Hintergrund würde in Abbildung 6.8 nicht nur bei gegebenen Durchschnitts- und Grenzerlöskurven eine andere Kombination von Lohn und Arbeitsnachfrage realisiert werden können, sondern es würden sich diese Kurven selbst verschieben. In entsprechenden Untersuchungen auf Firmenebene konnten solche Effekte durchaus nachgewiesen werden, allerdings ist es nicht völlig klar, inwieweit sich ein solcher Effekt generalisieren lässt. Der Grund für diese Skepsis besteht darin, dass es sehr häufig kaum möglich ist, die Wirkungen der Anstrengungen eines *einzelnen* Arbeitnehmers – und auf dieser Ebene müssen Verhaltensanreize ja wirksam sein – auf den Output einer Firma oder gar eines ganzen Sektors zu bestimmen. Vor allem ausserhalb des Produzierenden Gewerbes dürften hier unüberbrückbare praktische Probleme auftachen. Deshalb abstrahiert die folgende Analyse von diesem möglichen Zusatzeffekt der Einführung von Beteiligungskontrakten.[1]

6.6.2. Gewinnbeteiligung und effiziente Kontrakte

Gegenüber der rein deskriptiven Darstellung einer Beteiligungsökonomie im Zusammenhang mit Abbildung 6.8 muss nun eine weitergehende Analyse zeigen, wie genau sich durch die Änderung der Art der Entlohnung das Lohn- und Preissetzungsverhalten ändert. Damit wird der in Kapitel 4 eingeführte konzeptionelle Rahmen beibehalten. Dies heisst zum einen, dass es in diesem und im folgenden Unterabschnitt um den Einfluss des Entlohnungssystems auf die NAIRU gehen wird. Zum anderen heisst dies auch, dass wir im folgenden die zweistufige Vorgehensweise der bisherigen Modelle beibehalten werden, indem wir zunächst die sektorale Ebene charakterisieren, um daran anschliessend durch Aggregation Aussagen für die makroökonomische Ebene abzuleiten. Es wird sich dabei herausstellen, dass dieser Unterscheidung gerade für die Analyse von Beteiligungssystemen ein ganz besonderes Gewicht zukommt.

Wir beginnen in diesem Abschnitt mit der Annahme eines exogen gegebenen Kapitalstocks. Allerdings werden wir zeigen, dass die Entscheidung über den Kapitalstock ebenfalls von der Art der Lohnzahlung abhängt. Diesem Aspekt wollen wir in Abschnitt 6.6.3 nachgehen.

Wie ändert sich die Right-to-Manage-Verhandlungslösung, die wir im fünften Kapitel (Abschnitt 5.2.2.1) für die Fixlohnökonomie kennengelernt hatten, wenn wir eine Gewinnbeteiligung einführen? Die Antwort mag auf den ersten Blick überraschen: Trotz der Beibehaltung der Right-to-Manage-Annahme, d.h. des alleinigen Rechts der Unternehmung auf Festlegung der Beschäftigungsmenge, stellt sich eine Lösung ein, die die Eigenschaften des in Abschnitt 5.2.2.2 eingeführten effizienten Kontraktes aufweist. Dieses Ergebnis wurde von Pohjola (1987) erstmals nachgewiesen.

---

[1] Eine ausführliche Besprechung dieses Zusammenhangs bietet Michaelis (1997). Einen Überblick über die empirischen Erfahrungen mit Beteiligungslösungen vermitteln auch die Aufsätze in dem von Blinder (1989) herausgegebenen Band.

6.6. Gewinnbeteiligung

Im Gegensatz zum einführenden Beispiel, in dem die Entlohnung *ausschliesslich* aus einem Anteil am Umsatz bestand, werden Beteiligungsmodelle realistischerweise eine Fixlohn- *und* eine Beteiligungskomponente enthalten, d.h. der Gesamtlohn eines Beschäftigten besteht aus einem fest vereinbarten sowie einem ergebnisabhängigen Teil. Dies ist beispielsweise in vielen grossen Unternehmen Japans der Fall, wo bis zu einem Drittel des Jahreslohns in Form einer gewinnabhängigen Bonuszahlung erfolgt. Formal können wir damit den Gesamt-Reallohn in einem Sektor i wie folgt aufschreiben:

$$(6.20) \quad \frac{W_i}{P} = \frac{\theta}{P} + \gamma \cdot \frac{R_i - \frac{\theta}{P} \cdot N_i}{N_i},$$

wobei θ die (nominale) Fixlohnkomponente bezeichnet und γ den Anteil, den die Beschäftigten insgesamt am Gewinn erhalten. Als Basis, die der Zahlung der ergebnisabhängigen Lohnkomponente zugrundegelegt wird, fungiert hier die Differenz zwischen Umsatz und der Fixlohnkomponente, d.h. eine Gewinngrösse, die noch die Beteiligungszahlungen an die Beschäftigten enthält. Der (reale) Gewinn aus Sicht der Unternehmen ist wie üblich definiert als

$$(6.21) \quad \Pi_i = R_i - \frac{W_i}{P} \cdot N_i - \frac{Q}{P} \cdot K_i,$$

was sich unter Berücksichtigung von (6.20) auch als

$$(6.21') \quad \Pi_i = (1 - \gamma) \cdot \left(R_i - \frac{\theta}{P} \cdot N_i \right) - \frac{Q}{P} \cdot K_i$$

schreiben lässt. Die Maximierung dieser Gewinnfunktion über die Beschäftigungsmenge führt zur Bedingung erster Ordnung

$$(6.22) \quad R'_i = \frac{\theta}{P}.$$

Arbeit wird so lange eingesetzt, bis der Grenzerlös dem Realwert der Fixkostenkomponente entspricht. Dieses Ergebnis spiegelt das bereits im vorigen Abschnitt erhaltene Resultat wieder, in dem der Spezialfall $\theta = 0$ angenommen wurde. Die Intuition hinter diesem Ergebnis ist die, dass nur die Fixlohnkomponente echte Grenzkosten der Beschäftigung mit sich bringt. (Höhere) Beteiligungszahlungen sind ja nicht an die Zahl der Beschäftigten, sondern an die Höhe des Gewinns gekoppelt, und deshalb keine Grenzkosten der Beschäftigung.

Verhandlungsgegenstand auf sektoraler Ebene sind nun die beiden Lohnparameter θ und γ. Unter Beibehaltung der gewerkschaftlichen Nutzenfunktion (5.1) modifiziert sich daher das Verhandlungsproblem des Fixlohnmodells (5.17) zu

$$(6.23) \quad \underset{\theta, \gamma}{\text{Max}} \, \Phi = \left(\Pi_i - \overline{\Pi}_i \right)^\lambda \cdot \left(\Omega_i - \overline{\Omega}_i \right)^{1-\lambda}$$

(unter Beachtung der Nebenbedingung 6.22).

$\overline{\Pi}_i$ und $\overline{\Omega}_i$ bezeichnen die Fallback-Position der Unternehmen und der Gewerkschaft. Im Fixlohn-Verhandlungsmodell des Kapitels 5 wurde $\overline{\Pi}_i$ auf den Wert null normiert, da im Falle eines Scheiterns der Verhandlungen die Gewerkschaft ein Streikrecht hat, und die Produktion zum Erliegen bringen kann. Es wird sich jedoch zeigen, dass für die adäquate Modellierung einer Gewinnbeteiligung diese Annahme nicht ohne weiteres beibehalten werden kann. Das gleiche gilt für die genaue Spezifikation der gewerkschaftlichen Fallback-Position, die im Fixlohnmodell einfach dem Alternativeinkommen A entsprach.

In Box 6.3 wird gezeigt, dass für risikoneutrale Gewerkschaften (d.h. wenn der Grenznutzen des Einkommens der Gewerkschaftsmitglieder konstant ist) die Lösung des Problems (6.23) unabhängig von den Fallback-Niveaus $\overline{\Pi}_i$ und $\overline{\Omega}_i$ auf sektoraler Ebene zu einem Wert der Fixlohnkomponente θ/P führt, die gerade der Alternativentlohnung A entspricht:

(6.24) $\quad \dfrac{\theta}{P} = A$

Damit ist in Verbindung mit der Bestimmungsgleichung für den optimalen Arbeitseinsatz (6.22) die Beschäftigungsmenge bereits festgelegt auf die Menge, die auch in effizienten Kontrakten vereinbart würde. Dies macht ein Vergleich der folgenden Abbildung 6.9 mit Abbildung 5.5 sofort deutlich. Da für jeden positiven Wert des Beteiligungsparameters γ der Gesamtlohn grösser ist als A, ist sichergestellt, dass ein Punkt auf der Kontraktkurve oberhalb von W realisiert wird.

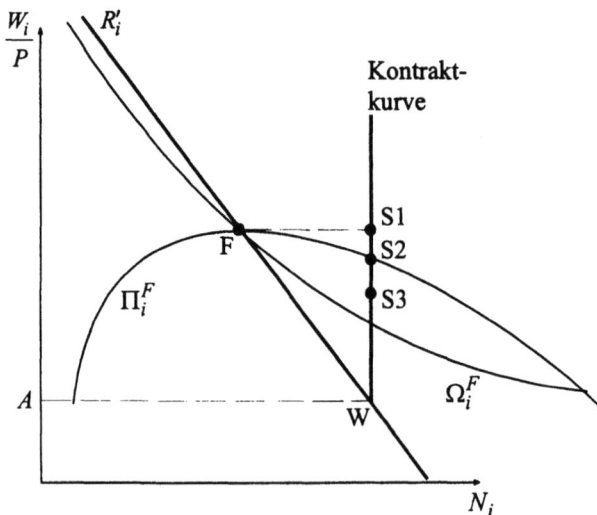

Abbildung 6.9: Die Beteiligungslösung auf sektoraler Ebene

6.6. Gewinnbeteiligung

Für die Frage, *welcher* Punkt auf der Kontraktkurve gewählt wird – d.h. welchen Wert γ annehmen wird –, ist es nun notwendig, die Verhandlungssituation sehr genau zu charakterisieren. Layard/Nickell (1990) und Holmlund (1990) gingen bei der Ableitung des Wertes für γ davon aus, dass die Fallback-Position der Unternehmung genau wie im Fall der Fixlohnökonomie die ist, dass es zu keinerlei Produktion kommen wird, und in diesem Fall der Gewinn der Firma (in Absenz von Fixkosten) gleich null ist. Das Nutzenniveau der Gewerkschaft entspricht bei einem vollständigen Produktionsstop dem Alternativeinkommen A.[1] Daraus leiten die genannten Autoren dann – im Grunde wenig überraschend – das Ergebnis ab, dass die Lohnhöhe genau der Lohnhöhe im Modell effizienter Kontrakte entspricht, dass also die Beteiligungsökonomie effiziente Kontrakte nicht nur hinsichtlich der Beschäftigungsmenge sondern auch hinsichtlich der Lohnhöhe repliziert. Der so charakterisierte Lösungspunkt ist in Abbildung 6.9 mit S1 bezeichnet, die Fixlohnökonomie mit F. Wie wir im fünften Kapitel gesehen hatten, entspricht der Lohn bei effizienten Kontrakten aber genau dem Lohn des Right-to-Manage-Modells.[2] Mit anderen Worten: Die Beteiligungslösung scheint eine Ausdehnung der Beschäftigungsmenge zu versprechen, ohne dass damit für die Gewerkschaft Verluste in Form geringerer Löhne verbunden sind.

Bei näherer Betrachtung erweist sich das gerade skizzierte Szenario jedoch als wenig realitätsnah. Der Grund dafür liegt darin, dass die im Modell unterstellte Drohung der Gewerkschaften, bei Scheitern der Verhandlungen die Produktion lahmzulegen zwar in der Fixlohnökonomie, nicht aber in der Beteiligungsökonomie glaubwürdig ist. Dieser Unterschied entsteht durch institutionelle Regelungen insbesondere im Streikrecht, sowie durch die klare Zuordnung der Eigentumsrechte an Gewinnen zu den Unternehmen. So hat eine Gewerkschaft durchaus die Möglichkeit, ihren Forderungen im Rahmen von Verhandlungen über Fixlöhne durch die Androhung von Streiks glaubwürdig Nachdruck zu verleihen. Basis dafür ist das Streikrecht bzw. die Möglichkeit der Beschäftigten, den Sektor zu verlassen, in Verbindung mit der Existenz alternativer Einkommensquellen, die im Parameter A zusammengefasst sind. Demgegenüber kann aber für eine Gewinnbeteiligung nicht gestreikt werden, da die Eigentumsrechte am Gewinn eindeutig bei den Kapitaleignern liegen. Die Arbeitnehmer können somit eine Gewinnbeteiligung nicht einseitig durchsetzen, sondern müssen den Konsens mit den Kapitaleignern suchen.

Durch diese Verteilung der Eigentumsrechte haben die Unternehmer jederzeit die Möglichkeit, den Beteiligungsparameter unilateral auf null zu setzen – womit wieder eine Fixlohnökonomie erreicht ist. Aus diesem Grund ist eine gewerkschaftliche Streikdrohung im Zusammenhang mit der Durchsetzung einer Beteili-

---

[1] Wie im Fall der Verhandlungen über Fixlöhne entspräche bei Vorliegen von Fixkosten die Fallback-Position genau den daraus resultierenden Verlusten. An den folgenden Aussagen würde sich dadurch nichts ändern.

[2] Die Punkte F und S1 in Abbildung 6.9 entsprechen den Punkten V_{RTM} und V_{EK} in Abbildung 5.7.

gungslösung nicht glaubwürdig. Damit ist aber auch die charakterisierte Lösung hinfällig. Aus der Abbildung 6.9 wird auch ein zweites, wenngleich mit dem ersten verwandtes, Argument deutlich: Punkt S1 impliziert ein gegenüber F geringeres Gewinniveau der Unternehmung. Da sie – wie gerade gesehen – keinerlei Verpflichtung hat, Beteiligungsverträge anzubieten, wird sie sich auf eine Lösung wie S1 nicht einlassen. Man kann sich diesen Punkt auch umgekehrt klar machen: Ein Übergang von F auf S1 muss in einem Verhandlungsmodell auf einem relativen Machtzuwachs der Gewerkschaften basieren. Ein Streikrecht für Gewinnbeteiligung wäre ein solcher Machtzuwachs.[1]

Damit stellt sich die Frage, wie ein Übergang von einer Fixlohn- zu einer Beteiligungsökonomie realistischer modelliert werden kann. Dazu bieten sich zwei alternative, hinsichtlich ihrer Schlussfolgerungen ähnliche – von S1 aber grundverschiedene – Szenarien an, die wir mit S2 und S3 bezeichnen wollen.

Zum einen kann man davon ausgehen, dass die Gewerkschaft erkennt, dass die Unternehmer immer die Option haben, den Kontrakt F anzubieten – den die Gewerkschaft keinen Grund hat abzulehnen –, und daher nicht unter das damit verbundene Gewinniveau zu drücken sein wird. Damit könnte aber die Gewerkschaft dem Unternehmen einen Beteiligungskontrakt anbieten, der die Gewinnposition der Unternehmen gerade unverändert lässt. Es gibt dann keinen Grund für die (als risikoneutral angenommene) Unternehmung, dieses Angebot abzulehnen, wodurch der Lösungspunkt S2 als mögliches und mit den institutionellen Gegebenheiten kompatibles Ergebnis gelten kann.[2]

Alternativ dazu ist es ebenso realistisch, sich den Verhandlungsprozess um eine Gewinnbeteiligung als zweistufiges Spiel vorzustellen, in dem zunächst auf der ersten Stufe der Fixlohnkontrakt F festgeschrieben wird. Vor diesem Hintergrund kann nun in der zweiten Stufe über Beteiligungsvereinbarungen verhandelt werden. Allerdings ist dann die Fallback-Position *beider* Parteien durch den Fixlohnkontrakt F bestimmt, wodurch die Charakterisierung des Problems (6.23) gegenüber S1 entscheidend verändert wird. Die aus diesem Szenario resultierende Lösung wird daher auf der Kontraktkurve innerhalb der Linse liegen, die durch Π_i^F und Ω_i^F gebildet wird. Wo genau das sein wird, hängt wiederum von der relativen Verhandlungsmacht ab. In Abbildung 6.9 ist ein solcher Punkt mit S3 bezeichnet.

Die Frage, welches der Szenarien S2 bzw. S3 „realistischer" ist, kann nicht generell und auf der theoretischen Ebene entschieden werden; vielmehr kommt es

---

[1] Völlig analog dazu kann man auch den Unterschied zwischen der Right-to-Manage-Lösung und der Lösung im Modell effizienter Kontrakte (bei Fixlöhnen) interpretieren: Die Aufgabe des Right-to-Manage-Privilegs der Unternehmen entspricht einem relativen Machtgewinn der Gewerkschaften.

[2] Die Beachtung der „outside option" F durch die Gewerkschaften entspricht der in Binmore/Shaked/Sutton (1989) entwickelten Logik für das Zustandekommen einer Verhandlungslösung.

6.6. Gewinnbeteiligung

darauf an, durch welche der beiden Annahmen die tatsächlichen Verhandlungen am besten abgebildet werden. Beispielsweise werden in den skandinavischen Ländern auf nationaler Ebene Fixlohnkontrakte ausgehandelt, die dann als Basis für eine zweite Verhandlungsrunde auf der Firmenebene dienen (Holden 1988). S3 kommt diesem Arrangement offensichtlich recht nahe.

Die Analyse für die aggregierte Ebene benutzt nun die aus Abbildung 6.9 ablesbare Tatsache, dass sich der sektorale (Gesamt-) Lohn in allen Szenarien als Aufschlag auf das Alternativeinkommen A darstellen lässt:

$$(6.25) \quad \frac{W_i}{P} = \eta_j \cdot A, \quad \eta_j \geq 1,$$

wobei der Index j die Szenarien S1, S2, S3 und F bezeichnet. Aus der Abbildung wird auch klar, dass $\eta_F = \eta_{S1} > \eta_{S2} > \eta_{S3}$. Die Definition von A ist nach wie vor gegeben durch

$$(6.26) \quad A \equiv \varphi \cdot \frac{W}{P} + (1-\varphi) \cdot ALU$$

Unter Beachtung der auch im fünften Kapitel benutzten sektoralen Symmetrieannahme

$$(6.27) \quad \frac{W_i}{P} = \frac{W}{P} \quad \forall i$$

errechnet sich durch Einsetzen von (6.26) in (6.25) die Lohnsetzungsfunktion auf der aggregierten Ebene als

$$(6.28) \quad \frac{W}{P} = \frac{\eta_j \cdot (1-\varphi)}{1-\eta_j \varphi} \cdot ALU$$

Der – vom betrachteten Szenario abhängige – sektorale Aufschlagsfaktor η_j ist also der entscheidende Lageparameter für die Lohnsetzungsfunktion. Insbesondere impliziert das Resultat, dass die Lohnsetzungsfunktionen in F und S1 identisch sind. Damit verschwindet aber der auf sektoralen Ebene positive Beschäftigungseffekt von Beteiligungskontrakten auf der aggregierten Ebene.[1] Dieses Ergebnis von Layard/Nickell (1990) und Holmlund (1990) hat denn auch das (akademische) Interesse an Beteiligungslösungen stark zurückgehen lassen. Allerdings zeigt (6.28) auch, dass dieses Ergebnis revidiert werden muss, wenn man F mit den – wie wir argumentiert haben: realitätsnäheren – Modellierungsalternativen S2 und S3 vergleicht.

---

[1] Generell muss für diese Aussage auch die Preissetzungsfunktion mit ins Bild genommen werden, was erst für den Fall eines endogen bestimmten Kapitalstocks in Abschnitt 6.6.3 genauer diskutiert wird. Ohne Einschränkung gültig ist die Gleichheit der NAIRU in S1 und F im gleich diskutierten Fall einer vertikalen Lohnsetzungskurve.

Obwohl das Ergebnis hinsichtlich der Rangordnung der Arbeitslosenquoten unter den verschiedenen Szenarien qualitativ nicht auf diese Annahme angewiesen ist, wollen wir wieder den analytisch besonders einfachen Fall einer konstanten Lohnersatzquote, die in Gleichung (6.13) bereits definiert wurde, betrachten. Unter dieser Annahme ergibt sich aus (6.28) sofort:

$$(6.28') \quad LEQ^{-1} = \frac{\eta_j \cdot (1-\varphi)}{1-\eta_j \varphi}$$

Weil φ eine Funktion von u ist, wird – analog zur Diskussion im Zusammenhang mit Gleichung (6.14) – durch (6.28') ein eindeutiger Wert der NAIRU definiert; d.h. die Lohnsetzungskurve ist im $[(W/P)-N]$- bzw. $[(W/P)-u]$-Raum eine Vertikale, deren räumliche Lage durch die Parameter LEQ und η_j bestimmt wird.

Hieraus folgt, dass die NAIRU in S2 und S3 kleiner ist als in F, d.h. es gilt die Relation

$$(6.29) \quad u_F^* = u_{S1}^* > u_{S2}^* > u_{S3}^*$$

Somit zeigt sich, dass eine Beteiligungslösung durchaus in der Lage ist, auch auf der *gesamtwirtschaftlichen* Ebene eine Verbesserung der Arbeitsmarktsituation herbeizuführen. Allerdings hängt das Ausmass der Verbesserung davon ab, *wie* genau eine Beteiligungslösung installiert wird. Die Analyse zeigt, dass ein zweistufiges Verfahren, in dem zunächst Fixlohnkontrakte, und darauf aufbauend Beteiligungskontrakte ausgehandelt werden, gesamtwirtschaftlich den grössten Effekt mit sich bringt.

Box 6.3: Gewinnbeteiligung impliziert einen effizienten Kontrakt

In dieser Box soll gezeigt werden, dass die Lösung der Beteiligungsverhandlung (6.23) tatsächlich dazu führt, dass eine Fixlohnkomponente in Höhe des Alternativeinkommens A ausgehandelt wird, wie in (6.24) behauptet wurde. Diese Eigenschaft ist für die Beurteilung von Beteiligungslösungen zentral, weil nur dann auch ein Punkt auf der Kontraktkurve realisiert wird. Deshalb ist es auch wichtig zu zeigen, dass diese Eigenschaft in allen drei Beteiligungsszenarien gilt. Eine alle drei Varianten von (6.23) erfassende Schreibweise des Verhandlungsproblems ist die folgende Lagrangefunktion $\mathcal{L}$

$$(6.23') \quad \underset{\gamma, (\theta/P)}{\text{Max}} \; \mathcal{L} = \lambda \cdot \log(\Pi_i - \overline{\Pi}_i) + (1-\lambda) \cdot \log(\Omega_i - \overline{\Omega}_i)$$
$$+ v_1 \cdot \left(R_i' - \frac{\theta}{P}\right) + v_2 \cdot \left(\Pi_i - \Pi_i^F\right)$$

6.6. Gewinnbeteiligung

Die mit v_1 assoziierte Nebenbedingung stellt die Einhaltung von (6.22) sicher. S1 wird durch $v_2 = 0$, sowie $\overline{\Pi}_i = 0$ und $\overline{\Omega}_i = A$ erzeugt, S2 durch $v_2 > 0$ (was sicherstellt, dass der Gewinn der Unternehmung dem Gewinn in einer Fixlohnökonomie Π_i^F entspricht) und $\overline{\Pi}_i = 0$ sowie $\overline{\Omega}_i = A$. Schliesslich führen $v_2 = 0$ sowie $\overline{\Pi}_i = \Pi_i^F$ und $\overline{\Omega}_i = \Omega_i^F$ zu S3. Die Bedingungen erster Ordnung dieses Problems sind gegeben durch:

(6.29)
$$\frac{\partial \mathcal{L}}{\partial(\theta/P)} = 0 = \frac{\lambda \cdot (1-\gamma)}{\Pi_i - \overline{\Pi}_i} \cdot \left(\left(R_i' - \frac{\theta}{P}\right) \cdot \frac{\partial N_i}{\partial(\theta/P)} - N_i\right)$$
$$+ \frac{1-\lambda}{\Omega_i - \overline{\Omega}_i} \cdot \left(\left(\frac{\theta}{P} - A\right) \cdot \frac{\partial N_i}{\partial(\theta/P)} + (1-\gamma) \cdot N_i\right)$$
$$+ v_2 \cdot (1-\gamma) \cdot N_i$$

(6.30) $$\frac{\partial \mathcal{L}}{\partial \gamma} = 0 = \frac{-\lambda}{\Pi_i - \overline{\Pi}_i} + \frac{1-\lambda}{\Omega_i - \overline{\Omega}_i} - v_2$$

(6.31) $$\frac{\partial \mathcal{L}}{\partial v_1} = 0 = R_i' - \frac{\theta}{P}$$

(6.32) $$\frac{\partial \mathcal{L}}{\partial v_2} = 0 = \Pi_i - \Pi_i^F$$

Setzt man (6.31) in (6.29) und (6.30) ein, so zeigt sich, dass die beiden letztgenannten Gleichungen nur dann gleichzeitig erfüllt sind, wenn gilt, dass

(6.33) $$\left(\frac{\theta}{P} - A\right) \cdot \frac{\partial N_i}{\partial(\theta/P)} = 0.$$

Dies wiederum bedingt die Behauptung (6.24).

6.6.3. Gewinnbeteiligung, Kapitalbildung und die NAIRU

Die bisherige Analyse behandelte den Kapitalstock als exogen und damit auch als unabhängig vom Entlohnungssystem. Wiederum stellt sich nun aber die Frage, was sich an den Eigenschaften des Arbeitsmarktgleichgewichts ändert, wenn wir die längerfristig zu erwartende endogene Anpassung des Kapitalstocks mit ins Bild nehmen. Jenseits der Einsichten, die wir bereits oben in Abschnitt 6.2 gewonnen haben, ist hier von speziellem Interesse, wie sich die Gewinnbeteiligung der Arbeitnehmer auf die Kapitalbildung auswirkt.

Als praktisch unmittelbare Reaktion auf Weitzman (1985) argumentierte Meade (1986), dass in einer Beteiligungsökonomie die Anreize zur Kapitalbildung stark zurückgehen würden. Der Grund dafür scheint zumindest auf den ersten Blick einleuchtend zu sein: Der Beteiligungsparameter γ teilt die Eigentumsrechte an den Gewinnen auf Kapitaleigner und Beschäftigte auf. Ersteren bleibt daher nur ein Anteil $(1-\gamma)$ am Gewinn. Aus der Sicht der Kapitaleigner, die ja nach wie vor die Investitionsentscheidung fällen, wirkt die Gewinnbeteiligung der Arbeitnehmer genau gleich wie eine Besteuerung der Kapitalerträge. Entsprechend wird der optimale Kapitalstock in einer Beteiligungsökonomie so gewählt werden, dass die Kapitalkosten dem bei den Unternehmen verbleibenden Teil des Grenzerlöses entsprechen.

Aus (6.21') ergibt sich als Bedingung erster Ordnung für den optimalen Kapitaleinsatz

(6.34) $\quad \dfrac{\partial \Pi_i}{\partial K_i} = 0 \quad \Leftrightarrow \quad \dfrac{\partial R_i}{\partial K_i} = \dfrac{Q/P}{1-\gamma} > \dfrac{Q}{P}$.

Ein Vergleich mit (6.4) macht klar, dass durch die Gewinnbeteiligung der optimale Kapitalstock ceteris paribus gegenüber einer Fixlohnlösung kleiner wird. Insofern ist die Beteiligungsökonomie mit negativen Investitionsanreizen verbunden.

Allerdings geht von der Gewinnbeteiligung eine zweite Wirkung auf die Kapitalbildung aus, die in die entgegengesetzte Richtung ziehen kann: Wie wir gesehen haben, sind durch den Übergang von einer Fixlohn- zu einer Beteiligungsökonomie zumindest auf sektoraler Ebene – bei den Szenarien S2 und S3 auch auf aggregierter Ebene – positive Beschäftigungseffekte zu erwarten. Völlig analog zu der in den Abschniten 6.2–6.4 ausführlich diskutierten positiven Abhängigkeit der Grenzproduktivität der Arbeit vom Kapitalstock hängt aber auch die Grenzproduktivität des Kapitals von der Beschäftigungsmenge ab. Konkret: Je höher die Beschäftigungsmenge ist, desto produktiver ist der Faktor Kapital. Durch den positiven Beschäftigungseffekt entsteht also ein *positiver* Investitionsanreiz.

Mit diesen gegenläufigen Effekten stellt sich natürlich die Frage nach dem Vorzeichen des Nettoeffektes. Im Szenario S1 ist die Sachlage klar, weil wir gesehen hatten, dass die Arbeitslosenquote – und damit die aggregierte Beschäftigungsmenge – nicht tangiert wird. D.h. der zweite Effekte entfällt, womit ein im Vergleich zur Fixlohnökonomie eindeutig niedrigerer Kapitalstock resultiert. Dadurch verläuft in S1 die Preissetzungskurve unterhalb derjenigen des Fixlohnszenarios F. Dies ist mit einer höheren NAIRU verbunden, wenn der Wert von *ALU* bei dem Vergleich von S1 und F fixiert wird, d.h. (6.28) die relevante Lohnsetzungsfunktion ist. Gemäss (6.28') ist jedoch die NAIRU in S1 und F identisch, wenn *LEQ* als Konstante betrachtet wird. In diesem Fall würde die in S1 tiefere Lage der Preissetzungsfunktion vollständig durch entsprechende Reallohneinbussen reflektiert werden.

6.6. Gewinnbeteiligung

Die formale Analyse der beiden anderen Szenarien würde hier zu weit führen.[1] Allerdings macht die in (6.29) festgehaltene Reihenfolge der Beschäftigungseffekte klar, dass der durch die Beschäftigungsausdehnung induzierte positive Effekt auf die Kapitalbildung in S3 grösser sein wird als in S2. Man kann zeigen, dass sowohl in S2 als auch in S3 der Nettoeffekt auf die Kapitalbildung im Vergleich zur Fixlohnökonomie positiv sein wird;[2] d.h. es gilt die Relation

(6.35) $\quad K_{S3} > K_{S2} > K_F > K_{S1}$.

Eine Beteiligungslösung lässt demnach insgesamt einen positiven Effekt auf den Kapitalstock erwarten. Wiederum sind die Wirkungen auf Reallohn und NAIRU abhängig davon, ob die Lohnsetzungsfunktion (6.28) oder (6.28') herangezogen wird, d.h. ob *ALU* oder *LEQ* beim Vergleich der Szenarien als konstant behandelt wird.

Wenn aber der Übergang zu einer Gewinnbeteiligung der Beschäftigten tatsächlich in jeder Hinsicht mit positiven Effekten verbunden ist, drängt sich die Frage auf, warum Beteiligungslösungen nicht sehr viel häufiger zu beobachten sind. Neben der einfachen Antwort, dass die positiven Effekte nicht erkannt werden, bieten sich die folgenden Erklärungen an:

- Die Gewinnbeteiligung der Beschäftigten impliziert immer auch eine entsprechende Risikobeteiligung. Wenn nun aber die Beschäftigten – im Gegensatz zur Modellierung der Gewerkschaftspräferenzen in diesem Buch – eine stärkere Risikoaversion aufweisen als die Unternehmen, kann es rational sein, das Risiko voll bei den Unternehmen zu belassen, wie es in einer Fixlohnlösung der Fall ist.
- Wie wir gesehen haben, implizieren die Beteiligungslösungen S2 und S3 auf der sektoralen Ebene einen gegenüber der Fixlohnökonomie geringeren Gesamtlohn. Der positive Effekt auf den Gewerkschaftsnutzen kommt dadurch zustande, dass der Beschäftigungsgewinn stärker gewichtet wird als der Lohnrückgang. Wenn nun aber die Gewerkschaften weniger das Wohl aller Arbeitsanbieter als dasjenige der Beschäftigten im Blick haben, wäre die Beschreibung der Situation durch das Modell falsch.
- Eine Gewinnbeteiligung erfordert immer, dass sich Beschäftigte und Unternehmen auf die Festlegung der Beteiligungsbasis (im Modell war dies die Differenz von Umsatz und Fixlohnzahlungen) zweifelsfrei einigen können. Dies kann in der Realität natürlich mit erheblichen Schwierigkeiten verbunden sein, weil die Quantifizierung der entsprechenden Grössen je nach angewandten Bewertungskriterien sehr kontrovers sein kann. In Antizipation dieses Konfliktpotentials könnte es für beide Seiten rational sein, die möglichen Vorteile aus einer Beteiligung aufzugeben und stattdessen ein zwar

---

[1] Vgl. jedoch Jerger/Michaelis (1999).
[2] Jerger/Michaelis (1999, Proposition 4).

suboptimales, dafür aber problemlos handzuhabendes Entlohnungssystem zu installieren.

Zusammenfassung

1. In diesem Kapitel wird der Frage nachgegangen, welche Konsequenzen eine explizite Berücksichtigung der unternehmerischen Entscheidung über den Kapitalstock mit sich bringt. Da plausiblerweise der Faktor Kapital nur über einen längerfristigen Zeithorizont variiert werden kann, wird hier gegenüber den vorherigen Kapiteln eine längerfristige Perspektive eingenommen.
2. Kernpunkt der Interdependenz von Beschäftigung und Kapitalstock ist die Abhängigkeit der Grenzproduktivität der Beschäftigung von der Höhe des Kapitaleinsatzes. Kapital ist also ein Verschiebungsparameter der „kurzfristigen" Arbeitsnachfragefunktion, die wir in den vorhergehenden Kapiteln benutzt haben.
3. Unter der Annahme konstanter Skalenerträge ist die langfristige Nachfragefunktion nach Arbeit horizontal. Das Reallohnniveau hängt nur vom Stand der Technologie und von den weiteren Determinanten der Kapitalbildung ab (Kapitalkosten, steuerliche Behandlung der Investitionen). Ein Trade-Off zwischen Beschäftigung und Lohnhöhe existiert somit nicht mehr. Überspitzt gesagt ist es so, dass die Unternehmungen mit ihrem Arbeitsnachfrageverhalten langfristig nicht die Beschäftigung, sondern die Lohnhöhe bestimmen, während die Gewerkschaften mit ihrer Lohnpolitik nicht die Lohnhöhe, sondern die Beschäftigung bestimmen.
4. Das Lohnsetzungs-Preissetzungsmodell kann auch erweitert werden um die Analyse exogener Produktivitätsfortschritte. Diese verschieben sowohl die kurz- als auch die langfristige Arbeitsnachfragefunktion nach oben. Unter der plausiblen Annahme, dass sich die Lohnsetzungsfunktion mit der gleichen Rate nach oben bewegt – die Gewerkschaften also das Produktivitätswachstum voll in ihre Lohnforderungen einbauen –, bleibt die NAIRU davon unberührt. Ebenfalls zu diesem Ergebnis führt die Annahme einer konstanten Lohnersatzleistungsquote.
5. Trotz der langfristigen Unabhängigkeit von Reallohn und Beschäftigungsgrad erfordert eine Erhöhung der Beschäftigungsmenge einen vorübergehenden Reallohnverzicht. Nur dadurch werden die Anreize zu der Kapitalbildung, die letztlich eine reallohnneutrale Beschäftigungsexpansion ermöglicht, wirksam. Umgekehrt bedeutet dies auch, dass aggressivere Lohnforderungen den Beschäftigungsgrad kurz- und langfristig reduzieren, während die Reallohngewinne nur vorübergehender Natur sind.
6. Aus denselben Gründen kann der Vergleich langfristiger Produktivitäts- und Reallohntrends keinen Aufschluss über die Angemessenheit – d.h. Vollbeschäftigungskonformität – der Lohnpolitik geben.

7. Die langfristige Unabhängigkeit von Reallohn und Beschäftigungsgrad wurde in einem Modell mit homogener Arbeitskraft abgeleitet. Die Berücksichtigung heterogener Arbeit kann dieses Ergebnis relativieren. Ist nämlich die Lohn-*struktur* rigide, so kann bei hochqualifizierten Arbeitnehmern die Beschäftigungslage vergleichsweise gut sein, während bei Niedrigqualifizierten eine hohe gruppenspezifische Arbeitslosenquote existiert. Dieses Ungleichgewicht verschärft sich, wenn sich die Struktur der Arbeitsnachfrage zugunsten der qualifizierten Arbeit und zuungunsten niedriger Qualifikationen verändert. Reagiert die Lohnstruktur hierauf nicht flexibel, geht die Beschäftigung schlecht qualifizierter Arbeitskräfte zurück – was sich gesamtwirtschaftlich in einem steigenden Durchschnittslohn bei gleichzeitig zunehmender Arbeitslosenquote niederschlägt.
8. Anstatt ausgehandelte Fixlöhne zu bezahlen, sieht das alternative Entlohnungssystem der Beteiligungsökonomie neben fixen Lohnbestandteilen auch umsatz- oder gewinnabhängige Zahlungen an die Beschäftigten vor. In einem solchen System komm es zu einer relativ zur Fixlohnökonomie höheren Arbeitsnachfrage, weil nur die Fixlohnkomponente Grenzkosten der Beschäftigung darstellt.
9. Allerdings überträgt sich dieser sektorale Effekt auf die gesamtwirtschaftliche Ebene nur dann, wenn der Gesamtlohn im Vergleich zur Fixlohnökonomie niedriger ist. Da dies jedoch in einer Beteiligungsökonomie (bei sorgfältiger Modellierung) der der Fall ist, ist auch die NAIRU in einer Beteiligungsökonomie tiefer als in einer Fixlohnökonomie.
10. Der Einfluss des Entlohnungssystems auf die Kapitalbildung läuft über zwei Kanäle: Zum einen besteht ein negativer Investitionsanreiz, weil die Kapitaleigner nur noch einen Teil des Grenzgewinns erhalten. Auf der anderen Seite stellt jedoch die Beschäftigungsexpansion einen positiven Investitionsanreiz dar. Es lässt sich zeigen, dass der positive Effekt auf die Kapitalbildung bei einem Übergang von einer Fixlohn- zur Beteiligungsökonomie dominiert.

Übungsaufgaben

Aufgabe 1

Eine Unternehmung i produziere mit der Produktionsfunktion $Y_i = N_i^\alpha K_i^{1-\alpha}$. Leiten Sie daraus die Gestalt der kurz- und langfristigen Arbeitsnachfragekurve ab. Nehmen Sie dabei an, dass die Unternehmung eine Preissetzungsmacht hat, die es ihr erlaubt, einen Aufschlag $\mu > 1$ auf die Grenzkosten zu verlangen.

Aufgabe 2

Eine Volkswirtschaft mit vollkommen kompetitiven Faktor- und Absatzmärkten ist durch die folgende makroökonomische Produktionsfunktion charakterisiert:

$Y = N^\alpha K^{1-\alpha}$. Kurzfristig ist der Kapitalstock K nicht beeinflussbar, in der langen Frist hingegen wird K von den Unternehmungen in gleicher Weise wie die Arbeitsnachfrage nach dem Kriterium der Gewinnmaximierung bestimmt. Die Kapitalkosten sind exogen durch den Weltkapitalmarkt vorgegeben. (Y: Output, N: Beschäftigung, K: Kapitalstock, $0 < \alpha < 1$)

a) Leiten Sie die Arbeitsnachfragefunktion für die kurze Frist her.

b) Nehmen Sie nun an, dass ein Erdbeben die Hälfte des Kapitalstocks der oben beschriebenen Volkswirtschaft zerstört. Wie wirkt sich die Zerstörung des Kapitalstocks kurzfristig auf die gesamtwirtschaftliche Arbeitsnachfragefunktion aus?

c) Leiten Sie die Arbeitsnachfragefunktion für die lange Frist her. Welche Steigung hat diese Kurve im Reallohn-Beschäftigungs-Quadranten? Wodurch wird sie verschoben?

d) Nehmen Sie an, dass die gesamtwirtschaftliche Arbeitsangebotsfunktion im Reallohn-Beschäftigungsquadranten eine positive Steigung aufweist. Im Ausgangsgleichgewicht schneidet diese Funktion die unter a) und c) abgeleiteten Arbeitsnachfragefunktionen. Beschreiben Sie die Konsequenzen einer Aufwärtsverschiebung der Arbeitsangebots-funktion
   da) in der kurzen Frist.
   db) in der langen Frist.

Aufgabe 3
(Diese Aufgabe fordert Sie auf, einen gegenüber Abschnitt 6.5 etwas anderen Blick auf das Phänomen der Globalisierung zu werfen. Hier stehen nicht verschiedene Qualifikationen von Arbeit im Mittelpunkt des Interesses, sondern die mögliche Interdependenz von Sozialstandards.)

Im Hinblick auf die immer engere Integration von Volkswirtschaften wird oft die Forderung erhoben, die Arbeits- und Sozialstandards in den verschiedenen Ländern einander anzugleichen.

In Land H, das die anspruchsvolleren Arbeits- und Sozialstandards aufweist, sei im Ausgangszustand der Faktor Arbeit produktiver als in Land N und erhält eine dementsprechend höhere reale Entlohnung. Die Angleichung der Standards soll erfolgen, indem Land N sich an das höhere Niveau in Land H anpasst. Diese Verbesserung kann so abgebildet werden, dass sie einen Anteil s der (nominalen) Wertschöpfung in N kostet. (Die möglichen Nutzengewinne der Arbeitnehmer in N durch die höheren Standards bleiben unberücksichtigt.) In beiden Ländern herrscht im Ausgangszustand Vollbeschäftigung.

a) Leiten Sie die Arbeitsnachfragefunktion (bei Konstanz der Mengen aller übrigen Produktionsfaktoren) eines repräsentativen Unternehmers mit monopolistischer Preissetzungsmacht unter Berücksichtigung der Kosten s für das Land N ab. Welche Wirkung hat eine Erhöhung von s auf die Arbeitsnachfragefunktion?

b) Wie wirkt sich die Erhöhung von s auf das Arbeitsmarktgleichgewicht in N aus? Kontrastieren Sie die beiden Fälle
  ba) vollkommener Wettbewerb auf dem Arbeitsmarkt und
  bb) gewerkschaftlich organisiertes Arbeitsangebot.
c) Nehmen Sie nun an, dass Arbeit zwischen N und H wandern kann und dass das Lohndifferential im Ausgangspunkt gerade den Wanderungskosten entspricht. Welche Wanderungen werden durch die Erhöhung von s ausgelöst? Wie ändert sich die Entlohnung in H, wenn Vollbeschäftigung beibehalten wird? Was passiert, wenn in H die Gewerkschaft eine Änderung des Reallohns verhindern kann?

Aufgabe 4
Machen Sie sich klar, warum die Durchschnittserlöskurve in Abbildung 6.8 immer flacher verlaufen muss als die Grenzerlöskurve.

Literatur

Die Exposition der Abschnitte 6.1–6.4 greift weitgehend auf Ergebnisse in Landmann/Jerger (1993) und Jerger (1993) zurück. Blanchard (1997) benutzt einen eng verwandten Analyserahmen und wendet diesen auf die empirischen Entwicklungen europäischer Volkswirtschaften an. Zur Lohnlückendiskussion sehr lesenswert ist der Beitrag von Gordon (1988).

Landmann/Pflüger (1998) diskutieren die Frage nach Ursachen und Auswirkungen von über verschiedene Qualifikationen von Arbeit asymmetrischen Nachfrageveränderungen. Zu diesem Thema ist darüberhinaus vor allem das Buch von Rodrik (1997) sowie der Aufsatz von Krugman (1995) empfehlenswert. Hinzuweisen ist auch auf die Beiträge zu zwei Symposien, die im Journal of Economic Perspectives abgedruckt sind: Um „Income Inequality and Trade" geht es in der Ausgabe vom Sommer 1995, „Globalization in Perspective" ist der Titel des Symposiums in der Herbst 1998-Ausgabe.

Der Vorschlag der Gewinnbeteiligung wird (unter fast völligem Verzicht auf formalen Aufwand) in Weitzman (1985) entwickelt. Weitzman (1987) spekuliert über die Auswirkungen auf die NAIRU, eine Diskussion, die in Layard/Nickell (1990), Holmlund (1990), Michaelis (1998) sowie Jerger/Michaelis (1999) fortgesetzt wird. In den beiden zuletztgenannten Beiträgen wird insbesondere auch die Rückwirkung der Gewinnbeteiligung auf die Kapitalbildung untersucht. Die Arbeiten in Blinder (ed.) (1989) beschäftigen sich mit den Anreizeffekten der Gewinnbeteiligung auf die Produktivität der Arbeitnehmer. Die theoretische Literatur zu diesem Aspekt wird in Michaelis (1997) reflektiert.

Kapitel 7: Persistenz und Hysterese

7.1. Was ist Hysterese?

Den bisherigen theoretischen Überlegungen lag die Unterscheidung zwischen Bewegungen um eine gleichgewichtige Arbeitslosenquote – der NAIRU – (Kapitel 3) und Veränderungen der NAIRU selbst (Kapitel 4 bis 6) zugrunde. Anhand der empirischen Beobachtung, dass in den letzten 25 Jahren Inflationsstabilität in Deutschland, aber auch in den meisten anderen europäischen Volkswirtschaften mit immer höheren Arbeitslosenquoten einherging (vgl. Abbildung 3.8), zogen wir dabei den Schluss, dass vor allem das zweite Phänomen eine Schlüsselrolle für das Verständnis der Entwicklungen auf dem Arbeitsmarkt spielt: Es sind nicht so sehr die zyklischen Bewegungen, die erkärungsbedürftig sind als vielmehr der von einem Konjunkturzyklus zum nächsten steigende „Sockel" von Arbeitslosigkeit.

In Kapitel 5 und 6 lernten wir dann verschiedene *theoretische* Ansätze kennen, die eine Erklärung der NAIRU zum Ziel hatten. Allerdings ist eine *empirische* Überprüfung dieser Theorien sehr schwierig, weil – etwas zugespitzt formuliert – etwas erklärt werden soll, was nicht direkt beobachtbar ist, eben die NAIRU. Empirische Werte der NAIRU müssen also immer ökonometrisch *geschätzt* werden. Diese empirischen Schätzungen der NAIRU sind jedoch nicht notwendigerweise „theoriegeleitet" in dem Sinne, dass die erklärenden Variablen aus dem Kanon der in Kapitel 5 und 6 genannten Determinanten stammen. Vielmehr besteht die übliche Vorgehensweise für die Berechnung der NAIRU darin, eine Phillipskurve der Form (3.1'') zu schätzen und aus dieser Schätzung die NAIRU mit Hilfe der Bedingung $\pi_t = \pi_t^e$ abzuleiten (vgl. Gordon 1997). Noch einfacher – aber überhaupt nicht mehr theoriegeleitet – ist die Anpassung eines statistischen Trends an die tatsächlich gemessene Arbeitslosenquote und die Gleichsetzung dieses Trends mit der NAIRU (vgl. z.B. Burda/Sachs 1987). Hierdurch ist bereits klar präjudiziert, dass die NAIRU sehr eng mit der tatsächlichen Arbeitslosenquote korreliert sein muss. Das auf den ersten Blick vielleicht überraschende an derartigen Schätzungen ist, dass diese in der Tat ganz plausible Werte für das Niveau der Arbeitslosigkeit ergeben, das erforderlich ist, um die Inflationsrate stabil zu halten. Am besten wird das Ergebnis solcher atheoretischer Schätzungen durch die Robert Solow zugeschriebene Bemerkung charakterisiert, derzufolge die

NAIRU offenbar immer gerade den Wert annehme, den die tatsächliche Arbeitslosenquote im Mittel der letzten drei Jahre aufwies.

Der für viele Länder zutreffende empirische Befund, dass eine plausible Schätzung der NAIRU durch die Arbeitslosenquoten der Vergangenheit gelingt, legt den Schluss nahe, dass die NAIRU *pfadabhängig* ist. Pfadabhängigkeit bedeutet dabei konkret den Einfluss der verzögerten Werte der Arbeitslosenquote auf die NAIRU selbst. Der Fachterminus, der sich in der Literatur für die exakte (unter Umständen zeitlich verzögerte) Übereinstimmung von tatsächlicher Arbeitslosenquote und NAIRU eingebürgert hat, lautet *Hysterese*, bei einer nur partiellen Abhängigkeit der NAIRU von verzögerten Realisationen der Arbeitslosenquote spricht man von *Persistenz*.[1]

Die wirtschaftspolitischen Implikationen der Existenz von Hysterese wären von grosser Tragweite: Folgte die NAIRU der tatsächlichen Arbeitslosenquote tatsächlich auf dem Fusse, hätte eine Stabilisierungsrezession, wie wir sie in Kapitel 3 im Rahmen des Phillipskurvenmodells analysiert hatten, ganz andere Wirkungen: Die Kosten einer Senkung der Inflationsrate bestünden nicht mehr in einem „nur" temporären Anstieg der Arbeitslosenquote (als Abweichung von der unverändert gebliebenen NAIRU), sondern es müsste eine *permanent* höhere Arbeitslosigkeit in Kauf genommen werden, eben weil die NAIRU parallel zur tatsächlichen Arbeitslosenquote mit ansteigt. Das gleiche gilt natürlich mit umgekehrten Vorzeichen für eine expansive Nachfragepolitik, die bei Vorliegen von Hysterese mit einer höheren Inflationsrate eine *permanente* Senkung der Arbeitslosenquote erreichen könnte. Hysterese würde somit bedeuten, dass die Nachfragepolitik mit einem ganz ähnlichen Trade-Off konfrontiert ist, wie ihn seinerzeit schon die Analysen von Phillips (1958) und Samuelson/Solow (1960) nahegelegt hatten.[2]

In diesem Kapitel wollen wir dieser Denkmöglichkeit nachgehen. Dazu wird zunächst in Abschnitt 7.2 das Phillipskurvenmodell aus Kapitel 3 um die Möglichkeit der Hysterese erweitert. Die theoretische Analyse beinhaltet dabei sowohl das traditionelle Modell (mit einer NAIRU, die nicht auf vergangene Werte der Arbeitslosenquote reagiert) als auch das Vorliegen von Hysterese als Spezialfälle. So können die Unterschiede dieser beiden Modelle klar herausgearbeitet werden.

Die blosse Analyse der Implikationen einer Denkmöglichkeit und der empirische Test dieser Implikationen ist aus theoretischer Sicht selbstverständlich kein befriedigender Zustand. Daher werden in Abschnitt 7.3 drei alternative Me-

---

[1] Cross/Allan (1988) bieten eine sehr detaillierte Etymologie des Begriffs „Hysterese". Entscheidendes Merkmal eines hysteretischen Systems ist, dass sein Verhalten nicht allein nur durch Zustandsvariablen (das wären die exogenen Determinanten der NAIRU, wie wir sie in den drei letzten Kapiteln kennengelernt haben) erklärt werden kann, sondern neben diesen Zustandsvariablen muss vielmehr auch die Vergangenheit des Systems zur Erklärung herangezogen werden.

[2] Ball (1997) bringt vor diesem theoretischen Hintergrund die schlechte Arbeitsmarktlage in den europäischen Ländern mit der erfolgreichen Rückführung der Inflationsrate in den 80er und 90er Jahren in (kausale) Verbindung; vgl. hierzu Box 7.3.

chanismen diskutiert, die eine eigentliche ökonomische Erklärung des Hysterese-Phänomens zu geben vermögen. In Abschnitt 7.4 wollen wir uns schliesslich verschiedenen Möglichkeiten der empirischen Überprüfung der Existenz von Persistenz und Hysterese zuwenden.

7.2. Persistenz und Hysterese im Phillipskurvenmodell

Als erster Schritt soll in diesem Abschnitt die oben skizzierte Denkmöglichkeit der Pfadabhängigkeit der Arbeitslosenquote im Rahmen des Phillipskurvenmodells aus Kapitel 3 analysiert werden. Der Einfachheit halber gehen wir hier von einer linearen Phillipskurve aus, die genau der Spezifikation (3.7) entspricht:

(7.1) $\quad \pi_t = -\varepsilon \cdot (u_t - u_t^*) + \pi_t^e$

Der einzige Unterschied zur Darstellung in Kapitel 3 besteht darin, dass in (7.1) die Möglichkeit einer zeitvarianten NAIRU u_t^* angelegt ist. Dies ist für sich genommen allerdings auch noch keine Innovation, da die drei letzten Kapitel eine ganze Reihe von Faktoren identifiziert haben, die Einfluss auf die NAIRU nehmen können. In dem Mass, in dem diese Faktoren sich im Zeitablauf ändern, ist natürlich auch erklärt, dass die NAIRU selbst eine Funktion der Zeit ist.

Die Hypothese der Persistenz bzw. Hysterese lautet nun, dass die NAIRU nicht unbedingt nur eine Funktion solcher Faktoren ist, sondern auch von vergangenen Werten der Arbeitslosenquote abhängt. Eine besonders einfache Form dieser Hypothese ist in der folgenden Gleichung (7.2) abgebildet:

(7.2) $\quad u_t^* = \bar{u}^* + h \cdot (u_{t-1} - \bar{u}^*)$

mit $0 \leq h \leq 1$.

$\bar{u}^*$ ist eine sog. steady-state-NAIRU, in der sich der Einfluss der langfristigen strukturellen Determinanten der Arbeitslosigkeit niederschlagen kann, und die im folgenden einfachheitshalber als Konstante behandelt wird. Für $h = 0$ ist der traditionelle Fall gegeben, d.h. die NAIRU ändert sich im Zeitablauf nicht ($u_t^* = \bar{u}^* \, \forall t$). Der andere Extremfall ist durch $h = 1$ gegeben, und impliziert, dass die kontemporäre NAIRU u_t^* genau dem Vorperiodenwert der tatsächlichen Arbeitslosenquote entspricht: $u_t^* = u_{t-1}$. Einsetzen von (7.2) in (7.1) liefert:

(7.3) $\quad \pi_t = \varepsilon \cdot (1 - h) \cdot \bar{u}^* - \varepsilon \cdot (u_t - h \cdot u_{t-1}) + \pi_t^e$

Wenn wir einen steady-state dadurch definieren, dass tatsächliche und erwartete Inflationsrate sich entsprechen ($\pi_t = \pi_t^e$) und die Arbeitslosenquote konstant bleibt ($u_t = u_{t-1}$), lässt sich (7.3) nach der so charakterisierten gleichgewichtigen Arbeitslosenquote auflösen:

(7.4) $\quad u_t\big|_{u_t=u_{t-1},\pi_t=\pi_t^e} \equiv u_t^* = \dfrac{1-h}{1-h}\cdot\bar{u}^*$

Der Gleichgewichtswert u_t^* ist also für $h \neq 1$ immer gleich der steady-state-NAIRU $\bar{u}^*$. Unter dieser Bedingung hat demnach die in (7.2) angelegte Möglichkeit der Pfadabhängigkeit der NAIRU keine Auswirkung auf die langfristige Gleichgewichtslage des Systems. Im steady-state bleiben alle in Kapitel 3 abgeleiteten Ergebnisse erhalten.[1] Völlig anders ist die Situation jedoch für $h = 1$. In diesem Fall ist (7.4) nicht mehr definiert[2], Gleichung (7.3) liefert für $h = 1$ und $\pi_t = \pi_t^e$ folgendes Ergebnis:

(7.5) $\quad u_t = u_{t-1} \quad \Leftrightarrow \Delta u_t = 0$

D.h. das Modell sagt uns nur noch, dass im steady-state die Arbeitslosenquote konstant sein muss, es sagt uns aber nicht mehr, auf welchem Niveau dies der Fall ist. Für $h = 1$ können wir somit festhalten, dass *jedes Niveau der Arbeitslosenquote ein Gleichgewicht sein kann*. Der Gleichgewichtswert wird durch die Struktur und die Parameter des Modells nicht mehr eindeutig bestimmt, sondern reflektiert das historische Muster der auf das System einwirkenden Schocks. In diesem Fall sprechen wir von *Hysterese*.

Eine etwas andere Schreibweise von (7.3) verdeutlicht den Punkt:[3]

(7.6) $\quad \pi_t = \varepsilon \cdot (h-1)\cdot \left(u_t - \bar{u}^*\right) - \varepsilon h \cdot \Delta u_t + \pi_t^e$

Wir legen einfachheitshalber wiederum den oben in Abschnitt 3.3 besprochenen Spezialfall der adaptiven Erwartungsbildungshypothese zugrunde, bei dem die erwartete Inflationsrate der tatsächlichen Inflationsrate der Vorperiode entspricht ($\pi_t = \pi_t^e = \pi_{t-1}$), und können somit schreiben

---

[1] Die Gleichgewichtsbedingung in Kapitel 3 verlangte „nur" die Übereinstimmung von tatsächlicher und erwarteter Inflationsrate: $\pi_t = \pi_t^e$. Unter dieser Bedingung errechnet sich die Arbeitslosenquote aus (7.3) als $u_t = h\cdot u_{t-1} + (1-h)\cdot \bar{u}^*$. Je näher der Wert von h bei null liegt, desto schneller passt sich die tatsächliche Arbeitslosenquote an die steady-state NAIRU $\bar{u}^*$ an.

[2] Für $h = 1$ werden Zähler und Nenner des Koeffizienten in (7.4) gleich null. Bekanntermassen ist eine Division durch null nicht erlaubt (bzw. nicht definiert).

[3] (7.6) erhält man aus (7.3), indem in (7.3) $\varepsilon h \cdot u_t$ addiert und subtrahiert wird, und die Terme neu geordnet werden.

7.2. Persistenz und Hysterese im Phillipskurvenmodell

(7.7) $\quad \Delta\pi_t = \varepsilon \cdot (h-1) \cdot (u_t - \bar{u}^*) - \varepsilon h \cdot \Delta u_t$

(7.7) besagt, dass die Änderung der Inflationsrate eine Funktion ist

a) für $h = 0$: des Niveaus der Arbeitslosenquote,[1]
b) für $0 < h < 1$: des Niveaus *und* der Veränderung der Arbeitslosenquote,
c) für $h = 1$: ausschliesslich der Veränderung der Arbeitslosenquote.

Fall a) ist der traditionelle Phillipskurvenfall, in dem nicht zwischen der kontemporären NAIRU u_t^* und der steady-state-NAIRU $\bar{u}^*$ unterschieden werden muss. Für Fall b) ist es in der Literatur üblich, von *Persistenz* zu sprechen (Franz 1987a). Wie wir in Gleichung (7.4) gesehen hatten, ist hier die steady-state-NAIRU gegenüber Fall a) unverändert, durch den Einfluss der Änderung der Arbeitslosenquote wird aber der Anpassungsprozess an einen exogenen Schock verlangsamt.

Fall c) schliesslich ist, wie bereits erwähnt, der eigentliche *Hysterese*-Fall, der sich dadurch auszeichnet, dass das System nach einem exogenen Schock überhaupt nicht mehr zu der ursprünglichen steady-state-Arbeitslosenquote zurückfindet.

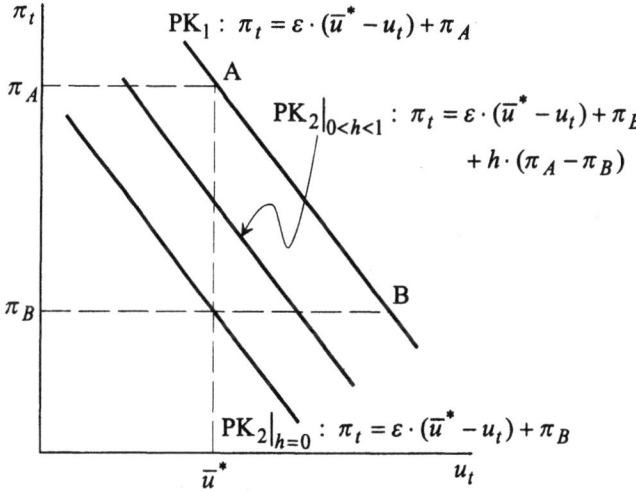

Abbildung 7.1: Die Phillipskurve bei Persistenz und Hysterese

Die Rolle, die der Parameter h für die Gestalt der Anpassungsprozesse spielt, leuchtet unmittelbar ein, wenn man sich klarmacht, dass die Rückkehr der Arbeitslosenquote zur NAIRU in der Phillipskurvenanalyse von Kapitel 3 darauf

---

[1] (7.3) ist dann identisch mit (7.1).

beruhte, dass die Inflationsrate auf jede Abweichung der Arbeitslosenquote von der NAIRU ($u - u^* \neq 0$) reagiert. Wenn sich nun aber die NAIRU im Falle eines exogenen Schocks in dieselbe Richtung bewegt wie die Arbeitslosenquote –inwieweit sie dies tut, wird gemäss (7.2) durch den Parameter h gesteuert –, wird auch die Differenz $u - u^*$ nicht so gross, und die Reaktion der Inflationsrate fällt entsprechend schwächer aus. Abbildung 7.1 illustriert diesen Punkt am Beispiel eines kontraktiven Nachfrageschocks.

Den Ausgangspunkt bilde ein steady-state-Gleichgewicht mit einer Inflationsrate $\pi = \pi_A$ und einer Arbeitslosenquote $u = \bar{u}^*$ in Punkt A. Die kurzfristige Phillipskurve sei durch die Gleichung (7.7) gegeben, die sich äquivalent auch schreiben lässt als

(7.7') $\quad \pi_t = \varepsilon \cdot \bar{u}^* + \varepsilon h \cdot \left(u_{t-1} - \bar{u}^* \right) - \varepsilon \cdot u_t + \pi_{t-1}$

In Periode $t = 1$ werde die Volkswirtschaft durch einen kontraktiven Nachfrageschock getroffen, der die Inflationsrate entlang der kurzfristigen Phillipskurve PK_1 auf $\pi_1 = \pi_B$ senkt und entsprechend die Arbeitslosenquote auf $u_1 = u_B = \bar{u}^* + \varepsilon^{-1}(\pi_A - \pi_B)$ erhöht.[1] Was bedeutet dies für die Ausgangslage in Periode $t = 2$? Unsere Analyse oben in Abschnitt 3.3 lässt erwarten, dass sich die Phillipskurve durch die adaptive Anpassung der Inflationserwartungen nach unten verschieben muss. Abbildung 7.1 verdeutlicht nun, wie das Ausmass dieser Verschiebung vom Wert des Parameters h beeinflusst wird. Für das Szenario von Abschnitt 3.3 ($h = 0$) und den Erwartungsbildungsmechanismus $\pi_t^e = \pi_{t-1}$ ist die kurzfristige Phillipskurve in Periode 2 durch $PK_2\big|_{h=0}$ gegeben, d.h. sie hat sich gegenüber ihrer ursprünglichen Lage genau um das Ausmass des Inflationsrückgangs in Periode 1 ($\pi_A - \pi_B$) nach unten verschoben. Demgegenüber ist die kurzfristige Phillipskurve in Periode 2 unter der alternativen Annahme $0 < h < 1$ durch $PK_2\big|_{0<h<1}$ gegeben. Wie aus der in Abbildung 7.1 angegebenen Gleichung ersichtlich ist, bringt dies eine geringere Verschiebung mit sich als im Fall $h = 0$. Damit wird deutlich, dass sich der Persistenzmechanismus auf die Phillipskurvendynamik genau gleich auswirkt wie eine verlangsamte Anpassung der Erwartungen. Allerdings ist das Verzögerungsmoment vom Erwartungsbildungsprozess völlig unabhängig, würde sich also etwa auch unter rationalen Erwartungen in gleicher Weise bemerkbar machen. Solange wir an der Annahme $h < 1$ festhalten, gilt aber in jedem Fall, dass sich die Phillipskurve nach unten verlagert, wenn immer die Arbeitslosenquote einen Wert annimmt, der grösser ist als der steady-state-Wert $\bar{u}^*$. Hierdurch wird denn auch gewährleistet, dass das

---

[1] Die Gleichung für PK_1 in Abbildung 7.1 entspricht dem Ausdruck (7.7') unter Berücksichtigung der Ausgangslage $u_{t-1} = \bar{u}^*$ und $\pi_{t-1} = \pi_A$

System früher oder später wieder zu seinem eindeutig bestimmten steady-state-Gleichgewicht bei $u = \bar{u}^*$ zurückkehrt.

Anders verhält es sich im Hysterese-Szenario $h = 1$. Wie bereits der allgemeine Ausdruck für $\text{PK}_2\big|_{0<h<1}$ in Abbildung 7.1 zeigt, verschiebt sich in diesem Grenzfall die kurzfristige Phillipskurve zwischen Periode $t = 1$ und Periode $t = 2$ überhaupt nicht, sondern ist weiterhin durch PK_1 gegeben. Dies wiederum bedeutet, dass sich Punkt B als neues steady-state-Gleichgewicht etablieren kann, sofern die Nachfragepolitik ab Periode $t = 2$ gerade die Inflationsrate π_B zu akkommodieren bereit ist und keine weiteren angebots- oder nachfrageseitigen Schocks eintreten. In diesem Szenario bricht das Akzelerationstheorem von Phelps und Friedman zusammen: Je nach dem historischen Entwicklungspfad der Arbeitslosigkeit kann jede Arbeitslosenquote zur NAIRU werden. Die Gleichgewichtslage des Systems ist nicht mehr eindeutig durch die Modellparameter bestimmt, sondern wird, wie man sagt, *pfadabhängig*.

Pfadabhängigkeit bedeutet hier, dass die NAIRU der tatsächlichen Arbeitslosenquote auf dem Fusse folgt. Damit haben wir eine Modellierung, die dem Befund einer aus einsichtigen Gründen steigenden, dann aber rätselhafterweise auf dem höheren Niveau verharrenden Arbeitslosenquote Rechnung zu tragen vermag (vgl. Abbildung 1.2). Aber damit können wir uns noch nicht zufriedengeben. Vielmehr ist zu klären, auf welche Wirkungsmechanismen das behauptete Persistenz- bzw. Hysterese-Phänomen zurückzuführen ist, und ob es einer genaueren empirischen Überprüfung standhält. Nach den Ausführungen in diesem Abschnitt ist klar, dass auf der empirischen Ebene die Frage, ob die Daten tatsächlich für Hysterese oder „nur" für Persistenz sprechen, von besonderer Bedeutung ist. In den nächsten beiden Abschnitten wenden wir uns diesen theoretischen und empirischen Fragen zu.

Als Ergänzung zu diesem Abschnitt wird in Box 7.1 zuvor das dynamische Phillipskurvenmodell aus Abschnitt 3.4 um die Analyse von Persistenz und Hysterese erweitert.

Box 7.1: Persistenz und Hysterese im dynamischen Phillipkskurvenmodell

Im folgenden soll das dynamische Phillipskurvenmodell aus Kapitel 3 (Abschnitt 3.4) verallgemeinert werden, so dass – analog zur bisherigen Diskussion im Haupttext – die Absenz von Persistenz bzw. Hysterese als Spezialfall für $h = 0$ abgebildet werden kann. Das Modell in Kapitel 3 bestand aus den vier Gleichungen (3.5)–(3.8). Als Modifikation muss in diesem Modell das Analogon in stetiger Zeit zur Gleichung (7.2) ergänzt werden. Diese Gleichung für die Entwicklung der inflationsstabilen Arbeitslosenquote in stetiger Zeit lautet wie folgt

(7.2') $\quad u^* = (1-h) \cdot \bar{u}^* + h \cdot u$,

wobei wiederum die Extremfälle $h=0$ bzw. $h=1$ eine zeitlich stabile NAIRU bzw. eine völlig an der tatsächlichen Entwicklung der Arbeitslosenquote orientierte NAIRU abbilden. Einsetzen von (7.2') in die Phillipskurvengleichung (3.7) ergibt

(3.7') $\quad \pi = -\varepsilon \cdot (1-h) \cdot (u - \bar{u}^*) + \pi^e$

Durchläuft man nun die gleichen Schritte wie für die Ableitung der Gleichung (3.13), erhält man als Bewegungsgleichung für die Inflationsrate

(3.13') $\quad \dot{\pi} = \varepsilon\beta \cdot (1-h) \cdot (\hat{M} - \pi) - \varepsilon\lambda \cdot (1-h) \cdot (u - \bar{u}^*)$.

An der $\dot{u} = 0$-Gleichung (3.10) bzw. (3.11) ändert sich durch die Einbeziehung von Persistenz bzw. Hysterese nichts, so dass das interdependente Differentialgleichungssystem aus (3.11) und (3.13') besteht ist, d.h.

(3.14') $\quad \begin{bmatrix} \dot{u} \\ \dot{\pi} \end{bmatrix} = \begin{bmatrix} 0 & \beta \\ -\varepsilon\lambda(1-h) & -\varepsilon\beta(1-h) \end{bmatrix} \begin{bmatrix} u \\ \pi \end{bmatrix} + \begin{bmatrix} -\beta & 0 \\ \varepsilon\beta(1-h) & \varepsilon\lambda(1-h) \end{bmatrix} \begin{bmatrix} \hat{M} \\ \bar{u}^* \end{bmatrix}$

Es ist leicht zu überprüfen, dass sich an den Gleichgewichtseigenschaften des Systems für $h<1$ gegenüber Kapitel 3 nichts ändert. Für $h=1$ ist jedoch die $\dot{\pi} = 0$-Linie überhaupt nicht nicht mehr definiert, bzw. die Änderung der Inflationsrate ist unabhängig von allen modellexogenen oder -endogenen Variablen immer gleich null. In diesem Fall kann das Modellgleichgewicht überall auf der nach wie vor horizontalen $\dot{u} = 0$-Linie liegen. Wie bereits die Diskussion im Text zeigte, ist jedes Niveau der Arbeitslosigkeit mit einem Gleichgewicht vereinbar, während die Inflationsrate im Gleichgewicht nach wie vor durch die Wachstumsrate der Geldmenge gegeben ist. Ober- bzw. unterhalb der $\dot{u} = 0$-Linie gibt es nur Bewegungen in die horizontale Richtung, so dass zufällige Bewegungen weg von diesem locus für $h=1$ nicht mehr zu einer stabilen Situation zurückführen. Die Zusatzerkenntnis aus dieser expliziten Modellierung besteht also darin, dass wir sagen können, dass das dynamische Modellverhalten bei Vorliegen von Hysterese instabil ist.

Gut abzulesen ist aus (3.13') auch die mit steigendem h sich verlangsamende dynamische Anpassung ausserhalb eines Modellgleichgewichts. Die Reaktion der Inflationsrate sowohl auf Differentiale von Geldmengenwachstum und Inflation als auch auf Unterschiede von tatsächlicher und gleichgewichtiger Arbeitslosenrate ist umso langsamer je höher der Parameter h ist.

7.3. Wodurch kann Persistenz bewirkt werden?

Die Überlegungen in den beiden ersten Abschnitten dieses Kapitels beinhalteten keinerlei Hinweise darauf, durch welche konkreten ökonomischen Mechanismen

7.3. Wodurch kann Persistenz bewirkt werden?

Persistenz bzw. Hysterese verursacht werden könnte, sondern konzentrierten sich darauf, die unter Umständen weitreichenden Implikationen des Phänomens aufzuzeigen. Für eine Beschäftigungs*theorie* ist es aber notwendig, Kanäle zu identifizieren, die für eine persistente bzw. hysteretische Entwicklung der Arbeitslosigkeit verantwortlich sein können. Es erübrigt sich fast, darauf hinzuweisen, dass durch die tiefere Einsicht in Persistenzmechanismen auch die Beschäftigungs*politik* besser mit diesem Phänomen umgehen können sollte. In diesem Abschnitt wollen wird uns daher dieser Frage zuwenden.

Es wird sich dabei zeigen, dass durch entsprechende Modifikationen bzw. Erweiterungen der Lohn- und Preisbildungsmodelle aus den Kapiteln 5 und 6 Persistenzeigenschaften der Beschäftigung und damit (bei einem als konstant angenommenen Arbeitskräftepotential) auch der Arbeitslosenquote abgeleitet werden können. In der Literatur wurden bisher drei Mechanismen identifiziert, von denen einer – die sog. Insider-Outsider-Hypothese – etwas ausführlicher dargestellt werden soll. Für die beiden anderen soll jeweils eine kurze Beschreibung der Grundidee genügen.

7.3.1. Die Insider-Outsider-Hypothese

Der etwas genauere Blick auf die Vorgänge, die sich hinter dem Anstieg der Arbeitslosenquote verbergen, hat uns in Abschnitt 1.8 gezeigt, dass damit im wesentlichen eine Zunahme der Dauer individueller Perioden ohne Beschäftigung verbunden war und weniger eine Vergrösserung der durch Arbeitslosigkeit unmittelbar betroffenen Gruppe. Diese Beobachtung einer deutlich ausgeprägten Trennung zwischen „Gewinnern" und „Verlierern" auf dem Arbeitsmarkt fand in der Beschäftigungstheorie ihre Entsprechung in der Entwicklung der sog. Insider-Outsider-Modelle. Diese Modelle setzen es sich zum Ziel, die Koexistenz von offenbar recht sicheren und gutbezahlten Arbeitsverhältnissen und vergeblich sich um eine auch weniger gut bezahlte Beschäftigung bemühenden Arbeitslosen zu erklären. Zentraler Gedanke dabei ist, dass die Beschäftigten (das sind die sog. Insider) ausschliesslich bzw. bevorzugt in den Lohnverhandlungen ihr eigenes Gruppeninteresse verfolgen, und sich nicht bzw. nur begrenzt um die Interessen der beschäftigungslosen Outsider kümmern.

Das Konfliktpotential zwischen Insidern und Outsidern erwächst dabei aus der Tatsache, dass erstere Lohnzugeständnisse machen müssten, damit die aus der Sicht der Unternehmung optimale Beschäftigungsmenge gross genug wird, um auch (einen Teil der) Outsider einzustellen. Liegt nun die Vertretung der Arbeitnehmerinteressen bei den Lohnverhandlungen nur bei den beschäftigten Insidern, so ist klar, dass diese die Möglichkeit haben, die Outsider aussen vor zu halten.[1] Mit dieser Charakterisierung ist auch die Modifikation der Lohnbildungsmodelle aus Kapitel 5 benannt. Dort wurde davon ausgegangen, dass alle Erwerbspersonen, d.h. sowohl die dort Beschäftigten (Insider) als auch die Arbeitslosen (Outsider) durch die Gewerkschaft vertreten werden. Die Insider-Outsider-Modelle brechen nun mit dieser Annahme und analysieren Mitgliedschaftsregeln, die den Insidern Priorität gegenüber den Outsidern einräumen. Die denkbar extreme Mitgliedschaftsregel besteht darin, dass die einmal arbeitslos gewordenen Insider sofort zu Outsidern werden, und *keinerlei* Berücksichtigung in den Lohnverhandlungen mehr finden, während neu eingestellte Arbeiter sofort auch in die Gewerkschaft eintreten. Eine solche Insider-Gewerkschaft formuliert nun als gewünschten Beschäftigungsstand nur noch die Zahl der Insider. Diese Zielgrösse ist unabhängig vom tatsächlichen Beschäftigungsgrad in einem Sektor und/oder in der Volkswirtschaft.

Aus diesem Modellrahmen folgt, dass die Beschäftigung nach nicht antizipierten positiven (negativen) Schocks steigt (sinkt), und nach diesem Schocks dort verharrt, solange keine weiteren Schocks auf das System treffen. Genau diese Eigenschaft einer fortdauernden Wirkung transitorischer Schocks charakterisiert aber ein hysteretisches System. Die Insider kümmern sich nicht um das *Niveau* der Arbeitslosenquote, sondern nur um deren *Veränderung*, weil sie von letzterem ebenfalls betroffen sind.

Diese Idee soll anhand einiger Gleichungen formalisiert werden. Um hier keine für das Argument nebensächlichen Aspekte der Lohn*verhandlungen* analysieren zu müssen, benutzen wir das Monopolgewerkschaftsmodell, d.h. unterstellen, dass die Gewerkschaft den Lohn unilateral festlegen kann. Wie wir in Kapitel 5 gesehen haben, ist diese Annahme weniger restriktiv als sie klingt, da sich qualitativ gegenüber einer Verhandlungslösung wenig ändert.

Angenommen, die aus der Gewinnmaximierung der Unternehmer abzuleitende Preissetzungsfunktion sei durch eine log-lineare Funktion der Gestalt

(7.8) $\quad n_t = -\xi \cdot (w-p)_t + \mu_t$

gegeben. ξ notiert den Betrag der Reallohnelastizität der Beschäftigungsmenge entlang der Preissetzungsfunktion, μ_t einen unabhängig zufallsverteilten Störterm mit Erwartungswert null.

Unter der Annahme, dass die Insider sich überhaupt nicht um das Beschäftigungsinteresse der Outsider kümmern, wird der Lohn gerade so festgelegt, dass alle Insider weiterbeschäftigt werden, und kein Outsider eine Beschäftigung findet. Diese von den Insidern gewünschte Beschäftigungsmenge sei mit n_t^I bezeichnet. Nehmen wird jedoch desweiteren an, dass der Lohn zeitlich vor der

---

[1] In der politischen Diskussion ist häufig davon die Rede, dass die anhaltenden Arbeitsmarktprobleme mit dadurch begründet sind, dass „die Arbeitslosen nicht am Verhandlungstisch sitzen". Genau dieser Sachverhalt ist in diesem Modell abgebildet.

7.3. Wodurch kann Persistenz bewirkt werden?

Realisation des Schocks μ_t vertraglich fixiert werden muss, so weist die Beschäftigung eine stochastische Komponente auf und die Insider können den Lohn nur so festlegen, dass der *Erwartungswert* der Beschäftigung gerade für eine Weiterbeschäftigung der Insider sorgt. Dieser Erwartungswert der von den Unternehmern nachgefragten Arbeitsmenge ist gegeben durch $E(n_t) = -\xi \cdot (w-p)_t$.

Somit ist der Lohn $(w-p)_t^I$, der diese Bedingung erfüllt gleich

(7.9) $(w-p)_t^I = -\frac{1}{\xi} \cdot n_t^I$.

Diese Gleichung entspricht der Lohnsetzungsfunktion des Modells aus Kapitel 5.

Wenn sich – wie oben beschrieben – die den Lohn für die Periode t setzenden Insider immer als die in Periode $t-1$ tatsächlich Beschäftigten definieren, ergibt sich die folgende „Mitgliedschaftsregel":

(7.10) $n_t^I = n_{t-1}$

Einsetzen von (7.10) und (7.9) in (7.8) ergibt dann als Bestimmungsgleichung für die Beschäftigungsmenge

(7.11) $n_t = -\xi \cdot (w-p)_t + \mu_t = n_{t-1} + \mu_t$

Die Beschäftigung folgt somit einem sog. random walk, d.h. die Änderungen von einer Periode zur nächsten sind völlig unsystematisch. In Box 7.2 werden wir etwas näher auf die zeitreihenanalytischen Eigenschaften eines random walk eingehen. Für den Moment genügt es jedoch zu sehen, dass (7.11) das stochastische Analogon zur Gleichung (7.5) ist, die als Implikation des Hysterese-Falls aus (7.3) abgeleitet wurde. Für ein gegebenes Arbeitskräftepotential folgt aus (7.11) unmittelbar, dass auch die Arbeitslosenquote einem random walk folgt.[1] Damit konnte ein ökonomisches Szenario beschrieben werden, dass die Hysterese-Eigenschaft aufweist.

Für eine Bewertung dieses Ergebnisses muss man sich allerdings vor Augen halten, dass die Mitgliedschaftsregel (7.10) eine extreme Formulierung insoweit ist, als ausschliesslich die jeweils Beschäftigten für die Lohnsetzung verantwortlich sind. Man kann sich leicht vorstellen, dass es weniger restriktive Mitglied-

---

[1] Diese letzte Schlussfolgerung soll formal noch kurz begründet werden. Eine Schreibweise der Arbeitslosenquote ist $u_t = 1 - (N_t/\overline{N}^s)$, wobei $\overline{N}^s$ das exogene und zeitunabhängige Arbeitskräftepotential bezeichnet. Für hinlänglich kleine Arbeitslosenquoten lässt sich die rechte Seite approximieren als $1 - (N_t/\overline{N}^s) \approx \overline{n}^s - n_t$, und u_t somit schreiben als $u_t \approx \overline{n}^s - n_t$. In dieser Schreibweise wird klar, dass sich die random-walk-Eigenschaft von n_t für ein über die Zeit konstantes Arbeitskräftepotential auf u_t überträgt.

schaftsregeln gibt, die ein gewichtetes Mittel von Vorperiodenbeschäftigung und exogenem Arbeitsangebot, das sich aus Insidern und Outsidern zusammensetzt, als Zielgrösse für die Beschäftigung formulieren. Nach den Ausführungen in Abschnitt 7.2 ist es vielleicht nicht überraschend, dass das Insider-Outsider-Modell für solche Situationen die Persistenzeigenschaft generiert.[1]

Die Insider-Outsider-Theorie kann an diesem Punkt jedoch noch nicht zu Ende sein, da die ganze Logik darauf aufbaut, dass die Outsider keine Möglichkeit haben, den von den Insidern gesetzten Lohn zu unterbieten. In Kategorien des klassischen Modells gesprochen wurde bisher also begründet, warum ein oberhalb der Markträumung liegender Reallohn $(W/P)_1$ (vgl. Abbildung 2.9) im Interesse einer bestimmten Gruppe liegen kann, nicht jedoch, warum der Unterbietungsprozess, der daraufhin einsetzen sollte, nicht zum Tragen kommt. Die Macht der Insider darf sich nicht darauf beschränken, gegenüber den Unternehmen höhere als markträumende Löhne durchzusetzen, sondern diese Macht wird erst wirksam, wenn sie die Outsider daran hindern können, diese Löhne zu unterbieten. Könnte diese Unterbietung nämlich ungehindert stattfinden, so würde die Unternehmung einfach teure Insider durch billigere Outsider ersetzen.

Ohne zunächst konkreter zu werden, können für das Ausbleiben dieser Unterbietung zwei Gründe ausschlaggebend sein. Zum einen ist es denkbar, dass es nicht im *Interesse der Unternehmen* ist, diese Unterbietungen (innerhalb eines gewissen Bereiches) zu akzeptieren, andererseits muss es nicht notwendigerweise im *Interesse der Outsider* liegen, solche Unterbietungsangebote tatsächlich zu machen. Ersteres ist Gegenstand der eigentlichen Insider-Outsider-Theorie, der zweite Punkt wurde vor allem von Solow (1990) in die Diskussion gebracht und soll vorab kurz erläutert werden.

Es ist ein oft vertretener Allgemeinplatz, dass der Arbeitsmarkt ein ganz besonderer Markt und der Lohn ein ganz besonderer relativer Preis ist. Dies trifft allein deshalb schon zu, weil dem Lohn als Preis der Arbeit mehr als den meisten anderen relativen Güterpreisen ein besonderer normativer bzw. moralischer Wert beigemessen wird. Solow (1990) und ganz ähnlich auch Akerlof/Yellen (1990) interpretieren vor diesem Hintergrund die weitgehende Absenz von Lohnunterbietungen als Ausfluss einer sozialen Norm. Andere Gesellschaftsmitglieder durch das Anbieten der eigenen Arbeitskraft zu einem niedrigeren als dem gängigen Lohn zu schädigen, gilt als „unfein" und kann eventuell mit gesellschaftlichen Sanktionen belegt werden. Die zunächst scheinbare (ökonomische) Irrationalität dieser Norm kann sogar aufgelöst werden, wenn die Outsider eine gewissen Chance sehen, auch einmal als Insider auf den Arbeitsmarkt zu kommen. In diesem Fall würden die jetzigen Outsider dann von der gleichen Norm geschützt werden, die ihnen als Outsider Restriktionen auferlegt. Ob es aus der Sicht der Outsider lohnt, sich an die Norm zu halten, d.h. ob die Norm letztlich individuell

---

[1] Vgl. Übungsaufgabe 1 für eine entsprechende Verallgemeinerung des hier vorgestellten Modells.

7.3. Wodurch kann Persistenz bewirkt werden?

rational ist, muss dann ein Vergleich der abdiskontierten erwarteten zukünftigen Einkommen mit und ohne eine solche Norm erweisen (Solow 1990, p. 53 ff.).

Im engeren Sinne ökonomische Kategorien werden von den Zweigen der Insider-Outsider-Theorie behandelt, die darauf abstellen, dass es für die Unternehmen nicht notwendigerweise rational ist, einen niedrigeren Lohn als den von den Insidern geforderten Lohn zu akzeptieren. Diese Möglichkeit kann durch zwei Kostenkategorien begründet werden, die aus der Sicht des Unternehmens einen Keil zwischen die Attraktivität eines Insiders und eines Outsiders treiben. Einerseits können Insider durch *Entlassungskosten* (firing costs) geschützt sein, andererseits sind Outsider für jeden gegebenen Lohn relativ zu den Insidern im Umfang der *Anstellungskosten* (hiring costs) weniger attraktiv. Solche Kosten können technologisch bedingt, politisch gewollt oder auch bewusst von den Insidern herbeigeführt sein.[1]

Unvermeidlich – wenngleich politisch gestaltbar – sind sicherlich Such- und Anlernkosten als Bestandteil der Anstellungskosten für Outsider. Politisch gewollt bzw. tarifvertraglich vereinbart (und naheliegenderweise von Insidern gefordert bzw. verteidigt) sind Kosten im Zusammenhang mit der Kündigung eines Insiders, die von der Einhaltung von Kündigungsfristen bis zum Recht auf eine Abfindungszahlung gehen können.[2] Schliesslich besteht die Möglichkeit, dass Insider gezielt damit drohen, mit neu hinzukommenden Kolleginnen und Kollegen nicht zusammenzuarbeiten, um so deren Produktivität so gering wie möglich zu halten und Outsider auch mit psychischen Kosten der Unterbietung des gängigen Lohns zu belegen.[3]

Diese Kostenkategorien können dafür sorgen, dass die von den Insidern geforderten Löhne zwar höher sind als dies bei Markträumung der Fall wäre und auch höher als der Reservationslohn der Outsider. Damit kommt es in einem gewissen Bereich nicht zu Lohnunterbietungen und die Unterbeschäftigungssituation, die durch das Modell beschrieben wird, ist stabil. Die nachfolgende Abbildung 7.2 weist den Bereich aus, innerhalb dessen diese Stabilität gegeben ist.[4] Die durchgezogene Linie gibt die Preissetzungsfunktion (7.8) wieder.

Aufgrund der Entlassungskosten, die wir mit e_1 bezeichnen wollen, sind die Insider jedoch in der Lage, einen um diese Kosten höheren Lohn durchzusetzen, was zu der oberen gestrichelt eingezeichneten Funktion führt, die die Nachfrage-

---

[1] Konkrete Modellierungen solcher Kostenkategorien finden sich in Lindbeck/Snower (1989).

[2] Das wohl krasseste Beispiel für solche firing costs ist im öffentlichen Dienst gegeben, wo der Beamtenstatus eine Unkündbarkeit begründet, so dass Unterbietungen durch Outsider in der Tat keinen Sinn machen würden.

[3] Obgleich dies prima vista ein etwas zu martialisches Bild der Arbeitswelt zu zeichnen scheint, ist die zunehmende Bedeutung des „mobbing" nicht von der Hand zu weisen (Zapf/Warth 1997).

[4] Diese Diskussion erfolgt in enger Anlehnung an Lindbeck (1993, ch. 3).

funktion nach Insidern N_I^d darstellt. Umgekehrt können Outsider – falls sie überhaupt zum Zuge kommen – nur Löhne durchsetzen, die um die Einstellungskosten e_2 tiefer sind als durch Gleichung (7.8) zum Ausdruck kommt. Daraus erklärt sich die Lage der Nachfragekurve nach Outsidern N_O^d. Der Reservationslohn der Outsider, d.h. der Lohn zu dem diese bereit sind, zu arbeiten sei mit $(w-p)_R$ bezeichnet. Die Insider können daher den Lohn auf jeden Wert unterhalb von $(w-p)_R + e_1 + e_2$ festlegen, ohne fürchten zu müssen, dass sie durch Outsider ersetzt werden. Gibt es beispielsweise aus der Vergangenheit n_1^I Insider, so wird Punkt A realisiert werden, in dem kein Outsider zum Zuge kommen wird, da deren Reservationslohn höher ist als die um Einstellungs- und Entlassungskosten verminderte Grenzproduktivität der Insider. Erst wenn es weniger als n_2^I Insider gibt, wird diese kleine Gruppe durch die Einstellungs- und Entlassungskosten nicht mehr so weit geschützt, dass sie Einstellungen von Outsidern völlig unterbinden kann.

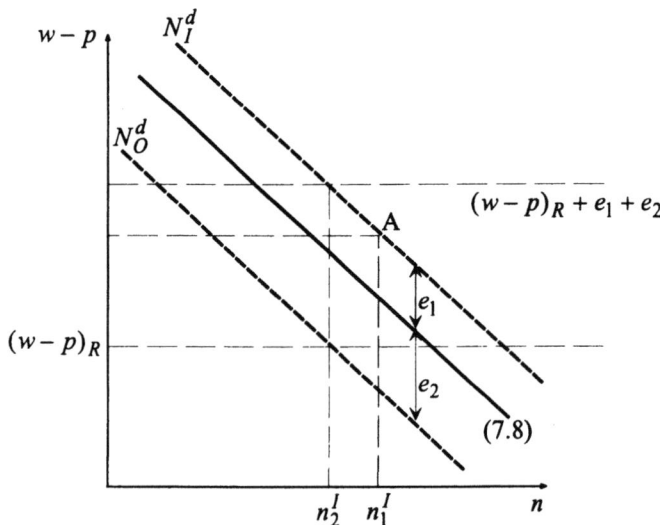

Abbildung 7.2: Der Schutz der Insider-Interessen durch Einstellungs- und Entlassungskosten

Damit ist gezeigt, dass der oben dargestellte Hysterese- bzw. Persistenzmechanimus durchaus innerhalb eines bestimmten Bereiches der (Unter-) Beschäftigung am Werk sein kann, jedoch bei zu hoher Arbeitslosigkeit ausser Kraft gesetzt wird. Das theoretische Modell erlaubt naturgemäss keine Bezifferung dessen, was „zu hoch" ist; dennoch liefert die im Zusammenhang mit Abbildung 7.2 besprochene Logik einen klaren Anhaltspunkt: Je grösser die Einstellungs-

7.3. Wodurch kann Persistenz bewirkt werden?

und Entlassungskosten sind, desto grösser ist die Spanne der Arbeitslosigkeit innerhalb der die Insider ihre Macht effektiv ausüben können. Daher liegt die Schlussfolgerung auf der Hand, dass beschäftigungspolitisch alles nützt, was diese Kosten so gering wie möglich hält. Neben Subventionen von Umschulungen und Weiterbildungen ist hier insbesondere der Abbau von Kündigungsschutzregelungen angesprochen. Die Insider-Outsider-Theorie macht deutlich, dass durch solche Regelungen im Angesicht von hoher Arbeitslosigkeit nicht so sehr das (Macht-) Verhältnis von Arbeitgebern und Beschäftigten tangiert wird, sondern vielmehr das zwischen beschäftigten Insidern und arbeitslosen Outsidern. Vor diesem Hintergrund belasten Kündigungsschutzregelungen weniger die Unternehmen als vielmehr die Arbeitslosen, während die Beschäftigten zweifelsfrei davon profitieren.

7.3.2. Sachkapitalbildung

Ein zweiter Mechanismus, der in der Lage ist, Persistenz und Hysterese zu erklären ist die Interdependenz von Beschäftigung und Sachkapitalbildung. Der Zusammenhang zwischen diesen beiden Bereichen wurde in Kapitel 6 bereits im Zusammenhang des neoklassischen Modells der simultanen Bestimmung von Arbeits- und Investitionsgüternachfrage ausführlich erörtert. Sachs (1985), Sneesens/Drèze (1986) sowie van de Klundert/van Schaik (1990) zeigten, wie die in einer Rezession nachlassende Kapitalbildung Hysterese generieren kann.

Das Argument geht aus von einem exogenen Nachfragerückgang, der – zunächst noch völlig entlang der Logik aus Kapitel 3 – von einem Gleichgewicht auf dem Arbeitsmarkt startend zu einem Anstieg der Arbeitslosenquote über die NAIRU führt. Durch die geringere Beschäftigung liegt nun – bei unverändert gebliebenen relativen Faktorpreisen – eine Unterauslastung des vorhandenen Kapitalstocks vor, d.h. es wird desinvestiert. Damit steht zum Beginn des neuen Aufschwungs ein geringerer Kapitalstock bereit. Wie wir gesehen haben, ist damit die Grenzproduktivitätskurve der Arbeit (d.h. die kurzfristige Arbeitsnachfragefunktion) bzw. die Preissetzungskurve gegenüber dem Ausgangsgleichgewicht nach unten verschoben. Eine gegebene Beschäftigungsmenge ist nur noch zu niedrigeren Löhnen zu erreichen. Wird dies bei der Lohnsetzung nicht berücksichtigt, so impliziert der geringere Kapitalstock, mit dem die Volkswirtschaft in den neuen Boom startet, auch geringere Beschäftigung bzw. höhere Arbeitslosigkeit. Wiederum wird damit begründbar, warum vorübergehende Schocks permanente – oder wenigstens lang anhaltende – Wirkungen haben können. Das gemeinsame Merkmal mit der Insider-Outsider-Theorie ist das prioritäre Interesse der (noch) Beschäftigten an ihrem Lohn, wodurch die Beschäftigungskonsequenzen bei der Festlegung der Lohnsetzung nicht oder nicht hinlänglich in Rechnung gestellt werden.

Worin unterscheidet sich dieses Argument von den Überlegungen in Kapitel 6? Im dort vorgestellten Modell ging es um die Auswirkungen *dauerhafter* exogener

Änderungen (wie z.B. Verschiebung der Lohnsetzungskurve, Veränderung des Realzinses), auf die Arbeitsnachfage- und Kapitalakkumulationsentscheidung der Unternehmer. Insofern blieb das Ergebnis, dass ein dauerhafter Schock auch eine dauerhafte Wirkung nach zieht, vollkommen im Rahmen der üblichen Logik der komparativen Statik und hatte mit Persistenz oder Hysterese nichts zu tun. Das hier vorgestellte Argument läuft jedoch darauf hinaus, dass ein *temporärer* negativer Nachfrageschock zu Desinvestitionen führt, die eine langanhaltende Wirkung auf die Beschäftigung haben, weil die Lohnsetzung nicht auf den veränderten Kapitalstock reagiert.

7.3.3. Humankapital und Langzeitarbeitslosigkeit

Der dritte Kanal, über den Hysterese begründet werden kann, stellt die Auswirkungen von Arbeitslosigkeit – insbesondere der Langzeitarbeitslosigkeit – auf das individuelle Humankapital der Arbeitslosen in den Vordergrund (Layard/Nickell 1986). Zentraler Gedanke hierbei ist, dass einmal arbeitslos gewordene Personen während ihrer Beschäftigungslosigkeit ihre Qualifikation (teilweise) einbüssen und somit die Arbeitgeber in einem auf die Rezession folgenden Boom nur in relativ geringem Umfang diese Arbeitskräfte wieder einstellen. Dabei spielt es keine Rolle, ob Qualifikationen tatsächlich verloren gehen, oder die Unternehmer Arbeitslosigkeit quasi unbesehen als Indikator für niedrige Qualifikation ansehen. Ebenfalls besteht die Möglichkeit, dass ein Qualifikationsverlust nur subjektiv von den Arbeitslosen empfunden wird, und diese daraufhin demotiviert die ernsthafte Suche nach einer Beschäftigung aufgeben. Ein solcher Kanal führt also in jeder Rezession zu einem höheren Sockel an „inflationsstabiler" bzw. „natürlicher" Arbeitslosigkeit. Der Aufschwung stösst auf dem Arbeitsmarkt relativ schnell an Grenzen, wenn ein ins Gewicht fallender Teil der Arbeitslosen für eine Beschäftigung nicht mehr in Betracht gezogen wird bzw. keinen disziplinierenden Einfluss mehr auf die Lohnfindung ausübt, weil die Effektivität, mit der Arbeitslose am Wettbewerb um offene Stellen teilnehmen, mit zunehmender Dauer der individuellen Arbeitslosigkeit immer geringer wird. Empirisch sind diese beiden Effekt vielfach nachgewiesen worden. Einerseits zeigen Analysen der Arbeitsmarktströme für viele Länder, wie die Übertrittswahrscheinlichkeit von der Arbeitslosigkeit in eine Beschäftigung mit zunehmender Dauer der Arbeitslosigkeit abnimmt (Licht/Steiner 1991, Layard et al. 1991, p. 225 ff.). Andererseits übt in empirischen Phillipskurvenschätzungen, die neben dem Gesamtvolumen auch die Struktur der Arbeitslosigkeit als erklärende Variablen heranziehen, der Anteil der Langzeitarbeitslosigkeit einen insignifikant negativen oder sogar signifikant *positiven* Effekt auf die Lohn- bzw. Preisinflationsrate aus – wie dies zu erwarten ist, wenn auf dem Arbeitsmarkt von Langzeitarbeitslosen ein weniger intensiver Wettbewerbsdruck ausgeht als von Arbeitslosen, die ihre Stelle erst vor kurzem verloren haben (Franz 1987a, Franz/Gordon 1993a, Layard et al. 1991).

Es versteht sich von selbst, dass alle der in diesem Abschnitt besprochenen Persistenz- bzw. Hysterese-Mechanismen in einem komplementären Verhältnis zueinander stehen, d.h. gleichzeitig am Werk sein und sich gegenseitig verstärken können.

7.4. Empirische Überprüfung auf Persistenz und Hysterese

Nachdem wir nun Persistenz und Hysterese charakterisiert und mögliche theoretische Mechanismen kennengelernt haben, ist es angebracht, die empirische Evidenz etwas genauer anzuschauen, da dieses Phänomen gerade für die europäische Arbeitsmarktsituation eine potentiell gewichtige Rolle spielt. In der Literatur sind im wesentlichen zwei Verfahren angewandt worden, um die Daten auf die Existenz von Persistenz bzw. Hysterese zu überprüfen. Beide lassen sich aus dem in Abschnitt 7.2 eingeführten Modell heraus gut verstehen.

Eine erste Möglichkeit besteht darin, eine Phillipskurvengleichung (7.6) zu schätzen, die die Inflationsrate nicht nur mit dem *Niveau* der Arbeitslosenquote, sondern auch mit deren *erster Differenz* zu erklären versucht. Die im Anschluss an Gleichung (7.7) getroffene Fallunterscheidung kann dann einer direkten Überprüfung unterzogen werden: Ist in der Phillipskurvenschätzung nur der Niveau-Term statistisch signifikant, so kann daraus gefolgert werden, dass das Modell aus Kapitel 3 keiner Erweiterung bedarf. Umgekehrt kann auf das Vorliegen von Hysterese geschlossen werden, wenn sich nur die erste Differenz der Arbeitslosenquote als statistisch signifikant erweist. Tragen beide Terme zur Erklärung der Inflationsentwicklung bei, so spricht dies für Persistenz. Einen solchen Test nahmen Franz/Gordon (1993a) für US-amerikanische sowie deutsche Daten vor und kamen zu dem Ergebnis, dass in beiden Ländern sowohl ein hohes Niveau als auch eine Zunahme der Arbeitslosenquote inflationssenkend wirkt. Eine weitere Studie von Elmeskov/MacFarlan (1993) kommt für eine grössere Auswahl von Ländern zu der gleichen Schlussfolgerung. Diese Ergebnisse sind konsistent damit, dass die extreme Hypothese der Hysterese nicht zutrifft, wohl aber nach einem Schock ein gewisser Grad an Persistenz eine rasche Anpassung an den langfristigen Gleichgewichtswert verhindert.

Eine direktere Möglichkeit zur Überprüfung der extremen Hysterese-Hypothese eröffnet der Ausdruck (7.5), der besagt, dass bei Absenz von Erwartungsirrtümern bzgl. der Inflationsrate die Arbeitslosenquote in einer Periode gleich der entsprechenden Quote in der Vorperiode ist. Wenn man bereit ist, die – oben in Abschnitt 3.6 erörterte – Hypothese der rationalen Erwartungen zu akzeptieren, wonach nur unsystematische, und daher prinzipiell nicht vorhersehbare Zufallseinflüsse (Schocks) zu Erwartungsirrtümern führen, resultiert als ökonometrisch überprüfbare Implikation ein sog. „random walk"

(7.12) $\quad u_t = u_{t-1} + \mu_t ,$

wobei μ_t einen stochastischen Schockterm mit einem Erwartungswert von null und einer gegebenen Varianz notiert. Dieser Term bringt die erwähnten zufälligen Schocks zum Ausdruck. Die bemerkenswerten Zeitreiheneigenschaften des Prozesses (7.12) werden in Box 7.2 etwas näher beleuchtet.

Box 7.2: Die random-walk-Eigenschaft der Arbeitslosenquote

Gleichung (7.12) besagt, dass die Arbeitslosenquote in einer Periode t gleich dem Vorperiodenwert plus einem unabhängig zufallsverteilten Störterm mit Erwartungswert null ist. Ein solcher Prozess heisst random walk und weist einige auf den ersten Blick vielleicht überraschende Eigenschaften auf, die im folgenden erläutert werden sollen.

Erwartungswert: Der Erwartungswert von u_t aus Sicht der Periode $s<t$ ergibt sich als[1]

$$E_s(u_t) = E_s(u_{t-1}) + E_s(\mu_t)$$

$$= E_s(u_{t-2}) + E_s(\mu_{t-1}) + E_s(\mu_t) = \ldots = u_s + \sum_{i=s+1}^{t} \mu_i = u_s,$$

d.h. der Erwartungswert für eine Periode t aus der Sicht der Periode s ist immer gleich dem Wert des Prozesses in Periode s.

Varianz: Die Varianz einer Summe von unabhängig verteilten Zufallsvariablen ist gleich der Summe der Varianzen dieser Zufallsvariablen. Annahmegemäss ist μ_t genau ein solcher Zufallsprozess[2], daher gilt: $\mathrm{Var}(u_t) = (t-s) \cdot \sigma^2$. D.h. die Varianz eines random walk ist proportional zur Anzahl der Perioden. Mit anderen Worten: Der Bereich, innerhalb dessen eine Realisation mit einer vorgegebenen Wahrscheinlichkeit erwartet werden kann, wird mit zunehmender Dauer des Prozesses immer grösser.

Mean Reversion: Ein random walk weist nicht die Eigenschaft der „mean reversion" auf, d.h. die erwartete Dauer, die vergeht, bis ein random walk einen bestimmten Wert, z.B. den Ausgangswert (wieder) erreicht, ist unendlich lang. Ökonomisch interpretiert besagt diese Eigenschaft, dass ein random walk keinen Gleichgewichtswert aufweist, da ein solcher nach einem exogenen Schock irgendwann wieder einmal erreicht werden sollte, sofern er stabil ist. Diese Eigen-

---

[1] E ist der Erwartungsoperator. Allgemein bezeichnet die Schreibweise $E_s(x_t)$ den zum Zeitpunkt s gebildeten Erwartungswert, den eine Zufallsvariable x zum Zeitpunkt t annimmt.

[2] Intuitiv bedeutet dies, was wir oben mit „unsystematisch" umschrieben haben, nämlich dass die Realisation in einer Periode in keiner Weise davon abhängt, wie die Realisationen in anderen Perioden sind.

7.4. Empirische Überprüfung auf Persistenz und Hysterese

schaft, die auch die Verbindung zum Hysterese-Phänomen herstellt, lässt sich anhand des folgenden Diagramms verdeutlichen:

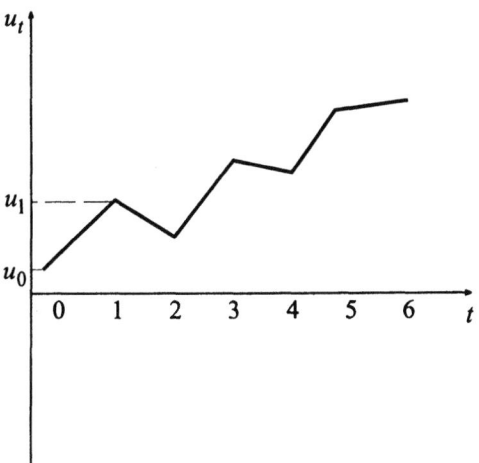

Abbildung 7.3: Eigenschaften eines random walk

Im Zeitpunkt $t = 0$ ist u_0 realisiert, wie gezeigt ist damit in $t = 0$ der Wert u_0 gleich dem Erwartungswert für den gesamten weiteren Verlauf. In $t = 1$ ist die Realisiation μ_1 bekannt, das System ist in u_1, was nun sofort zum neuen Erwartungswert für den weiteren Verlauf wird. Es ist nichts in dem System angelegt, was u wiederum nach u_0 bringt. Natürlich ist dies nicht ausgeschlossen, die erwartete Dauer, bis dies geschieht ist jedoch unendlich gross. Analoge Überlegungen gelten auch ausgehend von den weiteren Realisationen des Prozesses. Eine ausführlichere Diskussion der statistischen Eigenschaften eines random walk bietet Lütkepohl (1993, ch. 11).

Nachbemerkung: Nelson/Plosser (1982) stellten für viele makroökonomische Zeitreihen die Diagnose, dass sie einem random walk folgen, was seither Gegenstand heftiger Diskussionen ist (vgl. Perron 1989), insbesondere auch aufgrund der Tatsache, dass es für viele Zeitreihen – nicht zuletzt für Arbeitslosenquoten – *theoretisch* nicht besonders plausibel ist, dass sie die oben aufgelisteten Eigenschaften aufweisen. Aufgrund der Absenz von Gleichgewichtstendenzen dieser Prozesse ist die Diagnose eines random walk nicht nur ein aus ökonometrischer Sicht wichtiger zeitreihenanalytischer Befund, sondern negiert die ökonomischen Modellen üblicherweise zugrundeliegende Vorstellung, dass selbstregulierende Kräfte nach einem Schock für eine Rückkehr zum Gleichgewicht sorgen. Eine solche Modellierung ist jedoch im allgemeinen bei Vorliegen eines random walk nicht adäquat, da die Theorie bei der Vorhersage von (sich kumulierenden) Zufallsfehlern (μ_t) keine Rolle spielen kann. Würde beispielsweise die Arbeits-

losenquote buchstäblich einem random walk folgen, so liesse sie sich durch ein strukturelles Arbeitsmarktmodell nicht besser vorhersagen als durch einen Zufallsgenerator.[1]
Das praktische Problem bei den Tests auf random walk besteht in der geringen Trennschärfe zwischen autoregressiven Koeffizienten von exakt „1" und solchen, die knapp darunter liegen. Wie wir in Abschnitt 7.2 jedoch gesehen haben, liegen bezüglich des qualitativen Verhaltens der Arbeitslosenquote Welten zwischen „exakt eins" und „knapp darunter".

Die ökonometrische Überprüfung, ob die Arbeitslosenquote tatsächlich durch den Prozess (7.12) charakterisiert werden kann, läuft darauf hinaus in einer Schätzgleichung

(7.13) $u_t = \alpha \cdot u_{t-1} + \mu_t$

die Hypothese $\alpha = 1$ zu überprüfen. Unter der Voraussetzung, dass die zu prüfende Hypothese $\alpha = 1$ richtig ist, ist jedoch eine wesentliche Prämisse der klassischen Regressionstheorie – die Stationarität der involvierten Zeitreihen – verletzt. Aus diesem Grund müssen spezielle Testverfahren herangezogen werden.[2] Ohne auf diese statistisch-ökonometrischen Probleme näher einzugehen, sind in der folgenden Tabelle 7.1 die Schätzwerte von α für die Arbeitslosenquoten der fünf betrachteten Länder wiedergegeben. Alle fünf Werte liegen in der Tat sehr nah bei „eins".

Einschlägige Signifikanztests ergeben in allen fünf Fällen, dass die Hypothese $\alpha = 1$ nicht verworfen werden kann, so dass diese Evidenz für das Vorliegen von Hysterese spricht. Neben dem Schätzwert für α ist in Tabelle 7.1 noch das korrigierte Bestimmtheitsmass sowie die Standardabweichung des Schätzfehlers μ angegeben. Für die drei europäischen Volkswirtschaften und für Japan zeigt sich, dass fast die gesamte Varianz der Arbeitslosenquoten durch (7.9) erklärt werden kann und auch der mittlere Fehler der Schätzung recht gering ist. So irrt sich die auf (7.9) basierende Schätzung für Deutschland im Durchschnitt um etwa 0,7 Prozentpunkte.

---

[1] Vor ein Problem dieser Art sah sich lange Zeit die moderne Wechselkurstheorie gestellt (vgl. Rogoff 1996). Im Falle der Arbeitslosenquote tritt auch das logische Problem auf, dass sie definitionsgemäss auf den Wertebereich [0,1] beschränkt ist und ihre Varianz schon deshalb nicht beliebig gross werden kann.

[2] Es ist hier nicht der geeignete Ort, die mit der Überprüfung dieser Hypothese zusammenhängenden ökonometrischen Probleme zu besprechen. Verwiesen sei auf Harris (1995), der eine sehr leicht verständliche Einführung in diesen neueren Zweig der Ökonometrie bietet. Stationaritätstests, wie sie hier verwendet werden, sind dort in ch. 3 besprochen.

Land	Schätzwert von α	korr. Best.mass	SE von μ
Deutschland	1,04	0,96	0,71
Schweiz	1,05	0,93	0,41
Österreich	1,01	0,95	0,38
USA	0,99	0,59	0,94
Japan	1,02	0,94	0,18

Tabelle 7.1: Zeitreiheneigenschaften der Arbeitslosenquote

Man muss sich allerdings davor hüten, dieses Ergebnis, das sich in einer ganzen Reihe von Studien so oder ähnlich gefunden hat, allzu wörtlich zu nehmen. Denn der rein zeitreihenanalytische Ansatz ist ein grobes und daher mit Vorsicht zu interpretierendes Verfahren. Bereits hingewiesen haben wir auf die Tatsache, dass die Tests, mit denen man versucht, zwischen den Hypothesen $\alpha = 1$ und $\alpha < 1$ zu diskriminieren, ungeachtet aller bestandenen Signifikanztests keine grosse Trennschärfe besitzen. Dabei wäre eine zuverlässige Diskriminierbarkeit im Hinblick auf die Einschätzung des qualitativen Systemverhaltens, wie oben gezeigt, von grosser Bedeutung. Dazu kommt, dass sich die Ergebnisse der geschilderten Zeitreihenanalysen in einer weiteren Hinsicht als fragil erwiesen haben: Bereits die Berücksichtigung relativ oberflächlicher „struktureller" Information über die Arbeitsmärkte – etwa in Form von plausibel begründbaren Strukturbrüchen – genügt, um die random-walk-Eigenschaft der Arbeitslosenquote zum Verschwinden zu bringen (Jerger 1993). Die solchermassen „strukturell angereicherte" Zeitreihenanalyse führt damit qualitativ zu demselben Bild wie der rein strukturelle, auf Lohn- und Preisgleichungen gestützte Ansatz, den wir oben skizziert haben.

Damit sind die wichtigsten Verfahren, die zur Analyse des Persistenzphänomens Anwendung finden, besprochen. Da Persistenz bzw. Hysterese eine Hypothese über die dynamische Eigenschaft eines Systems darstellen, lagen diesen Tests Zeitreihendaten zugrunde. In Box 7.3 wird demgegenüber über eine interessante Studie von Laurence Ball berichtet, der mit Hilfe internationaler Querschnittsdaten die Existenz von Hysterese nachzuweisen versucht.

Box 7.3: Evidenz aus internationalen Querschnittsdaten: Eine Studie von Ball (1997)

Die im Text besprochenen empirischen Verfahren, mit denen das Vorliegen von Persistenz- oder Hysterese-Effekten überprüft werden kann, stützen sich auf Zeitreihen jeweils eines Landes. Zusätzliche Informationen lassen sich aus der international vergleichenden Analyse der einzelnen Ländererfahrungen gewinnen. Eine aufschlussreiche Studie dieser Art hat Ball (1997) durchgeführt.

Ball geht von der Beobachtung aus, dass die NAIRU im Zeitraum von 1980 bis 1990 in den meisten OECD-Ländern, vor allem den europäischen, deutlich angestiegen ist – und zwar weitgehend unabhängig davon, nach welcher Methode man die NAIRU ermittelt. Während frühere Episoden steigender NAIRU-Werte in den 70er Jahren gut durch ungünstige angebotsseitige Einflüsse erklärbar sind, wie wir sie in Kapitel 4 im Zusammenhang mit dem Verteilungskampf-Modell erörtert haben, sind solche Erklärungen für die Zeit nach 1980 weniger erfolgreich. Weiterhin können auch die internationalen Unterschiede im *Niveau* der Arbeitslosigkeit noch einigermassen mit Indikatoren realer Arbeitsmarktunvollkommenheiten und mit anderen von der Beschäftigungstheorie nahegelegten NAIRU-Determinanten in Verbindung gebracht werden, während dies für die internationalen Unterschiede bezüglich des *Anstiegs* der Arbeitslosenquoten nicht mehr zutrifft.

Ball macht darauf aufmerksam, dass die meisten OECD-Länder um das Jahr 1980 ziemlich hohe Inflationsraten zu verzeichnen hatten, diese in der Folge aber mit Hilfe eines geld- und finanzpolitischen Restriktionskurses bis Ende der 80er Jahre deutlich reduzierten – die Mehrzahl von ihnen um mehr als fünf, einige sogar um mehr als 10 Prozentpunkte. Was nun auffällt, ist, dass es zwischen dem Ausmass des Inflationsrückgangs in den einzelnen Ländern und dem Anstieg ihrer jeweiligen NAIRU im gleichen Zeitraum einen deutlichen positiven Zusammenhang gibt. Abbildung 7.4 zeigt diesen Zusammenhang mit den aus Ball (1997, p. 172) entnommenen Daten. Ball deutet diese Beobachtung als Evidenz dafür, dass der Anstieg der Arbeitslosenquoten, der als normale Konsequenz einer auf Inflationsbekämpfung eingestellten Nachfragepolitik erwartet werden musste, auch einen Anstieg der NAIRU nach sich zog – was aufgrund des Phelps/Friedman-Modells der Phillipskurve nicht zu erwarten war, jedoch eine Implikation der Persistenz- und Hysterese-Theorien ist. Die internationalen Korrelationen lassen zwar im Gegensatz zu den Zeitreihenanalysen keine quantitativen Schätzungen von Persistenzparametern zu, aber sie bestätigen die Hypothese einer pfadabhängigen NAIRU.

Ein weiteres interessantes Ergebnis von Ball betrifft die Rolle der so vielzitierten Arbeitsmarktrigiditäten. Während gängige Indikatoren solcher Rigiditäten kaum empirische Erklärungskraft für die Veränderung der nationalen Arbeitslosenquoten seit 1980 besitzen, spielen sie offenbar eine erhebliche Rolle für die Stärke der Persistenzmechanismen. Insbesondere von der Bezugsdauer der Arbeitslosenunterstützung hängt massgeblich ab, wie empfindlich die NAIRU auf das Ausmass des Inflationsrückgangs und der damit einhergehenden Beschäftigungsverluste reagiert. Da die Dauer des Anspruchs auf Arbeitslosenunterstützung, im Unterschied zu deren Höhe, nachweislich einen starken Einfluss auf die Dauer der individuellen Arbeitslosigkeit ausübt, stützt Balls Befund diejenigen Persistenzerklärungen, die die Dauer der Arbeitslosigkeit bzw. das Ausmass der Langzeitarbeitslosigkeit in den Mittelpunkt stellen.

Ob sich Merkmale der Arbeitsmarktordnung, die die Flexibilität des Arbeitsmarkts beeinträchtigen, direkt auf die Beschäftigung auswirken oder nur indirekt, durch ihren Einfluss auf das Ausmass der Persistenz, mag auf den ersten Blick als unbedeutende Subtilität erscheinen. Tatsächlich handelt es sich aber um einen

Unterschied, der von erheblicher Tragweite ist, nicht zuletzt für die Beschäftigungspolitik. Wenn nämlich eine lange Bezugsdauer der Arbeitslosenunterstützung – um bei diesem von Ball als bedeutsam identifizierten Faktor zu bleiben – massgeblich dazu beigetragen hat, dass der Desinflationsprozess die NAIRU stark erhöht hat, so bedeutet dies nicht, dass eine Verkürzung der Bezugsdauer *ex post*, wenn der Desinflationsprozess Vergangenheit ist, eine bedeutende positive Wirkung auf den Beschäftigungsgrad hätte.

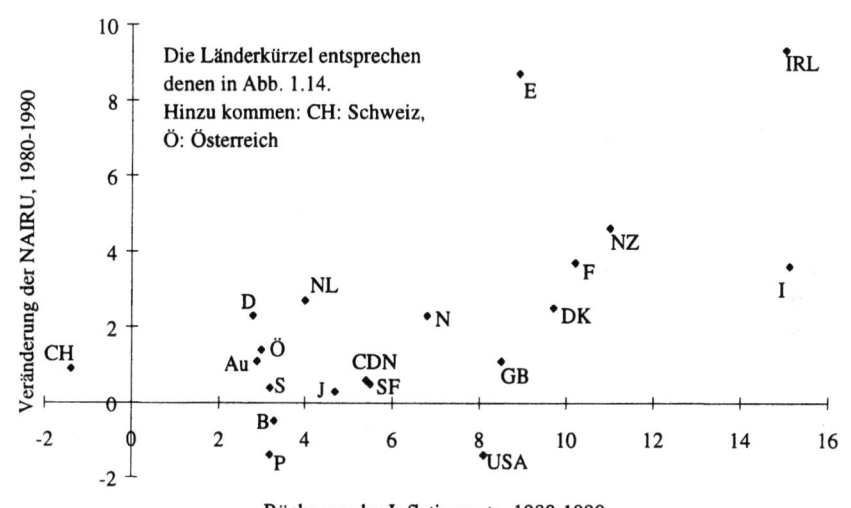

Abbildung 7.4: Langfristige Effekte einer Desinflationspolitik?; Quelle: Ball (1997, p. 172)

Fazit: Die Flexibilisierung des Arbeitsmarkts ist keine hinreichende Bedingung für mehr Beschäftigung. Aber ein flexibler Arbeitsmarkt war eine wesentliche Voraussetzung dafür, die Inflation ohne längerfristigen Schaden für die Beschäftigung unter Kontrolle zu bekommen.

Zusammenfassung

1. Die empirische Beobachtung, dass sich die Arbeitslosenquote in Europa über die letzten 25 Jahre von Rezession zu Rezession erhöht hat, dieses höhere Niveau aber offenbar immer mit einer stabilen Inflationsrate kompatibel war, ermöglicht als logische Denkmöglichkeit die Interpretation, dass die NAIRU der tatsächlichen Arbeitslosenquote auf dem Fuss folgt bzw. sich die tatsächliche Arbeitslosenquote nach einem temporären Schock nur sehr langsam wieder an die NAIRU annähert.

2. Baut man diese Denkmöglichkeit in das traditionelle Phillipskurvenmodell aus Kapitel 3 ein, so ergibt sich, dass die Inflationsrate nicht mehr bzw. nicht mehr ausschliesslich auf das Niveau der Arbeitslosenquote reagiert, sondern (auch) auf die erste Differenz.
3. Im Fall vollkommener Hysterese reagiert die Inflationsrate nur noch auf Veränderungen der Arbeitslosenquote, womit der Trade-Off zwischen Beschäftigung und Inflation, wie er vor Friedman (1968) und Phelps (1967) gesehen wurde, wieder etabliert wäre. Die wirtschaftspolitischen Konsequenzen der Existenz von Hysterese wären daher enorm, da die Nachfragepolitik nicht nur in einer Phase nicht erfüllter Inflationserwartungen wirksam wäre sondern auch in der langen Frist bzw. unter rationalen Erwartungen (ohne Kerninflation oder dergleichen; vgl. Abschnitt 3.6) reale Konsequenzen aufweisen würde.
4. Die wichtigste ökonomische Erklärung für Persistenz bzw. Hysterese ist die sog. Insider-Outsider-Theorie, die auf den Interessengegensatz zwischen Beschäftigten und Arbeitslosen abhebt. Je nach Wahl der Hypothese über die Zusammensetzung der für die Lohnsetzung relevanten Insider lässt sich zeigen, dass die Beschäftigungsentwicklung einem Random Walk folgt, wenn die unternehmerische Preissetzungsfunktion durch zufällige Schocks nach oben und unten verschoben wird.
5. Die Insider haben dabei eine Lohnsetzungsmacht gegenüber den Outsidern, die eine Funktion der Entlassungs- und Einstellungskosten ist. Je höher diese Kosten sind, desto grösser ist der Bereich der Arbeitslosigkeit, in dem keine Lohnunterbietungen durch Outsider stattfinden.
6. Als weitere Kanäle, über die Persistenz bzw. Hysterese ökonomisch begründet werden kann, ist der Zusammenhang zwischen Kapitalakkumulation und Beschäftigung bei im Konjunkturablauf unelastischen Löhnen zu nennen sowie die Möglichkeit einer Entwertung des Humankapitals durch Arbeitslosigkeit.
7. Da Hysterese (im Gegensatz zu Persistenz) eine „Punktdiagnose" ist, lässt sich empirisch nicht völlig eindeutig sagen, ob die Daten mit Hysterese vereinbar sind oder nicht. Gerade bei langsamer Anpassung können die ökonometrischen Methoden in den begrenzten Stichproben zwischen Persistenz und Hysterese nur schlecht trennen. Die zur Verfügung stehende Evidenz deutet in jedem Fall auf das Vorliegen gravierender Persistenz auf dem Arbeitsmarkt, während der Extremfall der Hysterese wohl eher nicht gegeben ist.

Übungsaufgaben

Aufgabe 1
Berechnen und interpretieren Sie die dynamische Beschäftigungsgleichung im Insider-Outsider-Modell, wenn die Mitgliedschaftsregel (7.12) durch $n_t^I = \alpha \cdot n_{t-1} + (1-\alpha) \cdot \bar{n}^s$ ersetzt wird.

Aufgabe 2
Geben Sie eine intuitive Definition von Hysterese und grenzen Sie diesen Begriff insbesondere gegenüber Persistenz ab.

Aufgabe 3
Stellen Sie eine Liste mit konkreten Beispielen für Entlassungs- bzw. Einstellungskosten zusammen.

Aufgabe 4
Welchen Einfluss hat das Vorliegen von Persistenz bzw. Hysterese auf den Opferquotienten, der in Kapitel 3 eingeführt wurde?

Aufgabe 5
Stellen Sie das Modell aus Box 7.1 bei Vorliegen von Hysterese ($h = 1$) im Phasendiagramm dar und analysieren Sie die Auswirkungen einer temporären Erhöhung des Geldmengenwachstums.

Literatur

Die Anwendung der Hysterese-Idee auf die Arbeitsmarktentwicklung wurde voll entwickelt auf einer Konferenz im Juni 1986; die dort präsentierten Papiere sind in dem Band von Cross (ed.) (1988) gesammelt.

Neuere Entwicklungen sowie einige Reflexionen über die Sinnhaftigkeit des Konzepts der natürlichen Arbeitslosenquote im allgemeinen und Persistenz und Hysterese im besonderen sind enthalten in Cross (ed.) (1995). Der in diesem Band enthaltene Aufsatz von McDonald (1995) behandelt auch eine weitere Denkmöglichkeit für die Begründung von Hysterese, die hier keine explizite Erwähnung fand. Es ist relativ leicht möglich, Modelle zu konstruieren deren Gleichgewicht nicht eindeutig ist, sondern, in denen ein ganzer *Bereich* (z.B. von Arbeitslosenquoten) gleichgewichtig ist. Innerhalb eines solchen Bereichs können dann wiederum zufällige Schocks die tatsächliche Arbeitslosenquote bestimmen, was ebenfalls zu einer Beschreibung der Arbeitsmarktentwicklung entlang Gleichung (7.13) führt.

Die grundlegenden Beiträge zur Insider-Outsider-Theorie sind im wesentlichen Anfang der 80er Jahre von Assar Lindbeck und Dennis Snower geschrieben worden und zusammengetragen in dem Buch von Lindbeck/Snower (1989).

Blanchard/Summers (1986) zeigten, wie durch die Wahl extremer Mitgliedschaftsregeln ein Insider-Outsider-Modell Hysterese generieren kann.

Franz (1989) bietet eine einfache Einführung in die Hysterese-Idee in Franz (ed.) (1990) sind Anwendungen der Hysterese-Idee auch auf andere Bereiche der Ökonomie enthalten.

Die umfassendste empirische Analyse bieten Elmeskov/MacFarlan (1993), für Deutschland ist das Papier von Franz/Gordon (1993a) eine empfehlenswerte

Lektüre. Eine neuere Analyse deutscher und amerikanischer Daten findet sich in Belke (1996).

Kapitel 8: Was haben wir gelernt?[1]

8.1. Die anhaltende Massenarbeitslosigkeit: Politikversagen oder Theorieversagen?

Die anhaltende Massenarbeitslosigkeit ist und bleibt eine der drängendsten Herausforderungen der Wirtschaftspolitik. Vor allem in Europa wächst der Druck, endlich Lösungen für dieses Problem zu finden und in die Tat umzusetzen. Regierungen aller Schattierungen haben – zumindest in den grösseren Kernländern des Kontinents – kaum Fortschritte erzielt, obwohl sie nicht müde werden, die hohe Priorität zu betonen, die den Arbeitsmarktproblemen beizumessen sei. Warum findet die Politik keine Lösung? Fehlt es ihr an wissenschaftlich fundierten Diagnosen und Handlungsanweisungen, die sie befolgen könnte? Oder hat die Wissenschaft den Handlungsbedarf zwar definiert, die Politik es aber versäumt, die Empfehlungen auch umzusetzen?

Diese Frage stellt sich heute nicht zum ersten Mal. Sie stellte sich auch schon im Zusammenhang mit der Weltwirtschaftskrise und der Massenarbeitslosigkeit der 30er Jahre, deren Ausmass durch gravierende Irrtümer der Politik wesentlich mitverursacht wurde. Denn als die Weltwirtschaft ab 1929 durch einen globalen Kollaps der effektiven Güternachfrage getroffen wurde, verschärften die Geld- und Währungspolitik, die Finanzpolitik und die Handelspolitik der massgebenden Länder den Beschäftigungseinbruch durch ihr nachfragevernichtendes Fehlverhalten sowohl auf nationaler als auch auf internationaler Ebene. Hierzu trug ohne Zweifel der Umstand bei, dass es noch keine kohärente makroökonomische Theorie gab, die in einer solchen Situation den Weg gewiesen hätte.[2] Die beiden führenden makroökonomischen Denkschulen der zweiten Hälfte des 20. Jahrhunderts, der Keynesianismus ebenso wie der Monetarismus Milton Friedmans, teilen miteinander das Selbstverständnis, die zentralen Ursachen der Weltwirtschaftskrise identifiziert und die bezüglich des gesamtwirtschaftlichen Nachfragemanagements zu lernenden Lektionen aufgezeigt zu haben. Gerade in dieser Hinsicht

---

[1] Grössere Teile dieses Kapitels decken sich mit Landmann (1998).
[2] Für eine ausführliche Analyse und Dokumentation der einschlägigen Diskussion in Deutschland, siehe Bombach et al. (1976, 1981).

ergänzen sie sich besser und stehen sie sich näher, als die später hochgespielten Gegensätze auf den ersten Blick vermuten liessen.

Heute dagegen – dies ist eine erste wichtige Lektion der modernen Beschäftigungstheorie – steht mehr auf dem Spiel als bloss das Nachfragemanagement. Allein schon die Beobachtung, dass die Arbeitslosenquoten seit den 70er Jahren von einem Konjunkturzyklus zum nächsten trendmässig zugenommen haben, während gleichzeitig die Inflationsraten im Durchschnitt höher lagen als in der vorangegangenen Ära der Vollbeschäftigung, verbietet eine rein nachfrageseitige Erklärung. Die beschäftigungsrelevanten Faktoren, die von der aktuellen Diskussion in Politik wie Wissenschaft jenseits der effektiven Güternachfrage thematisiert werden, sind vielfältiger Art. Aus der Sicht des handelnden Politikers dürfte das Problem weniger in einem Mangel an Handlungsempfehlungen bestehen als in einem verwirrenden Überangebot von Diagnosen und Empfehlungen, die von allen Seiten an ihn herangetragen werden und sich in derartigem Grade widersprechen, dass ihm die Orientierung nicht leichtfallen kann. Arbiträrer Selektivität je nach gerade passender politischer Konvenienz ist damit Tür und Tor geöffnet.

Ein Grund für die Unübersichtlichkeit der Diskussion hat damit zu tun, dass diese auf ganz verschiedenen Argumentations- und Handlungsebenen geführt werden muss. Während die Wissenschaft auf gewissen Ebenen klare Hilfestellungen geben kann, und auch gibt, ist der Erkenntnisstand auf anderen Ebenen noch ausbaufähig. Die Situation lässt sich vielleicht am besten mit einer Parallele aus dem Bereich der Medizin verdeutlichen:

Übergewicht ist gesundheitsschädigend. Dennoch tritt es in der Bevölkerung verbreitet auf. Diagnoseversagen oder Therapieversagen? Auf der eng medizinisch-physiologischen Ebene ist die Diagnose sehr einfach: Jede Gewichtszunahme ist die Folge eines Missverhältnisses zwischen der Energie, die dem Körper zugeführt wird, und der Energie, die er verbraucht. Eine adäquate Korrektur der Energiebilanz beseitigt das Übergewicht. Warum bleibt denn die Korrektur so häufig aus? In den meisten Fällen ist die Antwort auf der Ebene der Anreize im sozialen und psychologischen Bereich zu suchen. Die Lösung des Problems wird zwar sehnlichst gewünscht, die hierfür erforderliche Verhaltensänderung im Grunde genommen aber nicht gewollt. Die Sozial- und Präventivmedizin ist bei der Erforschung der Vorkehrungen, die geeignet sein könnten, derartige Widerstände zu überwinden, offenbar noch nicht so weit wie die Physiologie bei der Erforschung des Zusammenhangs zwischen Energiebilanz und Körpergewicht.

Die Modelle, die wir in diesem Buch der Reihe nach entwickelt haben, zeigen, dass das Problem der Arbeitslosigkeit in mancher Hinsicht ganz ähnlich gelagert ist wie das Problem des Übergewichts. Obwohl auf der ersten Ebene der *makroökonomischen* Analyse einigermassen klare Bedingungen angegeben werden können, unter denen ein Angebotsüberhang auf dem Arbeitsmarkt verschwindet, stellt sich auf der zweiten Ebene der *ordnungspolitischen* und *institutionellen* Rahmenbedingungen des Arbeitsmarktes die schwierigere Frage, wie die auf der ersten Ebene ermittelten Voraussetzungen tatsächlich geschaffen werden können. Und eine dritte Ebene kommt noch dazu, diejenige der *politischen Ökonomie*. Auf dieser Ebene gilt es zu analysieren, warum die Reformen, die sich aufgrund der Erkenntnisse über die Rolle des institutionellen Ordnungsrahmens aufdrängen, politisch nicht durchsetzbar sind, und wie die Widerstände unter Umständen überwunden werden könnten.

Bei näherem Hinsehen gibt es sogar noch eine weitere Parallele zwischen den Problemfeldern der Arbeitslosigkeit und des Übergewichts: Auf beiden Feldern tummeln sich auch die Quacksalber, deren simplizistische Thesen und Rezepte manchmal zwar vordergründig den Anschein der Plausibilität zu erwecken vermögen, aber gerade deswegen vom Kern des Problems und vom eigentlichen Problemlösungsbedarf ablenken. Wir gehen in Abschnitt 8.2 zunächst auf einige solche Simplizismen ein. Es ist nicht das geringste Verdienst der modernen Beschäftigungstheorie, dass sie zeigt, warum diese Verkürzungen einer eingehenderen Analyse nicht standhalten können. Anschliessend werden wir uns den konstruktiveren Lektionen zuwenden, die sich aus der Theorie der vorangegangenen Kapitel ergeben.

8.2. Unhaltbare Simplizismen

Es gehört zu den Gemeinplätzen der Theorie der Wirtschaftspolitik, dass wirtschaftspolitische Massnahmen nur dann erfolgversprechend sein können, wenn sie aus einer theoretisch und empirisch robusten Kausaldiagnose des zu behebenden Problems ableitbar sind. Verschiedene Ideen zur Bekämpfung der Arbeitslosigkeit, die sich in der öffentlichen Diskussion grosser Popularität erfreuen, erfüllen diese elementare Bedingung nicht. Populär sind sie vor allem deshalb, weil sie so einfach und einleuchtend klingen, dass sie dem oberflächlichen Beobachter als geradezu selbstverständlich richtig erscheinen. Bei näherem Hinsehen zeigt sich aber in der Regel, dass ihnen tautologische Definitionszusammenhänge und naive Dreisatzrechnungen zugrundeliegen, deren kausale Interpretierbarkeit zusätzliche – meist problematische, aber nicht weiter hinterfragte – Annahmen erfordert. Fast immer ist die folgende Definitionsgleichung involviert:

(8.1) $$\text{Produktion} \equiv \text{Stundenproduktivität} \times \text{Arbeitsstunden pro Beschäftigten} \times \text{Anzahl Beschäftigte}$$

Mit einer solchen Tautologie lässt sich beliebig jonglieren. Sie besagt zum Beispiel, dass alles, was die Stundenproduktivität relativ zu Produktion und Arbeitszeit erhöht, zu einem Rückgang der Beschäftigung führen muss. Und schon hat man die „Theorie" der technologischen bzw. rationalisierungsbedingten Arbeitslosigkeit, die wir oben in Kapitel 6 schon einmal kurz angesprochen haben. Visionen einer Welt, der aufgrund ihrer Produktivitätsfortschritte die Arbeit ausgeht,[1]

---

[1] Vgl. z.B. Rifkin (1994).

stützen sich explizit oder implizit auf eine derartigen „Theorie". Sie ist für jeden Grundschüler nachvollziehbar, der folgenden Dreisatz rechnen kann: „Wenn N_0 Beschäftigte, die h_0 Stunden pro Jahr mit einer Stundenproduktivität q_0 arbeiten, einen Output Y_0 herstellen, wieviel Beschäftigte braucht es dann, um dasselbe bei einer Stundenproduktivität von $(1+x) \cdot q_0$ zu leisten?"

Auf derselben Grundlage beruht die weiterhum favorisierte „Lösung" für das Problem der ob ihrer zu hohen Produktivität arbeitslos werdenden Welt, nämlich die Verkürzung der Arbeitszeit. Hier lautet der Dreisatz: „Wenn N_0 Beschäftigte, die h_0 Stunden pro Jahr mit einer Stundenproduktivität q_0 arbeiten, einen Output Y_0 herstellen, wieviel Beschäftigte braucht es dann, um dasselbe bei einer Arbeitszeit von $h_0/(1+x)$ zu leisten?" Der Gedanke scheint bestechend einfach: Wenn die Produktion und die Arbeitsproduktivität einen gegebenen Arbeitsvorrat definieren, kann diese Arbeit durch Verringerung der durchschnittlichen Arbeitszeit auf mehr Beschäftigte verteilt werden. Jedenfalls ist das Argument überzeugend genug, dass die Regierungen einzelner europäischer Länder die gesetzliche Verordnung der 35-Stunden-Woche zu einem Kernstück ihrer Beschäftigungspolitik gemacht haben.

Der Beitrag, den die Beschäftigungstheorie zur Debatte über diese Argumente leisten kann, ist ebenso trivial wie fundamental: Er besteht einfach darin, darauf aufmerksam zu machen, dass Tautologien von der Art der Gleichung (8.1) keinerlei haltbare Grundlage für irgendeine der genannten Deduktionen bietet. Vor allem ist die in die Dreisatzrechnungen hineingeschmuggelte „Kuchentheorie" der Produktion falsch. Die gesellschaftlich zu leistende Arbeit ist kein Kuchen von vorgegebener Grösse. Es gibt kein exogen bestimmtes Produktionsvolumen, das über längere Zeiträume hinweg durch unverrückbare Nachfrage- oder sonstige Beschränkungen limitiert wird. Vielmehr zeigt die Wirtschaftsgeschichte seit der industriellen Revolution, dass die Produktivitätsfortschritte auf die Dauer nicht den Beschäftigungsgrad gesenkt haben, sondern von den Menschen entsprechend ihren Präferenzen zur Verbesserung ihrer materiellen Güterversorgung und zur Ausdehnung ihrer Freizeit genutzt wurden.

Genau dasselbe gilt für die Ausdehnung der Produktionsspielräume, die die Vertiefung der internationalen Arbeitsteilung ermöglicht hat. Dabei erblickt eine aktuelle Variante der „Kuchentheorie" gerade hier die grössten Gefahren. Die These lautet, dass die rasche Industrialisierung bevölkerungsreicher Staaten der Dritten Welt zu einem Aufbau von Produktionskapazitäten führen wird, mit denen die Nachfrage angesichts der tiefen Löhne in den betreffenden Ländern nicht entfernt wird Schritt halten können.[1] Dementsprechend wird ein massiver Angebotsüberhang auf den Weltgütermärkten („*global glut*") prognostiziert, der zu einer Arbeitsplatzvernichtung führen müsse, und zwar vor allem dort, wo die Arbeit am teuersten ist, also in den Industrieländern. Bereits einfache Beobach-

---

[1] Dies die These eines Bestsellers von Greider (1997).

tungen genügen, um die Unstimmigkeiten dieser These offenzulegen – beispielsweise die Beobachtung, dass die Schwellenländer, die uns angeblich mit ihrer Billiglohn-Produktion überschwemmen, überwiegend defizitäre Leistungsbilanzen aufweisen.[1]

Die offensichtlichen Schwächen aller „Kuchentheorien" und der aus ihnen abgeleiteten Doktrinen dürfen nicht den Blick dafür trüben, dass der technologische Wandel ebenso wie die fortschreitende Verstärkung der internationalen Arbeitsteilung durchaus Belastungen für den Arbeitsmarkt mit sich bringen können, wenn sie die Anpassungskapazität einer Volkswirtschaft überfordern. Weil diese Prozesse immer mit einem Strukturwandel einhergehen, der die Produktionsfaktoren in ständig neue Verwendungen lenkt, stellen sie besondere Anforderungen an die Reallokations- und Vermittlungseffizienz des Arbeitsmarkts. Was Schumpeter als „kreative Zerstörung" bezeichnet hat, bezieht sich durchaus auch auf Arbeitsplätze. Neue Technologien und neue Wettbewerber auf den Weltmärkten bedeuten in der Regel, dass sich die Nachfragerelationen auf den Faktormärkten verändern. In Kapitel 6 haben wir darauf hingewiesen, dass die Nachfrage nach qualifizierter Arbeit relativ zur Nachfrage nach unqualifizierter Arbeit in den meisten Industrieländern deutlich zunimmt, und dass Arbeitslosigkeit entstehen muss, wenn die relativen Preise auf dem Arbeitsmarkt diese Verschiebungen nicht hinreichend widerspiegeln.

Der Punkt ist also nicht, dass technologische und weltwirtschaftliche Veränderungen mit keinerlei Problemen verbunden sind, sondern dass man diese Probleme nur auf der Basis einer systematischen Analyse von Ursachen, Wirkungen und Wirkungsmechanismen sinnvoll adressieren kann. Gerade eine solche Analyse bieten aber die oben erwähnten tautologischen „Kuchentheorien" nicht. Insbesondere haben sie über die Faktoren, die die Grösse des Kuchens bestimmen, nichts zu sagen. Entsprechend vordergründig fallen die von ihnen suggerierten Rezepte aus: meist technologiefeindlich und protektionistisch gefärbt, erschöpfen sie sich in defensiven Strukturerhaltungsstrategien und/oder Arbeitsumverteilungsmodellen und sind damit im besten Fall wirkungslos, in der Regel aber wohlstandssenkend.

8.3. Die makroökonomischen Zusammenhänge

Über die tautologische Beziehung zwischen Produktion und Beschäftigung (8.1) hinaus muss eine brauchbare Theorie der Arbeitslosigkeit zumindest folgende Frage beantworten können: Wenn die Produktion einer Volkswirtschaft nicht so gross ist, dass unter Einsatz der jeweils verfügbaren Technologien genügend Arbeitsplätze entstehen, um das Arbeitskräftepotential zu individuell gewollten Ar-

---

[1] Ein scharfzüngiger Kritiker der „global glut"-Theorie ist Krugman (1997).

beitszeiten voll zu beschäftigen, was steht dann der erforderlichen Ausweitung der Produktion im Wege?

In Kapitel 2 haben wir beschrieben, wie die Beantwortung dieser Frage die Wissenschaft lange Zeit in zwei konträre Lager gespalten hat: Während die *neoklassische* Schule auf den *angebotsseitigen* Engpass verwies, der entsteht, wenn die Arbeit zu teuer ist, argumentierte die *keynesianische* Schule mit dem *nachfrageseitigen* Engpass der unzureichenden effektiven Güternachfrage. Offenkundig widersprechen sich die beschäftigungspolitischen Implikationen der beiden Modelle diametral. So überrascht es denn auch nicht, dass sich die Widersacher in den interessengeleiteten Auseinandersetzungen um die Beschäftigungs- und Tarifpolitik bis auf den heutigen Tag auf das jeweils zu ihrer Position passende Modell berufen. Unversöhnlich stehen sich daher immer wieder die Forderung nach einer expansiveren Nachfragepolitik und die Forderung nach Lohnmässigung gegenüber, wobei gerade in den lohnpolitischen Debatten die Anhänger der Nachfragetheorie nicht müde werden zu betonen, dass die Löhne nicht nur ein Kostenfaktor sind, sondern auch Massenkaufkraft bedeuten.

Wir haben in Kapitel 2 auch erklärt, warum diese Auseinandersetzungen steril sind und angesichts der Verteilung der lohn- und nachfragepolitischen Verantwortlichkeiten regelmässig dazu beitragen, dass die für eine nachhaltige Zunahme der Beschäftigung erforderlichen Weichenstellungen unterbleiben. Die Quintessenz des in Abschnitt 2.6 entwickelten Synthesemodells war nämlich, dass weder das Reallohnniveau noch die reale Güternachfrage Grössen sind, die im allgemeinen Systemzusammenhang als exogene Einflussfaktoren der Beschäftigung durch wohldefinierte Akteure unabhängig voneinander steuerbar sind. Vielmehr sind beide Grössen gemeinsames endogenes Ergebnis der Wechselwirkungen zwischen Lohnpolitik und Nachfragepolitik sowie zwischen Arbeitsmarkt und Gütermarkt. Über die Frage, ob die reale effektive Güternachfrage zu tief oder die Reallöhne zu hoch sind, braucht man sich daher den Kopf nicht zu zerbrechen. Worauf es ankommt, dies zeigen theoretische Analyse und empirische Evidenz gleichermassen, ist das Verhältnis zwischen der nominalen Gesamtnachfrage und dem Niveau der Nominallöhne.

Vor diesem Hintergrund ist das Rezept dafür, wie ein stabiles Preisniveau und ein hoher Beschäftigungsstand gleichzeitig verwirklicht werden können, im Prinzip einfach zu formulieren: Die Nachfragepolitik muss dafür sorgen, dass die nominale Gesamtnachfrage möglichst im Einklang mit der Entwicklung des realen gesamtwirtschaftlichen Produktionspotentials wächst. Durch Ausrichtung an dieser Vorgabe bestimmt die Lohnpolitik sodann die Entwicklung der Beschäftigung. Damit zeigt sich mit aller Deutlichkeit, was eine beschäftigungsorientierte Lohnpolitik ist: Nicht die vielzitierte Produktivitätsregel, also die Orientierung der Lohnzuwächse an der Zunahme der Arbeitsproduktivität, gibt den Ausschlag für die Beschäftigungswirkungen der Lohnpolitik, sondern eben das Verhalten der Löhne relativ zu demjenigen der nominalen Gesamtnachfrage.

Dies bedeutet natürlich nicht, dass eine beschäftigungsorientierte Lohnpolitik keinen Bezug zum Produktivitätswachstum aufweist. Aber es bedeutet, dass dieser

8.3. Die makroökonomischen Zusammenhänge

Bezug durch die Orientierung der Nachfragepolitik am Potentialwachstum hergestellt wird. Man könnte es auch so wenden: Die Produktivitätsregel ist eher das Ergebnis als die Voraussetzung einer beschäftigungsorientierten Lohnpolitik. Wenn zum Beispiel die Nachfragepolitik und die Lohnpolitik das Preisniveau und die Beschäftigung genau stabil halten, bewirken sie damit, dass die nominale Gesamtnachfrage, das reale Produktionsvolumen, die Nominal- und Reallöhne alle mit derselben Rate wachsen wie die Arbeitsproduktivität.

Diese Zusammenhänge sprechen im übrigen auch dafür, die Strategien für den Einsatz der nachfragepolitischen Instrumente in Kategorien des nominalen Gesamtnachfragewachstums zu formulieren, wie dies verschiedentlich vor allem für die Geldpolitik gefordert wird. Eine solche Strategie macht zwar Vorgaben für die direkt kontrollierbaren Instrumente der Geld- und ggf. auch Finanzpolitik nicht überflüssig, noch kann sie darauf verzichten, ihre jeweilige Zielsetzung für das nominale Nachfragewachstum explizit auf die fundamentaleren Ziele der konjunkturellen und monetären Stabilität auszurichten. Aber sie lässt im Vergleich zu einer rein instrumentenbezogenen Strategie, wie z.B. einer Geldmengenregel, mehr Spielraum, um auf Instabilitäten des Ziel-Mittel-Zusammenhangs zu reagieren. Und vor allem stellt sie klare Leitplanken für die Koordination zwischen Nachfrage- und Lohnpolitik zur Verfügung: Die Orientierung des nominalen Nachfragewachstums am Pfad des gesamtwirtschaftlichen Produktionspotentials, verbunden mit der Orientierung der Lohnpolitik am Pfad der nominalen Gesamtnachfrage, ist die verlässlichste „Kombi-Strategie" zur simultanen Realisierung der Preisstabilität und eines hohen Beschäftigungsstandes.[1]

Wenn die Senkung der Arbeitslosigkeit auf der makroökonomischen Ebene vor allem eine geeignete Koordination zwischen Nachfrage und Löhnen bedingt, warum funktioniert dann diese Koordination in der Praxis nicht besser? Hier ist es vielleicht zweckmässig, nochmals den Vergleich mit der Übergewichtsproblematik heranzuziehen: Wenn die Senkung des Übergewichts vor allem eine geeignete Koordination von Energieaufnahme und Energieverbrauch des Körpers im Hinblick auf das Ziel der Gewichtsreduktion erfordert, warum funktioniert dann diese Koordination in der Praxis nicht besser? Die Antwort ist klar: Die Entscheidungen über Energieaufnahme und Energieverbrauch werden durch eine Mehrzahl von Motiven gesteuert, von denen zu viele dem Ziel der Gewichtsreduktion zuwiderlaufen. Aus demselben Grund ist das Ziel einer Senkung der Arbeitslosigkeit so schwer zu erreichen: Sowohl bei der Steuerung der Nachfrage als auch bei der Lohnfindung sind noch ganz andere Ziele im Spiel als nur die Vollbeschäftigung – bei der Geld- und Fiskalpolitik etwa Stabilitätsziele, bei der Lohnpolitik vor allem Verteilungsziele.

---

[1] Von den zahlreichen Autoren, die sich für eine Orientierung der Geldpolitik an nominalen Einkommenszielen ausgesprochen haben, seien hier Hall/Mankiw (1994) genannt. Näheres zu der beschriebenen lohn- und nachfragepolitischen Kombi-Strategie findet sich bei Jerger (1999).

Die dynamische Interaktion zwischen Löhnen und Güternachfrage haben wir im dritten Kapitel mit dem Modell der Phillipskurve beschrieben und dabei als beschäftigungstheoretisch bedeutsamstes Ergebnis festgehalten, dass die langfristige Phillipskurve vertikal verläuft (*Phelps-Friedman-Theorem*). Dies bedeutet, dass das Nachfragewachstum langfristig nur die Inflationsrate bestimmen kann. Welcher Beschäftigungsgrad bzw. welche Arbeitslosenquote sich auf die Dauer einstellt, hängt somit von den Charakteristika des Lohn- und Preisbildungsprozesses ab, dessen verschiedene Facetten wir in den Kapiteln 4–7 näher beleuchtet haben. Entsprechend liegt der Schlüssel für das Verständnis der anhaltenden Arbeitslosigkeit bei den Rahmenbedingungen, unter denen sich dieser Lohn- und Preisbildungsprozess abspielt.

8.4. Die institutionellen Rahmenbedingungen des Arbeitsmarkts und die Arbeitsmarktpolitik

In bezug auf die Ausgestaltung der steuerlichen, rechtlichen und sozialpolitischen Rahmenbedingungen, die die Funktionsfähigkeit des Arbeitsmarkts stärken könnten, sind die Erkenntnisse der Beschäftigungstheorie nicht in jeder Hinsicht ganz so klar wie auf der Ebene der gerade besprochenen makroökonomischen Zusammenhänge. Dennoch geben sie deutliche Hinweise darauf, welche Massnahmen und Reformen im Kampf gegen die Arbeitslosigkeit Erfolg versprechen, und welche eher nicht. Jede Strategie muss sich daran messen lassen, ob sie die Interferenzen zwischen dem politisch-institutionellen Umfeld des Arbeitsmarktes und den Marktkräften wirksam zu verringern verspricht. Grundsätzlich kann dies auf dreierlei Art und Weise geschehen:[1]

- erstens durch eine *Verbesserung der Vermittlungseffizienz* des Arbeitsmarktes, d.h. durch Erhöhung der Mobilität und der Transparenz sowie durch Abbau von Friktionen, wie sie insbesondere an der Schnittstelle von Sozialpolitik und Beschäftigungssystem häufig auftreten (Stichwort: effektive Grenzsteuerbelastung von Transferempfängern);
- zweitens durch eine *fiskalische Entlastung* der Lohn- und Preisbildung vom Zugriff des Staates und der Sozialversicherungen;
- drittens durch *Reformen der institutionellen Rahmenbedingungen*, die den disziplinierenden Einfluss der Arbeitslosigkeit auf die Lohnbildung schwächen.

Einige der praktischen Konsequenzen, die aus diesen allgemein gehaltenen Forderungen zu ziehen sind, liegen klar zutage, andere werden auch innerhalb der Wis-

---

[1] Detailliertere Darstellungen der beschäftigungspolitischen Massnahmen, die von der modernen Beschäftigungstheorie nahegelegt werden, bieten die Studien der OECD (1994a-c, 1995, 1997) und des CEPR (1995).

8.4. Die institutionellen Rahmenbedingungen

senschaft durchaus kontrovers diskutiert. Die Steigerung der Funktionsfähigkeit des Arbeitsmarktes darf nicht pauschal und unbesehen auf Flexibilisierung und Deregulierung allein reduziert werden.[1] Denn es kommt nicht nur auf die Menge, sondern auch auf die Qualität staatlicher Regelungen und Marktinterventionen an. In vielen Fällen spricht auch die empirische Evidenz bezüglich der Wirkungen institutioneller Merkmale des Arbeitsmarktes keine klare Sprache. Dies gilt z.B. für die Frage des Zentralisierungsgrades der Lohnbildung, und es gilt, wie wir oben in Box 5.5 ausgeführt haben, auch für die in der Öffentlichkeit intensiv diskutierte Frage, inwieweit eine Substitution von Steuern und Abgaben, die auf dem Faktor Arbeit lasten, durch eine Mehrbelastung der Wertschöpfung, des Konsums oder der Energie positive Beschäftigungswirkungen zeitigen würde.

Zu den kaum bestrittenen Punkten gehört demgegenüber, dass unbefristete, kaum konditionierte Unterstützungszahlungen an Arbeitslose den Aufbau eines Sockels von Langzeitarbeitslosen begünstigt und sich damit auch negativ auf die Höhe und Persistenz der Arbeitslosigkeit insgesamt auswirkt. Ebenfalls wenig Dissens gibt es bezüglich der schädlichen Wirkungen von hohen gesetzlichen Minimallöhnen und anderen faktischen Beschränkungen der Lohnflexibilität auf die Beschäftigungschancen im Niedriglohn-Segment des Arbeitsmarktes (Jugendliche, Geringqualifizierte). Dasselbe gilt für den Grad der gewerkschaftlichen Organisation und alle anderen Faktoren, welche die Durchsetzung nicht marktkonformer Verteilungsinteressen in Lohnverhandlungen begünstigen.

Dennoch wird man zugeben müssen, dass die Wissenschaft ihre Bringschuld gegenüber der Beschäftigungspolitik, was die Wirkungsanalyse steuerlicher und institutioneller Reformen angeht, noch lange nicht getilgt hat. Einige Instrumente, in die man noch vor wenigen Jahren grosse Hoffnungen gesetzt hatte, werden heute vielfach skeptischer beurteilt. Dazu gehören nicht zuletzt die Massnahmen der aktiven Arbeitsmarktpolitik, mit denen den Arbeitslosen (aktiv) geholfen wird, zurück in den Arbeitsprozess zu finden: Stellenvermittlungsdienste, Weiterbildungsprogramme, Arbeitsbeschaffungsprogramme, Beschäftigungssubventionen. Während geraumer Zeit galt es als unbestritten, dass jede Mark, die für aktive Massnahmen ausgegeben wird, mehr zur Bekämpfung der Arbeitslosigkeit beiträgt, als wenn dieselbe Mark für die passive Arbeitsmarktpolitik ausgegeben, d.h. von einem Arbeitslosen als reine Einkommensbeihilfe empfangen würde.[2] Die mittlerweile wieder nüchternere Einschätzung rührt vor allem daher, dass die vermuteten positiven Effekte empirisch kaum nachzuweisen waren. Nicht zuletzt ist zu Beginn der 90er Jahre auch das zuvor gerne als Vorzeigemodell einer erfolgreichen aktiven Arbeitsmarktpolitik gepriesene schwedische Beschäftigungswunder zusammengebrochen.

---

[1] So stellen Jackman/Layard/Nickell (1996) die Frage „Is Flexibility Enough?" und zeigen, dass sie einer sehr differenzierten Antwort bedarf.

[2] So heisst es z.B. in der Beschäftigungsstudie der OECD (1994a, p. 47): „There is a general agreement on the need to shift the focus of labour market policies from the passive provision of income support to more active measures which assist reemployment."

Die aktive Arbeitsmarktpolitik ist ein gutes Beispiel dafür, wie die Beschäftigungstheorie dazu beitragen kann, das Instrumentarium der Beschäftigungspolitik zu schärfen. Denn sie erlaubt die Faktoren zu identifizieren, von denen es abhängt, ob die Arbeitslosigkeit durch eine aktive Arbeitsmarktpolitik wirksam bekämpft werden kann oder nicht. Die entscheidende Frage lautet: Was ändert die aktive Arbeitsmarktpolitik an den Determinanten der gleichgewichtigen Arbeitslosenquote? Es gibt grundsätzlich zwei Möglichkeiten, wie sie etwas ändern kann. Entweder verbessert sie die Vermittlungseffizienz des Arbeitsmarktes, d.h. sie verschiebt die Beveridgekurve nach innen. Oder sie verschiebt die Lohnsetzungskurve nach unten, indem sie die Wettbewerbsfähigkeit der Arbeitslosen auf dem Arbeitsmarkt verbessert, den Wettbewerb um Arbeitsplätze verschärft und somit den Lohnsteigerungsdruck reduziert.

Das Problem dabei ist, dass der Erfolg einer aktiven Arbeitsmarktpolitik Gefahr läuft, seine eigenen Voraussetzungen zu zerstören. Denn in dem Grade, wie die Massnahmen dazu beitragen, die Konsequenzen eines Arbeitsplatzverlustes für die betroffenen Arbeitnehmer zu mildern, werden die Anreize zu Lohnzurückhaltung in den Lohnverhandlungen geschwächt. In einer theoretischen Analyse bezeichnen es Calmfors und Lang (1995) geradezu als ein „ehernes Gesetz" der aktiven Arbeitsmarktpolitik, dass diese den Umfang der regulären Beschäftigung nur dadurch erhöhen könne, dass sie die Situation, auf die sich ein entlassener Arbeitnehmer typischerweise einzustellen hat, verschlechtert. Dies mag paradox klingen, folgt aber unmittelbar aus der Logik der Theorie der kollektiven Lohnbildung, die wir in Kapitel 5 dargestellt haben. Nach dieser Theorie verläuft die Lohnsetzungskurve umso weiter unten, je schlechter die Fallback-Position der Arbeitnehmer in den Lohnverhandlungen ist.

Konkret ergibt sich aus dem „ehernen Gesetz" eine ganze Reihe von Voraussetzungen, die erfüllt sein müssen, wenn Programme der aktiven Arbeitsmarktpolitik einen wirksamen Beitrag zur Senkung der Arbeitslosigkeit leisten sollen: Die Programme dürfen nicht zu attraktiv gestaltet sein, sie müssen sorgfältig abgegrenzten Zielgruppen von Outsidern vorbehalten bleiben, um die Insider einem maximalen Wettbewerbsdruck auszusetzen; sie dürfen nicht dazu missbraucht werden können, erloschene Ansprüche auf passive Unterstützung wiederherzustellen. Anforderungen dieser Art legen den ernüchternden Schluss nahe, dass die aktive Arbeitsmarktpolitik nicht geeignet ist, den heiklen Konflikt zwischen dem Ziel einer möglichst weitgehenden sozialen Abfederung der Arbeitslosigkeit und dem Ziel einer möglichst hohen Wiederbeschäftigungswahrscheinlichkeit für die Arbeitslosen zu entschärfen.[1] Vor allem wird dabei auch deutlich, dass Beschäftigungspolitik nie mit Zuckerbrot allein operieren kann, sondern immer auch ein gewisses Element von Peitsche enthalten muss.

Nur: Peitsche ist nicht populär. Und damit sind wir auf der dritten der oben angesprochenen Analyse-Ebenen angelangt, nämlich auf der Ebene der politischen

---

[1] Eine ausführliche Analyse der kritischen Ausgestaltungsmerkmale, die für den Erfolg einer aktiven Arbeitsmarktpolitik entscheidend sind, bietet auch Calmfors (1994).

Ökonomie bzw. bei der Frage der politischen Durchsetzbarkeit dessen, was auf der theoretischen Ebene als notwendig erkannt wurde.

8.5. Die politische Ökonomie der Arbeitslosigkeit

Wenn eine erfolgreiche Beschäftigungspolitik darauf hinausläuft, die arbeitslosen *Outsider* zu effektiveren Konkurrenten im Wettbewerb um Arbeitsplätze zu machen, liegt es auf der Hand, dass dies Widerstände seitens der beschäftigten *Insider* provoziert. Aber warum ist es so schwierig, die Widerstände zu überwinden, wo doch der volkswirtschaftliche Nutzen einer substantiellen Verringerung der Arbeitslosigkeit ohne Zweifel bedeutend grösser ist, als was an Besitzständen einzelner Gruppen auf dem Spiel stehen mag?

Es ist dies die typische Fragestellung, mit der man überall dort konfrontiert ist, wo die ökonomische Analyse effizienzsteigernde wirtschaftspolitische Massnahmen empfiehlt, die von der Politik mit unbeirrbarer Hartnäckigkeit ignoriert werden. Ob Handelspolitik, Landwirtschaftspolitik, Sozialpolitik oder andere Politikbereiche: Meist sind es gut artikulierte und gut organisierte Partikularinteressen, die sich erfolgreich für den Fortbestand von Zuständen einsetzen, die ihnen nützen, auch wenn sie gesamtwirtschaftlich schaden. Die Analyse solcher Interessenkonstellationen und der aus ihnen resultierenden politischen Blockaden ist die eigentliche Domäne der ökonomischen Theorie der Politik.

Dass die Analyse und vor allem die Überwindung der europäischen Arbeitsmarktprobleme einen polit-ökonomischen Ansatz erfordern, ist keine neue Erkenntnis.[1] Aber erst in der jüngeren Vergangenheit hat die Arbeitsmarktforschung damit begonnen, die politischen Ökonomie der Beschäftigungspolitik ernsthaft unter die Lupe zu nehmen.[2] Dabei ist die Aufmerksamkeit vor allem auf drei Hindernisse gelenkt worden, die der politischen Umsetzung beschäftigungserhöhender Arbeitsmarktreformen im Wege stehen:

Erstens ist die begünstigte Klientel klein. Die Zahl der beschäftigten Insider, die von Minimallöhnen, Beschäftigungsschutzbestimmungen und starken Gewerkschaften profitieren, ist um einiges grösser als die Zahl der Arbeitslosen, deren Wiederbeschäftigungschancen durch diese Arbeitsmarktinstitutionen geschmälert werden. Daher schaffen die meisten Reformen, die auf eine Erhöhung der Arbeitsmarktflexibilität zielen, mehr Verlierer als Gewinner, selbst wenn Volkseinkommen und Beschäftigung unter dem Strich zunehmen. Hieran hat auch

---

[1] So schrieb Lindbeck schon vor Jahren: „By now [...] it should be realised that it is not enough to recommend policy actions to politicians. It is even more important to suggest reforms of the mechanisms by which political decisions are undertaken." (Lindbeck 1985, S. 167).

[2] Als Pionier hat dabei vor allem Saint-Paul (z.B. 1995a, 1995b) die polit-ökonomische Analyse in einer Reihe von Aufsätzen vorangetrieben. Vgl. auch CEPR (1995), Berthold/Fehn (1996) sowie Pfeiffer (1999)

der substantielle Anstieg der Arbeitslosigkeit der letzten beiden Jahrzehnte kaum etwas geändert, weil er kaum auf eine gestiegenes Arbeitsplatzrisiko der Beschäftigten, sondern fast ausschliesslich auf die längere durchschnittliche Dauer der individuellen Arbeitslosigkeitserfahrung zurückzuführen ist.

Zweitens ist die begünstigte Klientel heterogen. Neben den Arbeitslosen begünstigt die Flexibilisierung der Arbeitsmärkte vor allem Anteilseigner, Kleinunternehmen und hochqualifizierte Arbeitnehmer, die selbst nur einem geringen Arbeitsplatzrisiko ausgesetzt sind, weil sie im Produktionsprozess kaum gegen Arbeitslose substituierbar sind. Aber das Interesse an einem funktionsfähigeren Arbeitsmarkt ist praktisch das einzige Anliegen, das diese Gruppen miteinander verbindet. In den meisten anderen politischen Fragen vertreten sie z.T. diametral entgegengesetzte Positionen und sind daher für ein einzelnes Sachgebiet nur schwer zu organisieren, geschweige denn parteipolitisch unter ein Dach zu bringen.

Drittens sind die spezifischen Auswirkungen jeder Reform für die individuellen betroffenen Personen nur schwer zu prognostizieren – zumal die Vorteile, die im Zweifel diffuser verteilt und schwieriger zu lokalisieren sind als die konzentrierter auftretenden Nachteile. Für den Medianwähler steht zumindest in „normalen" Zeiten bei sich wenig verändernder Arbeitslosigkeit nicht viel auf dem Spiel. Er ist somit für tiefgreifende Reformen nur schwer zu mobilisieren. Man spricht vom „Status Quo Bias".

Die hohe Regulierungsdichte der europäischen Arbeitsmärkte und die damit verbundene geringe Flexibilität von Löhnen und Lohnstrukturen wird vielfach als bekundete Aversion des europäischen Wählers gegen ein Gesellschaftsmodell interpretiert, das – wie das amerikanische – ein hohes Mass an Einkommensungleichheit zu tolerieren bereit ist, wenn der Markt es so will.[1] Hierfür, so lautet die Einschätzung, wird auch eine entsprechend höhere Arbeitslosigkeit hingenommen. Die polit-ökonomische Analyse wirft Licht auf das, was in diesem Zusammenhang unter „bekundet" zu verstehen ist, und kann damit gleichzeitig verständlich machen, warum sich in der Beschäftigungspolitik nur so schwer etwas bewegen lässt. Aber einfache Rezepte zur Überwindung der Blockaden lassen sich hieraus auch nicht ohne weiteres ableiten.

Vor allem ist es nicht unbedingt so, dass für jene Massnahmen, die den Trade-Off zwischen Einkommensungleichheit und Arbeitslosigkeit am ehesten zu entschärfen versprechen, deswegen auch am ehesten politische Unterstützung zu mobilisieren ist. Denn auch mit jenen Vorschlägen, die etwa darauf abzielen, den Wohlfahrtsstaat nicht nur zu redimensionieren, sondern ihn in Richtung einer effizienteren Erfüllung seiner sozialpolitischen Zweckbestimmung umzugestalten und die eingebauten beschäftigungsfeindlichen Anreize zu eliminieren, lässt sich im allgemeinen nicht vermeiden, dass Besitzstände in Frage gestellt werden.

---

[1] Vgl. z.B. Krugman (1994).

Aus theoretischer Sicht spricht manches dafür, dass sich arbeitsmarkt- und sozialpolitische Reformen bezüglich ihrer Wirkung auf die Beschäftigung gegenseitig verstärken und daher eher zum Erfolg führen, wenn sie im Rahmen eines breit angelegten, durchgreifenden Reformprogramms umgesetzt werden, als wenn man sie einzeln, Schritt für Schritt, in Angriff nimmt. Aus polit-ökonomischer Perspektive gilt dies erst recht. Ein Programm, das die Beschäftigungshemmnisse auf breiter Front adressiert und in einem Zug auch mehr Kohärenz in den Wildwuchs der verteilungspolitisch motivierten wohlfahrtsstaatlichen Regelungen bringt, bürdet breiten Teilen der Bevölkerung gleichzeitig Anpassungslasten im Interesse von ebenfalls breit gestreuten Vorteilen auf und hat insofern bessere Realisierungschancen als jeder individuelle Einschnitt für sich genommen.[1]

Eine im Hinblick auf die politischen Durchsetzungsmöglichkeiten potentiell bedeutsame Komplementarität besteht ausserdem zwischen der makroökonomischen Nachfragepolitik und den Strukturreformen des Arbeitsmarktes. Gordon (1997), der diesen Aspekt kürzlich betont hat, geht so weit, in diesem Zusammenhang von einem „*macroeconomic free lunch*" zu sprechen. Die zugrundeliegende Idee ist, dass eine akkommodierende Nachfragepolitik den strukturellen Reformen Flankenschutz geben kann, weil sie durch die Stärkung der Arbeitsnachfrage die von den Reformen verursachten Anpassungskosten und damit auch die Widerstände auf der politischen Ebene verringert. Umgekehrt bietet die glaubwürdige Inangriffnahme von Reformen, welche die NAIRU zu senken versprechen, den Trägern der Nachfragepolitik die Gewähr, dass eine expansivere Gangart tatsächlich zu dauerhaften Beschäftigungsgewinnen führt und nicht, wie so oft in der Vergangenheit, in einer neuerlichen Beschleunigung des Preisauftriebs verpufft. Vor Jahren schon wurde dieser Gedanke einer angebots- und nachfrageseitigen Doppelstrategie als „*two-handed approach*" diskutiert.[2]

8.6. Fazit

Wir haben dieses abschliessende Kapitel mit der Frage begonnen, ob die anhaltende Massenarbeitslosigkeit, die vor allem den europäischen Kontinent heimsucht, auf ein Theorieversagen oder auf ein Politikversagen zurückzuführen ist. Die Antwort auf diese Frage muss zwischen drei Argumentations- und Handlungsebenen unterscheiden: Auf der Ebene der rein makroökonomischen Zusammenhänge fällt die theoretische Diagnose so klar aus, wie man sie sich nur wünschen kann: Die Arbeitslosigkeit ist die Folge eines Missverhältnisses zwischen der nominalen Gesamtnachfrage und dem Nominallohnniveau. So gesehen, ist die anhaltende Arbeitslosigkeit den Versäumnissen der Lohn- und Nachfragepolitik anzulasten.

---

[1] Der Komplementaritätsaspekt wurde von Coe/Snower (1997) betont.
[2] Vgl. Blanchard/Dornbusch/Layard (1986).

Warum es zu diesen Versäumnissen kommt, erklärt die Beschäftigungstheorie auf einer zweiten Ebene mit den überwiegend institutionell-ordnungspolitischen Faktoren, welche die Höhe der NAIRU bestimmen. Obwohl auf dieser Ebene noch mancherlei Diagnose-Unsicherheiten bestehen, zeigt die in diesem Buch entwickelte Beschäftigungstheorie klar die Richtung auf, in die Reformen zielen müssten, wenn eine substantielle Senkung der NAIRU angestrebt wird. Aus dieser Sicht ist die anhaltende Arbeitslosigkeit auf ordnungspolitische Versäumnisse zurückzuführen.

Warum es nun wiederum zu diesen Versäumnissen kommt, ist schliesslich auf der dritten Ebene Gegenstand einer noch jungen Literatur über die politische Ökonomie der Arbeitslosigkeit. Diese Literatur weist bereits vielversprechende Ansätze zur Erklärung beschäftigungspolitischer Blockaden auf, hat aber vorderhand noch kaum zuverlässige Rezepte für die Überwindung solcher Blockaden anzubieten.

Die Situation weist somit Ähnlichkeiten mit Interventionsproblemen in zahlreichen anderen Bereichen auf. Wir haben auf die Parallelen zu der Übergewichtsproblematik in der Präventivmedizin verwiesen, später auf die Parallelen zu Anwendungsbeispielen der politischen Ökonomie aus dem Bereich der sektoralen Wirtschaftpolitik wie z.B. der Landwirtschaftspolitik. Wenn diese Beispiele tatsächlich paradigmatischen Wert besitzen sollten, gibt es wenig Grund, in der Beschäftigungspolitik rasche Erfolge zu erwarten.

Literaturverzeichnis

Akerlof, George A., Andrew K. Rose, Janet L. Yellen, Helga Hessenius (1991): East Germany in from the Cold: The Economic Aftermath of Currency Union, in: Brookings Papers on Economic Activity, 1, p. 1-101

Akerlof, George A., Janet L. Yellen (1990): The Fair Wage-Effort Hypothesis and Unemployment, in: Quarterly Journal of Economics, Vol. 105, p. 255-283

Akerlof, George A., Janet L. Yellen (eds.) (1986): Efficiency Wage Models of the Labor Market, Cambridge

Arndt, Helmut (1984): Vollbeschäftigung, Berlin

Artus, Jacques R. (1984): The Disequilibrium Real Wage Hypothesis. An Empirical Evaluation, in: IMF Staff Papers, Vol. 31, p. 249-302

Ball, Laurence (1993): What Determines the Sacrifice Ratio?, NBER Working Paper No. 4306, March 1993

Ball, Laurence (1997): Disinflation and the NAIRU, in: Romer, Christina D., David H. Romer (eds.): Reducing inflation. Motivation and strategy, Chicago, p. 167-185

Barro, Robert J. (1988): The Persistence of Unemployment, in: American Economic Review, Papers and Proceedings, Vol. 78, p. 32–37

Barro, Robert J., Xavier Sala-i-Martin (1995): Economic Growth, New York

Bean, Charles (1994): European Unemployment: A Survey, in: Journal of Economic Literature, Vol. 32, p. 573-619

Belke, Ansgar (1996): Testing for Unit Roots in West Germany and U.S. Unemployment Rates: Do 'Great Crashes' Cause Trend Breaks?, in: Konjunkturpolitik, Vol. 42, p. 327-360

Bénassy, Jean-Pascal (1993): Nonclearing Markets: Microeconomic Concepts and Macroeconomic Applications, in: Journal of Economic Literature, Vol. 21, p. 732–761

Berthold, Nobert (1996): Abschied von überholten Glaubenssätzen?, in: Wirtschaftsdienst, 1996/I, S. 14-18

Berthold, Norbert, Rainer Fehn (1996): The Positive Economics of Unemployment and Labor Market Flexibility, in: Kyklos, Vol. 49, p. 583-613

Binmore, Ken, Avner Shaked, John Sutton (1989): An Outside Option Experiment, in: Quarterly Journal of Economics, Vol. 96, p. 753-770

Blanchard, Olivier J. (1997): The Medium Run, in: Brookings Papers on Economic Activity, 2, p. 90-158

Blanchard, Olivier J., Rudiger Dornbusch, Richard Layard (1986): Restoring Europe's Prosperity, Cambridge

Blanchard, Olivier J., Lawrence F. Katz (1997): What We Know and Do Not Know About the Natural Rate of Unemployment, in: Journal of Economic Perspectives, Vol. 11, No. 1, p. 51-72

Blanchard, Olivier J., Lawrence H. Summers (1986): Hysteresis and the European Unemployment Problem, in: NBER Macroeconomics Annual, Vol. 1, p. 15-78

Blinder, Alan S. (ed.) (1989): Paying for Productivity – A Look at the Evidence, Washington D.C.
Bombach, Gottfried (1985): Post-War Economic Growth Revisited, DeVries Lectures, Vol. 6, Amsterdam
Bombach, Gottfried et al. (Hrsg.) (1976–1981): Der Keynesianismus, Bände I-III, Berlin, Heidelberg, New York
Booth, Alison (1995): The Economics of the Trade Union, Cambridge
Bruno, Michael (1986): Aggregate Supply and Demand Factors in OECD Unemployment: An Update, in: Economica, Vol. 53, Supplement, p. S35-S52
Bruno, Michael, Jeffrey D. Sachs (1985): Economics of Worldwide Stagflation, Oxford
Bundesanstalt für Arbeit (erscheint etwa 2-jährlich): Zahlenfibel, Nürnberg
Bundesanstalt für Arbeit (erscheint monatlich): Amtliche Nachrichten der Bundesanstalt für Arbeit, Nürnberg
Burda, Michael C., Jeffrey D. Sachs (1987): Institutional Aspects of High Unemployment in the Federal Republic of Germany, NBER Working Paper No. 2241, May 1987
Calmfors, Lars (1994): Active Labour Market Policy and Unemployment – A Framework for the Analysis of Crucial Design Features, in: IECD Economic Studies No. 22, p. 7-47
Calmfors, Lars, Harald Lang (1995): Macroeconomic Effects of Active Labour Market Programmes in a Union Wage-Setting Model, in: Economic Journal, Vol. 105, p. 601-619
Carlin, Wendy, David Soskice (1990): Macroeconomics and the Wage Bargain – A Modern Approach to Employment, Inflation and the Exchange Rate, Oxford
CEPR (1995): Unemployment: Choices for Europe. Centre for Economic Policy Research, London
Chiang, Alpha C. (1984): Fundamental Methods of Mathematical Economics, 3rd. ed., New York
Christl, Josef (1992): The Unemployment/Vacancy Curve, Heidelberg
Clark, Kim, Lawrence H. Summers (1979): Labour Market Dynamics and Unemployment: A Reconsideration, in: Brookings Papers on Economics Acticity, 1, p. 13-60
Coe, David, Dennis Snower (1997): Policy Complementarities: The Case for Fundamental Labor Market Reform, in: IMF Staff Papers, Vol. 44, p. 1-35
Coen, Robert M., Bert G. Hickman (1987): Keynesian and Classical Unemployment in Four Countries, in: Brookings Papers on Economics Acticity, 1, p. 123-193
Corden, W. Max (1978): Keynes and the Others: Wage and Price Rigidities in Macroeconomic Models, in: Oxford Economic Papers, Vol. 30, p. 159-180
Creedy, John, Ian M. McDonald (1991): Models of Trade Union Behaviour: A Synthesis, in: The Economic Record, Vol. 67, p. 346-359
Cross, Rod (ed.) (1988): Unemployment, Hysteresis and the Natural Rate Hypothesis, Oxford
Cross, Rod (ed.) (1995): The Natural Rate of Unemployment. Reflection on 25 years of the Hypothesis, Cambridge
Cross, Rod, Andrew Allan (1988): On the History of Hysteresis, in: Cross, Rod (ed.) (1988), p. 26-38
Darby, Michael A., John C. Haltiwanger, Mark W. Plant (1985): Unemployment Rate Dynamics and Persistent Unemployment under Rational Expectations, in: American Economic Review, Vol. 75, p. 614-637

Drèze, Jacques H. et al. (1988): The Two-Handed Growth Strategy for Europe: Autonomy Through Flexible Cooperation, in: Recherches Economiques de Louvain, Vol. 54, p. 5-52

Drèze, Jacques H., Charles Bean (eds.) (1990): Europe's Unemployment Problem, Cambridge/Mass.

Elmeskov, Jorgen, Maitland MacFarlan (1993): Unemployment Persistence, in: OECD Economic Studies, No. 21, p. 59-88

Emerson, Michael (1988): What Model for Europe?, Cambridge/Mass.

Europäische Kommission (1996): Europäische Wirtschaft, Bd. 62, Brüssel

Franz, Wolfgang (1987a): Hysteresis, Persistence, and the NAIRU: An Empirical Analysis for the Federal Republic of Germany, in: Layard, Richard, Lars Calmfors (eds.): The Fight Against Unemployment, Cambridge/Mass., p. 91-122

Franz, Wolfgang (1987b): Die Beveridge-Kurve, in: WiSt – Das Wirtschaftsstudium, 10/1987, S. 511-514

Franz, Wolfgang (1989): Das Hysteresis-Phänomen, in: WiSt – Das Wirtschaftsstudium, 2/1989, S. 77-80

Franz, Wolfgang (1996a): "Bündnis für Arbeit": Bluff oder Chance?, in: Wirtschaftsdienst, 1996/I, S. 7-10

Franz, Wolfgang (1996b): Arbeitsmarktökonomik, 3. Auflage, Heidelberg, Berlin

Franz, Wolfgang (ed.) (1990): Hysteresis Effects in Economic Models, Heidelberg

Franz, Wolfgang, Klaus Göggelmann, Peter Winker (1997): Einige Wirkungen von steuerlichen Umfinanzierungsmassnahmen in einem makroökonometrischen Ungleichgewichtsmodell für die westdeutsche Volkswirtschaft, ZEW Discussion Paper No. 97-19

Franz, Wolfgang, Robert J. Gordon (1993a): German and American Wage and Price Dynamics. Differences and Common Themes, in: European Economic Review, Vol. 37, p. 719-762

Franz, Wolfgang, Robert J. Gordon (1993b): Wage Behavior in Germany and the U.S.: A Structural Interpretation, Universität Mannheim, mimeo, 1993

Franz, Wolfgang, Heinz König (1990): A Disequilibrium Approach to Unemployment in the Federal Republic of Germany, in: European Economic Review, Vol. 34, p. 413-422

Friedman, Milton (1968): The Role of Monetary Policy, in: American Economic Review, Vol. 58, p. 1-17

Gahlen, Bernhard, Hans-Jürgen Ramser (1987): Effizienzlohn, Lohndrift und Beschäftigung, in Gottfried Bombach et al. (Hrsg.): Arbeitsmärkte und Beschäftigung – Fakten, Analysen, Perspektiven, Tübingen, S. 129-160

Galbraith, Kenneth (1997): Time to Ditch the NAIRU, in: Journal of Economic Perspectives, Vol. 11, No. 1, p. 93-108

Giersch, Herbert, Karl-Heinz Paqué, Holger Schmieding (1992): The Fading Miracle: Four Decades of Market Economy in Germany, Cambridge

Gordon, Robert J. (1988): Back to the Future: European Unemployment Today Viewed from America in 1939, in: Brookings Papers on Economic Activity 1, p. 271-304

Gordon, Robert J. (1990): What is New-Keynesian Economics?, in: Journal of Economic Literature, Vol. 28, p. 1115-1171

Gordon, Robert J. (1997): The Time-Varying NAIRU and Its Implications for Economic Policy, in: Journal of Economic Perspectives, Vol. 11, No. 1, p. 11-32

Greider, William (1997): One World, Ready or Not: The Manic Logic of Global Capitalism, New York

Grout, Paul (1984): Investment and Wages in the Absence of Binding Contracts: A Nash-Bargaining Approach, in: Econometrica, Vol. 52, p. 449-460

Gylfason, Thorvaldur, Assar Lindbeck (1984a): Competing Wage Claims, Cost Inflation, and Capacity Utilization, in: European Economic Review, Vol. 24, p. 1-21

Gylfason, Thorvaldur, Assar Lindbeck (1984b): Union Rivalry and Wages: An Oligopolstic Approach, in: Economica, Vol. 51, p. 129-139

Hall, Robert E. (1979): A Theory of the Natural Unemployment Rate and the Duration of Employment, in: Journal of Monetary Economics, Vol. 5, p. 153-169

Hall, Robert E., N. Gregory Mankiw (1994): Nominal Income Targeting, in: Mankiw, N. Gregory (ed.): Monetary Policy, Chicago, p. 71-94

Harris, Richard (1995): Using Cointegration Analysis in Econometric Modelling, London

Holden, Steinar (1988): Local and Central Wage Bargaining, in: Scandinavian Journal of Economics, Vol. 90, p. 93-99

Holmund, Bertil (1990): Profit Sharing, Wage Bargaining, and Unemployment, in: Economic Inquiry, Vol. 28, p. 257-268

Holzman, Franklyn D. (1950): Income Determination in Open Inflation, in: Review of Economics and Statistics, Vol. 32, p. 150-158

Jackman, Richard, Richard Layard, Stephen Nickell (1996): Combatting Unemployment: Is Flexibility Enough, in: OECD: Macroeconomic Policies and Structural Reform, Paris

Jerger, Jürgen (1993): Kapitalbildung und Beschäftigung, Freiburg

Jerger, Jürgen (1996): Leitlinien für eine beschäftigungsorientierte Nominallohnpolitik, in: Bernhard Külp (Hrsg.): Arbeitsmarkt und Arbeitslosigkeit, Freiburg, S. 123-152

Jerger, Jürgen (1999): Nachfragesteuerung, Lohnbildung und Beschäftigung, Tübingen, erscheint demnächst

Jerger, Jürgen, Jochen Michaelis (1999): Profit Sharing, Capital Formation and the NAIRU, in: Scandinavian Journal of Economics, forthcoming

Jerger, Jürgen, Alexander Spermann (1997): Wege aus der Arbeitslosenfalle – ein Vergleich alternativer Lösungskonzepte, in: Zeitschrift für Wirtschaftspolitik, Bd. 46, S. 51-73

Jerger, Jürgen, Alexander Spermann (1999): Ist ein Wohlfahrsstaat ohne Armutsfalle möglich?, in: WiSt – Das Wirtschaftsstudium, erscheint demnächst

Kalecki, Michal (1938): The Distribution of National Income, in: Econometrica, Vol. 6, wiederabgedruckt in: Readings in the Theory of Income Distribution, Philadelphia, Toronto, 1949

Katz, Lawrence F. (1986): Efficiency Wage Theories: A Partial Evaluation, in: NBER Macroeconomics Annual, Vol. 1, p. 235-289

Keynes, John Maynard (1936): The General Theory of Employment, Interest and Money, in: Moggridge, Donald (ed.): The collected writings of John Maynard Keynes, Vol. VII, Cambridge, 1989

Killingsworth, Mark R. (1983): Labor Supply, Cambridge

Klauder, Wolfgang (1990): Zielsetzung, Methodik und Ergebnisse der empirischen Arbeitsmarktforschung des IAB, in: Allgemeines Statistisches Archiv, Bd. 74, S. 41-70

Koskela, Erkki, Ronnie Schöb (1996): Alleviating Unemployment: The Case for Green Tax Reforms, CES Working Paper No. 106, April 1996

Krueger, Alan B., Lawrence H. Summers (1987): Reflections on the Inter-Industry Wage Structure", in K. Lang/J.S. Leonard (Hrsg.): Unemployment and the Structure of Labor Markets, New York

Krueger, Alan B., Lawrence H. Summers (1988): Efficiency Wages and the Inter-Industry Wage Structure, in: Econometrica, Vol. 56, p. 259-293

Krugman, Paul (1994): Europe Jobless, America Penniless?, in: Foreign Policy, No. 95

Krugman, Paul (1995): Growing World Trade: Causes and Consequences, in: Brookings Papers on Economic Activity, 1, p. 327-377

Krugman, Paul (1997): Is Capitalism Too Productive?, in: Foreign Affairs, Sept./Oct.

Landmann, Oliver (1976): Keynes in der heutigen Wirtschaftstheorie, in: Bombach, Gottfried et al. (Hrsg.): Der Keynesianismus I, Heidelberg, Berlin, S. 133-210

Landmann, Oliver (1984): Löhne, Preise, Einkommen und Beschäftigung in der offenen Volkswirtschaft, in: Bombach, Gottfried et al. (Hrsg.): Der Keynesianismus V, Heidelberg, Berlin, S. 101-218

Landmann, Oliver (1989): Verteilungskonflikte, Kapitalbildung und Arbeitslosigkeit, in: Hans-Jürgen Ramser, Hajo Riese (Hrsg.): Beiträge zur angewandten Wirtschaftsforschung, Heidelberg, Berlin, S. 59-85

Landmann, Oliver (1990): Zur mikroökonomischen Fundierung von Lohn- und Preisrigiditäten, in: M. Haller, H. Hauser, R. Zäch (Hrsg.): Ergänzungen, Bern, Stuttgart, S. 431-445

Landmann, Oliver (1998): Die anhaltende Massenarbeitslosigkeit: Theorieversagen oder Politikversagen?, in: Eckhard Knappe, Norbert Berthold (Hrsg.): Ökonomische Theorie der Sozialpolitik, Heidelberg, S. 147-167

Landmann, Oliver, Jürgen Jerger (1993): Unemployment and the Real Wage Gap: A Reappraisal of the German Experience, in: Weltwirtschaftliches Archiv, Vol. 129, p. 689-717

Landmann, Oliver, Jürgen Jerger (1998): Examensaufgabe Volkswirtschaftslehre, in: wisu – Das Wirtschaftsstudium, August/September, S. 952-955

Landmann, Oliver, Michael Pflüger (1998): Verteilung und Aussenwirtschaft: Verteilungswirkungen der Globalisierung, in: Bernhard Gahlen, Helmut Hesse, Hans Jürgen Ramser (Hrsg.) (1998): Verteilungsprobleme der Gegenwart. Diagnose und Therapie, Wirtschaftswissenschaftliches Seminar Ottobeuren, Bd. 27, Tübingen, S. 127-157

Layard, Richard, Stephen Nickell (1986): Unemployment in the UK, in: Economica, Vol. 53, Supplement, p. S121-S166

Layard, Richard, Stephen Nickell (1990): Is Unemployment Lower if Unions Bargain over Employment?, in: Quarterly Journal of Economics, Vol. 105, p. 773-787

Layard, Richard, Stephen Nickell, Richard Jackman (1991): Unemployment – Macroeconomic Performance and the Labour Market, Oxford

Layard, Richard, Stephen Nickell, Richard Jackman (1994): The Unemployment Crisis, Oxford

Lehment, Harmen (1991): Lohnzurückhaltung, Arbeitszeitverkürzung und Beschäftigung. Eine empirische Untersuchung für die Bundesrepublik Deutschland 1973-1990, in: Die Weltwirtschaft, Heft 2, S. 72-85

Lehment, Harmen (1993): Bedingungen für einen kräftigen Beschäftigungsanstieg in der Bundesrepublik Deutschland – Zur Tarifpolitik der kommenden Jahre, in: Die Weltwirtschaft, Heft 3, S. 302-310

Leibenstein, Harvey (1957): Economic Backwardness and Economic Growth, New York. Das im Zusammenhang mit der Effizienzlohntheorie relevante Kapitel 6 ist wiederabgedruckt in George A. Akerlof, Janet L. Yellen (eds.) (1986)

Leontief, Wassily (1946): The Pure Theory of the Guaranteed Annual Wage Contract, in: Journal of Political Economy, Vol. 54, p. 76-79

Licht, Georg, Viktor Steiner (1991): Abgang aus der Arbeitslosigkeit, Individualeffekte und Hysteresis. Eine Paneldatenanalyse für die Bundesrepublik Deutschland, in: Christoph Helberger (Hrsg.): Erwerbstätigkeit und Arbeitslosigkeit. Analysen auf der Grundlage des Sozio-ökonomischen Panels, Nürnberg, S. 182-206

Lindbeck, Assar (1985): What Is Wrong with the West European Economies?, in: The World Economy, Vol. 8, p. 153-170

Lindbeck, Assar (1993): Unemployment and Macroeconomics, Cambridge/Mass.

Lindbeck, Assar, Dennis Snower (1989): The Insider-Outsider Theory of Employment and Unemployment, Cambridge/Mass.

Lipsey, Richard G. (1960): The Relation Between Unemployment and the Rate of Change of Money Wage Rates in the United Kingdom, 1862-1957: A Further Analysis, in: Economica, Vol. 27, p. 1-31

Lucas, Robert E. (1972): Expectations and the Neutrality of Money, in: Journal of Economic Theory, Vol. 4, p. 103-124

Lüdeke, Dietrich, Wolfgang Hummel, Thomas Rüdel (1989): Das Freiburger Modell, Heidelberg, Berlin

Lütkepohl, Helmut (1993): Introduction to Multiple Time Series Analysis, 2nd ed., Berlin, Heidelberg

Malinvaud, Edmond (1977): The Theory of Unemployment Reconsidered, Oxford

Mankiw, N. Gregory (1997): Macroeconomics, 3rd ed., New York

Mankiw, N. Gregory, David Romer (eds.) (1991): New Keynesian Economics, Vol. 1: Imperfect Competition and Sticky Prices, Vol. 2: Coordination Failures and Real Rigidities, Cambridge/Mass

Marx, Karl (1867): Das Kapital, Band I, Berlin 1960, Originalausgabe 1867

McDonald, Ian (1995): Models of the Range of Equilibria, in: Rod Cross (ed.) (1995), p. 101-152

Meade, James (1986): Alternative Systems of Business Organization and Workers' Remuneration, London

Michaelis, Jochen (1997): Beteiligungssysteme und Arbeitsproduktivität – ein Blick auf die Theorie, in: ifo-Studien, Bd. 43, S. 465-490

Michaelis, Jochen (1998): Zur Ökonomie von Entlohnungssystemen, Tübingen

Nash, John (1950): The Bargaining Problem, in: Econometrica, Vol. 18, p. 155-162

Nash, John (1951): Non-cooperative Games, in: Annals of Mathematics, Vol. 54, p. 286-295

Nelson Charles R., Charles I. Plosser (1982): Trends and Random Walks in Macroeconomic Time Series, in: Journal of Monetary Economics, Vol. 10, p. 139-162

OECD (1994a): The OECD Jobs Study. Facts, Analysis, Strategies, Paris

OECD (1994b): The OECD Jobs Study. Evidence and Explanations. Part I: Labour Market Trends and Underlying Forces of Change, Paris

OECD (1994c): The OECD Jobs Study. Evidence and Explanations. Part II: The Adjustment Potential of the Labour Market, Paris

OECD (1995): The OECD Jobs Study. Implementing the Strategy, Paris

OECD (1997): Implementing the OECD Jobs Strategy. Lessons From the Member Countries' Experience, Paris

OECD (erscheint jährlich): Employment Outlook, Paris

OECD (erscheint jährlich): Labour Force Statistics, Paris

OECD (erscheint vierteljährlich): Quarterly Labour Force Statistics, Paris

Okun, Arthur M. (1962): Potential GNP: Its Measurement and Significance, wiederabgedruckt in: Arthur M. Okun: Economics for Policymaking, Cambridge/Mass., p. 145-158
Oswald, Andrew (1993): Efficient Contracts are on the Labour Demand Curve, in: Labour Economics, Vol. 1, p. 85-113
Ott, Alfred E. (1992): Wirtschaftstheorie. Eine erste Einführung, Göttingen, 1992
Perron, Pierre (1989): The Great Crash, the Oil Price Shock, and the Unit Root Hypothesis, in: Econometrica, Vol. 57, p. 1361-1401
Pfeiffer, Thomas (1999): Politische Ökonomie der Langzeitarbeitslosigkeit, Freiburg, erscheint demnächst
Pflüger, Michael P. (1997): On the Employment Effects of Revenue Neutral Tax Reforms, in: Finanzarchiv, Bd. 54, p. 430-446
Phelps, Edmund S. (1967): Phillips Curves, Expectations of Inflation and Optimal Unemployment Over Time, in: Economica, Vol. 34, p. 254-281
Phelps, Edmund S. (1994): Structural Slumps, Cambridge/Mass.
Phelps, Edmund S. (1997): Rewarding Work. How to Restore Participation and Self-Support to Free Enterprise, Cambridge/Mass.
Phillips, Arthur W. (1958): The Relation Between Unemployment and the Rate of Change of Money Wage Rates in the United Kingdom, 1861-1957, in: Economica, Vol. 25, p. 283-299
Pigou, Arthur C. (1933): Theory of Unemployment, London
Pindyck, Robert S., Daniel Rubinfeld (1995): Microeconomics, 3rd ed., Englewood Cliffs
Pohjola, Matti (1987): Profit Sharing, Collective Bargaining and Employment, in: Journal of Institutional and Theoretical Economics, Vol. 143, p. 334-342
Raff, Daniel M. G., Lawrence H. Summers (1987): Did Henry Ford Pay Efficiency Wages?, in: Journal of Labor Economics, Vol. 5, Supplement, p. S57-S86
Riese, Martin (1986): Die Messung der Arbeitslosigkeit, Berlin
Riese, Martin, Monika Hutter, Stefan Bruckbauer (1989): Bewegungsgrössen der österreichischen Arbeitslosigkeit im internationalen Vergleich, Veröffentlichungen des österreichischen Instituts für Arbeitsmarktpolitik, Heft XXXIV, Linz
Rifkin, Jeremy (1994): The End of Work, New York
Rodrik, Dani (1997): Has Globalization Gone Too Far?, Washington, D.C.
Rogoff, Kenneth (1996): The Purchasing Power Parity Puzzle, in: Journal of Economic Literature, Vol. 34, p. 647-668
Romer, David (1996): Advanced Macroeconomics, New York
Sachs, Jeffrey D. (1983): Real Wages and Unemployment in the OECD Countries, in: Brookings Papers on Economic Activity 1, p. 255-304
Sachs, Jeffrey D. (1985): High Unemployment in Europe: Diagnosis and Policy Implications, in: Claes-Henric Siven (ed.): Unemployment in Europe, p. 7-38
Saint-Paul, Gilles (1995a): Some Political Aspects of Unemployment, in: European Economic Review, Vol. 39, p. 575-582
Saint-Paul, Gilles (1995b): Reforming Europe's Labour Market: Political Issues, CEPR Discussion Paper No. 1223
Sala-i-Martin, Xavier (1990): Internal and External Adjustment Costs in the Theory of Fixed Investment, mimeo
Salop, Steven (1979): A Model of the Natural Rate of Unemployment, in: American Economic Review, Vol. 69, p. 117-125

Samuelson, Paul A., Robert M. Solow (1960): Analytical Aspects of Anti-Inflation Policy, in: American Economic Review, Vol. 50, p. 177-194

Sargent, Thomas J., Neil Wallace (1975): "Rational Expectations", the Optimal Monetary Instrument and the Optimal Money Supply rule, in: Journal of Political Economy, Vol. 83, p. 241-254

Schlicht, Ekkehard (1978): Labour Turnover, Wage Structure and Natural Unemployment, in: Zeitschrift für die gesamte Staatswissenschaft, Vol. 134, p. 337-346

Schnabel, Claus (1997): Tariflohnpolitik und Effektivlohnfindung, Frankfurt/Main

Shapiro, Carl, Joseph E. Stiglitz (1984): Equilibrium Unemployment as a Worker Discipline Device, in: American Economic Review, Vol. 74, p. 433-444

Sheldon, George (1997): Unemployment and Unemployment Insurance in Switzerland, in: Phillippe Bacchetta, Walter Wasserfallen (eds.): Economic Policy in Switzerland, London

Sinn, Hans-Werner (1995): Schlingerkurs. Lohnpolitik und Investitionsförderung in den neuen Bundesländern, in: Gernot Gutmann (Hrsg.): Die Wettbewerbsfähigkeit der ostdeutschen Wirtschaft, Berlin, S. 22-60

Sneesen, Henri R., Jacques H. Drèze (1986): A Discussion of Belgian Unemployment, Combining Traditional Concepts and Disequilibrium Econometrics, in: Economica, Vol. 53 Supplement, p. S89-S119

Solow, Robert M. (1979): Another Possible Source of Wage Stickiness, in: Journal of Macroeconomics, Vol. 1, p. 79-82

Solow, Robert M. (1986): Unemployment: Getting the Question Right, in: Economica, Vol. 53 Supplement, p. S23-S34

Solow, Robert M. (1990): The Labor Market as a Social Institution, Oxford

Sowell, Thomas (1992): Say's Law, in: Peter Newman et al. (eds.): The New Palgrave Dictionary of Money and Finance, Vol. 3, London, Basingstoke, p. 395-397

Staiger, Douglas, James H. Stock, Mark W. Watson (1997): The NAIRU, Unemployment and Monetary Policy, in: Journal of Economic Perspectives, Vol. 11, No. 1, p. 33-49

Statistisches Bundesamt (erscheint jährlich): Statistisches Jahrbuch für die Bundesrepublik Deutschland, Stuttgart

Stiglitz, Joseph E. (1997): Reflections on the Natural Rate Hypothesis, in: Journal of Economic Perspectives, Vol. 11, No. 1, p. 3-10

Summers, Lawrence H. (1988): Relative Wages, Efficiency Wages and Keynesian Unemployment, in: American Economic Review, Papers and Proceedings, Vol. 78, p. 383-388

Tobin, James (1972): Inflation and Unemployment, in: American Economic Review, Vol. 62, p. 1-18

van de Klundert, Theo C.M.J., Anton B.T.M. van Schaik (1990): Unemployment Persistence and Loss of Productive Capacity: A Keynesian Approach, in: Journal of Macroeconomics, Vol. 12, p. 363-380

van der Ploeg, Frederik (1987): Trade union, Investment, and Employment, in: European Economic Review, Vol. 31, p. 1465-1492

Varian, Hal (1996): Intermediate Microeconomics, 4th edition, New York

Vollmer, Uwe (1990): Die Lohnlücke in der Bundesrepublik Deutschland. Eine empirische Schätzung unter Verwendung einer CES-Produktionsfunktion, in: Jahrbücher für Nationalökonomie und Statistik, Bd. 207, S. 14-24

Weiss, Andrew (1980): Job Queues and Layoffs in Labor Markets with Flexible Wages, in: Journal of Political Economy, Vol. 88, p. 526-538

Weitzman, Martin L. (1985): The Share Economy, Cambridge/Mass.
Weitzman, Martin L. (1987): Steady State Unemployment Under Profit Sharing, in: Economic Journal, Vol. 97, p. 86-105
Zapf, Dieter, Konstantin Warth (1997): Mobbing. Subtile Kriegsführung am Arbeitsplatz, in: Psychologie heute, Bd. 24, Heft 8, S. 20-24 und 28-29
Zeuthen, Friedrich (1930): Problems of Monopoly and Economic Warfare, London

Namensregister

A

Akerlof 66, 185, 186, 202, 258
Allan 248
Arndt 43
Artus 222

B

Ball 118, 248, 267, 268
Barro 51, 85, 212
Bean 134, 145
Belke 272
Benassy 51, 70, 85
Berthold 132, 283
Binmore 236
Blanchard 119, 246, 271, 285
Blinder 246
Bombach 141, 273
Booth 182
Bruno 70, 84, 222
Burda 121, 247

C

Calmfors 282
Carlin 124, 145
Chiang 98, 101, 102, 103, 119
Christl 85
Clark 53
Coe 285
Coen 70, 84
Corden 216
Creedy 178
Cross 248, 271

D

Darby 53, 85
Dornbusch 285
Drèze 44, 145, 261

E

Elmeskov 263, 271
Emerson 219

F

Fehn 283
Ford 184
Franz 22, 35, 61, 70, 85, 132, 149, 195, 251, 262, 263, 271
Friedman 5, 92, 93, 95, 115, 118, 121, 122, 124, 131, 144, 253, 268, 270, 273

G

Gahlen 195
Galbraith 144
Giersch 139, 140
Göggelmann 70
Gordon 70, 85, 112, 119, 144, 195, 246, 247, 262, 263, 271, 285
Greider 276
Gylfason 194

H

Hall 51, 85, 122, 279
Haltiwanger 53, 85

Harris 266
Hessenius 66
Hickman 70, 84
Holmlund 234, 237, 246
Holzman 125

J

Jackman 46, 182, 184, 196, 199, 202, 281
Jerger 69, 79, 85, 218, 219, 228, 240, 246, 267, 279

K

Kalecki 126
Katz 119, 185, 202
Keynes 1, 67, 69, 73, 84, 87, 194, 231
Keynes 67
Killingsworth 149
Klauder 23, 47
König 70
Koskela 198
Krueger 192
Krugman 246, 277, 284

L

Landmann 67, 72, 84, 125, 145, 194, 218, 219, 228, 246, 273
Lang 282
Layard 40, 43, 46, 134, 144, 182, 184, 196, 199, 202, 234, 237, 246, 262, 281, 285
Lehment 79, 85
Leibenstein 184
Leontief 169, 170, 205
Licht 262
Lindbeck 145, 194, 202, 259, 271, 283
Lipsey 89, 90, 92, 118
Lucas 110, 118
Ludd 211
Lüdeke 27
Lütkepohl 265

M

MacFarlan 263, 271
Malinvaud 51, 70, 85
Mankiw 84, 112, 114, 279
Marx 126, 195
McDonald 178, 271
Meade 239
Michaelis 164, 240, 246

N

Nash 163, 202
Nelson 265
Nickell 46, 144, 182, 184, 196, 199, 202, 234, 237, 246, 262, 281

O

Okun 24, 47
Oswald 181, 182
Ott 43

P

Paqué 139, 140
Perron 265
Pfeiffer 283
Pflüger 196, 228, 246
Phelps 5, 92, 93, 115, 118, 131, 228, 253, 268, 270
Phelps 92
Phillips 30, 47, 88, 89, 92, 115, 118, 248
Pigou 67, 84
Pindyck 163
Plant 53, 85
Plosser 265
Pohjola 232

R

Raff 184
Ramser 195
Riese 17, 19, 47

Namensregister

Rifkin 275
Rodrik 246
Rogoff 266
Romer 112, 212
Rose 66
Rubinfeld 163

S

Sachs 70, 85, 121, 222, 247, 261
Saint-Paul 283
Sala-i-Martin 207, 212
Salop 185
Samuelson 90, 118, 248
Sargent 111, 118
Schiller 132
Schlicht 185
Schmieding 139, 140
Schnabel 195
Schöb 198
Schumpeter 277
Shaked 236
Shapiro 185, 202
Sinn 66
Sneesens 261
Snower 259, 271, 285
Solow 85, 90, 118, 121, 189, 247, 248, 258
Soskice 124, 145
Sowell 67
Spermann 228
Staiger 119, 144
Steiner 262
Stiglitz 144, 185, 202
Stock 119, 144
Summers 53, 184, 192, 202, 271
Sutton 236

T

Tobin 90, 118

V

van de Klundert 261
van Schaik 261
Varian 62, 84, 91, 152, 169
Vollmer 222

W

Wallace 111, 118
Warth 259
Watson 119, 144
Weiss 184
Weitzman 5, 183, 229, 231, 239, 246
Wicksell 95, 122, 124
Winkler 70

Y

Yellen 66, 185, 202, 258

Z

Zapf 259
Zeuthen 202

Sachregister

A

Abgabenquote 141, 142
Absatzbeschränkung der Unternehmung 67
adaptive Erwartungsbildung 95
Akzelerationstheorem 92, 94, 95, 114, 131, 253
Altersübergangsgeld 65
Angebotsfunktion
 aggregierte A. 1
Angebots-Nachfrage-Modell, aggregiertes (AS-AD-Modell) 75
Angebotsüberhang 50, 57, 63, 69, 79
Arbeitsangebot 2, 49, 51, 56, 63, 64, 72, 78
 Reallohnelastizität des A. 65
Arbeitsangebotskurve 62, 65, 78
 aggregierte A. 61
 Einkommenseffekt 62
 Steigung der A. 61
 Substitutionseffekt 61
Arbeitsbeschaffungsmassnahmen 17, 65
Arbeitsinput
 gewinnmaximaler A. 62
Arbeitskräfte
 Arbeitskräfte-Gesamtrechnung 23
Arbeitskräftepotential 11, 37, 46, 49
 A. in den USA 12
 A. in der Schweiz 12
 A. in Deutschland 11
 A. in Japan 12
 A. in Österreich 12
 Abgrenzung des A. 18
Arbeitslosenquote 16
 A in den USA 14
 A in der Schweiz 14
 A in Deutschland 14
 A in Japan 14
 A in Österreich 14
 A. als Konjunkturindikator 24
 Definition der A. 12
 Definition der natürlichen A. 121
 Determinanten der A. 101
 Determinanten der A. in Deutschland 218
 Determinanten der natürlichen A. 122
 gleichgewichtige A. 51, 53
 Indikatorqualitäten der A. 27
 inflationsstabile A. (NAIRU) 5, 95, 98, 100, 105, 108, 110, 114, 121, 123, 124, 125, 129, 130, 131, 132, 133, 141, 142, 147, 213, 215, 216, 218, 219, 221, 222, 238, 247, 248, 249, 252, 254, 261, 268, 269
 inflationsstabile A. und Gewinnbeteiligung 239
 Intentionen beim Ausweis von A. 18
 Iso-Arbeitslosenquoten-Kurve 38
 kontemporäre NAIRU 249
 natürliche A. 1, 121
 pfadabhängige A. 249
 pfadabhängige NAIRU 248, 268
 Random-Walk-Eigenschaft der A. 264
 Risiko und Dauer 36
 Sachkapazitätsauslastung und A. in den USA 29
 Sachkapazitätsauslastung und A. in der Schweiz 29

Sachkapazitätsauslastung und A. in
  Deutschland 29
Sachkapazitätsauslastung und A. in
  Japan 29
Sachkapazitätsauslastung und A. in
  Österreich 29
statistische Erfassung der A. 16
steady-state NAIRU 249, 250, 251
steady-state-A. 251
Zeitreiheneigenschaften der A. für
  Deutschland, die Schweiz,
  Österreich, die USA und Japan
  267
zeitvariante NAIRU 249
Zyklen der A. in Deutschland und
  den USA 108
Arbeitslosenunterstützung 155, 159,
  160, 162, 216, 219, 268
Arbeitslosenzahl 49
  Definition 49
Arbeitslosigkeit 16, 49, 51
  „Sockel" von A. 247
  A. als Disziplinierungsmittel 185
  A. als gesellschaftliches Problem 9
  A. durch überhöhte Renditeansprüche
    133
  A. in den fünf neuen Bundesländer
    17
  A. und Betroffenheit in Deutschland
    38
  A. und offene Stellen in den USA 34
  A. und offene Stellen in der Schweiz
    34
  A. und offene Stellen in Deutschland
    34
  A. und offene Stellen in Japan 34
  A. und offene Stellen in Österreich
    34
  Angebotsüberhang-Komponente 50
  Arbeitslosigkeitsrisiko 36, 37, 39
  Bestand und Änderung der A. in
    Deutschalnd 20
  Betroffenheit 38
  Dauer der A. 36, 38, 39
  Dauer der A. in Deutschland 39
  Definition der Bundesanstalt für
    Arbeit 16
  Definition der OECD 17
  Disziplinierungseffekt der A. 126
  Entwicklungspfad der A. 253
  friktionelle A. 3, 32, 51, 53, 149
  friktionell-strukturelle A. 50, 56, 58
  Gleichgewichtswert der A. 53, 55
  hochlohnbedingte A. 73
  Kapitalmangelarbeitslosigkeit 140
  keynesianische A. 68, 69, 70, 73, 77,
    133
  klassische A. 70, 73, 132
  Langzeitarbeitslosigkeit 262
  mismatch-A. 149
  natürliche A. 262
  Niveau der A. 52
  Persistenz der A. 281
  Probleme der Erfassung der Dauer
    der A. 40
  rationalisierungsbedingte A. 210,
    275
  Schuld an der A. 132
  statistische Erfassung der A. 16
  steady-state-Dauer der A. 40
  steady-state-Dauer der A. im
    internationalen Vergleich 41
  Stromgleichgewicht auf dem A. 55
  Stromgrössenmodell 52
  strukturelle A. 3, 32, 51
  Typologie der A. 43
  Ursachen der A. 49
  Ursachen für friktionelle und
    strukturelle A. 122
  Veränderung der A. 52
Arbeitsmarkt 50, 51, 54, 56, 57, 58, 60,
  63, 67, 69, 73, 79, 85
  A. in Deutschland 65
  Angebots-Nachfragediagramm für
    den A. 60
  Angebotsüberhang auf dem A. 3, 57,
    58, 60, 63
Arbeitsmarktordnung 268

Sachregister

Arbeitsmarktrigiditäten 268
Bestandsgrössen auf dem A. 19
deutsche Bestandsgrössen 21
Flexibilisierung des A. 269
Fluidität des A. 40
institutionellen Rahmenbedingungen des A. 280
sektoral und regional differenzierter A. 73
Stromgleichgewicht auf dem A. 56
Stromgrössen auf dem A. 19
strukturell-friktionelle Probleme auf dem A. 60, 63
Unvollkommenheiten des A. 148
Überschussnachfrage auf dem A. 63
Vermittlungseffizienz des A. 58
Vermittlungsprobleme 57
Arbeitsmarktentwicklung
  A. in Deutschland seit 1948 139
Arbeitsmarktökonomik 1, 2
Arbeitsmarktpolitik 280
  aktive A. 282
  ehernes Gesetz der aktiven A. 282
  Voraussetzungen für Erfolg von aktiver A. 282
arbeitsmarktpolitischen Instrumente 65
Arbeitsmarktreformen
  Hindernisse für beschäftigungserhöhende A. 283
Arbeitsnachfrage 2, 49, 56, 60, 63, 67, 72, 75, 77, 78, 84
Arbeitsnachfrageentscheidung der Unternehmung 67
Arbeitsnachfragefunktion
  neoklassische A. 62
Arbeitsnachfragefunktion 69, 206
  kurzfristige A. 206, 207, 212, 217
  langfristige A. 207, 208, 212, 218
Arbeitsnachfragekurve 60, 61, 62, 64, 75
  kurz- und langfristige A. 210
  langfristige A. 208
  langfristige A. 208, 212
Arbeitsplätze 49

Arbeitsproduktivität 41, 70, 77, 128, 203, 220
Arbeitszeit
  Verkürzung der A. 276
AS-AD-Modell *Siehe* Angebots-Nachfrage-Modell, aggregiertes

B

Beschäftigung 11, 25, 42, 87, 203
  Änderung der 51
  B. in den USA 12
  B. in der Schweiz 12
  B. in Deutschland 11, 79
  B. in Japan 12
  B. in Österreich 12
  B. und Inflation 29
  B.-Einbruch nach der Wiedervereinigung 65
  random walk der B. 257
  Trade-Off zwischen Lohn und B. 216
Beschäftigungsentwicklung
  Isolierung der B. von konjunkturellen Schwankungen 229
Beschäftigungsfunktion 69, 77, 78
  Keynes'sche B. 69
Beschäftigungsgrad 22, 24, 209, 215, 216, 222, 228, 243
Beschäftigungsniveau
  gesamtwirtschaftliches 79
Beschäftigungspolitik 6, 77, 79
Beschäftigungstheorie
  keynesianische B. 1, 3
  neoklassische B. 3
Beschäftigungswunder
  schweizerisches B. 15
Besteuerung
  Einfluss der B. auf Arbeitslosigkeit und Lohnbildung 196
  Einkommensteuer 197
  Lohnsummenbesteuerung 196
  Mehrwertsteuer 197
  ökologische Steuerreform 198
Beteiligungskomponente 232

Beteiligungslösung
　B. auf sektoraler Ebene 234
Beteiligungsökonomie 229, 230, 232, 236
　Konfliktpotential in der B. 241
　Anreize zur Kapitalbildung in der B. 239
　Arbeitsnachfrage in der B. 230
　B. und effiziente Kontrakte 235
　Nettoeffekt einer B. auf die Kapitalbildung 241
　optimaler Kapitalstock in einer B. 240
Beveridgekurve 50, 54, 56, 57, 58, 59, 60, 85, 90, 123
　B. in den USA 60
　B. in Deutschland 60
　B. in Japan 60
　B. in Österreich 60, 85
　B. in Schweiz 60
　Bewegung auf der B. 59
　Bewegungen auf der B. 60
　empirische B. 60
　Krümmung der B. 59
　Verschiebung der B. 60, 87
Boxes 7
Bruttolohnkosten 63
Bündnis für Arbeit 132, 182

D

Datenquellen 47
Deflationspolitik 87
　Einfluss der D. auf die NAIRU 269
　langfristige Effekte der D. 269

E

Effiziente Kontrakte 169, 181
　Gründe für die Absenz von e. 182
　praktische Relevanz der e. 181
　Preissetzungsgleichung bei e. 180
Effizienzlohn
　Begriff des E. 184
Effizienzlöhne

Arbeitslosigkeit durch E. 191
　Motive für E. 184
Effizienzlohnmodell 150, 151
　NAIRU des E. 193
Effizienzlohntheorie 183, 184, 185, 191, 192, 195
　Drückeberger-Modell 185
　Effizienzlohnsetzungskurve 193
　Fluktuationskosten-Modell 185
　makroökonomische Implikationen der E. 186
　Modell der adversen Selektion 186
　Partialanalyse der E. 187
　Rigidität der Löhne in der Partialanalyse 191
　Solow-Bedingung 187, 189, 190, 191, 192, 193
　Soziologische Modelle 186
　Totalanalyse der E. 191
　Unterbeschäftigungsgleichgewicht im E. 195
Einschaltungsgrad 35, 36
Einstellungswahrscheinlichkeit 55
employment function *Siehe* Beschäftigungsfunktion
Entlassungswahrscheinlichkeit 53
Erwartungsbildung
　adaptive E. 98, 110, 111, 113, 114, 250
　rationale E. 106, 110, 111, 112, 113, 114
Erwerbslose 17
Erwerbstätige 21
Erwerbstätigkeit
　Bestand und Änderung der E. in Deutschland 20

F

Fakten
　stilisierte F. 3
Fallback-Position 163, 164, 235, 236
　F. der Gewerkschaft 233, 234
　F. der Unternehmen 233, 234

Sachregister

Fiskalpolitik 73, 78, 87
Fixlohnkomponente 230, 232
Fixlohnökonomie 229, 230, 232, 234
   Gewinnmaximierungskalkül in der F. 230
   Übergang von F. zur Beteiligungsökonomie 240
Formale Anforderungen 6
Fortbildung 65
free lunch 285

G

Geldmenge 70, 75
Geldmengenwachstum 99, 100, 104
   Simulation eines G.schocks 106
Geldpolitik 73, 78, 87
Gesamtnachfrage 56, 73, 78, 79, 81, 85
   nominale G. 75
   Wachstum der nominalen G. 87
Gewerkschaft
   Insider-G. 256
   Monopolgewerkschaftsmodell 256
Gewerkschaften
   Einkommensziele der G. 125
   Militanz der G. 126
   Verhandlungsmacht der G. 219
   Verhandlungsmacht von G. 208
Gewerkschaftsmacht 63
Gewinnbeteiligung 204, 229, 232, 233, 240
   G. und Arbeitsnachfrage 231
   G. und effiziente Kontrakte 232
   G. und effizienter Kontrakt 238
   G. und Kapitalbildung 239
   G. und Leistungsanreize 231
   G. und Staubsaugereffekt 231
   G. und Streikdrohung 235
   Investitionsanreiz und G. 240
   Risikobeteiligung durch G. 241
   Verhandlungsmacht der Gewerkschaften und G. 235
   Verhandlungsprozess um eine G. 236
Gewinnbeteiligungsmodell 5

Gleichgewichtslohn 63, 72
global glut 276
Globalisierung 228, 245
Grenzproduktivität der Arbeit 61, 62
Güternachfrage 1
   Preiselastizität der G. 74
   ungenügende effektive G. 73
Güternachfrageengpass 73
Güternachfragefunktion 76, 77
   aggregierte 75
   Preiselastizität der G. 74

H

Heterogene Arbeit 204, 224, 225
   Lohn- und Beschäftigungsstruktur 226
   Lohnstruktur 225
   politische Implikation 228
   Unterstützung der Qualifizierung im Modell der h. 228
Hochlohnstrategie 65
Hysterese 6, 247, 248, 249, 253, 254, 257, 262
   empirische Evidenz für H. 267
   empirische Überprüfung auf H. 263
   Evidenz für Deutschland und die USA 263
   H. im dynamischen Phillipskurvenmodell 253
   H. und Sachkapitalbildung 261
   Ursachen der H. 255

I

Inflation 87
   Kern-Inflation 112
Inflationserwartungen 93, 94, 95, 98, 104
   adaptive I. 106
   Anpassung der I. 105
   Anpassung der I. 94, 96
   Bildung von I. 94
   Revision der I. 95
   zukunftsgerichtete I. 112

Inflationsprozess
  Eigendynamik des I. 113
  Trägheitsmoment des I. 112
Inflationsrate
  Determinanten der I. 101
  erwartete I. 93
  gleichgewichtige I. 100
  I. in Deutschland und den USA 109
  Zyklen der I. in Deutschland und den USA 108
Informationskosten 122, 124
Insider-Outsider-Hypothese 255
  Anstellungskosten 259
  Entlassungskosten 259
  Lohnsetzungsfunktion 257
  Unterbietungsprozess 258
Insider-Outsider-Theorie 218, 258, 259, 261
Investitionen
  I. und Arbeitsplatzvernichtung 211
  I. und Beschäftigungsexpansion 211
Isogewinnkurve 165

K

Kapazitätsauslastung 24, 27
Kapazitätsauslastungsgrad
  K. in Deutschland und den USA 109
Kapitalakkumulation 220
Kapitalbildung 5
Kapitalintensität
  Endogenität der K. 211
Kapitalkosten
  Konsequenzen steigender K. 220
Kapitalstock 203, 204
  Anpassungskosten des K. 207
  optimal angepasster 215
Kapitalstockausdehnung 217
Kapitalstockentscheidung 203
Kaufkraft 62, 117, 125, 197, 278
keynesianische Arbeitslosigkeit
  beschäftigungspolitische
    Implikationen der k. 70
  keynesianische Doktrin 87

keynesianische Schule 50, 278
keynesianisches Modell
  empirische Überprüfung des k. 72
Keynesianismus 273
Klassenkampftheorie 126
klassische Arbeitslosigkeit 63
  beschäftigungspolitische
    Implikationen der k. 70
  empirische Überprüfung 72
Konjunkturzyklen
  reale K. 1
Kontraktkurve 170, 171, 172, 173, 174, 175, 176, 178, 180, 234, 236, 238
Konzertierte Aktion 132
Kündigungsschutzregelungen 54, 261

L

Langzeitarbeitslose 281
Langzeitarbeitslosigkeit
  Effekt der L. auf Lohn- und Preisinflation 262
  L. und Humankapital 262
Leontief-Produktionsfunktion 205
Lernhilfen 7
Lohnbildung 2
  Einflussfaktoren auf die L. 126
  Empirische Aspekte der L. 218
  Modell der L. 125
Lohnbildungsmodelle 147, 150
  formalen Beziehungen zwischen den L. 178
  logische Struktur der L. 151
  Mindestanforderungen an L. 147, 162
  Partialanalyse der L. 175
  Preissetzungs-Lohnsetzungs-Gleichgewichte unter verschiedenen L. 177
  Synopse der L. 174
  Totalanalyse der L. 175
  Übervereinfachung der L. 183
Lohndifferenzierungen 61
Lohndrift 140

Sachregister

Löhne
  assymmetrisches
    Anpassungsverhalten der L. 90
  Vollbeschäftigungskonformität der L.
    204, 222
Lohnersatzleistungen 216, 219
Lohnersatzquote 214, 215, 219, 237
Lohnkosten
  Überwälzung der L. 125
Lohn-Lohn-Spirale 194
  quantitative Bedeutung der L. 195
Lohnnebenkosten 63, 137
Lohnniveau 70
Lohnpolitik 78, 80
  beschäftigungsorientierte L. 278
  Kaufkrafteffekte der L. 117
  Wirkungsverzögerung der L. 80
Lohn-Preis-Spirale 125, 129, 130
Lohnsatz 60, 61, 62
Lohnsetzungsentscheidung 203
Lohnsetzungsfunktion
  L. unter verschiedenen
    Lohnsetzungsmodellen 179
  positiv geneigte L. 220
Lohnsetzungskurve 148, 214, 216, 238
  Verschiebung der L. 219
  Verschiebungsparameter der L. 218
Lohnzurückhaltung 80
Ludditen 211

M

Makroökonomik 1
Marktlohn 63
Marktmacht 123, 124
  M. der Unternehmen 127
Marktunvollkommenheiten 122
mark-up-Faktor 77
Maschinenstürmer 211
matching function Siehe
  Vermittlungsfunktion
Matching-Prozess
  Unvollkommenheiten des M. 183
Mean Reversion 264

Mechanisierung 211
  Rationalisierungseffekt der M. 211
Minimallohngesetzgebung 54
mismatch unemployment *Siehe*
  strukturelle Arbeitslosigkeit
Mitgliedschaftsregel 270
Mobilitätskosten 122, 124
monetäre Akkommodation 133, 139
Monetarismus 273
Monopolgewerkschaftsmodell 150,
  151, 152, 162, 163, 169, 175, 178,
  179, 204
  Determinanten des Reallohns im M.
    159
  gesamtwirtschaftliche
    Lohnsetzungsfunktion des M. 161
  gewerkschaftliche Marktmacht 162
  M. als Grenzfall des
    Verhandlungsmodells 163
  Optimierungsproblem der
    Gewerkschaft im M. 154
  Partialanalyse im M. 152
  sektorale Arbeitsnachfragefunktion
    im M. 156
  Totalanalyse des M. 159
monopolistischer Wettbewerb 147
Multiplikator-Effekt 67

N

Nachfrage
  Prinzip der effektiven N. 67
Nachfragefunktion
  aggregierte N. 97
  isoelastische N 74
Nachfragepolitik 5, 78
Nachfragesteuerung 73, 78
NAIRU *Siehe*
  Arbeitslosenquote:inflationsstabile A.
  Anstieg der N. 121
  Determinanten der N. 121
  Einfluss des Entlohnungssystems auf
    die N. 229, 232
  Erhöhung der N. 123

N. im Verteilungskampfmodell 129
Verteilungskampfmodell der N. 125, 132, 133
Nash-Maximand 164, 166, 167, 173
neoklassische Schule 50, 278
neoklassisches Arbeitsmarktmodell 61
neoklassisches Modell 60
Nettoinvestitionsquote
 gesamtwirtschaftliche N. 220
Nettolohneinkommen 63
Neue Klassische Makroökonomik 111
New Keynesian Economics 112
Nichtlohneinkommen 64
nicht-walrasianische Gleichgewichte
 Theorie der n. 50
nicht-walrasianische Gleichgewichte 70
Nominallohn 62, 63, 73, 76, 79
Nominallohnabsenkung
 forcierte Politik der N. See Deflationspolitik
Nominallohnniveau 79
Nominallohnwachstum 79, 85, 87

O

Offene Stellen 32
 Erfassung der o. 34
Okun'sches Gesetz 24, 98, 104, 110
 Okun-Gleichung für Deutschland 25
 Okun-Gleichung für die Schweiz 25
 Okun-Gleichung für die USA 25
 Okun-Gleichung für Japan 25
 Okun-Gleichung für Österreich 25
Okunkoeffizient 25
Opferquotient 105, 271

P

Partizipationsquote 21
 P. der Frauen 221
Partizipationsverhalten 22
Persistenz 6, 247, 248, 249, 253, 254, 262
 empirische Evidenz für P. 267
 empirische Überprüfung auf P. 263
 P. durch Sachkapitalbildung 261
 P. im dynamischen
  Phillipskurvenmodell 253
 Ursachen 254
Phelps-Friedman-Kritik 92, 96
Phelps-Friedman-Kritik 96
Phelps-Friedman-Theorem 280
Phillipskurve 1, 5, 30, 87, 88, 89, 90, 91, 110, 114, 121, 129, 131, 248, 262
 Anpassungsprozess im dynamischen P.-Modell 103
 Demarkationslinien im P.-Modell 101
 empirische Überprüfung der neuklassischen P. 112
 empirische Untersuchung der P. 107
 erweiterte P. 93, 96, 98
 expectations augmented Phillips curve 92
 Kritik an der P. 92
 Krümmung der P. 90
 kurzfristige P. 104, 105, 252
 langfristige P. 96, 100, 104, 280
 lineare Approximation der P. 98
 lineare P. 249
 logische Struktur des dynamischen P.-Modells 97
 neu-klassisches P.-Modell 112
 P. als "Budgetgerade" 91
 P. als menu of choice 91
 P. bei Hysterese 251
 P. bei Persistenz 251
 P. für Deutschland 1961–1969 30
 P. für Deutschland 1961–1999 31
 P. für die Schweiz 1961–1999 31
 P. für die USA 1961–1969 30
 P. für die USA 1961–1999 31
 P. für Japan 1961–1999 31
 P. für Österreich 1961–1999 31
 P. und Inflationserwartungen 92
 P. und wirtschaftspolitische Präferenzen 91
Persistenz und Hysterese im dynamischen P.-Modell 253

Sachregister

Phasendiagramm des P.-Modells 101
Schätzung der P. 263
Stabilität des dynamischen P.-Modells 102
Verschiebung der P. 93
Zusammenbrechen der P. 96
Phillipskurvenmodell 125, 129, 139
Phillips-Trade-Off 30
Politikineffektivitäts-Theorem 111, 112, 113
politische Ökonomie der Arbeitslosigkeit 283
Preis-Absatz-Funktion 74
Preisniveau 63, 70, 73, 75, 76, 80
Preissetzungsfunktion 74, 75, 77, 78, 206
Preissetzungskurve 148
Preissetzungsmacht 73
Preissetzungsverhalten 147
  Inkonsistenz zwischen Lohnsetzungsverhalten und P. 129
  unternehmerisches P. 128
Preisstabilität 78
Produktion
  Kuchentheorie der P. 276
Produktionspotential 70
Produktionstechnologie
  P. mit konstanten Skalenerträgen 212
Produktivitätsfortschritt 211
Produktivitätsregel 278
Produktivitätswachstum
  Verlangsamung des P. 135

Q

Quantitätstheorie des Geldes 100

R

Random Walk 264
  ökonometrische Überprüfung des R.. 266
Real Business Cycle Theory *See* Reale Konjunkturtheorie
Reale Konjunkturtheorie 114

Reallohn 41, 62, 63, 64, 69, 72, 73, 74, 75, 77
  Empirische Diagnose überhöhter R. 222
  R. und Arbeitsproduktivität in der Schweiz 42
  R. und Arbeitsproduktivität in Deutschland 42
  R. und Arbeitsproduktivität in Japan 42
  Trade-Off zwischen R. und Beschäftigungsmenge 209
  überhöhter R. 73
Reallohndifferential 159
Reallohnlücke 222
Reallohnrigidität 162
Reallohnrückgang
  temporärer R. 221
Reallohnverzicht 217
Reallokationsprozess 211
replacement ratio *Siehe* Lohnersatzquote
Replikationsargument 212
Right-to-Manage 214
Right-to-Manage-Annahme 152, 164, 169, 173, 174, 176
Right-to-Manage-Modell 175, 177, 179, 181, 182, 218, 232, 235
  Mögliche Verhandlungslösungen im R. 166
  Reallohn im R. 213
  relative Verhandlungsmacht der beiden Tarifparteien im R. 166
  Verhandlungslösung im R. 167

S

Sachkapitalbildung 261
sacrifice ratio *See* Opferquotient
Say'sches Gesetz 67
sekundäre Arbeitskräfte 14
Share Economy 5, 229
Sozialabgabenquote 136
sozialstaatliche Einrichtungen 54

Staatsausgaben 70
Stagflation 104
Steuerbelastung 133
Steuerquote 136
stille Reserve 13
Stromgrössenanalyse 20
Strukturwandel 54, 58
Synthesemodell
  neoklassisches S. 75, 79
  neoklassisches S. 78
  S. am Beispiel von Deutschland 79

T

Tauschlinse 170
technischer Fortschritt
  skill-biased t.F. 228
Terms of Trade 141, 142
  Verschlechterung der T. 136
Trade-Off zwischen Durchschnittslohn
  und Beschäftigungsgrad 227
Trade-Off zwischen Lohnstruktur und
  Beschäftigungsgrad 227
two-handed approach 285

U

Überbeschäftigung 140
Überschussnachfrage auf dem
  Arbeitsmarkt
  Nichtlinearität der Ü. 90
Umlaufgeschwindigkeit 75
Umlaufgeschwindigkeit der Geldmenge
  75
Unterbeschäftigung 65, 70, 73
  Wohlfahrtsverlust der U. 65
Unterbeschäftigungsgleichgewicht 151
Unternehmen
  Gewinnmaximierungskalkül der U.
    215
  Marktmacht der U. 215
  Verhandlungsmacht von U. 208
unternehmerisches
  Preissetzungsverhalten 73

V

Vakanzenzahl
  korrigierte V. 35
  offizielle V. 35
Verhandlungslösung
  V. bei effizienten Kontrakten 173
Verhandlungsmacht
  gewerkschaftliche V. 177
Verhandlungsmodell 150, 151, 163,
  169
  Aufschlagfaktor des V. 169
  bilaterales Monopol im V. 150, 163
  Kontraktkurve im V. 170, 172
  Nash-Verhandlungsmodell 171
  Tarifverhandlungen im V. 164
  V. und Pareto-Effizienz 169, 172
  V. und volkswirtschaftliche Effizienz
    172
Vermittlungsfunktion 54, 58
Verteilungsansprüche 5
Verteilungskampfmodell 125, 133, 134,
  139, 141
  Einfluss der Geldpolitik im V. 131
  empirische Erklärungskraft des V.
    133
Verteilungsspielraum 128, 130, 131,
  135
  Determinanten des V. 135
Verteilungsziele 78
Verwendung des Buches 6
Vollbeschäftigung 63, 69, 70, 73, 78,
  217, 218, 227
  optimaler Kapitalstock bei V. 217
Vorruhestandsgeld 65

W

Wachstumstheorie
  neoklassische W. 1
Wedge 136
  Definition des W. 137
  Preiskeil 137
  Steuer- und Preiskeil in Deutschland
    138

Sachregister

Steuerkeil 137
Weltwirtschaftskrise 67, 87, 273
Wettbewerb
  monopolistischer W. 74
Wiedereinstellungswahrscheinlichkeit 53
Wiedervereinigung 221
Wirtschaftswunder
  Verblassen des W. 139

J.v. Hagen, A. Börsch-Supan, P.J.J. Welfens (Hrsg.)
Springers
Handbuch der Volkswirtschaftslehre

Springers VWL-Handbuch stellt die wichtigsten Gebiete der Volkswirtschaftslehre vor und bietet damit Studenten, Praktikern und Wissenschaftlern umfassendes, prüfungs- und praxisrelevantes Wissen. Das Handbuch bringt dem Leser volkswirtschaftliche Fragen, Methoden und Ergebnisse sowie die Möglichkeiten und Grenzen ökonomischer Analyse nahe und zeigt zugleich, wie interessant das Fach Volkswirtschaftslehre ist.

1 Grundlagen

1996. X, 392 S. 10 Abb., 1 Tab. Brosch. DM 49,80; öS 363,60; sFr 44,50 ISBN 3-540-61263-7

Band 1 behandelt die mikro- und makroökonomische Theorie, die neuesten Entwicklungen der Vertragstheorie, die Ökonometrie, die Industrie-, Arbeitsmarkt- und Umweltökonomik sowie die Analyse der Finanzintermediäre.

2 Wirtschaftspolitik und Weltwirtschaft

1996. XI, 449 S. 26 Abb. Brosch. DM 49,80; öS 363,60; sFr 44,50 ISBN 3-540-61262-9

Band 2 behandelt aktuelle Fragen und alternative Konzeptionen der Wirtschafts- und Finanzpolitik, der Geld-, Sozial- und Wettbewerbspolitik und der internationalen Wirtschaftsbeziehungen. Die Darstellung wird abgerundet durch Fakten, institutionelle und wirtschaftspolitische Entwicklungen in der EG, in Japan und den USA sowie den Entwicklungsländern und den Transformationswirtschaften Mittel- und Osteuropas.

Preisänderungen vorbehalten.

d&p.3740.MNT/SF

Springer-Verlag, Postfach 31 13 40, D-10643 Berlin, Fax 0 30 / 8 27 87 - 3 01 / 4 48, e-mail: orders@springer.de

MIX
Papier aus verantwortungsvollen Quellen
Paper from responsible sources
FSC® C105338

If you have any concerns about our products,
you can contact us on
ProductSafety@springernature.com

In case Publisher is established outside the EU,
the EU authorized representative is:
**Springer Nature Customer Service Center GmbH
Europaplatz 3, 69115 Heidelberg, Germany**

Printed by Libri Plureos GmbH
in Hamburg, Germany